转型创新

——中国煤炭企业发展的理论与策略

Innovation in Transition

Theory and Strategy on the Development of Chinese Coal Enterprises

郭智渊　苏玉娟 著

人民出版社

文字编辑：王怡石
责任编辑：洪　琼

图书在版编目（CIP）数据

转型创新——中国煤炭企业发展的理论与策略／郭智渊　苏玉娟 著．
－北京：人民出版社，2011.3
ISBN 978－7－01－009669－8

Ⅰ. ①转…　Ⅱ. ①郭…　②苏…　Ⅲ. ①煤炭工业－工业企业－研究－中国　Ⅳ. ①F426.21

中国版本图书馆CIP数据核字（2011）第021369号

转型创新

ZHUANXING CHUANGXIN

——中国煤炭企业发展的理论与策略

郭智渊　苏玉娟 著

人民出版社 出版发行
（100706　北京朝阳门内大街166号）

北京瑞古冠中印刷厂印刷　新华书店经销

2011年3月第1版　2011年3月北京第1次印刷
开本：710毫米×1000毫米 1/16　印张：25.25
字数：400千字　印数：0,001－2,500册

ISBN 978－7－01－009669－8　定价：59.00元

邮购地址 100706　北京朝阳门内大街166号
人民东方图书销售中心　电话（010）65250042　65289539

序

创新是一个民族的灵魂，也是一个国家、地区和行业永续发展的核心推动力。

新中国成立以来，中国煤炭一直作为中国能源的基础支柱能源，企业创新经过了计划经济到市场经济，技术引进向自主创新，从数量型向质量型的转型。煤炭企业的创新力直接决定了中国能源的创新发展速度，也影响到中国社会转型的速度和水平。

进入 21 世纪，创新已成为时代的主题。我国煤炭行业需要提高在世界能源行业的地位和竞争力，其整合发展已经被提到国家层面进行规划和实施。国务院办公厅转发国家发展和改革委员会《关于加快推进煤矿企业兼并重组若干意见的通知》提出，"十二五"期间是构建新型煤炭工业体系，实现煤炭工业健康发展的重要时期，到 2015 年，煤炭工业要形成 10 个亿吨级、10 个 5000 万吨级特大型煤炭企业，而创新发展是推动煤炭企业整合和快速发展的内在条件。中国煤炭企业未来的整合转型发展，必须立足中国能源和煤炭产业实际，研究煤炭企业的创新，实现行业的自我突破。

长期以来，我国许多煤炭企业主要以采煤为主，存在科技水平低、能耗高、环境问题严重、安全问题和人才缺乏五块短板；同时，许多现代煤炭企业的高速成长和发展，也处处留下了我国煤炭企业创新发展的足迹。整合重组的过程就是煤炭企业要素不断优化创新的过程。为了提高组合效率，优化要素结构，我们必须遵循系统原则，把"发展度、协调度、持续度三者的逻辑自治和交集最大化"作为中心，在科学发展观指导下，不断创新发展，走出中国煤炭企业特色的创新之路。因此，中国煤炭企业创新的目标就是在体现以人为本，全面、协调、可持续发展的基础上，转变观念和经济发展方式，实现节能、环保、转型及可持续发展，在战略创新、科技创新、管理创新、制度创新、文化创新及保障创新方面全方位持续创新。

本书从历史、国际和现实三个维度对煤炭企业的创新进行了全面的分析，研究了新中国成立以来，中国煤炭企业在战略、管理、科技、制度、文化和保障等方面不断创新的过程，客观再现了煤炭企业不断创新转型的轨迹。通过创新的历史分析看到了中国煤炭企业创新取得的成绩和存在的问题，找出了我国煤炭企业创新基础和规律；从创新的国际维度分析体现了中国煤炭企业参与国际竞争的能力与实力，同时也反映了创新的国际性特征，体现出能源企业创新的国际竞争特点；现实性创新分析体现了中国煤炭企业目前发展的优势与劣势，明确了煤炭企业创新的方向和目标。

今后一个时期，我国煤炭工业正处于一个调结构、转方式、促发展的关键时期，本书的出版，为我国煤炭企业整合转型和创新发展提供了一定的思路和目标，也有助于推动我国煤炭企业依靠科技进步，进行自主创新，转变企业运作方式，促进煤炭工业健康可持续发展！

2010年12月8日

目　录

第三篇　转型管理创新

第四篇　转型科技创新

第五篇 转型制度创新

第六篇　转型文化创新

第七篇　转型创新保障

引　言

21世纪，创新已成为时代的主题。煤炭是目前中国最主要的能源，中国煤炭企业作为煤炭生产的主要部门，其创新力度直接决定了中国能源的发展维度。新中国成立以来，中国煤炭企业创新经过了从计划经济到市场经济，从注重经济效益到经济效益、社会效益和生态效益兼顾，从技术引进向自主创新，从数量型向质量型等方面转型。而近些年来，由于煤炭市场比较走好，很多煤炭企业主要以采煤为主，科技、人才等方面投入比较低，形成了以科技水平低、含碳高、环境问题严重、安全问题突出、人才缺乏为特征的“五块短板”，同时给社会带来了严重的环境问题、资源问题等。随着中国能源需求的不断增加，科学发展观的不断深入，能源世界化趋势的不断加快，客观上要求中国煤炭企业必须从多维度提高自己的竞争力。我们认为，中国煤炭企业未来发展必须立足国际、历史、现实维度，在理论、战略、管理、科技、制度、文化、保障等方面进行不断转型创新。

一、中国煤炭企业转型创新研究综述

自20世纪90年代以来，创新理念不断深入人心。中国煤炭企业发展也在不断创新中前进。

1. 一般创新理论的综述

创新作为一种理论提出可追溯到1912美国哈佛大学教授熊彼特的《经济发展概论》。熊彼特在其著作中指出：“创新是指把一种新的生产要素和生产条件的‘新结合’引入生产体系”。包括：引入一种新产品；采用一种新的生产方法；开辟新市场；获得原料或半成品的新供给来源；建立新的企业组织形式。随着科技进步、社会发展，人们对创新的认识也在不断演进。特别是知识社会的到来，创新模式的变化进一步被研究和认识。学者主要从两个方面研究了创新理论：一方面是从理论层次上探讨创新的主体、特征、历史演变等；另一方面是从应用层次上探讨创新理论在管理学、政治学、经济学、社会实践中的运用。

葛霆、周华东根据对国际创新理论的研究，总结归纳了21世纪以来创新理论在七个方面取得的进展，分别是"创新概念的再定义"、"动态非线性交互型创新模式"、"创新的非技术性要素和非技术性创新"、"创造知识是创新的核心，创新过程的本质是学习"、"动态的创新生态系统"、"创新的科学分类"和"新的创新测度和创新计量学"。

杜广强、许振亮研究了国际技术创新理论前沿与热点领域的主流学派与代表人物。张凤海、侯铁珊从学派角度对技术创新的新古典学派、新熊彼特学派、制度创新学派和国家创新系统学派等四个理论学派代表人物的主要观点进行了深入地分析和探讨，概要指出各个流派的研究焦点和所能解决的主要问题以及存在的局限性。

魏娟、李敏、曹玲将创新理论运用于研究新型城市化支持系统；施伯琰、王英研究了医学领域的创新理论；王德侠、王国卫研究了党的创新理论；陈享光、王选华研究了企业管理创新理论。

创新理论的不断发展，使它的理论与应用处于动态变化之中，体现了时代性、发展性、变革性和适应性。

2. 中国煤炭企业转型创新研究现状

20世纪90年代以来，随着创新成为时代主题，学者、专家对中国煤炭企业创新的研究不断深入。整体上研究包括以下几个方面：

（1）案例创新研究。很多研究者以同煤、晋煤、神华、华亭煤业等为案例，分析企业思维创新、科技创新、人才创新、模式创新、管理创新等方面的特征。通过对某个企业创新的研究，体现个体性、时代性、创新性之间的融合关系。

（2）专题创新研究。以煤炭行业销售领域、科技领域、人才培训、危机管理、精细化管理、知识管理、制度创新、自主创新等专题为对象，研究煤炭企业专题创新的程度与方向。通过研究，反映中国煤炭企业创新过程中存在的问题，并提出解决方案，体现了中国煤炭企业创新过程中共性问题与个性问题的辩证统一。

（3）中国煤炭企业创新的规划介绍。一些文章主要介绍不同时期，中国煤炭企业创新的战略，领导者对煤炭企业的期望、创新思路的介绍，体现了国家对中国煤炭企业创新的宏观指导。

（4）对国外煤炭企业创新的介绍。一些学者介绍了国外煤炭企业科技创新、管理创新的思路与模式、管理的趋势等，体现了中国煤炭企业发展外向维度和与时俱进的强烈要求。

（5）比较创新研究。一些学者通过案例比较不同时期、同一时期不同企业在创新要素、模式等方面的不同。通过纵向与横向比较，发现创新取得的成绩与存在的不足，对进一步创新提出了相应的意见和建议。

（6）中国煤炭企业转型研究。一些学者研究了中国煤炭企业转型的路径、特征，但是，缺乏从系统创新的角度进行分析。

3. 中国煤炭企业转型创新的基本评价

综观中国煤炭企业创新研究现状，可以看出，这些研究对中国煤炭企业创新的微观、宏观、纵向、横向等方面进行了积极的探索。但是，也存在一些不足：

（1）对中国煤炭企业转型创新研究的广度与深度不够。目前大多数学者研究某一企业的创新，而缺乏从历史、现实、社会、生态产业链等角度研究中国煤炭企业创新的模式与价值。如对煤炭生态工业园区、循环经济发展实践研究等方面比较欠缺。

（2）对中国煤炭企业系统性创新研究比较少。目前，要提高中国煤炭企业的竞争力，不是靠某一个方面，如资金、管理、科技、人才等能够解决的，它更多地体现为一个系统工程，需要战略、科技、管理、制度、文化等方面的创新与协同发展。而这方面的研究还远远不够。

（3）缺乏宏观政策与微观机制的协同研究。煤炭作为中国能源的基础，它的发展方向受国家宏观政策的指导，很多研究只是着眼于企业本身，没有考虑国家宏观的发展方向，这种分析容易导致“只见树木，不见森林”的局面，不能很好地提高中国煤炭企业整体的发展水平。

（4）维度的不完整性。中国煤炭企业转型创新发展的方向，是国际、历史、现实等综合发展的客观要求。只侧重某一个方面的研究固然很重要，但是要解释清楚它，更好地进行创新，必须在多维度中进行研究。

鉴于此，我们认为，在国际、历史、现实等维度中研究中国煤炭企业转型创新有非常重要的价值，体现了中国煤炭企业发展的国际性、历史性、现实性、针对性等特点。

二、本书结构与主要内容

本书以新中国成立后中国煤炭企业转型创新为内容，紧紧围绕“恢复期”(1949—1952年)、“一五”(1953—1957年)、“二五”(1958—1962年)、“调整期”(1963—1965年)、“三五”(1966—1970年)、“四五”(1971—1975年)、“五五”(1976—1980年)、“六五”(1981—1985年)、“七五”(1986—1990年)、“八五”(1991—1995年)、“九五”(1996—2000年)、“十五”(2001—2005年)、“十一五”(2006—2010年)、“十二五”(2011—2015年)建议，以实现精细化管理为主线，体现精细化管理要求下中国煤炭企业战略创新、管理创新、科技创新、制度创新、文化创新的历程与模式，从国际、历史、现实等多角度中分析中国煤炭企业的转型创新。

本书包括引言和7部分共13章的内容，涉及转型理论创新、转型战略创新、转型管理创新、转型科技创新、转型制度创新、转型文化创新和转型保障创新。从国际、历史、现实维度，分析中国煤炭企业转型创新的继承性与突破性。

转型理论创新篇主要从国际、国内、历史等维度，围绕科技、高碳、环保、人才、安全五块短板，提出21世纪中国煤炭企业转型创新的主线。

转型战略创新篇主要分析了新中国成立以来中国煤炭企业在不同领域取得的创新成果及存在的不足，并分析了21世纪中国煤炭企业解决五块短板：转型战略创新、转型管理创新、转型科技创新、转型制度创新、转型文化创新和转型保障创新的方针和措施。下面六篇就是围绕这六个维度进行研究，其中转型战略创新是方向。

转型管理创新篇主要分析了新中国成立以来不同时期中国煤炭企业管理创新要素、模式、目标等不断变革的历程，并提出21世纪中国煤炭企业精细化管理趋势下，各种创新实现零浪费的目标，并以安全管理系统创新、知识管理系统创新为例进行分析。

转型科技创新篇主要从历史与现实角度分析了新中国成立以来不同时期中国煤炭企业科技创新模式取得的成就与不足，并提出21世纪中国煤炭企业科技创新的模式。

转型制度创新篇主要分析了新中国成立以来不同时期中国煤炭企业转

型创新中国宏观制度、中观产业制度和企业微观制度的不断创新，并提出21世纪中国煤炭企业转型制度创新模式，体现中国煤炭企业转型制度创新的多维度性、定量性与可操作性。

转型文化创新篇主要分析了新中国成立以来不同时期中国煤炭企业文化创新的历程与维度的不断变革，并提出21世纪中国煤炭企业文化创新的模式。

转型保障创新篇主要分析了实现中国煤炭企业转型创新的领导者作用、创新人才的基础性、创新团队、创新投入与创新环境的重要性等方面的内容。

三、中国煤炭企业转型创新的意义

中国煤炭企业正处在一个大改革、大调整、大发展的关键时期，转型创新成为其发展的最主要的特征。而对新中国成立以来中国煤炭企业转型创新历史与现实的研究有助于其进一步转型创新。

1. 体现了规律性

规律是客观存在的现实。当我们违背自然规律时，我们就会遭到自然界的报复；当我们遵从规律时，人与自然就会和谐相处。煤炭作为不可再生资源，要实现它的价值最大化，只有不断创新才能做到。因此，提高煤炭的采出率、低碳率，对实现人与自然的和谐发展具有重要意义。

2. 体现历史继承性与创新性的统一

任何事物的发展都是在历史、现实与环境相互作用中实现的。新中国成立以来中国煤炭企业是在继承与创新中不断发展，这是问题不断出现与解决的过程。通过研究我们看到中国煤炭企业管理创新、科技创新、人才创新、文化创新、保障创新等方面的历史性、继承性与创新性，为21世纪中国煤炭企业转型创新提供了基础性条件。

3. 体现了时代性

转型创新已成为时代发展的主题。随着我国科学发展观的不断深入，对中国煤炭企业科学发展提出了客观要求，经济、社会、环保等方面价值需要在企业评价体系中重构。21世纪精细化管理思想更是成为企业实现多元价值的方向。因此，中国煤炭企业转型创新必须在精细化理念下，在管理、科技、制度、文化等方面实现创新精细化，体现人性化、市场化、零浪费化。

4. 体现了系统整合性

中国煤炭企业转型创新作为一个复杂系统，它的创新力与竞争力不是由某一方面的创新水平决定的，如管理创新水平、科技创新水平、文化创新水平，而是由它们整合协同作用决定的。因此，只有通过对中国煤炭企业系统不同领域的创新进行研究，才能在整合基础上提升它的创新力与竞争力。

5. 体现了实践性与理论性的融合性

实践是检验真理的唯一标准。理论是指导实践的工具。新中国成立以来，中国煤炭企业发展史就是一部创新的实践史。每一次实践为新理论的产生提供了问题，而理论的创新为实践提供指导。转型体现了不同时期中国煤炭企业实践与理论不断变革的历程。因此，中国煤炭企业转型创新是理论与实践不断创新的过程，也是二者不断融合的过程。

6. 体现了中国煤炭企业转型创新的方向性

中国煤炭企业创新的方向何在？基于科学发展的客观需要，经济发展方式转型的需要，建设资源节约型和环境友好型社会的需要，构建社会主义和谐社会的需要，中国煤炭企业必须转型，从注重经济向经济、生态、社会、环保协调发展转型，从高碳、高排放、低效益向低碳、高循环、高效益方向转型，从末端治理向循环经济模式转型，最终实现经济发展方式的转型。

7. 体现了多学科的融合性

20世纪50年代末60年代初，英国学者C.P.斯诺提出了一个关于“科学文化”和“文学文化”的重要命题，我们称之为“斯诺命题”。它是指科学家与人文学者在教育背景、学科训练、研究对象以及所使用的方法和工具等方面的差异，使他们在文化的基本理念和价值判断方面处于互相对立的位置。社会问题的复杂性客观上要求自然科学与人文科学的融合。因为无论是自然、社会还是人本身的问题并没有明显的学科界限。中国煤炭企业转型创新的理论与策略需要系统科学、管理学、制度经济学、组织行为学、科学学等多学科做支撑，是多学科融合发展的结果。

四、研究方法创新

中国煤炭企业转型创新既是一个理论问题，又是一个实践问题。其创新的视角包括国际、历史、社会等方面。因此，对中国煤炭企业转型创新研究我们采用了系统分析方法、广义语境方法、三圈理论分析方法、短板理论分析法、归纳法和演绎法。

1. 系统分析法

系统分析方法来源于系统科学。系统科学是 20 世纪 40 年代以后迅速发展起来的横跨各个学科的新科学门类，它从系统的角度去考察和研究整个客观世界，为人类认识和改造世界提供了科学的理论和方法。它的产生和发展标志着人类的科学思维由主要以“实物为中心”逐渐过渡到以“系统为中心”，是科学思维的一个划时代突破。系统分析是一种研究方略，它能在不确定的情况下，确定问题的本质和起因，明确咨询目标，找出各种可行方案，并通过一定标准对这些方案进行比较，帮助决策者在复杂的问题和环境中作出科学决策。系统科学包括“旧三论”和“新三论”。“旧三论”主要指系统论、信息论和控制论；“新三论”主要指耗散结构理论、协同学和突变论。系统分析方法包括系统方法、信息分析方法、黑箱方法、反馈方法、功能模拟方法、耗散结论理论分析方法、协同方法等。

中国煤炭企业创新是在一个复杂的开放系统中进行的。从一个特定的历史时期看，该系统包括自然因素、科技因素、社会因素及国际发展水平等。中国煤炭企业创新的过程就是实现这些要素有机整合的过程。这些要素的组合、结构决定最后的功能。所以，系统分析方法将有助于分析相关要素的关系，实现我们所需要的目标。

2. 广义语境分析法

语境即言语环境，它既包括语言因素，也包括非语言因素。上下文、时间、空间、情景、对象、话语前提等与语词使用有关的都是语境因素。从语境研究的历史现状来看，各门不同的学科以及不同的学术流派关于语境的定义及其基本内容并不完全相同。语境这一概念最早是由英国人类学家 B.Malinowski 在 1923 年提出。目前，狭义的语境研究主要从语言学角度研究语境的要素、结构和功能。广义语境研究不仅包括语言层次，还包括历史、社会和文化等方面因素的研究。广义语境分析方法就是将客体放入广义的历史、社会和文化语境中研究客体的关联要素、它们之间的关系等。

中国煤炭企业创新的客观性反映在它们相互作用的过程中，而且它的创新有一个历史过程，包含诸多历史因素，如目前，我们所面临的环保问题，就是一个历史问题。所以，我们需要从历史语境、科学语境和社会语境中客观分析它们之间的关系。语境论认为客观性存在于语境要素之间的关系之中。关于语境论与系统论的区别与联系一直在学术界有争论。我们认为，系统论是对特定时期特定问题的研究，如对中国煤炭企业创新这个系统的研究，是一个平面结构系统。而语境论更广泛些，它可以是一个立体结构，如可以具有一个历史语境，在一个立体的结构系统中研究要素之间的关系，反映它们之间联系的客观性、普遍性和多样性。

3. 三圈模式分析法

中国煤炭企业创新就是历史因素、科学技术因素与社会因素相互作用的过程。而三圈理论能够更形象地说明它们之间的关系问题。

三圈理论是美国肯尼迪政府学院最常用的分析工具。关于这一理论，达奇·莱昂纳德教授是这样解释的："我们要实现一个战略计划，必须考虑三个问题：第一是作为一个机构有没有足够的能力来进行这项计划？画一个圈代表能力，如果说有能力做，这项行动就落到这个圈内，没有能力做，就落到圈外。第二个是有没有获得与这个项目成功执行的相关人士的支持？也画一个圈作为支持圈。传统的公共管理理论主要是强调这两点。对于有效的领导人来讲，仅仅两个圈是不够的。因此，还要问第三个问题，我们要实施的这项措施能不能创造公共价值？这就是价值圈。所以，三圈理论，就是关于能力圈、执行圈、价值圈的理论。"见下图（引言—1）。

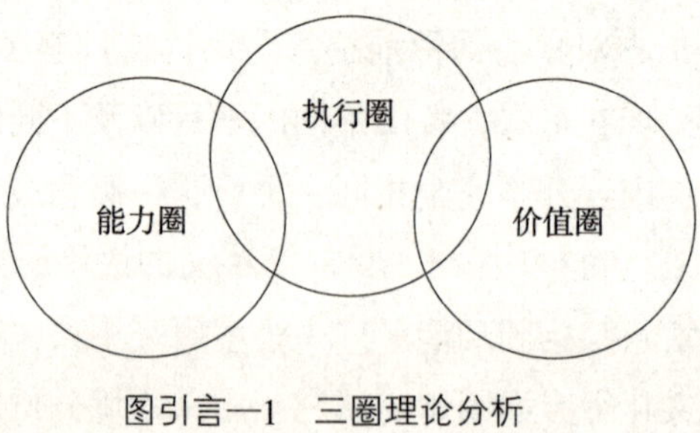

图引言—1　三圈理论分析

“三圈理论”是由美国哈佛大学肯尼迪政府学院的马克·穆尔（Mark H. Moore）教授提出的。他认为，公共管理的终极目的就是为社会创造公共价值，任何一项好的公共政策首先都要具有公共价值；其次，政策的实施者要具备相应能力提供管理和服务；最后，这项政策还需得到政策作用对象或民众的支持。这就形成三个圆圈，第一个圈是指公共价值，第二个圈是指能力，第三个圈是指支持。只有三圈相交，这项政策才可得到有效执行，达到预期效果。反之，缺少任何一个圈则这项政策都将无法实施。由于这一理论可以用很形象的三个圆圈来表示，所以国内的专家学者称之为“三圈理论”。

“三”在中国的传统文化中具有重要地位。“三，天地人之道也。从三数。”（《说文》）“三，数名。”（《广韵》）“二与一为三。”（《庄子·齐物论》）“一生二，二生三，三生万物。”（《老子》）“王三赐命。”（《易·师》）荀注：“三者阳德成也。”“狡兔有三窟，仅得免其死耳。”（《战国策》）“三表示多数或多次”。“鲁仲连辞让者三。”（《战国策》）“卷我屋上三重茅。”（唐·杜甫《茅屋为秋风所破歌》）张载在《正蒙·太和篇》中指出“对必反其为，有反必有仇，仇必和而解”。说明二维看世界必然造成两极对立，要想解决对立必须通过多方努力建立和谐世界来解决。与三相关的词组很多，如三朝元老、三从四德、三番五次、三足鼎立、三顾茅庐等。三代表多、稳定、价值取向等多种含义。三圈理论体现了能力、价值和支持三个方面对于决策实施程度的重要性。缺乏任何一方决策的实施都可能落空。

三圈理论是分析问题的一种方法，三代表数字“三”或多数，也就是说我们在分析问题时不要局限于二维世界，应该从三维或多维中看世界。

中国煤炭企业创新也是需要能力、执行力和价值目标的。如果三者之间没有交叉，创新就不可能得到实现。三圈理论还可以作进一步的扩展。从三圈内容来看，它可以根据分析问题的不同有不同的内容。同时，三圈模式代表一种分析问题的方法，而且“三”在中国传统文化中并不一定就代表数字“三”，它可以表示多，如“白发三千丈”、“一问三不知”等。因此，“三圈理论”并不一定是用三个圈来分析问题，它可能有四个圈，或更多的圈。另外，“三圈理论”分析的目的最主要是要加强相关因素之间的联系，防止各自为政，内耗太多，也就是强调不同要素之间的关系问题，加强它们之间的协同，避免浪费很多不必要的能量。“三圈理论”更形象地融合了系统论方法和广义语境分析方法，所以，我们可以用“三圈理论”来分析中国煤炭企业创新。

“他山之石，可以攻玉”，中国煤炭企业创新涉及多个三圈模式。从发展要素看，涉及资金、人才、管理、科技等；从创新维度看，涉及国际、历史、社会等方面；从微观创新机制看，包括战略、管理、科技、制度、文化等方面的转型创新；从发展战略看，包括国家宏观战略、产业中观战略与企业微观战略的有机整合。所以，中国煤炭企业创新过程就是多个三圈模式不断作用和发展的过程，多个三圈内部整合得越多，不同三圈之间融合得越多，中国煤炭企业创新的力度就越大。

对于中国煤炭企业创新，一方面应加强不同要素之间的协同作用，另一方面应解决目前的“短板”。因为“短板”是制约系统演化的最主要因素，所以，我们还要做到统筹不同要素的发展，避免彼长此短。

该书整体结构就是围绕中国煤炭企业的三圈理论模式展开的。坚持了理论性与实践性相结合，思维创新、制度创新与实践创新相结合，案例分析与历史分析相结合。对于目前中国煤炭企业创新研究具有重要的理论价值和现实价值。

4. 短板理论分析法

短板理论，又称水桶定律，是由美国管理学家彼得提出的，理论内容指由多块木板构成的水桶，其价值在于盛水量的多少，但决定木桶盛水量多少的关键因素不是其最长的板块，而是其最短的板块。若要使此木桶盛水量增加，只有换掉短板或将短板加长才能装更多的水。若仅仅作为一个形象化的比喻，“水桶定律”可谓是极为巧妙和别致的。但随着它被应用得越来越频繁，应用范围也越来越广，已基本由一个单纯的比喻上升到了理论的高度。这由许多块木板组成的“水桶”，不仅可以象征一个企业、一个部门、一个班组，也可以象征某一个员工，而“水桶”的最大容量则象征着整体的实力和竞争力。

如果把企业的管理水平比作三长两短的一只木桶，而把企业的生产率或者经营业绩比作桶里装的水，那影响这家企业的生产率或绩效水平高低的决定性因素就是最短的那块板。企业的板就是各种资源，如研发、生产、市场、行销、管理、品质等。为了做到木桶“容量”的最大化，就要合理配置企业内部各种资源，及时补上最短的那块“木板”。

每个煤炭企业创新都要立足于它的现实情况，对于不同的煤炭企业，它的短板也是不同的，这需要在“三圈理论”方法、系统方法和语境方法分析基础上，找出自己的短板。为了更好地发展，企业应着力创新最短的短板，只有加长短板，才能有更好的发展前景。

5. 归纳法和演绎法

归纳法，指的是从许多个别事例中获得一个较具概括性的规则。这种方法主要是把收集到的既有资料，加以抽丝剥茧地分析，最后得出一个概括性的结论，体现从具体到抽象的过程。演绎法，则与归纳法相反，是从既有的普遍性结论或一般性事理，推导出个别性结论的一种方法。由较大范围，逐步缩小到所需的特定范围。我们对客观事物的认识，不但需要从具体到抽象，而且需要从抽象到具体，实现螺旋式上升的认识。

中国煤炭企业转型创新的过程是不断总结历史发展经验，不断创新的历程，是具体到抽象的历程。对它的研究必须运用归纳法。抽象的发展理论又需要回到实践中进一步指导中国煤炭企业转型创新，这是从抽象到具体的过程，这方面的研究必须运用演绎法。该书将归纳法与演绎法有机地结合起来，通过历史研究，归纳出中国煤炭企业发展过程中存在的问题，提出相应的解决方案，并通过案例分析说明方案的科学性、可行性，体现了历史、理论、现实之间螺旋式上升发展的特征。

五、研究的局限性

本书对我国煤矿企业转型创新进行了较为全面系统的论证，取得了一定的研究成果。但是，由于时间和水平等因素的限制，书中不免存在局限性。

1. 对中国煤炭企业转型创新系统的研究还处于探索阶段

对于中国煤炭企业不同层次的创新研究内容比较多，但从系统的角度将不同创新分支整合起来研究得比较少。而我们正是基于整体性研究企业创新系统。研究的结果是否客观，带有普遍性，需要同行的进一步评价与研究。

2. 资料的有限性

书中采用文献法，对新中国成立以来中国煤炭企业在不同方面的转型创新进行了历史分析。主要从战略创新、管理创新、科技创新、制度创新、文化创新、保障创新等不同层次进行了历史性分析。但由于资料的有限性、概括能力的局限性，在将来的研究中需要进一步完善。

3. 定量化研究不足

由于系统创新的复杂性，没有采用定量分析法，对不同层次创新效果进行分析，以进行更加完整的实证研究。这需要在今后的研究中深入地探讨。

总之，21世纪是创新的时代，中国煤炭企业的转型创新是在精细化管理思想指导下，战略、管理、科技、制度、文化、保障等不断创新的过程，是解决中国煤炭企业科技、人才、环保、高碳、安全“五块短板”的重要支撑，对中国煤炭企业实现安全发展、转型发展、和谐发展具有重要的指导价值。

第一篇　转型理论创新

第一章 中国煤炭企业转型创新的背景

中国正处于从工业社会向知识社会转型的重要时期，煤炭是中国的主要能源，中国煤炭企业创新的力度直接影响着中国转型的速度和水平。"十一五"以来，我国提出了"坚持节约优先，立足国内，煤为基础，多元发展，优化生产和消费结构，构建稳定、经济、清洁、安全的能源供应体系"、"加强煤炭资源勘探，统筹规划，合理开发，提高回采率，减少煤炭开采对生态环境的影响"的能源发展政策。这为中国煤炭企业转型创新指明了方向。

第一节 中国煤炭企业转型创新的国际背景

和平、发展、合作已成为当今的时代主题，各国之间经济技术联系不断加强，煤炭之间的合作越来越多。特别是由于化石燃料的大量使用，使人类生态的外在环境发生了巨大的变化，造成了生态恶化、环境破坏等一系列问题。煤炭企业转型创新已成为国家关注的热点和难点问题。

一、传统工业文明的反思

在批判传统的社会经济发展模式时，许多文献特别强调工业文明的不可持续性。由美国学者米都斯等人写的《增长的极限——罗马俱乐部关于人类困境的报告》，自 1972 年发表以来，在世界各国都有了很高的认知度。它说明了近代工业文明的不可持续性，堪称是一部"绿色经典"。我们从可持续发展的角度简略地讨论这本书的贡献：

第一，它是近代工业文明不可持续发展的控告者和判决书。在发达国家正处于经济高速增长和空前繁荣的时期，它以大量事实和系统分析表明，世界人口、工业生产、不可再生资源的消耗和环境污染这四个因素都是遵循指数规律增长的，因而是有极限的。它的第一个结论就是："如果在世界人口、工业化、污染、粮食生产和资源消耗方面沿现在的趋势继续下去，这个行星上增长的极限有朝一日将在今后一百年中发生。最可能的结果将是人口和工业生产力双方有相当突然的和不可控制的衰退。"可以说这本书是第一部权威性的"不可持续增长宣言"，正如美国学者马文·贝克所说："这本书给了我强烈的印象，使我思考地球的有限性以及以现有速度开发资源的不可持续性。"

第二，它提出了人类必须走可持续发展道路的预言。它既要求改变已有的增长模式和趋势，要求建立稳定的生态环境和经济条件，又指出实现这种改变以支撑遥远未来是可能的。书中还提出了可持续发展的原则，如认为要"使地球上每个人的基本物质需要得到满足，而且每个人有实现他个人潜力的平等机会。"这里提到的"支撑遥远未来"、"基本物质需要的满足"和"每个人有实现他个人潜力的平等机会"，已构成了可持续发展理论的基本要点，可以说这本书乃是倡导可持续发展的先驱。

第三，它提出人们需要尽早准备进入一个伟大的过渡时期。"全球均衡状态最基本的定义是人口和资本基本稳定，倾向于增加或者减少它们的力量也处于认真加以控制的平衡之中。"在《增长的极限》的警示下，我们的确应该反思工业文明的不可持续性，可以说工业文明的发展已经造成了人类不可持续发展的问题。这里不仅有铁、铜、铝、铅、锌等矿石的大量消耗，更主要的是非再生资源（特别是非再生性资源能源）的过度消耗。

传统工业文明带来的问题主要表现在以下几个方面：

1. 环境问题

自20世纪60年代以来，人类对环境问题的认识已有很大进展，并已形成较广泛的共识，相比之下，对社会内部对抗性问题的认识明显滞后。由于环境问题的紧迫性和社会利益结构的顽固性，人们试图通过搁置后者、解决前者的路径来取得人与自然的和谐，但经济结构是利益结构的实现形式，部分既得利益者不惜以各种方式甚至以国家权力手段、甚至战争手段来保持对自然的冲击以维护既得利益。因为地球有限的资源和空间已不能承受对抗性社会不断加剧的冲击；也不可能在与自然对抗的基础上实现社会和谐，因为资源枯竭和环境恶化将摧毁社会和谐的基础。

目前环境问题主要表现在：①燃煤烟尘和二氧化硫污染——20世纪中叶世界八大公害事件的一半以上是由此造成的，其中以1952年的伦敦烟雾事件为代表，5天内就有4000人死亡；②汽车废气和二氧化碳的过度排放，造成地表的温室效应加剧，海平面上升；③全球气候异常，自然灾害增加；④臭氧层破坏，臭氧减少，辐射到地面的紫外线增加（紫外线过量有害于人体和其他生物体）；⑤水体污染严重，地下水位下降，淡水供应不足；⑥酸雨，对人体健康、生态系统和建筑设施都有直接和潜在的危害；⑦垃圾、工业废渣、有毒废料过量；⑧光化学污染，不仅影响人的呼吸道功能，还特别会损伤儿童的肺功能，引发胸疼、恶心、疲乏等症状；⑨海洋污染等。官方数据显示，2006年中国化学需氧量排放总量居世界第一，远远超过环境容量，全国七大水系监测断面中62%受到污染，流经城市的河段90%受到污染；平均每两天发生一起突发性环境事故，群众环境投诉增加了三成。

2. 资源问题

能源是产生各种能量的资源，是人类生存和发展不可缺少的物质基础。它的开发和利用状况是衡量一个时代、一个国家经济发展和科学技术水平的重要标志，直接关系到人们生活水平的高低。长期以来，人类大量使用煤炭、石油和天然气等化石能源，不仅使这些有限的资源日益枯竭，而且对环境造成严重污染，人类已面临能源与环境的双重挑战。因此，世界各国都在研究开发利用清洁和可再生的新能源，以求人类的持续发展。

按能源的来源可分为三类：第一类是来自地球以外的天体的能量，其中最主要的是太阳的辐射能。除了太阳直接照射到地球的光和热外，还有煤炭、石油、天然气以及生物质能、水能、海洋热能和风能等，都间接地来自太阳。第二类是来自地球自身的能源，其中一种是地球内部蕴藏着的地热能，常见的地下蒸汽、温泉、火山爆发的能量都属于地热能。另一种是地球上存在的铀、钍、锂等核燃料所蕴有的核能。第三类是由于地球和其他天体相互作用而产生的能量如潮汐能等。

根据应用范围、技术成熟程度等条件又可将能源分为常规能源和新能源两类。煤炭、石油、天然气、水能、核裂变能都已得到大规模经济开发和利用，被称为常规能源；而太阳辐射能、地热能、风能、海洋能、核聚变能、潮汐能、生物质能、氢能等都是正在开发研究中的能源，尚未得到经济开采和利用，被称为非常规能源，又叫新能源。人类利用能源的历史，就是不断进行能源更换的历史，也是人类发展和社会进步的历史。

传统的发展方式已因资源短缺、环境恶化而难以为继。发达国家以占全球20%的人口消耗着大部分自然资源和排放大部分污染物的“纵欲污染”已使地球不堪负重；而占全球人口80%的发展中国家则受到资源、资本和技术短缺的严重制约，其中的许多国家和地区为了今天的生存而陷入牺牲明天的竭泽而渔、竭草而牧、竭地而耕的恶性循环，这种“贫困污染”又以另一种形式加剧了生态环境的恶化。

人类按照目前的生产方式、分配方式、消费方式和生活方式发展，人与自然的对抗会加剧到毁灭生态圈的危险程度，这种加剧又必然会使人类社会内部的对抗也加剧到同样危险的程度。

随着全球性石油短缺和地区性缺水压力的逐步加大，不仅某些地区的紧张局势险情迭起，而且整个国际社会也越来越感到压力的沉重。全球有204条大的河流属国际河流，其中约有3/4由两个国家共享，1/4由3到10个国家共享，尼日尔河流经10个国家，尼罗河、扎伊尔河流经9个国家，赞比亚河、多瑙河流经8个国家，幼发拉底河和底格里斯河流经土耳其、叙利亚、伊拉克三国，连一条小小的约旦河也由约旦、巴勒斯坦、以色列三国共享。中东之所以成了全球的火药桶，石油和水是两个最重要的原因，石油之战已多次开打，它牵动着整个国际社会的敏感神经；为水而战更是历史悠久，并且也是1967年中东战争的深层原因。在非洲、西亚、南亚等地区，水已与地缘政治紧密交织。再过约20年时间，世界石油生产将达到顶峰，然后沿正态曲线下滑，如果届时新能源仍不能有效替代石油，干旱化国家人口压力已达到出口收入难以支付粮食进口，环境的压力将把人类逼到一个历史关口：要么是战争，要么是变革。

目前，世界平均的能源消费构成大体上是石油40%，煤炭25%、天然气25%、水电和核电10%。“从世界范围看，根据国际上通行的能源预测，石油将在40年时间内枯竭，天然气将在60年内用光，煤炭可以用220年。”①因此，从世界范围看，煤炭还是近期主要能源之一。

① 纪成君：《中国煤炭产业经济研究》，经济管理出版社2008年版，第80页。

目前，世界资源呈现出两个方面的趋向。一方面，一些地区和国家传统资源处于枯竭的边缘；另一方面，一些国家能源结构已实现转型，从依赖传统资源向开发新型能源方向转变。

3. 生态问题

生态指自然生态、生物之间以及生物与环境之间的相互关系与存在状态。生态平衡是生态系统在一定时间内结构和功能的相对稳定状态。生态系统通过物种间、物种与环境的相互作用进行自然调节而达到平衡。但是，生态系统自我调节能力存在一个边界，当外力干扰超过了自然界自动调节能力后，就造成生态问题。"生态问题是由于人类的活动所导致局部地区甚至整个生态系统的结构和功能的严重破坏。"① 目前的生态问题主要表现在由于工业化进程的加速，森林覆盖面积的减少，植被破坏，水土大量流失，土地荒漠化，水资源枯竭，气候异常，生态失衡等。

生态问题的产生有人为因素和自然因素两个方面。自然因素主要包括火山喷发、地震、海啸等，人为因素包括采矿对地下水资源、地质结构的破坏，对一些生物的破坏，对耕地和植被的破坏。"生态问题已经不是一个简单的环境保护问题，而是一个重大的政治问题。"② 为了人类的可持续发展，各个国家都很重视解决生态问题，途径为通过发展生态农业、循环经济、高科技等解决生态问题。

4. 人口问题

工业化进程的后果之一是人口的激增。美国人口学者卡尔–郝伯（CarlHaub）认为，在农业出现以前，在以狩猎为生的方式下，全世界的人口大约只有 500 万到 1000 万。1900 年，全世界只有 16 亿人。但是发展中国家人口的快速增长导致世界人口的激增。

人口问题是全球性最主要的社会问题之一，是当代许多社会问题的核心。虽然它在不同国家的具体表现各异，但其实质主要表现为人口再生产与物质资料再生产的失调，人口增长超过经济增长而出现人口过剩。中国当前社会生活和发展所遇到的种种问题，无一不直接地或间接地与巨大的人口压力相联系。首先，人口压力使社会在提供现有人口生活条件和提高

① 吴义生主编：《环境科学概论》，当代世界出版社 2003 年版，第 56 页。

② 赵成章、卞纲成：《生态问题是重大政治问题》，《中国环境报》2007 年 12 月 21 日。

人民生活水平方面，遇到了难以克服的困难。突出表现为就业困难，住房紧张，粮食、燃料等生活必需品短缺。其次，人口压力造成消费与积累比例失调、生态环境严重破坏、全民族的科学文化水平降低等。最后，人口压力成为环境问题、资源问题和生态问题产生的重要根源。

总之，工业文明已不能按原样继续下去是非常有说服力的。发端于18—19世纪并在20世纪达到高度发展的工业文明，虽然暴露出多种严重弊端，但至今仍然继续着。当今美、日、德、英等发达国家仍是工业文明发达的国家。对于目前在世界上占多数的发展中国家来说，实现工业化仍是他们基本的、重要的任务。就其主流看，这些国家在今天绝不是工业已足够发达，工业化或工业文明发达，而是工业不够发达，工业化发展水平低。我们在谴责工业文明的时候，也不能忘记我国还是要实现工业化和现代化。

二、可持续发展问题

关于发展问题，经过了经济增长发展观、综合发展观、可持续发展观、科学发展观四个阶段。经济增长发展观将经济增长等同于发展观，这是20世纪50年代到60年代的认识。20世纪60年代末70年代初，美国一些学者区分了“增长”与“发展”，出现了综合发展观，把发展看作是经济增长、科技水平提高、社会转型、生态平衡等多因素相互作用的发展。可持续发展的概念，最先是1972年在斯德哥尔摩举行的联合国人类环境研讨会上正式讨论。这次研讨会云集了全球的工业化和发展中国家的代表，共同界定人类在缔造一个健康和富有生机的环境上所享有的权利。自此后，各国致力于界定可持续发展的含义，已拟出的定义就有几百个之多，涵盖范围包括国际、区域、地方及特定界定的层面。最广泛采纳的定义是1987年由以挪威首相布伦特兰夫人为首的联合国世界环境与发展委员会起草的《我们共同的未来》报告中把可持续发展定义为“既满足当代人的需要，又不对后代人满足其需要的能力构成危害的发展”。可持续发展强调既要达到发展经济的目的，又要保护好人类赖以生存的大气、淡水、海洋、土地和森林等自然资源和环境，使子孙后代能够永续发展和安居乐业。可持续发展与环境保护既有联系，又不等同。环境保护是可持续发展的重要方面。可持续发展的核心是发展，但要求在严格控制人口、提高人口素质、保护环境、资源永续利用的前提下进行经济和社会的发展。发展是可持续发展的前提；人是可持续发展的中心体；可持续发展才是真正的发展。

可持续发展就是建立在社会、经济、人口、资源、环境相互协调和共同发展的基础上的一种发展，其宗旨是既能相对满足当代人的需求，又不能对后代人的发展构成危害。人类在向自然界索取、创造富裕生活的同时，不能以牺牲人类自身生存环境作为代价。为了人类自身，为了子孙后代的生存，经过许许多多的曲折和磨难，人类终于从环境与发展相对立的观念中醒悟过来，认识到两者协调统一的可能性、终于认识到“只有一个地球”，人类必须爱护地球，共同关心和解决全球性的环境问题，并开创了一条人类通向未来的新的发展之路——可持续发展路。

可持续发展所要解决的核心问题是：人口问题、资源问题、环境问题与发展问题，简称 PRED 问题。可持续发展的核心思想是：人类应协调人口、资源、环境和发展之间的相互关系，在不损害他人和后代利益的前提下追求发展。可持续发展的目的是保证世界上所有的国家、地区、个人拥有平等的发展机会，保证我们的子孙后代同样拥有发展的条件和机会，体现代内和代际之间的平衡问题。它的要求是：人与自然和谐相处，认识到对自然、社会和子孙后代的应负的责任，并有与之相应的道德水准。为了可持续发展，人类必须依照下列原则来使用各种自然资源：满足全体人民的基本需要（粮食、衣服、住房、就业等）和给全体人民机会，以满足他们要求较好生活的愿望；人口发展要与生态系统变化着的生产潜力相协调；像森林和鱼类这样的可再生资源，其利用率必须在再生和自然增长的限度内，使其不会耗竭；像矿物燃料和矿物这样不可再生资源，其消耗的速率应考虑资源的有限性，以确保在得到可接受的替代物之前，资源不会枯竭；不应当危害支持地球生命的自然系统，如大气、水、土壤和生物，要把对大气、水和其他自然因素的不利影响减少到最小程度；物种的丧失会大大地限制后代人的选择机会，所以可持续发展要求保护好物种。

环境与发展是不可分割的，它们相互依存，密切相关。可持续发展的战略思想已成为当代环境与发展关系中的主导潮流，作为一种新的观念和发展道路被人们广泛接受。

可持续发展包含两个基本要素或两个关键组成部分：“需要”和对需

要的“限制”。满足需要，首先是要满足贫困人口的基本需要。对需要的限制主要是指对未来环境需要的能力构成危害的限制，这种能力一旦被突破，必将危及支持地球生命的自然系统如大气、水体、土壤和生物。决定两个基本要素的关键性因素是:（1）对收入进行再分配以保证不会为了短期存在需要而被迫耗尽自然资源;（2）减少主要是穷人对遭受自然灾害和农产品价格暴跌等损害的脆弱性;（3）普遍提供可持续生存的基本条件，如卫生、教育、水和新鲜空气，保护和满足社会最脆弱人群的基本需要，为全体人民，特别是为贫困人民提供发展的平等机会和选择自由。

1992 年，联合国在巴西里约热内卢召开了环境与发展大会，183 个国家参会，通过了《里约环境与发展宣言》、《21 世纪议程》，这是可持续发展的一个重要里程碑。其中《21 世纪议程》包括四个部分，第一部分为经济与社会的可持续发展；第二部分为资源保护与管理；第三部分为加强主要群体的作用；第四部分是实施手段。它的一个显著的特征是把消除贫困作为实现可持续发展的前提和最优先解决的问题。1994 年 3 月 25 日，李鹏总理主持召开国务院第 16 次常务会议讨论通过了《中国 21 世纪议程——中国 21 世纪人口、环境与发展白皮书》，主要包括四个部分，分别是可持续发展总体战略、社会可持续发展、经济可持续发展、资源的合理利用与环境保护。我国在 1996 年 3 月 17 日第八届全国人民大会第四次会议上通过的《国民经济和社会发展九五计划和 2010 年远景目标纲要》，明确提出我国实施可持续发展战略。21 世纪，人类的唯一选择只能是推进持续全面的变革，为实现人类与自然和谐、生态和谐，转变我们的观念和生产方式。

1. 要像摒弃地球中心论的宇宙观一样摒弃人类中心主义和自我中心主义

工业文明建设过程是人类中心主义确立和发展的过程。人类成为宇宙的中心，为了人类的需要不惜以环境为代价。但是，人类也为自己的行为付出了沉重的代价。从系统论角度看，系统的演化是由系统要素之间、要素与环境之间的协同发展决定的。任何一个要素的发展以其他要素为代价都不利于系统的演化。

为实现中国煤炭企业的可持续发展，必须摒弃人类中心主义观，确立人是地球生物世界数千万个相互依存的物种中的一个成员，是地球生态圈物质循环、能量转化过程中的一个环节，是地球生态圈母系统中的一个子系统的生态观。人类虽然是地球生物中唯一有智慧、有能力利用自然来改变自然的物种，但这并不能改变人类的地球生物学本质，人类利用自然力量所显示的强大，并不能改变自身生物学本质的脆弱。

2. 人口增长和人均物质消耗量增大不超过环境的可持续承载力

自然资源的利用不损害后代人的发展，这是人类社会可持续发展的基本条件之一。环境衰退和资源短缺表明人类已突破了上述界限，这种突破是不可持续的。因而，控制人口增长和人均物质消耗量增长，全面变革经济社会的发展方式包括生产方式和生活方式，以及人类的思维方式、价值观念、社会心理、伦理道德、政治经济、科技文化、教育法律、国际关系等，已成为全人类共同面临的历史任务。人类必然在今后的几十年完成这种变革，在自然的极限之内生活，实现与自然和谐发展。

3. 加快向循环经济转换

循环经济概念来源于生态学，它实现了生产过程控制由末端处理变全过程控制。大力推进物质生产由传统的“原料—废品—废料”线性过程转向“原料—产品—原料”的循环过程，使原料在多次循环过程中得到充分利用，从而使原料消耗和废物排放减至最低，物质资源的投入产出比增至最大。中国煤炭企业转型创新应通过循环经济实现生产方式的转变。

4. 经济发展模式由数量增长型转向质量提高型

今天发达国家都深深地陷入依赖物质产品的指数增长，一旦这种增长停滞，就会立即引发一系列社会问题，这只能是两极分化的社会结构和畸形文化的痼疾。人类必须清醒地认识到物质产品的数量增长是有极限的，但社会发展和人类生活质量的提高则是无止境的，经济发展的目标由追求物质产品的无限增长转向生活质量的全面提高。这是实现人与自然的和谐、人的全面发展的必然要求。

5. 建立全球性的自然价值评估、绿色 GDP 核算和绿色贸易规则体系

科学发展观是中共中央总书记胡锦涛在 2003 年 7 月 28 日的讲话中提出的“坚持以人为本，树立全面、协调、可持续的发展观，促进经济社会和人的全面发展”，按照“统筹城乡发展、统筹区域发展、统筹经济社会发展、统筹人与自然和谐发展、统筹国内发展和对外开放”的要求推进各项事业的改革和发展的一种方法论，也是中国共产党的重大战略思想。在

中国共产党第十七次全国代表大会上写入党章，成为中国共产党的指导思想之一。科学发展观是对可持续发展观的重大理论突破，回答了发展为了谁，如何发展的问题。

科学发展指导下，我们必须实行资源共享、责任分担、有偿使用、浪费和污染付费、受害获补偿的机制和强有力的全球合作、协调机构、消除战争的机制和机构，是防止人与自然的对抗不断加剧、防止资源环境压力加大引起人类社会内部对抗加剧的必然选择，建立全球性的自然价值评估、绿色 GDP 核算和绿色贸易规则体系。

三、世界能源结构的变革

从人类发展史看，人类所依赖能源发展变化经过三个阶段。第一个阶段：传统的农业社会，人类所依赖的主要能源是简单的可再生的木材、树枝等能源；第二个阶段：工业时代，人类所依赖的主要能源是不可再生的煤、石油和天然气能源，而这些能源在使用过程中又产生环境问题和资源问题等新的民生问题；第三个阶段：信息时代，人类所依赖的主要能源正在从传统的不可再生的能源向新型可再生的能源转变。新型能源的开发和利用是解决环境问题和能源问题的重要途径。

据《2000 世界能源统计评论》资料，1999 年世界一次能源消费构成的比例是石油 40.5%，天然气 24%，煤炭 26%，核能 8%，可再生能源 1.5%。2001 年，煤炭在世界一次能源消费量中的份额下降为 24%。2004 年全世界能源消费结构中石油占 36.8%，天然气占 23.7%，煤炭占 27.2%，水电占 6.2%，核能占 6.1%。而中国能源消费中煤炭占 69%，石油占 22.3%，天然气占 2.5%，水电 5.4%，核能占 0.8%。由此可见，能源结构的这种现状经历了一个长期的演变过程。在产业革命后的二百年中，煤炭一直是世界范围内的主要能源。煤炭生产主要集中在中国、美国、俄罗斯、澳大利亚、加拿大、德国、南非等煤炭资源丰富的国家和地区。在煤炭出口市场上，澳大利亚、美国和南非等 9 个国家占世界出口量的 90%以上。世界煤炭消费总量中近 64%用于发电。化石能源的大量开发加剧了环境问题。

《哥本哈根协议》主要是就各国二氧化碳的排放量问题签署协议。根据各国的 GDP 大小减少二氧化碳的排放量。《哥本哈根协议》目的是商讨《京都议定书》一期承诺到期后的后续方案，就未来应对气候变化的全球行动签署新的协议。2009 年 12 月《哥本哈根协议》共识确定的长期目标是：在世界能耗总量比 2005 年增长 60%的同时，二氧化碳排放量减少 2/3。为此，人类必须通过加速发展非化石能源，把煤和石油消耗从占一次能源的 65%降至 40%，并把 80%煤炭释放出的二氧化碳捕集和封存（CCS）起来。与前两次能源结构转型不同的是，这次能源结构转型不是简单地由化石能源回归可再生能源，而是借助能源科技实现全面突破，推动经济发展方式的转型。2030 年世界能源结构中煤炭、油气、核能和可再生能源可能三分天下；而到 21 世纪中叶，化石能源与可再生能源有望各占半壁江山。

四、世界煤炭企业发展特征

自工业革命以来，世界主要工业国家的煤炭开发经历了区域定位、开发方式、价值定位等方面的变革。这为我国煤炭企业创新提供了新的视角。

1. 煤炭开发区域定位的变革

从区域变革看，发达国家煤炭资源开发经过了靠近经济发达区、较远区的开发。"美国的煤炭开发首先是靠近东部工业区的阿巴拉契亚煤田逐步扩展到伊利诺伊及整个密西西比流域，进而推移到西部蒙大拿、俄罗斯煤炭开发开始时基本集中在西部的欧洲部分，其东部亚洲部分占的比例很低。"①

2. 世界煤炭企业集中度在不断提升

在过去的 15 年间，世界煤炭工业进入了合并、重组和全球化时代。世界煤炭资源大部分埋藏在北纬 30 度以上地区。俄罗斯、美国、中国约占世界煤炭资源 90%。一些地区煤炭资源非常少。2003 年位居世界前列的 10 大煤炭集团煤炭产量占世界煤炭总产量的 18.8%。集中度不断提升是世界煤炭企业发展的重要特征。近年来国外煤炭大企业集团发展特点是集中化生产、国际化经营、多元化产业和生产经营、煤炭出口规模化、安

---

① 岳福斌主编:《中国煤炭工业发展报告（2006—2010）》，社会科学文献出版社 2008 年版，第 20 页。

全与环保协调发展。20 世纪 80 年代后期：美国大型煤炭公司兼并联合，企业趋于大型化。其他产煤大国也通过集中度的提升提高生产效率。

3. 煤炭新技术及其运用层出不穷

除了传统的煤炭开采新技术，如大型化和智能化长壁开采技术，煤炭运用新技术如选煤、型煤、动力配煤、水煤浆、煤炭气化、煤层气开发利用、煤矸石综合利用、净煤技术、火力发电新法、煤炭气化技术等不断得到应用。洁净煤技术过去是并将继续是美国达到能源、经济和环境目标的关键。尽管煤炭是美国最丰富的化石能源资源，但生产和市场方面存在的问题可影响煤炭的充足供应。生产方面的问题包括保护公共健康、安全、财产和环境，以及联邦和州各机构实施管理煤炭开采各种法律产生的效应。

4. 煤炭生产波动性大

自 20 世纪 50 年以来，世界煤炭产量发展经过了高增长、负增长、缓慢上升的局面。50—80 年代，世界煤炭生产呈现上升发展趋势。90 年代，世界煤炭生产由 80 年代的高增长变为负增长。21 世纪，世界煤炭生产总体呈上升态势。

5. 竞争力、安全与环境已成为欧盟等国家制定政策的重要因素

煤炭不仅是世界重要能源，而且还是一个安全问题和环境问题比较突出的行业。20 世纪 70—80 年代，欧盟将安全放在第一位。20 世纪 90 年代，在环境与安全兼顾的基础上，竞争力成为第一位。整体上呈现出建立在安全与环境基础上提高竞争力的格局。

五、世界能源的“荷兰病”现象

“荷兰病”（the Dutch disease）的经典模型是由 W.M.Corden 和 J.Peter Neary 在 1982 年给出的。两位作者将一国的经济分为三个部门，即可贸易的制造业部门、可贸易的资源出口部门和不可贸易的部门（主要是一国内部的建筑业零售贸易和服务业部门）。“荷兰病”是指一国特别是指中小国家经济的某一初级产品部门异常繁荣而导致其他部门衰落的现象。发展经济学认为，“荷兰病”现象是自然资源的丰富反而拖累经济发展的一种经济现象。

20 世纪 60 年代，已是制成品出口主要国家的荷兰发现大量天然气，

荷兰政府大力发展天然气业，出口剧增，国际收支出现顺差，经济显现繁荣景象。可是，蓬勃发展的天然气业却严重打击了荷兰的农业和其他工业部门，削弱了出口行业的国际竞争力。20 世纪 70 年代，荷兰遭受到通货膨胀上升、制成品出口下降、收入增长率降低、失业率增加的困扰，这种资源产业在“繁荣”时期价格膨胀是以牺牲其他行业为代价，国际上称之为“荷兰病”。“荷兰病”给我们的启示可以概括为以下几点：

一是有资源优势的地区不一定经济发展就有优势。经济发展依靠因素包括资本型、资源型、科技型等。从世界经济强国发展特征看，多是以科技创新作为依托，不仅是经济强国，也是科技强国。如美国，按人口平均的产品增长，大约 90%是依赖于技术的变革和教育水平的提高。发达国家中有 60%—80%的份额是依靠科技进步取得的。我国科技对经济的贡献率已达 30%，而以开发资源为主要产业的区域经济发展程度普遍不高。因为它们出售的是低级产品，科技含量比较低，对经济的拉动力也是比较低的。

二是产业发展不平衡性。一个区域产业发展是否具有生命力，某种意义上是由一个区域依靠因素的特征决定的。资源依赖型区域依托资源，一般不会主动提升创新能力。多数煤炭资源发展区域都是以牺牲其他产业为代价发展起来的，造成产业之间的畸形发展。

三是自主创新能力比较弱。依靠资源发展起来的区域，共同点是科技创新力不足。特别是在资源市场好时，挖出来卖掉就可以赚钱。因而经济力是它的最主要目标。往往这些行业科技研发投入不足，人才比较缺乏，创新能力弱。

四是不可持续性。由于资源型企业的发展受资源储量的局限。而不可再生资源本身具有不可持续性，决定了区域内资源型企业发展的不可持续性。现在世界很多地区由于煤炭资源的枯竭，处于转型发展期。

五是人与自然不和谐因素增强。煤炭资源在开发过程中以牺牲水资源、地质结构破坏等为代价，最后造成人与自然越来越不和谐。能源作为人类社会发展的血液，它的开发强度与自然的关系，在很大程度上决定了人类与自然的关系问题。农业经济时代，人类所利用的能源主要是可再生的简单的木材等，能源的燃料在自然可承载范围之内，人与自然基本是和谐相处的。工业经济时代，人类使用了大量的不可再生资源，如煤炭、石油和天然气。这些不可再生资源的使用，确实促进了人类经济的大发展，使人类社会从农业经济时代进入了工业经济时代，但是，它们带来的环境、资源问题超出了自然的可承载力，使人与自然之间越来越不和谐。

六是容易产生资源优势陷阱。"资源优势陷阱"是经济发展过分注重自然资源开发而忽视深加工，导致资源产业一时繁荣却为不可持续发展埋下了隐患。由于煤炭资源的有限性、区域性、粗放性，很容易产生资源优势陷阱。

因此，从世界煤炭资源发展的特征看，我国资源优势地区也存在很多矛盾，只有通过转型创新，才能从根本上解决这些问题。

六、世界经济发展的低碳化趋向

"低碳经济"（Low-Carbon Economy）这一概念最初由英国学者提出。概念中的低碳，是指低水平的二氧化碳排放。但单纯的低碳并不能保证其行为的可持续性，因而它必须建立在"低碳＋经济"的基础上。在这个意义上，人们把低碳经济看作是低碳发展、低碳产业、低碳技术、低碳生活等一类经济形态的总称，是对现有的以主要依靠化石燃料为能源，以高耗能、高排放、高污染为特征的高碳经济发展方式的转变。

世界自然基金会全球气候变化应对计划主任杨国强在 2009 年 9 月 25 日接受网易记者采访时说：应该说"低碳经济"包含了整个社会的经济发展、技术开发、创新以及日常生活。人们说，低碳经济是不是就要减少对于能源的利用？当然，这是一个比较狭义的定义，更广泛的定义是我们的经济结构、技术研发、工业发展、城市发展、人的消费模式和消费行为都会受到制约，在低碳经济上要走一条可持续的道路。"低碳经济"具有以下特征：

首先，引起人类发展观念的变革。传统的"碳依赖"经济发展模式是不可循环的，所获得的发展成果也是缺乏可持续性的。资源的枯竭和经济发展所带来的环境外部性问题，使我们不得不去寻求一种资源节约型、环境友好型的新经济发展模式，这种发展模式必须既立足于当前实际，又体现未来"去碳化"趋势，低碳经济就是这样一种新型的经济发展模式，它以低能耗、低排放、低污染为基本特征，以应对碳能源对气候变暖影响为基本要求，来实现经济社会的可持续发展。

其次，低碳经济是人类社会未来发展的趋向。发展低碳经济，就是要协调市场和政府机能，开发和运用低碳技术。具体说，就是要实现生产、消费、生活等一系列过程的低碳化。这就需要我们优化产业结构、发展低碳产业、大力推进化石能源低碳化、进行技术创新以及加大新能源和可再生能源的开发利用；鼓励步行、骑车和乘坐公共交通工具；发明低排量汽车，开发绿色建筑；开通国际货运和人才交流的绿色通道等。这些都是低碳经济发展方式的具体表现。

最后，低碳经济是解决人类能源危机的重要措施。老百姓有一句俗语："省下的就是挣下的"。这一俗语也适用于一个国家甚至人类的发展。在解决能源问题上，我们通过发展新能源解决能源危机，是一种选择。但是，由于新能源发展的速度还是比较慢，不能满足人类不断增长的能源需求。怎么办？节约是另一种比较好的选择。怎么节约呢？我们生存的每一环节都实现了低碳，这就是最大的节约，也是解决能源危机的现实选择。

七、世界煤炭企业发展趋势给中国的启示

世界煤炭企业发展经验，可以为中国煤炭企业创新提供有益的参考和借鉴。

煤炭在世界能源格局中仍然具有重要地位。19世纪以来，煤炭在世界能源消费中一直占据重要地位。2003年煤炭在世界能源消费结构中仍占26%，高于天然气（22%）和核电（7%）。未来，从世界能源结构看煤炭仍占重要地位。而从中国能源结构看，煤炭在未来还是处于主导地位。

通过大规模、集团化煤炭企业模式提高竞争力。公司重组、向外扩张和多元化经营是世界煤炭企业保持竞争力的重要战略。2000年，世界十大煤炭企业公司生产煤炭8.52亿吨，占世界煤炭总产量的20%。因此，以产权为纽带、按市场规律建立起具有竞争力的大型煤炭企业，对中国煤炭企业创新具有重要的借鉴意义。

通过制度创新规范煤炭企业发展。煤炭作为世界战略资源，它的发展一方面受到国家宏观指导；另一方面需要市场化运作，通过市场化机制，以市场供求引导企业生产、消费、投资与技术开发。从世界经验看通过煤

炭规划、安全生产、价格与投资、环境保护、消费等各个层次制度创新，淘汰落后企业，以引导煤炭企业主体行为变革，提高煤炭企业准入标准。20世纪90年代以来，小煤矿的大量发展，已给我国煤炭资源规划、环境等方面带来了严重的后果。通过制度创新淘汰落后产能企业，对中国整合煤炭资源具有重要价值。

通过科技创新提高生产率和资源利用率。近十年来，世界煤炭大公司都增加高产高效矿井投入，长壁开采技术向大型化和智能化方向发展，生产率不断提高。在煤炭深度开发、转化与应用上新技术层出不穷。为提高资源率，解决安全问题、环保问题、生态问题、资源问题进行科技创新。科技体现了生产力、环保力和安全力。目前，中国煤炭企业生产率和能源利用率需进一步提高，科技创新是关键。

实现经济、环保、安全等多元价值目标。西方发达国家的煤炭企业实现了从追求经济目标向经济、环保和安全等多元价值目标的转型。目前我国正在建设环境友好型、资源节约型社会，在主导价值观多元目标下，这成为引导创新的思想基础。中国煤炭企业转型创新在科学发展观指导下，体现了多元价值发展态势，是实现人与自然、人与人、人与社会的和谐发展、安全发展的价值支撑。

第二节　中国煤炭企业转型创新的历史背景

"大约在新石器时代，我国个别地区的古人已经发现煤炭的可燃性能并从煤层露头处零星地拾取和利用煤炭。"[①] 早在六七千年以前，煤制品已出现。后魏《水经注》上说："石墨可书，又燃之难尽，亦谓之石炭"。西汉时期，煤炭已用于炼铁，比欧洲早一千七百多年。"在唐代，人们已了解煤的药用价值，因而自觉与不自觉地用煤治疗某些疾病。"[②] 柳宗元曾在一封信中讲："吾见病腹人有啖土炭者……不得则大戚。"[③] 在宋代，由于得到封建统治者的重视，煤矿业的开采技术日益完善。随着科技的发展，对

① 《中国古代煤炭开发史》，煤炭工业出版社1986年版，第5页。

② 《中国古代煤炭开发史》，煤炭工业出版社1986年版，第53页。

③ 柳宗元:《答崔黯书》，见《山堂肆考》徵集。

煤炭进行综合开发和利用已成为当代发展最重要的特征。

能源是人类社会生存和发展的重要物质基础。人类文明的每一次重大进步都伴随着能源的改进和更替。每一次能源革命都促进了世界经济与社会的进步。中国是目前世界上第二位能源生产国和消费国。中国能源结构特征是中国煤炭企业创新的基础和条件。面对目前的问题，我们既要加快经济社会发展，又要实现资源的节约发展；既要保证民生，又要实现可持续发展；既要立足中国国情，又要考虑国际格局。正是在这种时代背景下，中国煤炭企业转型创新应运而生。

一、新中国成立以来中国煤炭企业建设取得的成就与存在问题

据历史记载，宋代以后煤炭已被广泛地运用到冶铁。但煤炭的大规模开采与使用到扩展应用，还是近代以后的事情。20 世纪 50 年代以前，中国能源结构几乎等同于煤炭，煤炭开发水平比较低。新中国成立后，中国能源工业迅速发展，为促进经济、社会全面发展作出了杰出的贡献，但也存在一些问题。

1. 新中国成立以来中国煤炭企业取得的成就

新中国成立以来，中国煤炭企业创新在能源供给、节约、消费方面取得了重大进展，科技、环保、教育、劳保等方面也取得了重大发展。

一是煤炭供给能力明显提高。新中国成立初期，中国原煤产量仅为 3240 万吨，居世界第 9 位。经过三年的恢复与发展，“到 1952 年底，恢复矿井 83%，改造矿井 32 处，新建矿井 21 处，生产能力达到 7131 万吨，比 1949 年增长 66%，煤炭年产量达到 6650 万吨。比 1949 年增长 105%。”[①]1979 年达 6.35 亿吨，跃居世界第三位。1991 年原煤产量达 108740 万吨，跃居世界第一位。经过 60 多年的发展，中国已成为世界上最主要的产煤大国。目前，中国已形成了煤炭为主体、电力为中心、石油天然气和可再生能源全面发展的能源供应体系，建成了一批千万吨级的特大型煤矿。先后建成了大庆、胜利、辽河等若干个大型石油生产基地。天然气产量不断提升。可再生能源在一次能源结构中的比例逐步提高。

---

① 煤炭工业部《中国煤炭工业年鉴》编审委员会编:《中国煤炭工业年鉴（1983 年）》，煤炭工业出版社 1983 年版，第 11 页。

二是煤炭节约效果明显。1980—2006年，中国能源消费以年均5.6%的增长支撑了国民经济年均9.8%的增长。单位产品能耗明显下降，其中钢、水泥、大型合成氨等产品的综合能耗及供电煤耗与国际先进水平的差距不断缩小，能源效率不断提升。

三是消费结构有所优化。在我国能源消费比例中，煤炭在一次能源消费中的比重由1980年的72.2%下降到2006年的69.4%。其他能源比重由27.4%上升到30.6%。可再生资源比重在不断上升。商品能源和清洁能源在居民生活用能中的比重明显提高。科技创新成为中国煤炭企业转型创新的基础和动力。

四是煤矿机制取得明显进展。新中国成立以来，中国煤矿机械制造经过了从空白到引进消化吸收创新、集成创新、原始创新的路子。1949—1979年间，全国有125个企业生产煤矿机械设备。全国煤炭系统使用的机械设备，绝大多数是国内制造。

五是环境保护取得一定的进展。随着我国可持续发展战略的不断深入，生态文明的不断建设，环境保护相关法律的不断出台，在经济、法律、政策等的不断推动下，我国环境保护取得了重大进展。"三废"的综合利用、环境修复、生态工业园区建设等取得了明显成效。中国环境越来越向生态化、资源化、社会化方面发展。

六是科研、教育等取得显著成绩。1949—1979年间，已建立煤炭科研院所104所，其中国家级院所14个，省级院所20个，面向企业的院所70个。该时期，建立煤炭院校12所，中专学校31所，煤炭高等院校和中专院校累计毕业生达12万人。改革开放以来，中国煤炭企业科研教育逐步从企业内部封闭式科研与教育走向产学研一体化、面向大学和培训机构的终身化教育体系。科研与教育已成为中国煤炭企业发展的原动力。

七是职工福利、安全设施取得显著成效。1949—1979年间，党和政府十分关心煤矿职工生活，为下井矿工配备了齐全的劳保用品，职工享受公费医疗，在北戴河、大连等地设立疗养院。该时期主要从防护角度保障职工生命安全进行创新。

改革开放以来，为了改善职工的工作环境，主要从科技创新、管理创新、制度创新等角度提高职工福利和安全水平。

2. 新中国成立以来中国煤炭企业创新存在问题

新中国成立以来，随着中国煤、石油、天然气开采的不断增加，新能源开发力度的不断推进，问题也越来越突出。我们可以从横向和纵向两个方面进行分析。

从纵向上看，中国煤炭企业发展经过了三次大失调。第一次大失调出现在1958年，当时采掘比例失调，巷道及设备失修。1960年在国家“调整、巩固、充实、提高”的方针下，到1964年年底，采掘关系基本正常，产量逐步回升，煤炭企业的机械化水平不断提升。1966—1976年“文化大革命”期间，由于采掘关系、合理规章制度方面的落后，出现了煤炭企业发展采掘关系的第二次大失调。进入21世纪，随着煤炭开发力度的不断增强，煤炭开发与环境之间的失调越来越严重。解决煤炭企业的可持续发展问题越来越迫切。

从横向上看，目前中国煤炭企业创新存在一些问题，《国务院关于促进煤炭工业健康发展的若干意见》中指出：新中国成立以来，煤炭工业取得了长足发展，煤炭产量持续增长，生产技术水平逐步提高，煤矿安全条件有所改善，对国民经济和社会发展发挥了重要作用。但煤炭工业发展过程中仍存在结构不合理、增长方式粗放、科技水平低、安全事故多、资源浪费严重、环境治理滞后、历史遗留问题较多等问题。随着国民经济的发展，煤炭需求不断增加，资源、环境和安全压力进一步加大。具体表现在以下几个方面：

（1）煤炭资源总量丰富，均量比较低。

中国拥有丰富的化石能源，其中煤炭占主导地位，探明量占世界的13%，列世界第三位。石油、天然气储量相对不足。可再生资源丰富，其中水力资源相当于世界水力资源量的12%，居世界第一位，风能、太阳能等新型能源发展速度比较快。

但是，由于中国人口众多，人均能源资源拥有量比较低。煤炭和水力资源人均拥有量相当于世界平均水平的50%，石油、天然气人均资源量仅为世界水平的1/15。耕地资源不足世界人均量的30%。新型能源人均量也是比较少的。

（2）煤炭资源分布与消费不均衡。

煤炭资源主要分布在华北、西北地区，水力资源主要分布在西南地区，石油、天然气资源主要分布在东、中、西部地区和海域。中国主要的能源消费地区集中在东南沿海经济发达地区，资源优势与能源消费存在明显的差别，这就造成了中国北煤南运、北油南运、西气东送的能源运输格局。

（3）煤炭资源开发难度较大且效率低下。

“我国煤炭资源现状是预测的资源量多，经过勘测的少，可供当前开发利用的更少。”①而且中国煤炭资源地质开采条件较差，只有极少量的露天开采。石油、天然气埋藏深。未开发的水利资源多在高山深谷，开发难度大，成本高。新型开发处于研发与转化阶段。

中国目前是产煤大国，不是产煤强国。随着中国经济的较快增长，能源需求不断增加。由于经济增长粗放、能源结构不合理、技术装备水平低、管理落后等原因导致我国国内生产总值能耗和主要耗能产品能耗高于主要能源消费国家水平。中国是世界上仅次于美国的能源消耗大国。“中国平均万元 GDP 所消耗的能源是世界各国平均水平的 2 倍多，是日本的 1.5 倍，对世界 GDP 贡献只有日本的 23.1%，德国的 57.8%，英国的 76.4%，法国的 84%。”②

（4）能源结构单一。

煤炭是中国的主要能源，以煤炭为主的能源结构在近期内不会改变。煤炭开采与消费过程产生了资源、土地、水等方面的环境问题，加大了脆弱的生态压力。目前，我国基本形成了六个含油区，分别是东部、中部、西部、南部、西藏、海上。其中东部的东北和华北石油资源量占总量近 40%，基本形成以东部老油区为主体，西部新区和海洋石油为两翼的战略格局。天然气在当今世界能源耗费中占 24%，位居第三位。我国天然气比较丰富，但由于技术、资金等问题，对它的开发还需进一步加大。

中国新型能源发展水平比较低。一些发达国家新型能源所占比重比较高。法国核电占 76%，日本占 33%，美国占 20%以上。中国核电大体上占 2%。中国水能蕴量和可开发的水源均占世界第一，未来开发的空间非常大。而煤炭作为主要能源，它的环境危害性最大，带来的问题最多。

（5）环境压力加大。

---

① 陈鹏编:《中国煤炭性质、分类和利用》，化学工业出版社 2009 年版，第 39 页。

② 《青年时报》，2003 年第 672 期。转引自中国青少年新世纪读书网。

煤炭开采带来的环境问题主要是由以下原因引起的。“煤的开采，固体废物的处理，煤矿的排水处理以及通风排出物的污染。”①地下采矿对环境的影响主要表现在对地层的变形、裂缝经及岩层的塌陷。固体废弃物对环境的影响表现在矿山废物掩埋土壤以及它底下的生物种群给环境带来问题。矿井排放水对环境影响主要是对地下水资源的影响。“每生产1吨井下及露天开采出来的煤，可以带来数百升的水。”②采煤工作面通风对环境的影响主要表现在带到大气中的尘粒。“井下巷道每秒钟都需要数万、数十万、数百万立方米空气。”③通风时产生的大量气溶胶经过通风机的缝隙排出，主要是煤的尘粒。

二、新中国成立以来中国煤炭结构变革的历程

随着不可再生资源的不断枯竭，开采成本的不断提升，新型能源开采速度的不断提高，特别是我国能源结构的不断变革，为煤炭企业转型创新提出了挑战。

1. 煤炭资源与其他能源之间所占比重的变革过程

新中国成立初期，中国的一次能源消费中煤炭占绝大比重。1952年一次能源消费中煤炭占95%，20世纪50—60年代都在90%左右，70—90年代占80%左右以上。近10年来，中国煤炭经历了由低迷期、恢复期，到紧缺期、基本平衡期等不同发展阶段。中国煤炭产量占世界煤炭产量的比重由1998年的27.4%，上升到2007年的38.8%。随着新能源开发水平的不断提高，我国煤炭资源虽然在未来若干年仍超过总能源的50%以上，但整体上所占比重在不断下降。

国家发展和改革委员会能源经济与发展战略研究中心主任高世宪日前表示，1978年到1997年的20年间，我国用能源消费翻一番确保实现了国民经济增长翻两番的目标，而近几年我国能源消费的年均增长都达到了

---

① 瑞典皇家科学院、苏联科学院编:《煤炭广泛利用对环境的影响》，中国环境出版社1990年版，第26页。

② 瑞典皇家科学院、苏联科学院编:《煤炭广泛利用对环境的影响》，中国环境出版社1990年版，第41页。

③ 瑞典皇家科学院、苏联科学院编:《煤炭广泛利用对环境的影响》，中国环境出版社1990年版，第44页。

近7亿吨的水平。长此以往这种以能源需求快速增长为代价的经济增长模式将难以为继。国家能源局发展规划司司长江冰2010年7月20日表示，到2015年，我国非化石能源占一次能源消费比重达到11%以上，煤炭占一次能源消费比重将由2009年的70%以上下降为63%左右。2050年有望降为40%。所以，虽然从总量上看煤炭资源开发的强度在增加，但在我国总能源消耗情况下比例是在下降。

2. 煤炭出口向煤炭进口结构的变革过程

很长时间，中国不仅是煤炭的主要生产国，而且一直是煤炭净出口国，并在2003年出口达到历史最高的8298万吨。不过，2004年后，中国煤炭出口数量开始快速下降，而进口数量却开始快速增加，使得中国煤炭净出口数量快速下降。到2007年，中国煤炭进口量首次超越出口量，净进口215万吨。2009年1—10月，全国煤炭进口9768万吨，同比增长172%，煤炭净进口7878万吨。我国进口煤炭主要来自越南、澳大利亚、印度尼西亚等国，货源比较集中。我国煤炭资源进出口结构的变革说明我国煤炭资源的对外依存度在增加。

当前应对能源安全挑战是中国可持续发展的战略重点之一。与石油一样，煤炭过度依赖进口将成为中国能源安全软肋。中国的工业化道路漫长，一个可持续且稳定的外部环境非常重要。

3. 对煤炭的初级产品消费转向深加工产品的消费

随着环境问题、运输问题、资源问题等的越来越突出，客观上要求对煤炭进行深加工，提高煤炭的附加值。而我国目前推行的循环经济模式，正是通过生产方式的转变提高煤炭产业的附加值。

总之，中国能源结构、进出口结构、消费结构的变革成为21世纪中国煤炭企业转型创新的重要依据之一。

三、煤炭企业开发区域不断变革的过程

60多年来，中国煤炭企业发展的粗放型、低科技型等为21世纪中国煤炭企业创新留下了广阔的创新空间。由于中国煤炭资源分布很不平衡，为了满足生产，节约运输成本，中国煤炭企业开发区域定位不断创新。

1. 新中国成立初期至“六五”期间，中国煤炭开发以东北和沿海为主的开发格局

新中国成立初期，我国煤炭探明储量不多，开采区域不大，原煤产量大部分集中于东北和沿海地区。该时期，煤炭开发的指导思想是根据当时发现的有价值的煤田状况，先开发距离煤炭消费中心比较近的矿区，满足消费区的需要。

2.“七五”以来，我国煤炭开发呈现以资源富足区开发为主的特征

“七五”开始，随着社会经济发展对煤炭需要的不断增加，好采区资源的不断枯竭，中国煤炭开采区战略重点从资源丰足区、好采区向外部条件比较差的区域转移，重点向西部和北部转移。“1949 年，调入区煤炭产量占全国煤炭总产量的 79.4%，1980 年这一比例下降到 58.6%，2005 年进一步下降到 38.3%；而调出区相应比例则由 1949 年的 11.4%，增加到 1980 年的 27.5%，2005 年的 44.9%。”① 从地理位置看，向西和向北转移。

3. 从矿区建设向能源基地建设的变革

新中国成立初期，中国只有 18 个年产 100 万吨以上的矿区，总产量 4000 多万吨，主要集中在经济比较发达的东北、华北。20 世纪 50—90 年代，我国主要以矿区建设为主。20 世纪末，我国已建成千万吨级煤炭矿区 30 多个。这些矿区向大型电力、钢铁、化工等企业供应煤炭，有力地带动了地方经济的发展。但是，这些矿区建设多数主要以挖煤为主，辅业比较少，生产力比较低，集中度低，科技含量低。

21 世纪初，随着中国能源需求的持续上升，能源基地建设应运而生。2003 年初国务院提出：“利用国债资金重点支持大型煤炭基地建设，促进煤电联营，形成若干个亿吨级煤炭骨干企业。”这使煤炭企业建设由矿区向基地转型。包括神东、陕北、黄陇、晋北、晋中、晋东、鲁西、两淮、冀中、河南、云贵、蒙东、宁东 13 个大型煤炭基地。基地建设的原则主要表现在六个方面：规范开发秩序、推进制度创新、优化生产结构、促进产业融合、发展循环经济和加强环境保护、加强配套建设和规划衔接。基地建设的主要内容包括安全高效建设、整合改造中小煤矿、大型煤炭集团建设、煤层气开发、煤化工建设节约资源和环境保护等。中国煤炭企业开发区区域与发展形式的变革成为它进一步转型创新的另一依据。

① 岳福斌主编：《中国煤炭工业发展报告（2006—2010）》，社会科学文献出版社 2008 年版，第 21 页。

四、新中国成立以来中国煤炭资源的不平衡性特征

煤炭是我国的基础能源，在支撑国民经济发展中占有十分重要的地位。总体上，我国煤炭资源发展存在多方面的不平衡性，主要表现在以下几个方面：

第一，区域分布不平衡性。我国煤炭资源存在分布的不平衡性，主要分布在秦岭、大别山以北地区，集中在山西、陕西和内蒙古三省区。秦岭、大别山以南仅占全国保有量不足10%。经济最发达的东部十省份保有资源量仅占全国的5%。瘦煤、焦煤、肥煤有一半左右集中在山西，而拥有大型钢铁企业的华东、中南、东北地区、焦煤很少。“从中国煤炭产业特征来看，中国除上海外其余各省、市、区都有煤炭资源，在全国2100多个县中，1200多个县有预测储量，其中已有煤矿进行开采的县就达1100多个。”① 所以，从区域看资源分布也是不均衡的。

第二，总量与均量的不平衡性。我国煤炭资源总量较丰富。2005年年底，我国煤炭保有资源量为10430亿吨，排在俄罗斯和美国之后，居世界第3位。但由于我国人口众多，人均保有量仅约为800吨，为世界平均水平的70%，人均可采煤储量为90吨，约为世界人均煤炭可采量的55%。

第三，煤炭生产与消费的不平衡性。我国煤炭资源主要分布在西部和北部，而消费重点在华东和中南地区，最后形成“北煤南运、西煤东调”的运输格局。从目前看，多以初级煤炭资源为主，主要用于电力工业、钢铁工业、建材工业和化学工业等。受铁路运输能力的局限，客观要求我们在运输初级产品时加大二次产品的开发与利用。

第四，煤炭生产消费与环境之间的不平衡性。我国煤炭产量和消费量约占世界的38%，比居第二位的美国高20个百分点。煤炭主要供应区晋陕蒙地区，这些地区大部分干旱、少水、土地荒漠化严重，植被覆盖率低，生态环境脆弱。煤炭资源开发和消费过程产生大量的二氧化碳、二氧化硫、一氧化碳、一氧化氮等气体，并产生大量的烟尘。煤炭生产量和消费量与环境可承载量之间形成了明显的不平衡性。

---

① 阎长乐:《中国能源发展报告》，经济管理出版社1994年版，第35页。

第五，煤炭生产消费与节约的不平衡性。“十一五”以来，我国确定每年能耗下降4%，五年下降20%的目标，这是由我们能源生产消费与节约的不平衡性决定的。我国经济增长速度虽然比较高，但是，能源消耗量也比较高。据国家统计局初步测算，2006年我国能源消费总量为24.6亿吨标准煤，现价万元GDP能源消耗1.17吨标准煤，比上年下降4.4%。不变价（1952年价格）万元GDP能源消耗5.8吨标准煤，比上年下降1.23%。一方面，我国总的能源消费量在持续上涨；另一方面，我们利用能源的效率是比较低的。目前，我国发展低碳经济、节约使用煤炭资源的空间比较大。因此，需要在科技创新的条件下，在生产、消费、运输等环节上节约资源，实现转型发展。

第三节　中国煤炭企业转型创新的现实背景

根据世界经济发展的经验，经济要发展，能源需要先发展。中国的能源特征是缺油、少气、富煤，这决定了近期内煤炭产业在我国能源结构中的重要地位。按照煤炭资源分布及供需平衡特点，中国煤炭资源划分为三个带：东部煤炭调入区、中部煤炭供给区和西部煤炭后备区。但是，随着我国进入全面建设小康社会，促进物质文明、政治文明、精神文明、社会文明和生态文明建设步伐的不断加速，中国煤炭企业负有越来越重要的社会责任和历史责任。从现实看，制约中国煤炭企业转型创新因素除了宏观层次的不平衡性外，还体现为企业自身微观层次的“五块短板”。

一、煤炭产业矛盾更加突出

根据煤炭资源区位特征，全国分成4个煤炭功能型区位，分别是快速增长型、适度增长型、稳定发展型和下降型。不同地区煤炭资源开发强度的加大，使各种矛盾越来越突出。

1. 整体煤炭开发强度大

一个地区煤炭资源开发强度受地区资源条件、环境承载力、工业经济发展水平、长期利益与短期利益的协同等条件的制约。由于经济发展对煤炭需求的加旺，20世纪80年代乡镇企业开采力量的加入，对煤炭资源的开采呈现逐步上升的趋势，后果就是整体煤炭开发强度过大，滋生问题严重。东部资源开发强度过大，过早枯竭，西部受生态环境、输送和水资源的制约，将影响满足全国能源需求。据预测20年以后，目前占全国煤炭产量48.9%的东中部23个产煤省将陆续萎缩。那时主要靠晋陕蒙等省区，承担全国大部分产量，其生产、运输、环境都难以承受，能源矛盾和问题将更为突出。

2. 煤炭生产企业过多，产业内部组织协同发展力不强

目前，我国小煤矿所占比重过大，2006年年底，生产能力仅为3万吨及以下的小煤矿数量为7066处。造成产业集中度低，科技创新力低，煤炭资源浪费比较严重的后果。与此同时，我国大量煤炭企业集团市场占有率比较低。2005年全国小型煤矿2.06万家，神华、中煤、大同、山西焦煤等前4家煤炭企业集团市场占有率仅为17%。美国、俄罗斯、澳大利亚前4家煤炭企业所占比重都在30%以上。

3. 煤炭企业与非煤企业横向与纵向协同力比较低

随着经济结构、产业结构、经济发展方式调整的不断加速，客观上要求中国煤炭企业大力发展循环经济。而煤炭企业与非煤企业之间的协同力比较弱，使循环经济发展受到很大的影响。我们应尝试通过产权转换、中介市场等手段，实现二者之间的横向和纵向的联姻。

4. 煤炭企业市场推动与政府管制之间的协同力比较弱

这几年市场情况比较好，在市场的推动下，煤炭企业非法建设项目比较多，“边申报边建设”、“先开工后核准”等违法现象比较严重。据不完全统计，我国违法在建煤矿规模约为1.7亿吨。盲目开工上马等现象不仅增加了企业的市场风险和安全风险，而且给煤炭企业的可持续发展带来了严重的负面影响。

5. 矛盾体维度在不断增加

随着煤炭产业的不断发展，煤炭开发量的不断提升，出现了这样几对比较突出的矛盾体：生产能力与消费需求的矛盾、煤炭资源与水资源的矛盾、煤炭开采与煤炭储量的矛盾、煤炭开采与安全的矛盾、煤炭开采与人的健康的矛盾等。这些矛盾成为制约煤炭企业发展的主要因素。煤炭开发过程中有两个阶段对人的健康有影响，分别是开采阶段对工人的影响和燃烧阶段对公众的影响。“对工人来讲是开采煤矿，尤其是地下采煤；对公

众来说是燃烧。”[1]矿工主要的健康影响来自于肺病、矽肺病、肺结核病及尘支气管炎。

二、环境问题比较突出

1983年全国第二次环保工作会议后，各矿区在执行《中华人民共和国环境保护法》及“防治结合，综合治理”、“三同时”、“谁污染谁治理”等一系列环保方针政策下，环保工作取得了不同程度的进展。但仍有些问题比较突出。具体来说，表现在以下几个方面：

1. 固体废物矸石引起的污染问题

煤矸石“弃之为废，危害极大，用之为宝，功在当代，利在千秋”。目前，堆放量在10万吨以上的大中型矸石山在我国有2600多座，占地约11万亩，其中近百座在自燃，产生大量的二氧化硫，它的爆炸和垮塌不时造成人员伤亡。到2005年，全国历年累计堆放的煤矸石达35.5亿吨。而且排放量呈逐年上升。对煤矸石的利用迫在眉睫。

自2006年以来，我国大力推行循环经济发展模式，很多大型煤矿区都建立了煤矸石发电厂，但是发电会产生粉煤灰、炉渣及二氧化硫，将它进一步循环成化工材料和建筑材料是十分必要的，尽量做到“制砖不用土，烧砖不用煤”，否则会产生新的固体污染物和气体污染物。

2. 煤炭开采引起深层地下水破坏

从理论上讲，煤炭开采产生的悬浮物形物理污染等会对地表水有一定的影响。但是，由于我国开采技术落后，采空区塌陷等问题的存在，造成地下水层的水源源不断地排出，导致地表干旱。初步统计资料显示，我国现有70%矿区缺水，40%的矿区严重缺水。地表水干涸、地下水位下降、生态环境受到损坏程度不断加大。目前，我国每年矿井排水量都在40多亿立方米，净化率不到1%，直接排放达50%。

这样以来，由于煤的开采，产生了两个方面的问题：一方面是煤炭生产区多是缺水区，由于缺水的严重性，给煤矸石的综合利用带来一定的困难。因为在对它的综合利用过程中，离不开水资源；另一方面，矿井水浪

---

① 瑞典皇家科学院、苏联科学院编：《煤炭广泛利用对环境的影响》，中国环境出版社1990年版，第26页。

费比较严重，综合利用率低。

3. 煤层气污染严重

我国是煤层气含量较高的国家，已探明煤矿煤层气储量35万亿立方米。矿井煤层气就是我们所说的瓦斯，它的主要成分是甲烷气体，而甲烷被公认是强烈的温室效应气体。煤层气与煤共存，目前煤层气在开采过程中通过通风排放到大气，造成对大气圈的严重破坏，亟需对煤层气进行综合利用与开发。

4. 耕地和建设用地破坏严重

采矿活动破坏了大量耕地和建设用地。国土资源部统计显示：全国因采矿而被破坏的土地达4万多平方公里，并以每年200平方公里的速度增加，其中因矿山开采而沉陷的土地总面积已达60万公顷。被破坏的土地多为农业用地，其复垦率不到12%。

5. 煤炭燃烧引起的环境问题

煤炭燃烧引起的传统污染物是二氧化硫和烟。来自煤炭利用的其他重要排放物包括二氧化碳、痕量金属和不完全燃烧而产生的有机化合物。这些污染物可以分布到较大面积内，从而影响环境。如对森林生态、群落、个体树种、淡水生态系统等的影响。煤炭燃烧对环境的影响“很可能是通过二氧化硫及氮氧化物污染源排放于环境中造成的伤害，和通过酸雨在更远处造成的破坏。”[①]煤炭燃料对环境的污染是由量变到质变的过程。我国已成为继欧洲、北美之后的世界第三大重酸雨区。

6. 乡镇煤炭企业的环保问题比较突出

乡镇煤炭企业由于规模小，分布比较分散，排污强度较低，不易产生集中的环保问题，因而也不太被重视，它的环保工作几乎处于放任自流阶段。目前，一些乡镇由于煤炭企业的污染，造成水土流失、污染大气、地表下沉等严重问题，这也是国家关闭小煤矿的重要原因之一。

目前，中国煤炭企业环境问题难以解决，原因主要表现在以下几个方面：

1. 发展理念落后

---

① 瑞典皇家科学院、苏联科学院编：《煤炭广泛利用对环境的影响》，中国环境出版社1990年版，第26页。

很多煤炭企业重视个体利益的最大化，目光短浅，将发展仅定位于挖煤，特别是大量小煤矿的发展理念更是这样。由于理念的落后，造成深加工投入不足，工作力度跟不上。后果是将大量的环境问题转嫁给社会和子孙后代。

2. 规模小、装备水平低

我国目前小煤矿大量存在。由于他们规模小，生产装备水平低，能勉强维持采煤，再进行深加工几乎不可能。深加工需要资金、技术、管理、人才等方面的投入，而小煤矿往往这几块“短板”同时存在，没有资力，也没有能力进行深加工。

3. 相关政策扶持力度不够

国家一直对煤炭“三废”资源综合利用十分重视。自1996年国务院批转国家经贸委等部委《关于进一步开展资源综合利用意见的通知》[国发（1996） 36号]以来，国务院和国家有关部门相继制定了一系列引导政策、减免政策、补贴政策。如《矿井水利用专项规划》、《循环经济法》等。经济转型期这方面政策扶持还是很需要的。从经济效益讲，煤矸石转化为砖，普遍经济效益不很好，但是社会效益与环境效益相当可观。在这种情况下，政策应加大扶持力度，提高科技水平和管理水平，帮助制砖企业的发展。因为每年需要建筑材料8000亿块以上标砖、水泥10亿吨。为发展煤炭产业循环经济提供了广阔的空间。

联合国环境规划署2007年10月，发布了《全球环境展望：为了发展保护环境》，揭示了气候变化对全球的影响，以及温室效应、环境污染与食品短缺、水污染形势对人类的挑战。从环境问题看，中国煤炭企业的大型化、强型化发展是必然的趋势。只有这样，才能有实力实现从理念、规模、装备、科技、管理等方面的重大创新，以解决环境问题。

三、高碳问题比较突出

胡锦涛主席在联合国气候变化峰会开幕式上发表的题为《携手应对气候变化挑战》的讲话中，公开承诺中国将大幅度降低二氧化碳的排放量，大力发展绿色经济。这一承诺得到了世界各国的广泛支持和认同。2009年7月7日吴邦国同志在安徽调研时也强调指出：发展低碳经济，促进节能减排，是落实科学发展观、实现可持续发展的内在要求，是应对气候变化、参与国际竞争的客观需要，也是结构调整、产业升级的主攻方向。我们一定要抓住当今世界开始重视低碳经济发展的机遇，加快发展太阳能、风能等可再生能源，加快开发洁净煤、智能电网、新能源汽车、碳捕捉等技术，加快建筑节能步伐，为实现经济社会可持续发展提供不竭动力。

重化工业是工业化进入中后期工业内部结构演变必经的阶段。2008年，我国能源消费总量达28.5亿吨标准煤，与1995年13亿吨标准煤的能源消费量相比，增加了一倍多。我国经济的快速增长已经进入以房产、汽车、基建行业为主导，以钢铁、有色金属、建材、化工等为支撑的重化工发展阶段。重化工的特点之一就是高碳，这表明我国的经济发展还要依靠更多的能源支持。目前，我国国民经济生产总值碳过高，分别是美国、日本和印度的五倍、八倍和两倍。我国煤炭资源比较丰富，但可采储量仅1891亿吨，如不加大勘探力度，其服务年限只有40年左右。我国煤炭人均资源占有量是世界平均水平的55%。目前全国煤矿资源回收率仅在40%左右，特别是小煤矿的回收率只有15%左右，资源浪费严重，影响能源工业的可持续发展。解决高碳问题对解决中国煤炭企业科学发展问题，全球气候问题等具有重要意义：

1. 能够解决能源需求问题

我国工业能源消费量约占全国能源消费总量的70%。技术与装备性能低下，生产工艺落后，导致能耗指标较高，总体用能效率低，严重制约国民经济的持续快速健康发展。因此必须尽快把发展低碳经济提到重要议事日程，并着手开展技术攻关和试点研究工作，以从根本上提高国际能源安全的保障能力，应对日益严峻的“节能降耗”形势。

2. 能够积极应对全球气候问题

全球气候变暖正在改变地球的运作方式。中国是发展中国家，目前尚未要求限制二氧化碳排放量，但中国总人口数大于整个经合组织的人口数，而新的全球二氧化碳排放机制不以人均排放量为标准。因此，中国的经济发展也会在不久的将来受到二氧化碳排放限制。中国需要调整发展模式，发展低碳经济。

3. 能够抢占低碳经济高新技术前沿

我国正处在工业化、城镇化和国际化的关键阶段，应走出一条依靠低碳经济推进经济发展的新型工业化道路。低碳经济是中国政府落实科学发展观的重大举措，是中国“十一五”环境保护工作的重中之重。因此抢占低碳经济高新技术前沿，是国家高科技发展的战略需要。低碳经济不仅是节流，更是在低碳产业上开源。

我国目前与发达国家相比，在碳生产率方面相对较低，但增速惊人。不过，受能源转换效率相对较低、产业结构中工业比重过大等因素制约，要使我国的碳生产率达到发达国家水平，还需经过相当一段时间的努力。我国是发展中国家，有着实现现代化的宏伟目标，若能走出一条低碳经济的发展道路，不仅是对世界传统经济发展方式的重大创新，对于中国本身而言，也有着十分特殊的意义。

四、安全问题比较突出

中国煤炭资源管理混乱，市场竞争无序，采煤回采率低，资源损失浪费严重；煤矿数量多、规模小、生产方式落后、产业集中度低，安全生产事故多发。新中国成立以来，工矿企业事故死亡人数大致呈上升态势。值得注意的是2003年出现了“拐点”，当年在国内生产总值持续增长背景下，事故死亡人数开始下降。从事故死亡指数曲线分析，1953—1976年波动幅度较大，1978年后波动幅度相对较小，死亡人数指数波动幅度与GDP增长率的变化具有统计学关系，改革开放以来比较稳定的经济社会环境，为安全生产平稳发展创造了有利条件。

目前小煤矿安全问题比较突出。2005年小型煤矿（30万吨/年以下的矿）总产量高达10亿吨，所占比重在45%以上；服务年限短，煤炭供应可靠性差；另外，抗灾防灾能力弱，重特大事故频繁发生，小煤矿事故死亡人数占全国煤矿总死亡人数的74.5%。

五、人才问题比较突出

人才流失严重，人才匮乏凸显。中国工程院院士张铁岗认为，矿难频发一定程度上是煤矿人才危机爆发的结果。2005年6月17日，国家安全生产监督管理局局长李毅中大声疾呼：“煤矿若再招不到大学生，将会面临灭顶之灾。”这些都足以说明，煤炭企业人才流失严重，人才资源匮乏已成为制约企业科学发展的“瓶颈”。

目前，中国煤炭企业存在观念落后，人才管理机制僵化；选人、育人、用人机制不完备，不同程度地存在形式主义、主观主义和官僚主义等问题；重资历轻素质的意识根深蒂固，论资排辈、任人唯亲、任人唯顺等现象还普遍存在；人才管理部门的职能没有完全转变，具有相当程度的行政特性，难以提供高水平的人才资源管理服务。

人才开发缓慢，远远不能满足人才需求。很多企业往往在这方面缺乏专业性的研究，重视技能、知识培训带来的直接效益，忽视对人才的团队意识、协作精神、竞争意识、成本意识、质量意识、服务意识、诚信意识等现代企业人才基本素质以及员工的思维和观念的训练。

六、科技创新能力弱比较突出

目前，中国煤炭企业科技创新力低，投入少，人才缺乏，研究机构整合力弱，企业研发机构比较少。根据国民经济发展的总体要求，国家制定了以煤炭为主体的能源发展战略。强调煤炭工业发展必须全面贯彻落实科学发展观，依靠科技进步，坚持走资源利用率高、安全有保障、经济效益好、环境污染少、全面协调和可持续发展的道路。创新科技管理体系是煤炭工业实现科学发展的基石。煤炭科技的应用和发展成为事关煤炭工业现代化、煤矿安全生产和煤炭健康发展的决定性因素。

正是基于世界煤炭企业发展趋向、中国煤炭企业发展历程、目前发展存在的“五块短板”基础上，中国煤炭企业必须通过不断转型创新，实现跨越发展。

第二章　中国煤炭企业转型创新的理论

创新已成为时代主题。新中国成立以来，中国煤炭企业经历着科技、制度、文化、人才、安全等方面的不断创新。而这些创新直接来源于经济、社会、生态等方面的需求。

第一节　企业创新的理论

人类社会发展史就是一部创新史，科技创新促进人类社会不断转型。农业科技革命使人类社会从渔猎社会进入农业社会，工业科技革命使人类社会从农业社会进入工业社会，现代科技创新使人类从工业社会进入知识社会。科技创新又促使社会发展战略创新、管理创新、制度创新和文化创新。一个人所掌握的知识半衰期在18世纪为80—90年，19—20世纪初为30年，20世纪60年代为15年，进入20世纪80年代缩短为5年左右。因此，在21世纪，创新成为时代发展最明显的特征。

一、企业创新的内涵

20世纪初，美籍奥地利经济学家约瑟夫·阿罗斯·熊彼特（J. A. Schumpeter）在《经济发展理论》（1912年）一书中，首次提出创新的概念。他认为“创新”就是建立一种新的生产函数或供应函数，即把一种从来没有过的生产要素和生产条件的“新组合”引入生产体系。在熊彼特看来，“创新”是一个经济范畴而非技术范畴，它不仅是指科学技术上的发明创造，而更是指把已发明的科学技术引入企业之中，形成一种新的生产能力。具体来说创新包括五方面的内容：一是引入新产品或提高产品质量；二是采用新的生产方法；三是开辟新市场或打破一种垄断；四是获取新的供给来源；五是实行新组织形式。

现代技术创新理论正是在熊彼特创新理论的基础上衍生和发展起来的。在此后的技术创新研究热潮中，国内外专家、学者以及相关研究机构对技术创新的概念有着不同的理解和认识。曼斯费尔德（M. Mansfield）认为产品创新是从企业对新产品的构思开始，以新产品的销售和交货为终结的探索性活动。厄特巴克（J. M. Utterback）在1974年发表的《产业创新与技术扩散》一书中提出："创新就是技术的实际采用或首次应用"。弗里曼（C. Freeman）认为，技术创新在经济学上的意义只是包括新产品、新过程、新系统和新装备等形式在内的技术向商业化实现的首次转化。他在1973年发表的《工业创新中的成功与失败研究》中指出：技术创新是一种技术的、工艺的和商业化的全过程，其导致新产品的市场实现和新技术工艺与装备的商业化应用。其后，他在1982年的《工业创新经济学（修订本）》中明确指出，技术创新就是指新产品、新过程、新系统和新服务的首次商业性转化。清华大学傅家骥教授认为技术创新是企业家抓住市场的潜在赢利机会，以获取商业利益为目标，重新组织生产条件和要素，建立起效能更强、效率更高和费用更低的生产经营系统，从而推动新产品、新的生产（工艺）方法、开辟新的市场、获得新的原材料或半成品供给来源或建立企业的新的组织，它是包括科技、组织、商业和金融等一系列活动的综合过程。浙江大学许庆瑞教授认为技术创新泛指一种新的思想的形成，得到、利用并产生出满足市场用户需要的产品的整个过程。西安交通大学李垣教授认为技术创新是创新者借助于技术上的发明与发现，通过对生产要素和生产条件进行新变革，并使变革成果取得商业上成功的一切活动。在1999年全国技术创新大会上发布的《中共中央、国务院关于加强技术创新，发展高科技，实现产业化的决定》中，将技术创新定义为：企业应用创新的知识和新技术、新工艺，采用新的生产方式和经营管理模式，提高产品质量，开发生产新的产品，提供新的服务，占据市场并实现市场价值。除了技术创新外，还包括制度创新、文化创新、管理创新等。

从上面的分析可以看出，很多专家专注于研究技术创新。那什么是创新呢？我们认为，在企业层次上看，创新是一个系统工程，是为适应组织内外环境变化的要求而对组织进行的局部或全局的调整。包括企业内部的知识创新、战略创新、管理创新、科技创新、制度创新和文化创新，还包括与企业相关的外部要素之间的整合创新。企业创新的过程本身就是一个系统创新的过程。

二、企业创新的特征

企业创新作为一项系统活动，它往往具有以下特征：

1. 创新主体的多层次性

由于企业创新涉及不同层次、不同方面的创新，因而创新的主体包括研发人员、管理人员、文化策划人员等。煤炭企业作为高能耗、高排放的行业，它的创新包括不同层次主体的创新。

2. 创新过程的系统性

创新过程往往是一个系统过程，涉及多种类型的主体或创新参与者之间的合作，涉及科技知识的形成与传递，新产品的定位、生产线的设计、市场开发、企业文化定位、战略创新等。但是，创新最终要通过一定的经济效益或其他类型的社会效益来体现。

3. 创新要素的协同性

创新的实现必须充分调动、发挥创新组织内部各种人员的创造力，并使整个组织处于某种富于创新活力的状态。要提高企业创新能力，必须协同不同创新要素，达到企业创新的最佳水平。企业创新不能简单地看做是企业领导者或管理者的事情，它是多部门合力作用的结果。这种协同关系还体现在企业内部要素与外部要素之间的整合关系。

4. 创新程度的不同性

煤炭企业创新可以涉及企业大的战略创新，也可以是低水平的技术引进再创新。也就是说不论创新大小，创新成功与否，创新有程度的不同，包括渐进式创新和突变式创新。

5. 创新目标的多价值性

知识经济时代，人类的文明正在从单一的农业文明、工业文明向建立在农业文明、工业文明基础上的生态文明方向发展。这样以来，煤炭企业的创新不仅要实现经济价值，还要实现社会价值、生态价值。创新目标的多价值性成为中国煤炭企业转型创新的基础和方向。

6. 创新历程的多风险性

创新过程由于管理、科技、制度等的复杂性，创新可能失败。而且创新结果往往带有破坏性。因此，为了规避风险，创新前应进行创新评估，预测可能带来的创新风险。

对中国煤炭企业创新来讲，我们不仅需要知道什么是创新，企业创新的特征，还应该避免几个“不能”。我们认为中国煤炭企业转型创新：

第一，不能急功近利。由于煤炭作为资源型产业，它的发展受市场影响非常大，而且与区域经济发展密切相关。一些资源型省份将煤炭产业作为最主要的支柱产业，但是，由于近几年煤炭市场比较好，一些企业出于急功近利，将挖煤作为主要任务，忽视企业创新。而这种思维必然造成资源的低级化利用，加剧环境和资源等一系列社会问题。

第二，不能孤立创新。企业创新是一个系统工程，要在战略创新基础上兼顾管理创新、科技创新、制度创新、文化创新和保障创新。只有全面系统地创新，企业发展才能达到最佳状态。

第三，不能从众。创新的过程是体现差异性、个性的过程，如果过多地跟随大流，没有用更广阔的视野来看待具体要求煤炭企业，必然不可能取得比较好的创新成果。要将中国煤炭企业转型创新建立在共性与个性、历史与现实基础上，不能盲目地从众。

第四，不能局限在某地区或某国家的创新水平。虽然我国目前也有一些大型的煤炭企业，但是，他们并没有做强。似乎在国内或在某一区域内水平是比较高的。但是，与国际上一些大型煤炭企业比起来差距还是比较大的。

第五，不能是一时的热情。创新作为企业重要的活动之一，它应该在企业内部常态化。因为创新不可能一劳永逸，它需要企业持续地做下去，成为企业发展的内在动力和发展机制。特别是高科技时代，创新成为企业发展的灵魂和指示标。

三、创新的分类

为了加深对创新的理解，有必要对创新进行分类。创新分类的参考指标很多，不同分类指标得出不同的分类。根据创新的主体、大小、长短期等层次的不同，我们可以把创新分为不同的类型。

根据创新的表现形式不同，我们把创新划分为战略创新、管理创新、科技创新、制度创新和文化创新等。

根据创新的行为主体不同，创新可分为企业创新、大学和科研机构创新、政府创新、民众创新、团体创新等。

根据创新的来源不同，创新可分为引进消化吸收再创新、集成创新、原始创新。

根据创新的大小不同，创新可分为渐进性创新、突破性创新、革命性创新等。

煤炭企业的创新首先应根据自己的实力规划创新的形式、主体、大小、来源等。这是煤炭企业创新的定位问题。《煤炭工业发展“十一五”规划》为煤炭工业划分了十个发展目标，分别是煤炭生产、煤矿建设、大型煤炭基地建设、大集团发展、煤层气、技术进步、职工素质、安全生产、节约资源和环境保护。这是中国煤炭企业创新的近期目标。当然，还有远景规划，这需要根据中国能源结构规划来确定。因此，煤炭企业应该在国家需要、企业能力范围内进行创新。

四、创新过程需要处理的几种关系

创新的发起来源于问题，在问题基础上进行思维创新，在实践基础上落实创新。创新与继承、改革联系在一起。因此，为了中国煤炭企业更好地创新，我们认为，应处理好以下关系：

第一，保障创新链的完整性。从创新链看，创新从问题开始。爱因斯坦曾说过：“提出一个问题往往比解决一个问题更为重要”。问题意识是我们进行创新的基础，我们所做的创新来源于问题的不断提出。在问题基础上，我们需要进行思维创新，也就是要进行观念层次上对问题的全面理解与认知。提出创新的解决办法，就是创新的落实过程。因此，中国煤炭企业创新过程就是问题—思维创新—实践创新不断循环上升发展的过程。

横向上看，目前世界各国竞争实力的转向为：从经济实力提升为科技实力、人才实力，说到底是知识创新的实力。纵向上看，古代的四大发明：指南针、造纸术、印刷术、火药，不仅仅是中国古代科学技术繁荣的标志和中国人民聪明智慧的体现，更重要的是它在一定程度上改变了人类近代文明的进程。

马克思说：“火药、指南针、印刷术——这是预兆资产阶级社会到来的三大发明。火药把骑士阶层炸得粉碎，指南针打开了世界市场并建立了殖民地，而印刷术则变成新教的工具，总的来说变成科学复兴的手段，变成对精神发展创造必要前提的最强大的杠杆。”近代实验科学的始祖培根在《新工具》一书中也曾说过：“印刷、火药、指南针这三种东西曾改变了整个的面貌。第一种在文学上，第二种在战争中，第三种在航海上。从那里接着产生了无数的变化、变化是这么之大，以至没有一个帝国，没有一个学派，没有一个赫赫有名的人物能比这三种发明在人类事业中产生更大的作用和影响。”中国古代的技术成就十分辉煌，其中很多技术水平都远远超过了世界其他国家。而近代科学技术、经济中心转移到欧洲，分别经过意大利、英国、法国、德国、美国，18 世纪 60 年代的第一次技术革命、19 世纪 70 年代第二次技术革命，中国都错过了。

著名的科学史学家李约瑟在研究中国科学技术史的过程中提出了“李约瑟难题”：为何近现代科技与工业文明没有诞生在当时世界科技与经济最发达繁荣的中国？原因就是我们的创新侧重于实践创新，忽视思维创新，最终的结果就是我们技术创新多，科学创新相对少，实践创新多，理论创新少，这成为制约我们发展的瓶颈。

第二，处理好创新与继承的关系。遵循马克思主义唯物辩证法的原理，既要对传统的经验批判继承，又要根据新的实践要求不断发展创新，使批判继承与发展创新辩证地统一起来。继承与创新体现事物发展的两个方面。继承性体现了事物发展过程中的稳定性，而创新体现了事物变化过程中的发展趋势。与时俱进，在继承中创新，在创新中继承。

要把继承优良传统作为创新的基础，以批判的眼光取舍，去粗取精，去伪存真，为在继承中创新打好基础。用全新的思维求新，以新图变，为在继承中创新导好航。

第三，处理好创新过程中当前与未来的关系。创新的水平和方向与企业当前和未来密切相关，既要为企业当前出效益，又要为企业未来发展创造条件。中国煤炭企业创新过程是它的各种创新要素不断改革与发展的过程，有短期创新与长期创新之分，要结合企业实际情况，创新力度要适中。

第四，培养团队创新精神。从人类发展史看，创新主体演变经过了个体、科学共同体、国家参与等阶段。创新活动越来越显示出团队的特征。

创新不是某一个人或某一个组织的任务，而是整个企业的事情。因此，企业要做好创新，就是要不断地培养企业员工人人创新，人人参与的创新机制，让创新成为企业精神的核心。

五、转型的内涵与特征

所谓转型，是指事物的结构形态、运转模型和人们观念的根本性转变过程。不同转型主体的状态及其与客观环境的适应程度，决定了转型内容和方向的多样性。转型是主动求新求变的过程，是一个创新的过程。根据不同层次的转型，我们可以把转型分为社会转型、产业转型、企业转型。关于"社会转型"的含义，在我国社会学学者的论述中，主要有三方面的理解：一是指体制转型，即从计划经济体制向市场经济体制的转变。二是指社会结构变动，持这一观点的学者认为：社会转型的主体是社会结构，它是指一种整体的和全面的结构状态过渡，而不仅仅是某些单项发展指标的实现。社会转型的具体内容是结构转换、机制转轨、利益调整和观念转变。在社会转型时期，人们的行为方式、生活方式、价值体系都会发生明显的变化。三是指社会形态变迁，即指中国社会从传统社会向现代社会、从农业社会向工业社会、从封闭性社会向开放性社会的社会变迁和发展。专家学者关于"社会转型"涵义的论述，对于正确把握社会转型期的形势和任务，无疑有着有益的启示。转型涉及理念、制度、行为、文化等方面的转变。转型过程是一个很复杂的历程。我们认为转型除了上述的三种转型外，还涉及企业微观层次的转型，即企业从一种生产方式向另一种生产方式的转变，从一种价值观向另一种价值观的转变，从一种战略向另一种战略的转变，最后导致企业在发展要素、结构、功能方面的转型。例如，一个企业的成功转型，就是决策层按照外部环境的变化，对企业的体制机制、运行模式和发展战略大范围地进行动态调整和创新，将旧的发展模式转变为符合当前时代要求的新模式。转型作为一种发展方式，它具有以下特征：

1. 系统性

系统发展与演化的过程就是系统不断转型的过程。我们知道系统演化经过从简单到复杂，从方向上看体现为进化或退化。而无论是简单到复杂，还是进化或退化，都体现了系统的转型。因此，对于转型研究，我们必须在系统中研究系统要素、结构、功能的转变历程。

2. 量变质变统一性

量变是质变的必要准备，质变是量变的必然结果。总的量变过程中有部分质变，质变过程中又有量的扩张。事物的质变为新的量变开辟道路。在新质的基础上开始新的量变。转型过程体现量变与质变转化过程。当一个系统演化到一个新的状态时，是量变到质变的结果，同时又是新的量变的开始。量变为转型提供基础，质变为转型提供模式。正是在量变质变过程中系统实现了转型。

3. 否定之否定规律性

扬弃指新事物对旧事物的既抛弃又保留，既克服又继承的关系。德国哲学家康德首先在自己的哲学体系中运用该词，而后费希特更是大量使用，但多是在该词的否定意义上使用。黑格尔首先赋予这一概念以肯定和否定的双重哲学涵义，并用来建构自己的全部哲学体系。他认为，概念发展的每一阶段对前一阶段而言，都是一种否定，但这又不是单纯的否定，而是包含肯定的否定。转型过程是一种扬弃过程，是在否定基础上建立新的状态的过程，体现系统演化螺旋式上升特征。

4. 层次性

根据研究系统的不同，转型表现为不同的层次。从社会形态看，转型主要研究社会从农业社会向工业社会、知识经济社会的转变。从结构看，转型研究社会产业结构、就业结构、企业结构等转型；从个体看，转型研究个体价值观、行为、思维模式等方面的转变。

六、转型创新的作用

创新是为解决特定的任务，或实现既定目标而进行的不断创造的过程。创新体现为手段。转型表现为系统发展的过程和结果。因此，创新是手段，转型是目标。转型过程离不开创新的支撑。《煤炭工业发展“十一五”规划》提出，我国煤炭企业的发展以邓小平理论、“三个代表”重要思想和科学发展观为指导，提出了以煤炭整合、有序开发为重点，完善体制、创新机制，强化管理、保障安全，改小建大、优化结构，依靠科技促进升级，深度加工、洁净利用，节约资源、保护环境，构建与社会主义市场经济体制相适应的新型煤炭工业体系。转型创新对煤炭企业来讲，究竟有哪些作用呢？这是我们必须面对的现实问题。我们认为，创新对煤炭企业来讲具有以下几个方面的作用。

一是转型创新为企业提供发展的空间。传统意义上煤炭企业主要就是挖煤。随着科学发展观，构建和谐社会的不断深入，煤炭作为一个不可持续发展的产业，中国煤炭企业必须通过发展方式的转变，实现可持续发展，实现人与自然的和谐发展。只有转型创新才能完成这一历史使命。目前，在煤炭企业中推行的循环经济发展方式，是比较适合的发展方式，延长了产业链，同时也拓展了煤炭企业发展的空间。

二是转型创新能够扩展煤炭企业的价值。传统意义上煤炭企业价值主要集中于经济价值，忽视甚至以环境价值、生态价值、安全价值为代价。随着科学发展观不断得到落实，煤炭企业的价值不仅体现在经济价值上，还应通过创新，实现生态价值、社会价值。

三是转型创新能够提高煤炭企业的竞争力。虽然煤炭企业从名字上看，应该以煤炭作为主要产业。但是，随着我国煤炭挖采速度的不断加快，特别是一些枯竭型城市的不断出现，未来的煤炭企业很可能是非煤企业。这需要根据市场和企业发展的战略来策划。联想企业老总柳传志曾经说过："联想品牌虽然以生产电脑为主，但不一定一直都以电脑为主，这需要根据市场和企业创新的水平来确定未来发展的方向"。煤炭企业也是这样的。煤炭企业需要通过持续的创新，提升它的竞争力，参与到世界的竞争中去。

四是转型创新成为煤炭企业走向科学发展的必由之路。新中国成立以来，煤炭企业经过了计划经济向市场经济转变，短期利益等方面因素的存在，使煤炭企业的发展产生了一系列不科学、不和谐发展的状况。很多煤炭企业以经济利益为中心，不注重企业员工素质的提高，甚至以牺牲工人的生命为代价。因此，企业文化、科技、管理等都需要通过转型创新不断提升，以实现煤炭企业的科学发展。

五是转型创新是充分发挥煤炭资源价值的客观要求。煤炭作为不可再生资源，它是前代人留给后代人的资源，不仅包括我们这一代，而且包括我们的子子孙孙。而煤炭资源的粗放型开采，是对子孙后代的不负责任。只有不断地持续创新，才能尽可能地实现煤炭的多元价值，为子孙后代留下更多的财富。

七、不同时代转型创新的模式

关于人类经济发展经历了哪几个阶段的问题，一些学者从不同的分类标准出发，提出了不同看法。如阿尔文·托夫勒在《第三次浪潮》一书中将其分为前工业经济、工业经济和后工业经济三个阶段。一些人将其分为农业经济、工业经济、高新技术经济三个阶段。也有人提出，应按经济增长的主导资源将其分为劳动力经济、资源经济和智力经济三个阶段。这些仅是分类标准的差异，本质上并无太大差异。较多人的看法则是，宜将人类社会经济的演化分为农业经济、工业经济和知识经济三个阶段。不同时代所依赖的主要产业不同，创新的着力点也是不同的。

1. 人类历史上经历的三个转型创新阶段

历史地看，人类经济发展的最初阶段是农业经济阶段。在农业经济时代，生产劳动以农牧业为主。相应地，土地是主要的生产资料，人们采用的是原始技术，以简陋的犁、锄、刀、斧等为主要的生产工具，交通运输主要依靠马车、木船等。手工业有一定发展，但规模很小，仅处于从属地位。生产的分配主要按土地和劳动力资源的占有来进行，生产多集中在土壤肥沃和人口密集的地区，如中国东南沿海、长江中下游平原和黄河中下游平原、印度两河流域、埃及尼罗河流域、欧洲尼德兰地区等。在这一时期，生产力水平很低，人们基本上靠天吃饭，面对自然灾害往往无力抵御，人类生活十分困难，缺衣少食者比比皆是。教育很不发达，文盲、半文盲占大多数，人才基本上固定在一处，很少流动。

人类社会经济发展的第二个阶段是工业经济阶段。在这一阶段，生产以工业为主。由于科学技术不断进步，人类认识自然、改造自然的能力不断提高，被人类开发利用的自然资源也越来越多，人类从事生产劳动所必需的自然资源已不再仅限于土地，而是扩展到了铁矿石、煤、石油等多种资源，并且由于不合理的开采和利用，这些发展机器生产所必需的资源很快成为短缺资源，开始制约经济的发展。因此，工业经济形态的发展主要取决于自然资源的占有和配置情况，属于自然资源消耗型的经济。从18世纪以来，世界上各主要国家陆续完成了工业革命，科学技术的进步推动了生产力的巨大发展，车床、播种机、收割机等机器设备代替了农业经济时代的刀斧锄等手工工具，成为先进生产力的代表，交通工具也由马车、木船等发展为汽车、火车、轮船和飞机，劳动生产率有很大提高。商业开始和生产劳动分离，专门的商业部门开始出现，产品交换的内容和规模大大增加。随着生产的发展，越来越多的产品被纳入到商业领域，成为可交换的商品，交换的形式也日趋复杂。工业经济的发展促进了统一的大市场的形成，而市场的发展又反过来推动了工业经济的进一步发展。与此同时，专门的服务性行业也开始产生。在工业经济时代，生产发展的失衡开始加剧，贫富分化现象日趋严重，发达国家和地区对不发达国家和地区在资源和劳动力上的剥削和掠夺日益加剧，原材料和半成品与工业制成品之间的差价使得发达国家与发展中国家之间的经济差距逐渐拉大。在这一时期，人民的生活水平比农业经济时代有了很大的提高，抗拒自然灾害的能力有所增强，基本解决温饱问题的人口大大增多。教育、科学、文化事业开始得到应有的重视，教育普及程度大大提高，在许多国家已基本上普及了中等教育。先进的科学技术开始有一定的发展，人才流动的自由性增大，高科技在工业经济的后期有了一定的萌芽。

继工业经济之后，人类社会进入第三个阶段即知识经济阶段。这一阶段，科学技术的进一步发展使知识代替资源（自然资源）成为经济发展的决定因素，知识形态生产力的物化使人类利用现有自然资源的能力和开发利用新型资源的能力都大大增强，科学技术是第一生产力的作用日益显现，高技术产业日益成为一些国家的支柱产业。就此来看，知识经济的发展主要取决于智力资源的占有和配置情况，属于智力资源消耗型的经济。

总体上看，人类社会经济形态的演化是沿着农业经济—工业经济—知识经济的过程进行的。英国工业革命以前的经济形态以农业经济为主导的经济形态；从英国工业革命到20世纪90年代属于以工业经济为主导的经济形态；20世纪末美国率先进入了知识经济的门槛，其他发达国家则正从工业经济形态向知识经济形态，而大多数中等发达国家、新兴工业化国家和地区处于工业经济形态，多数发展中国家还处在农业经济与工业经济并存或实现工业化的发展阶段。

2. 不同历史阶段转型创新的模式

对于不同经济时代来讲，要实现可持续发展，必须实现生产要素的循环利用。从生态学来讲，任何事物，只有实现良性循环，才能正常运动下去。地壳聚集的热量如果不通过地震、海啸释放出去，它就无法正常运行下去。人也一样，当我们的循环发生问题的时候，会通过疾病的形式表现出来。这是可持续发展的客观规律。

农业经济时代实现了土地资源的循环利用。工业经济时代实现了资本资源的循环利用。马克思研究了货币资本、生产资本、商品资本循环利用与增殖过程。知识经济时代的发展离不开知识资源的循环利用。知识经济时代，知识更新的速度在呈指数加快。一个人所掌握的知识半衰期在18世纪为80—90年，19世纪到20世纪初为30年，20世纪60年代为15年，进入20世纪80年代缩短为5年左右。现在我们每两年生产的知识量相当于农业时代200年知识的生产量。现在知本家成为一个新的财富主体。2010年美国《福布斯》杂志网络版公布了“2009年全球十亿美元富翁榜单”，其中多位是知本家。知识存在形式主要包括显性知识和隐性知识。显性知识是可以通过文字、公式等编码化的知识。隐性知识是与人结合在一起，很难编码化或经验性知识。知识经济时代的发展离不开知识资源的循环利用，也就是隐性知识与显性知识循环转化的过程。

第二节　中国煤炭企业转型创新的内涵特征及目标

自新中国成立以来，煤炭一直是中国能源的基础。中国煤炭企业的发展历程就是创新的过程，是中国煤炭企业理论、科技、管理、制度、文化、保障等方面不断创新的过程。

一、中国煤炭企业转型创新的内涵

创新成为时代的主题，中国煤炭企业转型创新是在国际能源发展趋势、国家发展战略、区域发展特征背景下，在战略、管理、科技、制度、文化、保障等方面不断创新的过程。创新体现历史与现实的有机统一，继承与创新的辩证统一。从中国煤炭企业转型创新历程看，它实现了中国煤炭在不同时期战略的转移，开发布局的优化，煤炭供求总量的基本平衡，经济、社会与环境的不断和谐。

本书主要研究新中国成立以来，中国煤炭企业在战略、管理、科技、制度、文化、保障等方面不断创新的过程，主要从历史维度、国际维度、现实维度进行分析。一方面，国际维度体现了中国煤炭企业参与国际竞争的能力与实力，同时也反映了创新的国际性特征，能源已成为国际竞争的基础。另一方面，通过历史分析从纵向看中国煤炭企业在不同方面创新取得的成绩及存在的问题，这也是进一步创新的基础。通过历史分析，找出煤炭企业创新的规律性。再者，现实性体现了中国煤炭企业目前发展的优势与劣势，这也正是我们进一步创新的基础。通过国际、历史、现实维度的分析，为进一步做好中国煤炭企业转型创新提供基础性材料与对策。

二、中国煤炭企业转型创新的特征

中国煤炭企业数量多，发展水平差距很大，创新水平差距也很大。从煤炭资源生产能力看，国有大中型企业占50%以上。因此，本书主要研究大型国有企业转型创新，其主要特征包括以下几个方面：

第一，体现国家的宏观要求。中国发展的不同历史阶段，对煤炭企业提出不同的要求。解放初期，为了缓解能源危机，生产是第一位的。改革开放初期，为了促进经济的发展，煤炭企业的任务就是在市场经济规律下，提高经济效益，满足社会的能源需求。21世纪以来，在科学发展观指导下，煤炭企业发展需要坚持以人为本，实现全面、协调、可持续发展。

第二，凸显煤炭的不可再生性及可耗竭性。煤炭作为不可再生资源，挖得越快，消失得也越快，它的这种特点决定了煤炭企业寿命的短暂性。目前，我国人均煤炭占有量及可耗竭性低于世界平均水平，采出率也比较低。因此，煤炭企业创新需要遵循煤炭资源不可再生的特征。

第三，解决煤炭开发带来的资源问题与环境问题。煤炭企业在开采煤炭资源的同时会带来对环境的污染与破坏。因此，中国煤炭企业转型创新不仅要保证煤炭能力的供给，还要解决环境问题。特别是随着煤炭资源的不断开发，开采条件越来越差，经济空间越来越小，环境问题越来越突出，经济目标与环境目标的双赢给企业带来巨大的压力，这就需要依靠不断转型创新来实现。

第四，解决煤炭企业的可持续发展问题。一方面，由于一个区域煤炭资源终会被挖完，客观上要求企业不断地考虑新增能力。而新煤矿的建设需要投入大量的资金，风险大，建设周期长。煤炭可持续发展必须具有很强的经济实力，否则实现可持续发展非常困难。另一方面，由于煤炭资源的可耗竭性，煤炭企业一直依托煤发展是不可持续的，只不过在近期还可以维持它的可持续性。从长远看，只有实现转型创新的路子和模式才能更多地解决可持续发展问题。

第五，解决煤炭企业的高碳问题。煤炭企业作为工业企业，是高碳企业，矿区生产、洗选、运输、辅助等环节都需要耗费大量的碳资源。因此，煤炭企业低碳化发展是十分重要的。特别是对于今天能源比较紧张、气候问题比较突出的中国乃至世界来说都是十分重要的。

三、转型创新：中国煤炭企业未来发展的战略

新中国成立以来，中国煤炭企业发展过程就是不断创新的历程。煤炭企业创新带有规律性的问题，包括战略、科技、管理、制度、文化、保障等因素之间的协同过程，客观表现出不断转型的轨迹。从国际、历史、现实维度看，新中国成立以来，转型创新成为中国煤炭企业发展的显著特征，总体上经过了三个阶段，体现了中国煤炭企业螺旋式上升发展的特征。

1. 中国煤炭企业转型创新的三个阶段

（1）从无序走向低水平的有序状态（1949—1978 年）。新中国成立初期，经过所有制改造，中国煤炭企业从杂乱无章的产权关系发展为国有企业，生产关系进一步理顺，生产效率明显提高，社会、资源、生态等问题还不突出，基本上人与自然和谐相处。但是，生产手段主要以手工、低水平的机械化为主。所以，该时期在党的领导下，中国煤炭企业逐步从混乱的经济状态下转型到产权明晰、生产关系理顺、人与自然基本和谐的低水平有序状态发展。

（2）从低水平的有序状态走向高级的复杂的不平衡态（1978 年至 20 世纪末）。改革开放以来在市场经济条件下，社会对煤炭需求量不断增加，客观上要求煤炭企业不断进行战略创新、科技创新、管理创新、制度创新，提高生产效率。正是在需求的拉动下，为了提高生产量，企业组织形式进行了不断的创新，大力发展国有煤炭企业、地方煤矿企业和乡镇煤炭企业。科技创新不断推进，机械化、自动化技术不断转化为现实生产力。煤炭企业制度创新取得了非常明显的进步，管理制度、安全制度、人

才制度建设不断完善。但是，我们也看到，中国煤炭企业发展带来了高碳、环保、科技、人才、安全等一系列问题。中国煤炭企业逐步从低水平的有序状态转型到复杂的不平衡态，人与自然、生态、环境的不协调性越来越明显。

（3）从复杂的不平衡态走向高级的新的平衡态（21 世纪以来）。21 世纪，我国主要任务就是在科学发展观指导下，促进经济发展转变的同时，解决民生问题。因此，中国煤炭企业创新的目标就是在以人为本，全面、协调、可持续发展基础上，转变经济发展方式，解决“五块短板”，实现低碳、环保、安全、和谐发展，实现更高层次上人与自然的和谐发展。转型战略创新、转型科技创新、转型管理创新、转型制度创新、转型文化创新和转型保障创新都是服务于达到高级的新的平衡态的需要。

2. 中国煤炭企业转型创新的特征

新中国成立以来，中国煤炭企业转型创新的阶段性反映了事物发展的历史性、客观规律性和动态演化性。

一是世界产业结构不断升级的历史反映。第二次世界大战后，随着新技术革命的不断推进，科技革命不断促进人类从工业化社会进入知识经济社会。知识经济社会最主要的产业是高科技产业，最主要的生产要素是知识和信息，是一种可持续的经济发展形式，这是世界潮流。中国作为发展中国家，面临工业化和知识化双重任务，信息化需要带动工业化，工业化需要促进信息化的发展。而煤炭作为不可再生资源，决定了以煤为主的中国煤炭企业必须不断转型创新，才能实现可持续发展，才符合知识经济时代可持续经济发展的特征。正是在此国际背景下，中国煤炭企业经过了从一个平衡态到另一个平衡态的转变，最终目标实现可持续发展。

二是符合事物演变的规律。事物的发展过程总是从简单到复杂，从低级到高级不断演化。演化的方向体现在两个方面，即进化与退化。中国煤炭企业从无序—简单的有序—复杂的无序—高级复杂的有序，体现了事物演化过程中动态平衡性。

三是体现量变质量规律、否定之否定规律、对立统一规律。中国煤炭企业转型创新历程是三大规律的集中体现。每一次转型都是在量变“转”的过程中形成“型”的质变，量变是基础，质变是结果。从形式上看，体现了否定之否定规律，一种形态总是在扬弃原来基础上不断地创新，实现了中国煤炭企业转型的阶段性和动态性。对立统一规律体现中国煤炭企业转型创新在国际、国内环境共同影响下，不同所有制形式的共同存在，不同发展水平的企业同时存在，不同规模的企业同时并存，不同企业在差别中实现各自的发展，体现了它们之间的对立统一性。

四是凸显中国煤炭企业复杂适应性。根据巨系统的复杂程度，我们把巨系统划分为简单巨系统、复杂适应性系统和开放的复杂巨系统。简单巨系统包含子系统数目比较多，子系统之间相互作用关系相对简单。“复杂适应性系统能够与环境及其他个体进行交互作用，而且在作用过程中可以学习或积累经验，并根据学到的经验改变自身的结构和行为方式。”①开放的复杂巨系统是由我国学者提出，指开放状态下复杂巨系统的演化，如社会系统、经济系统和环境系统。中国煤炭企业转型创新正是在国际、历史与现实背景下、在党的领导下，不断学习和积累经验，改变自身的结构、目标和行为方式，体现复杂适应性特征。

总之，21 世纪中国煤炭企业转型创新是应对复杂性、落实科学发展观、构建和谐社会的客观需要，要在解决“五块短板”基础上实现高级的新的平衡态的创新。

第三节　中国煤炭企业转型创新的原则

我国是最早开采煤炭和使用煤炭的国家。“在唐宋以前，煤这个字的含义并不指今天的煤炭，而是指烟熏的黑灰。”②先秦时期的石涅就是煤。“在战国时期，除石涅这个名称外，据岑仲勉先生考证，《墨子》中的‘备穴篇’中的‘每’也即是煤”。③两宋时期，煤普遍被称为石炭，南宋末年，已经有“煤”这个称呼。元朝几乎普遍使用“煤”这个称呼，而且对煤有了进一步的认识，出现了白煤、黑煤、石炭煤等称呼。所以，历史上煤的称呼包括石涅、每、石墨、乌金石、白煤、黑煤等。

21 世纪以来，中国煤炭企业进入新一轮的创新阶段，它将走向何方

---

① 谭璐、姜璐编著:《系统科学导论》，北京师范大学出版社 2010 年版，第 107 页。

② 《中国古代煤炭开发史》，煤炭工业出版社 1986 年版，第 14 页。

③ 《中国古代煤炭开发史》，煤炭工业出版社 1986 年版，第 15 页。

呢？我们认为其创新应遵循经济性、系统性、社会性和生态性四个方面的原则。

一、经济性原则

经济性是以区域开发、生产力布局、经济结构优化、物质和能量的供需平衡等作为基本内容。该方向的一个聚集点，是力图把科技进步贡献率抵消或克服投资的边际效益递减率。中国煤炭企业作为企业，它首先应遵循企业发展的经济性特征。

1. 高科技成为提高中国煤炭企业转型创新的重要支撑

信息时代的到来，高技术发展促进传统煤炭产业科技水平的提高，为它向智能化、自动化和集约化方向转变提供了科技基础。当前新技术革命始于20世纪40年代，首先爆发在美国，它以计算机技术的发明为先导，包括信息技术、生物技术、新材料技术、新能源技术、空间技术和自动化技术等。回顾半个世纪以来新技术革命所走过的历程，可以分为以下几个阶段：

1945—1955年，第一个十年，是以原子能的释放与利用为标志，人类开始掌握核能的时代；

1955—1965年，第二个十年，是以人造地球卫星的成功发射为标志，人类开始了摆脱地球引力向外层空间进军的时代；

1965—1975年，第三个十年，是以1973年重组的DNA实验的成功为标志，人类进入了可以控制遗传和生命过程的新阶段；

1975—1985年，第四个十年，是以微处理器的大量生产和广泛使用为标志，揭开了扩大人脑能力的新篇章；

1985—1995年，第五个十年，是以软件开发和大规模的信息产业的建立为标志，人类进入信息革命的新纪元。

在人类历史的长河中，每个时代，每个世纪，总有两三项代表性的主要技术起着牵引历史前进的“火车头”的作用。与历史上的技术革命相比，20世纪40年代兴起的新技术革命发展之快，规模之大，产生的影响之深远，作用范围之广都是前所未有的。在这场新技术革命中，人类的生产方式、经济活动的组织方式、生活与工作方式等都在发生巨大的变化，它将历史的列车牵引到一个新的经济时代——知识经济时代。

根据美国的权威科技杂志，如《自然》、《科学的美国人》、《科学》所做的综合分析，认为现代高科技包括以下几个方面的内容：信息技术、交通运输技术、能源利用技术、新材料的开发与利用、生物工程与技术、环境科学与技术等六种技术。

根据我国原国家科委的分类，高新技术主要是指：① 微电子科学和电子信息技术；② 空间科学和航天技术；③ 光电子科学和光电子一体化技术；④ 生命科学和生物工程技术；⑤ 材料科学和新材料技术；⑥ 能源科学和新能源、高效节能技术；⑦ 生态科学和环境保护技术；⑧ 地球科学和海洋工程技术；⑨ 基本物质科学和辐射技术；⑩ 医药科学和新医药技术；⑪ 其他在传统产业上应用的新工艺、新技术。

1986 年 3 月，我国制订了《高技术研究发展计划纲要》，简称“863”计划。该纲要提出了以下七个技术领域的主要项目作为研究开发的目标：生物技术、航天技术、信息技术、激光技术、自动化技术、新能源技术、新材料技术。

根据联合国的分类，高科技主要有信息技术、生命科学技术、新能源与可再生能源科学技术、有益于环境的高新技术和管理科学技术（又称软科学技术）、新材料科学技术、海洋科学技术。

正是高科技的不断发展，中国煤炭企业不断依托科技进步，延长煤炭产业链，延长煤炭开发年限，提高采出率，实现科学发展。

2. 经济目标的多元性

随着科学发展观的不断深入，效率问题不仅包括经济效率，还包括社会效率、生态效率问题。改革开放以来，我国小煤矿经过了充分发展阶段，为解决当时的能源问题，促进国民经济发展作出了贡献，同时也富了一些个体。但是，它带来的问题也是多方面的，包括社会问题、环境问题和资源问题。“在 2006 年的全国正常生产矿井中，小煤矿数量占 95.5%，能力占 45.6%，产量占 32%；在建矿井中，小煤矿数量占 82.9%，能力占 31.9%。”①“十五”期间，全国煤矿共发生一次死亡 10 人以上重特大事故 257 起，死亡 6026 人，其中小煤矿为 182 起，3649 人，数量超半。小

① 岳福斌主编：《中国煤炭工业发展报告（2006—2010）》，社会科学文献出版社 2008 年版，第 83 页。

煤矿资源回收率只有15%左右，超层越界开采现象时有发生，对资源和生态造成很大的破坏。而要解决它所带来的问题需要进行巨大的投资。按照绿色GDP标准，我们创造的很多价值可能是负的。只有进行资源的重组，优化生产要素，变革考核标准等，才能从根本上扭转目前低效率的生产模式。

二、系统性原则

横断科学，它不同于各门具体的自然科学，如物理、化学、生物等都有自己特定的研究对象，它不以特定的物质形态和运动形式为研究对象，而是撇开各种事物、现象和过程的具体特征，用抽象的方法研究它们共有的某一方面的规定性及其规律。系统科学是一门典型的横断科学，是以系统及其机理为对象，探索系统的存在方式和运行规律的科学。系统科学涉及的范围广泛，现已形成了一个学科群，包括系统论、信息论、控制论、耗散结构论、协同论以及运筹学、系统工程、信息传播技术、控制管理技术等许多学科在内，是20世纪中叶以来发展最快的一类综合性科学。系统论、控制论和信息论是20世纪40年代先后创立并获得迅猛发展的三门系统理论的分支学科。虽然它们产生仅有半个世纪，但在系统科学领域中已是资深望重的元老，合称“老三论”。人们摘取了这三论的英文名字的第一个字母，把它们称之为SCI论。耗散结构论、协同论、突变论是20世纪70年代以来陆续确立并获得极快进展的三门系统理论的分支学科。它们虽然时间不长，却已是系统科学领域中年少有为的成员，故合称“新三论”，也称为DSC论。

1. 一般系统论

古代人由于实践水平和认识水平的局限，他们关于系统的思想，一方面零散地表现在他们的具体实践的成果中；另一方面大量地表现在他们关于宇宙、整体、秩序、组织和相互关系等概念中。如亚里士多德是古希腊思想家中知识最渊博的人，用系统思想描述宇宙，认为月亮以上的世界完全是由以太组成的，而月亮以下的世界则由火、水、土、气的相互转化，由此构成为运动变化的一种系统。他第一次把形式逻辑变成了系统的科学。

我国古代的系统思想主要体现在哲学、农学、军事等领域。哲学领域，在春秋战国时期就已经形成了蕴涵有系统思想的阴阳、五行、八卦等学说。《易经》从自然界找出八种基本事物称为八卦（天、地、雷、风、水、火、山、泽），看做为万物之源。《尚书·洪范》则把五行（金、木、水、火、土）作为构成万物的基本要素。这些学说都把宇宙看作一个整体。春秋战国时期的思想家老子（约公元前580—前500）在《老子》第25章中说："天下万物生于有，有生于无。"他用有和无的对立统一来说明自然界的统一性和事物之间相互联系和相互制约的关系。战国时的名家惠施（约公元前370—前310）在《庄子·天下》篇中提出："至大无外，谓之大一；至小无内，谓之小一。"说明了客观事物的整体性及其无穷的层次关系。战国时的思想家荀况（约公元前298—前238）在《荀子·天论》篇中指出："万物为道一偏，一物为万物一偏。"借以表述一个系统是更大的系统的一部分的观点。在农业方面，最突出的是水利建设的灿烂明珠——都江堰工程。都江堰由战国时期秦国太守李冰父子主持修建的。这一伟大水利工程巧妙地将分洪、排水和排沙结合起来，使各部分组成一个整体，它由"鱼嘴"分水工程、"飞沙堰"分洪排沙工程和"宝瓶口"引水工程组成，这三个主体工程与120个附属的渠堰形成相互联结的有体整体，它们相互依赖、相互调节、相互制约，构成一座具有灌溉、防洪和航运等多种效益的系统工程。都江堰的整个工程从规划、设计、施工到维护，都是在系统思想指导下完成的。在军事领域，早在公元前500年的春秋时期，就有著名的军事家孙武写出了"孙子兵法"十三篇，指出战争中的战略和策略问题，如进攻与防御、速决和持久、分散和集中等之间的相互依存和相互制约的关系，并依此筹划战争的对策，以取得战争的胜利。

将系统论上升为理论是20世纪以来的事情。一般系统论创始人是加拿大籍理论生物学家贝塔朗菲（Bertalanffy，Ludwig von）（1901—1972年）。1901年9月19日生于奥地利首都维也纳附近的阿茨格斯多夫，1972年6月12日卒于纽约州布法罗。1926年获维也纳大学哲学博士学位，在该校任教。1937年起，先后在美国芝加哥大学、加拿大渥太华大学、阿尔贝塔大学、纽约州立大学等处任教。1954年，与A.拉波包特等人一起创建一般系统论研究会，出版《行为科学》杂志和《一般系统年鉴》。现在普遍认为：系统是由两个以上具有特定属性的要素相互联系、相互作用所组成的、具有一定结构和功能的整体。对于自然界中存在的系统，可以从不同角度进行分类。

①根据系统与环境的关系，可将系统分为封闭系统和开放系统。封闭系统是与环境只进行能量交换而不发生物质交换的系统。如给封闭系统中的水加热所形成的系统。开放系统是系统可能与外界进行物质、能量与信息的交流。②根据系统与时间的关系，可把系统分为静态系统和动态系统。③根据人对自然物的参与程度，可把系统分为天然系统、人工系统和复合系统。④根据人对系统状态的认识程度，可把系统分为黑系统、白系统和灰系统。

2. 信息论

在我国古代就已存在对信息的利用和阐述。如我国古代为防御外敌侵入，各个国家修筑的长城比较多，今天保存较为完整的是明代修建的长城，长城上每隔一段都有方形的烽火台，这是古代作通讯用的，一旦有外敌来侵犯，烽火台就一个接一个地点起火，白天冒烟，夜里用火光，以示战事紧急，企求增加兵力对抗敌人，烽火台的设置就体现了古代人的通讯方式，体现了古代人民所蕴含的信息思想的萌芽。

目前对于信息是什么，学术界尚无定论，人们在不同领域、不同角度对它有不同理解。目前已形成三种不同的信息概念。

①语法信息。是指事物运动状态以及状态变化的方式，认为信息是物质属性的反映。也称为技术信息或客观信息。②语义信息。指认识主体所感受或所表述的事物运动的状态以及状态变化的方式。它强调信息的逻辑，即语义观点。认为信息反映关于外部世界的某种知识，即主观信息。③语用信息。是指某种含义的事物运动状态及其变化方式对认识主体的价值和效用。强调信息的效果，把信息看成是具有价值性、有利性、经济性及其类似特性方面的知识，也称为效用信息。

这三种信息概念都有它自己的信息理论。现在比较成熟的是语法信息理论，代表是申农的信息论即所谓的狭义信息论。美国数学家克劳德·申农（Claude Elwood Shannon）是信息论及数字通讯时代的奠基人。1948 年他在《贝尔系统技术杂志》上发表了著名论文“通讯的数学理论”，1949 年，他又发表了一篇《在噪声中的通信》，标志着现代信息论的诞生。申农信息论的基本内容是研究信源、信宿、信道和编码。信息论自创立至今，经历了 20 世纪 50 年代的创新开拓、60 年代的消化传播、

70 年代的新发展，现已形成三个不同层次的信息理论。

①狭义信息论。主要研究消息的信息量、信道容量及消息的编码问题。②一般信息论。主要也是研究通信问题，在狭义信息论的基础上还包括了噪声理论、信号滤波与预测，调制与信息处理问题。③广义信息论。除了包括狭义信息论和一般信息论之外，还包括所有与信息有关的领域，如心理学、遗传学、人工智能等。

3. 控制论

控制论产生的标志是美国数学家维纳（Wiener） 1948 年出版的《控制论》一书。目前，控制论在深度和广度方面都取得了巨大发展，它几乎与人类生活的各个部分、各个方面都有联系，它不仅促进了人们的思维方式和哲学观念的变革，而且还成功地应用于不同的领域和方面，促进科学技术、社会管理、经济发展。

控制论是自动控制、电子技术、无线电通讯、神经生理学、生物学、医学、心理学、数理逻辑、统计力学等多种学科相互渗透、彼此交叉的结果。它经历了三个阶段: ①经典控制论时期。20 世纪 40—50 年代，主要研究单输入、单输出的线性正常控制系统的稳定性。②现代控制论时期。20 世纪 60 年代，研究多输入、多输出，由自动调节到最优控制。③在系统理论与智能控制时期。20 世纪 70 年代以来，研究如何用多级递阶控制解决大系统的最优控制问题。

控制论所研究的系统，基本要素包括施控系统和被控系统。控制系统的基本矛盾施控系统和被控系统之间的矛盾。根据不同标准控制系统可分为不同的控制系统。按信息的传递方式的不同，可把控制系统分为开环控制系统、闭环控制系统和组合控制系统。按学科性质的不同又可分为工程控制系统、社会控制系统、经济控制系统、生物控制系统等。按控制的目的不同又可分为程序控制系统、随动控制系统、最优控制系统、自适应控制系统等。根据控制目的的不同控制论包括: ①工程控制论，主要指控制论应用于技术科学领域。②生物控制论，在此领域又分为生物信息控制论、医学控制论、仿生学等。③经济控制论，将控制论应用于经济学领域，如国民经济核算体系以投入—产出为依据，就是利用负反馈的控制原理来实现的。④社会控制论，如环境污染的控制、人口的控制等。⑤理论控制论，研究关于控制论的基本问题。

4. 耗散结构理论

耗散结构理论是比利时物理学家普利高津（Prigogine）于1969年提出来的。一般说来，开放系统有三种可能的存在方式：①热力学平衡态；②近平衡态；③远离平衡态。耗散结构论者认为，系统只有在远离平衡的条件下，才有可能向着有秩序、有组织、多功能的方向进化，这就是普利高津提出的“非平衡是有序之源”的著名论断。在长期的研究工作中普利高津发现，当一个远离平衡态的开放系统，由于许多复杂因素的影响而出现非对称的涨落现象，当达到非线性区时，在不断与外界进行物质和能量交换的条件下，系统将可能发生突变，由原来的无序混沌状态自发地转变为一种在时空或功能上的有序结构。事物的这种在非平衡状态下新的稳定有序结构就称为耗散结构。而耗散结构论则是探索耗散结构微观机制的关于非平衡系统行为的理论。耗散结构形成的条件包括开放系统、远离平衡态、非线性相互作用、涨落。系统论所要寻求的也就是这种具有有序性的稳定结构，从这个意义上说，耗散结构论与系统有异曲同工之妙。

5. 协同学

协同论是20世纪70年代联邦德国著名理论物理学家赫尔曼·哈肯（Hermann Haken）在1973年创立的。他认为自然界是由许多系统组织起来的统一体。在某个大系统中的许多小系统既相互作用，又相互制约，它们从旧的结构转变为新的结构，则有一定的规律，研究本规律的科学就是协同论。协同学理论是处理复杂系统的一种策略。协同学的目的是建立一种用统一的观点去处理复杂系统的概念和方法。协同论的重要贡献在于通过大量的类比和严谨的分析，论证了各种自然系统和社会系统从无序到有序的演化，它们都是组成系统的各元素之间相互影响又协调一致的结果。它的重要价值在于既为一个学科的成果推广到另一个学科提供了理论依据，也为人们从已知领域进入未知领域提供了有效手段。

6. 突变论

突变理论是比利时科学家托姆在1972年创立的。其研究重点是在拓扑学、奇点理论和稳定性数学理论基础之上，通过描述系统在临界点的状态，来研究自然多种形态、结构和社会经济活动的非连续性突变现象，并把耗散结构论、协同论与系统论联系起来，对系统论的发展产生推动作用。突变理论通过探讨客观世界中不同层次上各类系统普遍存在着的突变式质变过程，揭示出系统突变式质变的一般方式，说明了突变在系统自组织演化过程中的普遍意义；它突破了牛顿单质点的简单性思维，揭示出物质世界客观的复杂性。突变理论中所蕴涵着的科学哲学思想，主要包含几方面的内容：内部因素与外部相关因素的辩证统一；渐变与突变的辩证关系；确定性与随机性的内在联系；质量互变规律的深化发展。

7. 系统的层次结构及其演化

对于系统来讲，它是由最基本的元素组成的。元素与元素之间相互作用，形成系统的统一的整体。元素之间的关联方式称为系统的结构。按照元素在时间和空间上的不同关联，结构可分为时间结构和空间结构。按照结构的构成层次，结构可分为低层次结构和高层次结构。系统的层次结构具有以下特征：

其一，低层系统对高层系统有构成性关系，低层系统必定是包含在高层系统中，且为高层系统的构成部分。其二，同一层次系统之间存在着相互关系。根据系统演化原因的不同，可分为上向因果关系和下向因果关系。

上向因果关系由于高层系统由低层系统经相互作用而产生，以低层系统为其基础和载体，故低层子系统及其相互作用作为原因会对高层系统产生一定的结果，这种低层次系统协同对高层次系统起到的根源作用、原因作用或影响作用，叫做物质层次结构的上向因果关系。下向因果关系构成高层系统的低层子系统与单独存在时的低层系统有所不同，低层子系统会受到高层次系统及其规律的影响、制约和支配。这种高层系统对低层系统的支配和限制作用，叫做物质层次结构的下向因果关系。

系统的要素、结构、功能会随着时间的推移，不断发生变化，称之为系统的演化。系统的演化主要体现在两个方向：一是由简单到复杂、从低级到高级的进化；二是反向的退化。系统演化的方向是由系统内部要素、结构与外在环境相互作用决定的。为了促使系统向良性方向演化，我们必须协同系统内部与外部要素与结构。

8. 中国煤炭企业转型创新的系统性特征

中国煤炭企业转型创新作为中国能源调整的主要内容，它的调整涉及上万个企业。，在新形势下实现它们的转型创新，必须遵循系统规律。因为重组的过程就是煤炭要素不断创新的过程。为了提高组合效率，优化要素结构，我们必须遵循系统原则，将“发展度、协调度、持续度三者的逻辑自治和交集最大化”作为中心，有序地演绎中国煤炭企业系统的时空耦合与互相制约、互相作用的关系。

（1）开放性。一个系统只有在开放状态下，才能向优化的方向发展，否则系统会消亡。因此，对于煤炭企业来讲，它的开放性应体现在它与国外同行发展水平之间的交流与进步过程，如吸收国外先进的技术和管理经验。第二个方面体现为对其他不可再生资源、可再生资源的开放。是否可尝试与新型能源企业联合开发新能源等路子。毕竟它们有共同点，都是能源，而且具有某种程度上的可替代性，有利于生产差异性产品。

（2）协同性。煤炭企业创新无论在规模上、产业上进行兼并重组，需要注重构建系统过程中要素之间的协同关系。企业发展需要资金、人才、科技、管理等方面的要素之间的优化发展。中国煤炭企业创新的过程就是这些要素不断优化的过程。

（3）和谐性。煤炭作为不可再生资源，对它的开发过程是处理地下资源与地上资源和谐相处的过程，是实现人与自然和谐相处的过程，是不断优化能源结构的过程，因此，和谐理念是基础，否则人类会为自己的行为付出更大的代价。一些地区地下是煤炭，地上是文物，目前，煤炭的开采已经对文物古迹造成不良后果，如缺水、塌陷等。

（4）结构优化性。系统论不仅讲要素的数量，而且强调要素组成的结构。因为结构决定系统的功能。一个优化的系统结构，才会有优化的功能。目前，我国煤炭企业的大型化发展趋势，不仅在整合煤炭资源，更是在整合与它相连的资金、人才、管理、科技等方面的要素，而且要使这些要素优化组合。从目前看，一些企业虽然从产量和规模上已成为大企业，但是，它组合回来的资源只是形式上的要素，彼此之间没有系统整合。比如，一些小煤矿虽然被大企业整合回来，但是，没有从根本上扭转传统的低水平的生产模式。安全风险比较大，历史遗留问题比较多，沉没成本比较大。

（5）互塑性。系统发展的过程是系统内部要素与外在环境互塑发展的过程。我国煤炭企业的创新应随着外部环境的不断变化而不断创新。当然，中国煤炭企业的发展也在影响着外部环境。比如，市场化条件下环保问题、安全问题、能耗问题的产生反过来成为中国煤炭企业创新的基础和条件。

三、社会性原则

社会性原则是以社会公平、社会发展、社会分配、利益均衡等作为基本内容、集中点，力图把经济效率与社会公平取得合理的平衡。

有数据表明：以煤炭作业燃料的价值为 1，则加工成煤焦油能增值 10 倍，加工成塑料能增值 90 倍，合成染料能增值 375 倍，制成药品可增值 750 倍，而制成合成纤维增值 1500 倍。煤炭创新对充分实现社会价值具有重要的作用。

新中国成立以来，中国煤炭企业转型创新多以经济性为主要原则，以社会性为代价。由于煤炭是不可再生资源，不能光吃好的不吃差的，光吃肥的不吃瘦的。要充分利用各种煤炭的特点，取长补短，协调资源的合理配制。做到与其他资源公平发展、均衡不同利益关系。煤炭资源的可耗竭性决定矿区的寿命是有限的。因此，在煤炭资源开发过程中应处理好新增矿对旧矿的补偿能力，煤炭资源与其他资源之间的和谐发展问题，旧矿区改造与转产问题，利益与责任的公平问题等。中国煤炭企业转型创新应建立在社会公平、公正、公开的原则上，实现其和谐健康发展。

四、生态性原则

生态性原则是把生态平衡、自然保护、资源的永续利用和环境的治理等作为基本内容。集中点是力图在“环境保护与经济发展之间取得合理的平衡。”生态原则要求坚持减量化、无害化、再利用化手段，综合利用煤矸石、矿井水、煤泥、瓦斯、粉煤灰等内容，实现社会效益、环境效益为主，经济效益为辅，推行“谁受益、谁补偿”的原则，促进资源综合利用，为实现代内、代际之间的可持续发展，促进生态的平衡发展担负相应的责任。

一切生物都是在一定的自然环境条件下生存的。空气、阳光、温度、温度、土壤、岩石等因素构成了环境的基本因素。生物和环境相互依存、相互影响构成了生态环境。

20 世纪 70 年代环境保护呼声的不断高涨，客观要求煤炭企业发展注重环境与生态问题。近十年来地球气温变暖，二氧化碳排放问题，进一步要求煤炭企业应注重生态建设。而煤炭开发过程中不可避免地带来环境污染及破坏。

21世纪，对煤炭的综合利用成为主方向，这也是生态性原则的客观要求，清洁、高效、减少或杜绝污染已成为当今煤炭企业发展的指导思想。开展煤炭综合利用是消除公害、保护环境的有效途径。

第四节　中国煤炭企业转型创新的“三圈”模式

在国际、历史、现实背景下，中国煤炭企业将走向何方？我们需要在不断总结经验和解决“五块短板”基础上，通过转型创新，实现跨越发展。

一、创新已成为中国时代发展的显著特征

中国煤炭企业创新需要创新的社会环境。20世纪创新已进入中国人的视野。新中国成立初期，毛泽东同志为了提高中国科技创新的水平，在人才、制度等方面进行了改革。1956年1月，中共中央召开全国知识分子问题会议。毛泽东、周恩来在会上要求全党、全军和全国人民努力学习科学知识，为迅速赶上世界科学技术先进水平而努力奋斗。就是在这次会议上，党中央发出了“向科学进军”的伟大号召。根据毛泽东的一系列指示，由周恩来和聂荣臻等牵头，成立了科学技术规划委员会，制定了《1956—1967年科学技术发展远景规划》。这一规划以“重点发展、迎头赶上”为方针，对百废待兴的新中国尽快建立自己的科学技术体系并支撑经济社会发展发挥了重要的指导作用，极大地促进了我国科学技术的发展，缩短了与先进国家的距离。1963年9月，毛泽东再一次强调：“如果不在今后几十年内，争取彻底改变我国经济和技术远远落后于帝国主义国家的状态，挨打是不可避免的。”①“我们应当以有可能挨打为出发点来部署我们的工作，力求在一个不太长久的时间内改变我国社会经济、技术方

① 《毛泽东文集》第八卷，人民出版社1999年版，第340页。

面的落后状态，否则我们就要犯错误。”①也正是由于毛泽东科技思想在理论和实践方面的巨大成就和影响，才使“两弹一星”的辉煌得以冲破“文革”动荡的时局。

改革开放以来，邓小平十分重视创新。1978年3月18日是一个让中国知识分子永远难以忘怀的日子。这一天，全国科学大会在北京隆重举行。邓小平发表重要讲话。他驳斥了“四人帮”打击迫害知识分子、破坏我国科学技术事业的种种谬论，阐明马克思主义关于科学技术在社会发展中的地位与作用的理论，旗帜鲜明地指出“科学技术是生产力”，重申知识分子是工人阶级的一部分，是“为社会主义服务的脑力劳动者，是劳动人民的一部分”，强调“必须打破常规去发现、造就和培养杰出的人才”，把“尽快培养出一批具有世界第一流水平的科学技术专家，作为我们科学、教育战线的重要任务”。邓小平基于激烈的国际科技竞争和中国社会主义现代化建设的迫切需求，一再强调要有战略眼光，要懂得知识和人才的重要，懂得教育的重要。“我们国家，国力的强弱，经济发展后劲的大小，越来越取决于劳动者的素质，取决于知识分子的数量和质量。”“一定要在党内造成一种空气：尊重知识，尊重人才。”为了解决科技与经济脱节的问题，1985年3月，中共中央作出《关于科学技术体制改革的决定》，从宏观上制定了科学技术必须为振兴经济服务、促进科技成果商品化等方针和政策，从而为科技成果向现实生产力的转化以及高新技术产业化的发展，奠定了政策基础。1986年3月，邓小平亲自批准实施瞄准世界高新技术前沿的“863计划”。1988年8月，国务院批准实施以高新技术商品化、产业化、国际化为宗旨的“火炬计划”，先后批准建立了53个国家级高新技术产业开发区。1988年9月5日，在会见捷克斯洛伐克总统胡萨克时，邓小平说：“马克思说过，科学技术是生产力，事实证明这话讲得很对。依我看，科学技术是第一生产力。”邓小平的这一论述精辟地阐明了科学技术是经济发展的首要推动力，继承并发展了马克思主义的生产力学说。

1992年10月，江泽民在中共十四大的报告中首次提到了“创新”问题。尔后，他在中国科学院第十次院士大会和中国工程院第五次院士大

① 《毛泽东文集》第八卷，人民出版社1999年版，第341页。

会的讲话中指出："我多次说过，创新是一个民族的灵魂，是一个国家兴旺发达的不竭动力。科学的本质就是创新，要不断有所发现，有所发明。""有没有创新能力，能不能进行创新，是当今世界范围内经济和科技竞争的决定性因素。历史上的科学发现和技术突破，无一不是创新的结果。"1999年8月，江泽民在中共中央、国务院召开的全国技术创新大会上指出："科技创新越来越成为当今社会生产力解放和发展的重要基础与标志，越来越决定着一个国家、一个民族的发展进程。如果不能创新，一个民族就难以兴盛，难以屹立于世界民族之林。""我们必须把以科技创新为先导促进生产力发展的质的飞跃，摆在经济建设的首要地位。这要成为一个重要的战略指导思想。"在这次大会上，"加强技术创新、发展高科技、实现产业化"被确立为中国科技跨世纪的战略目标。

胡锦涛于2006年1月9日在全国科技大会上宣布中国未来15年科技发展的目标：2020年建成创新型国家，使科技发展成为经济社会发展的有力支撑。中国科技创新的基本指标是，到2020年，经济增长的科技进步贡献率要从39%提高到60%以上，全社会的研发投入占GDP比重要从1.35%提高到2.5%。而建设创新型国家，核心就是把增强自主创新能力作为发展科学技术的战略基点，走出中国特色自主创新道路推动科学技术的跨越式发展，就是把增强自主创新能力作为调整产业结构、转变增长方式的中心环节，建设资源节约型、环境友好型社会，推动国民经济又快又好发展；就是把增强自主创新能力作为国家战略，贯穿到现代化建设各个方面，激发全民族创新精神，培养高水平创新人才，形成有利于自主创新的体制机制，大力推进理论创新、制度创新、科技创新，不断巩固和发展中国特色社会主义伟大事业。科技创新一直以来是毛泽东、邓小平等国家领导人关心的主题，为了科技创新，他们在战略、制度、管理等方面进行了一系列的创新。

目前，我国科技创新能力较弱。根据有关研究报告，2004年我国科技创新能力在49个主要国家（占世界GDP的92%）中位居第24位，处于中等水平。在全面建设小康社会步入关键阶段之际，根据特定的国情和需求，我国提出要把科技进步和创新作为经济社会发展的首要推动力量，把提高自主创新能力作为调整经济结构、转变增长方式、提高国家竞争力的中心环节，把建设创新型国家作为面向未来的重大战略。

作为创新型国家，应具备以下四个特征：①创新投入高，国家的研发投入即R&D（研究与开发）支出占GDP的比例一般在2%以上；②科技进步贡献率达70%以上；③自主创新能力强，国家的对外技术依存度指标通常在30%以下；④创新产出高，目前世界上公认的20个左右的创新型国家所拥有的发明专利数量占全世界总数的99%。是否拥有高效的国家创新体系是区分创新型国家与非创新型国家的主要标志。人们往往用相关创新投入和产出的指标从一个侧面来衡量国家的创新程度，一般来说，创新型国家的创新综合指数明显高于其他国家。因此，创新已成为时代的主题，中国煤炭企业正是在这种环境下实现跨越发展。

二、转型发展已成为国际国内资源型区域和企业创新的主要路径

"所谓转型，是指事物的结构形态、运转模型和人们观念的根本性转变过程。不同转型主体的状态及其与客观环境的适应程度，决定了转型内容和方向的多样性。转型是主动求新求变的过程，是一个创新的过程。"① 马克思指出世界上没有永恒存在着的事物，一切事物都是运动、变化和发展的，一切事物都有其产生、发展和转化为其他事物的历史，一切事物都有它的过去、现在和未来。转型是事物发展的普遍现象和规律。企业发展过程是由小到大、由弱到强、由片面到全面、由低级到高级的发展，而发展本身就是不断转型的过程。企业转型是指企业长期经营方向、运营模式及其相应的组织方式、资源配置方式的整体性转变，是企业重新塑竞争优势、提升社会价值，达到新的企业形态的过程。"转型"大师拉里·博西迪和拉姆·查兰（Larry Bossidy & Ram Charan）曾言，"现在，到了我们彻底改变企业思维的时候了，要么转型，要么破产"。从转型动力看，转型分为内生性转型和外生性转型。内生性转型要求从事物内部出发进行自力更生，强调内源动力。外生性转型强调在外界压力下所进行的转型。中国煤炭企业转型创新来源于内在和外在两个方面的压力，主要依靠内源动力实现转型。

20世纪60年代以来，随着环境、资源和社会问题的不断加剧，一些

① 胡建林:《什么是转型发展》,《太原日报》2010年10月14日。

国家通过区域、产业、企业的转型，走出了一条经济效益好、资源节约、环境友好的路子。

德国的鲁尔是欧洲最大的经济区，德国工业化摇篮。20世纪60年代，由于鲁尔区煤炭钢铁产业竞争能力的不断下降，产生了经济发展速度慢、环境污染、社会矛盾突出等问题。20世纪80年代，鲁尔区通过政府扶持，改造传统工业、延长产业链、大力发展第三产业实现了转型发展。

芬兰曾经是一个以森林资源加工业为主的国家。20世纪70年代开始，芬兰开始从传统资源为主向技术导向为主转型。先后建立了企业研发中心、国家和区域层次的创新体系，实现了从资源依赖型向技术创新型和高技术出口型转变。

中国的大庆、唐山、焦作等都通过转型发展实现了经济、环境、社会的协同发展。“十一五”规划以来，山西一直在转型。山西省委书记袁纯清认为：山西要实现跨越发展，关键看山西转型发展情况。转型跨越是山西的必由之路。2010年11月，山西作为国家资源型经济转型发展综合配套改革试验区获批后，将为广大投资者创造更多便利和更大优惠，为山西转型发展提供契机。袁纯清书记提出七大实现山西转型途径：围绕传统产业实行循环化，实现高碳产业低碳发展；围绕煤炭装备制造业高端化，实现由采掘文明向制造文明的转变；围绕煤炭运销形成的巨大运力发展现代物流业，实现经济运行效率大幅度提升；整合物流产业链，将物联网等信息技术融入物流业，推进物流中转无缝连接；围绕能源资源优势做大新能源新材料产业，把一个优势变成两个乃至多个优势；围绕煤炭及关联产业发展高新技术产业，力争在高科技领域占有一席之地；围绕发挥传统产业优势加快文化旅游产业转型发展，培育新的经济支撑点。所以，转型已成为世界资源型区域、产业、企业发展的显著特征。中国煤炭企业的出路也在于转型的水平。

三、转型跨越发展已成为中国煤炭企业创新的战略目标

经济学家、清华大学经济管理学院教授魏杰认为，《“十二五”规划建议》的核心是两个字：“转型”。转型体现以科学发展为主题，以转变经济发展方式为主线，更加注重以人为本，更加注重全面协调可持续发展，更加注重统筹兼顾，更加注重保障和改善民生，促进社会公平正义。每一次

转型的背后总是蕴涵着繁荣的种子，同样，每一次繁荣的终点则孕育着新一轮转型的希望，历史总是螺旋式上升。

当代煤炭企业创新主攻方向是转型，转到哪儿？21世纪以来，实现科学发展是贯穿“十一五”、“十二五”规划的主线。煤炭企业作为中国能源的支柱，多年来由于“三高”，给环境、生态、社会等方向带来严重问题。因此，实现科学发展是中国煤炭企业转型创新的主攻方向。具体来说，转型创新表现在以下几个方面：

1. 发展理念上体现以人为本

科学发展核心体现以人为本。以人为本理念是治国安邦的执政思想理论，是实现人的全面发展、推动人的世界和社会根本进步的思想基础。毛泽东为纪念张思德发表了《为人民服务》的著名演讲，提出了为人民服务的思想。改革开放后，邓小平将是否有利于提高人民生活水平作为判断是非得失的一个重要标准。江泽民同志提出“三个代表”重要思想，表示不断发展先进生产力和先进文化归根到底是为了满足人民群众日益增长的物质文化生活需要，不断实现最广大人民的根本利益。党的十六大后，以胡锦涛同志为总书记的新一届中央领导集体，明确提出了“坚持以人为本，树立全面、协调、可持续的科学发展观。”坚持以人为本就是要以实现人的全面发展为目标，从人民群众的根本利益出发谋发展、促发展，不断满足人民群众日益增长的物质文化需要，切实保障人民群众的经济、政治和文化权益，让发展的成果惠及全体人民。

煤炭企业转型创新出发点、着力点、目标选择都应体现以人为本。从生产理念、生产过程、生产结果看是否有利于人民生活水平、生存环境、人的全面发展的改善与提高。

2. 发展方式上不断变革

胡锦涛强调，加快经济发展方式转变是我国经济领域的一场深刻变革，关系改革开放和社会主义现代化建设全局。“十二五”规划建议指出：发展现代产业体系，提高产业核心竞争力。这是加快转变经济发展方式的重要途径和主要内容，是适应国际需求结构调整和国内消费升级新变化，提高经济增长的质量、效益和国际竞争力的战略重点。煤炭企业需要通过自主创新能力的提升，大力发展循环经济，把提高企业核心竞争力作为转变经济发展方式的主要内容。

3. 依靠力量上由主要依靠增加物质资源消耗向主要依靠科技进步、劳动者素质提高、管理创新转变

传统经济条件下，中国煤炭企业发展主要依靠物质资源的消耗，煤炭企业集中度低，科技创新水平低，一线劳动者多是农民工等低素质者，管理局限于传统生产要素，生产过程的过程。21 世纪，中国煤炭企业转型创新主要是依靠提高企业自身科技创新能力、创新型人才队伍、管理要素、管理方式、管理理念的不断创新实现的。

4. 产业层次上提升煤炭产业和非煤产业竞争力

煤炭作为不可再生资源，决定了以煤为主的煤炭企业生命的周期性。为了延长煤炭企业生命周期，一方面需要做大做强煤炭产业，通过煤炭产业内部的串联与并联方式；另一方面大力发展非煤产业。国际国内很多转型成功的企业在转型战略上集中体现在以上两个方面。

5. 发展目标上体现全面、协调、可持续

煤炭企业转型的全面性体现为以人为本基础上经济、生态、环保、资源等全面发展。协调主要体现在煤炭产品内部、煤炭资源与其他能源之间协调发展。可持续性主要体现企业本身可持续发展特征、人与自然可持续发展特征。

6. 最终结果上体现跨越发展

所谓“跨越式发展”，是指一定历史条件下落后者对先行者走过的某个发展阶段的超常规的赶超行为。既然是“超常规”，它就不是通过单纯地加快速度可以实现的。跨越发展要在遵循发展规律的前提下，用尽可能短的时间达到目标；跨越式发展是一种高水平的发展，要在科技进步的推动下，努力实现产业、技术、质量、效益的新跨越；跨越式发展是一种可持续的发展，要在经济社会发展和人口、资源、环境相协调的情况下，提高可持续发展能力，使经济社会发展始终充满生机和活力。中国煤炭企业跨越式发展就是在发展理念、生产方式、主要依靠要素等转型基础上实现企业跨越式发展，跨到依靠科技、管理、劳动者素质提高的轨道上来，通过企业内部、企业之间的联合，大力发展循环经济，跨到新型工业化道路上。

总之，现阶段中国煤炭企业转型创新任重而道远。当代中国煤炭企业必须通过转型创新实现跨越发展，这是由以下因素决定的：

第一，当今国内国际时代发展背景的客观要求。20 世纪 80 年代以来的可持续发展理念、21 世纪中国科学发展观从理念、制度、科技、管理、行为、物质等层次上要求企业以人为本，节约资源、可持续发展。而转型发展是实现煤炭企业实现科学发展的重要手段。

第二，中国煤炭企业发展解决“五块短板”的现实需要。新中国成立以来，中国煤炭企业在解决能源问题、促进社会生产、实现经济效益等方面取得了一定的成绩，但是，在长期发展过程中凸显出五块比较明显的短板，即环保、高碳、科技、人才和安全。为了解决“五块短板”，必须通过转型创新实现该目标。

第三，实现经济发展方式转变的微观基础。“十二五”规划建议提出转变经济发展方式是主线。从系统论来讲，系统的转型发展，需要以系统要素、系统结构、系统功能的转型为依托。煤炭企业作为经济发展方式转型的微观基础，只有企业实现转型发展，产业层次、宏观层次才能实现经济发展方式的转变。

第四，延长煤炭企业生命周期的必须要求。一个国家或地区的某一产业总会经历孕育成长、兴盛发达、盛极而衰，呈现新旧产业更迭的现象。产业生命周期用以概括一个产业从产生到消亡的整个过程。通常划分为四个阶段，即导入期、增长期、成熟期和衰退期。煤炭属于不可再生资源，煤炭企业是典型的不可再生资源型、地域型企业，在其资源枯竭后，如何生存和发展？这是人们普遍关注的一个问题，也是一个世界性的难题。为了实现中国煤炭企业可持续发展，必须通过创新，转变经济发展方式，有序退出低效企业、稳定煤炭基地产业、提升非煤产业，延长其生命周期。

四、21 世纪中国能源发展战略目标与途径

21 世纪，中国确定了节约发展、清洁发展和安全发展的方向。用发展和创新解决前进中的问题。坚持走科技含量高、资源消耗低、环境污染少、经济效益好、安全有保障的能源发展道路，最大限度地实现能源的全面、协调和可持续发展。

《中华人民共和国国民经济和社会发展第十一个五年规划纲要》明确提出：到 2010 年，单位国内生产总值能源消耗比 2005 年降低 20%，主要

污染物排放总量减少10%。为此，中国确定了能源战略的基本内容：坚持节约优先，立足国内，多元发展，依靠科技，保护环境，加强国际互利合作，努力构筑稳定，经济，清洁，安全的能源供应体系。《能源中长期发展规划纲要》(2004—2020年)提出我国将实施煤炭为主体、电力为中心、油气和新能源全面发展的能源战略。煤炭在我国能源生产中的地位继续加强。

中国共产党第十七届中央委员会第五次全体会议研究《关于制定国民经济和社会发展第十二个五年规划的建议》。在建议中强调：围绕市场、资源、人才、技术、标准等的竞争更加激烈，气候变化以及能源资源安全、粮食安全等全球性问题更加突出，必须以科学发展为主题，以加快转变经济发展方式为主线，坚持把经济结构战略性调整作为加快转变经济发展方式的主攻方向，坚持把科技进步和创新作为加快转变经济发展方式的重要支撑，坚持把保障和改善民生作为加快转变经济发展方式的根本出发点和落脚点，坚持把建设资源节约型、环境友好型社会作为加快转变经济发展方式的重要着力点，坚持把改革开放作为加快转变经济发展方式的强大动力。转型成为“十二五”规划核心内容。

为了进一步促进我国能源结构的优化，资源的低碳化，提高能源效率，中国能源发展途径主要着力于以下几个方面：

全面推行低碳经济。中国人口众多，资源不足。政府始终将“开发与节约并举，把节约放在首位”。节约能源已成为我国一项基本国策。但是，节约只能解决节流，并不能解决开源问题。低碳经济实现了开源节流的统一，通过结构调整、科技进步、加强管理、强化法则、深化改革、全民参与等措施做好低碳经济发展工作。低碳经济已成为发达国家产业结构调整的方向。

提高能源多元供给能力。随着中国经济的进一步发展，为了满足中国能源的需求，需有序发展煤炭，积极发展电力，加快发展油气，大力发展可再生能源，到2020年争取实现可再生能源达到15%的发展目标。积极推进风力发电、生物质能、太阳能发电，以规模化带动新型能源产业化。

加快推进能源技术进步。2005年，中国政府制定了《国家中长期科学和技术发展规划纲要》把能源技术放在优先发展位置，按照自主创新、重点跨越、支撑发展、引领未来的方针，加快推进能源技术进步，努力为能源的可持续发展提供技术支撑。大力推广节能技术，关键是技术创新，装备制造技术研发，加强能源前沿问题研究，开展基础科学研究。

促进能源与环境协同发展。“从1950—2002年，中国化石燃料二氧化碳排放只占同期世界排放量的9.3%，人均二氧化碳排放量位居世界第92位，单位GDP二氧化碳排放弹性系数也很小。”①但是，中国总量排放量比较大。中国政府将保护环境作为一项基本国策，签署了《联合国气候变化框架公约》，并建立了一系列与保护环境相关的政策和法律，以全面控制温室气体排放、防治生态破坏和环境污染、严格能源项目环境管理。

加强国际能源合作。目前，世界能源结构已经多元化，有些国家还是以传统能源为主，一些国家能源结构中新型能源超过50%。目前，和平、合作、发展已成为时代主题，为了更好地发展我国的能源技术，必须进行国际合作，完善油气资源开发、加强新型能源开发、优化利用外资环境等手段促进中国能源的自主发展。

总之，中国经济的快速发展，客观要求中国能源供应不断提升。《〈中国的能源状况与政策〉白皮书》成为近期中国能源发展的指导性文件。煤炭作为目前主导能源，它的发展途径与战略应与国家能源战略保持一致，即构建安全、稳定、经济、清洁的现代能源产业体系。

五、21世纪中国煤炭企业转型创新的基础——解决“五块短板”

企业要发展必须创造和具备一定的基本要件及资源要件。资源、技术、人才、资金和市场是企业发展中最主要的因素。从企业本身发展看，中国煤炭企业技术、人才比较缺乏。资源和市场目前状况比较好。但是，中国煤炭企业作为高危行业，作为能源的基础，它本身的安全问题、环保问题、高碳问题比较突出。这样以来，中国煤炭企业发展形成了环保、能耗、科技、人才和安全“五块短板”，解决好“五块短板”成为中国煤炭企业转型创新的基础。

1. 环保问题

① 岳福斌主编:《中国煤炭工业发展报告（2006—2010）》，社会科学文献出版社2008年版，第323页。

环境是人类生存的外在条件，没有环境就没有人类。我们煤炭企业的发展不能以牺牲环境为代价，否则人类会承担更多的痛苦。面对日新月异的科学技术的发展，人们享受着科学技术带给我们无限好处的同时也得面对科技产物的“后遗症”。恩格斯曾经说过：“我们不要过分陶醉于对自然界的胜利，在起初确实取得了我们预期的结果，但是往后和再往后却发生完全不同、出乎意料的影响，前面的结果往往会被抵消掉。”因此，环保问题是中国煤炭企业发展必须承担的责任。

2. 高碳问题

碳指标是衡量一个社会、企业、个人利用资源的效率问题。由于我们目前所用的多数资源是不可再生的，为了实现可持续发展，我们每个人、每个企业有责任和义务最大限度地利用好资源，这是对自己、对子孙后代负责的态度问题和历史问题。而我国目前煤炭企业含碳水平比较高，降碳的空间比较大。

3. 科技问题

科学技术从大来说可以至以光年为单位的遥远的星际，从小来说可以至细胞的微细结构，科学技术在这一切中都留下了脚印。科技同样渗透和影响到人类社会的各个领域、社会生活的方方面面，如经济、政治、文化等。整个社会已离不开科技，科学对社会影响的速度和力量一直是以无法估量的速度在迅速增长。目前中国煤炭企业科技创新与转化速度比较慢，很多小煤矿的采煤方法机械化程度都非常低，自动化、智能化水平更低。

4. 人才问题

人才是世界最珍贵的资源。其他问题的解决都需要人才做支撑。目前中国煤炭企业人才结构不合理，低级化人才占多数，文盲与半文盲所占比例比较高。很多人只会操作。由于人才比较缺乏，直接影响了它的创新力。

5. 安全问题

安全体现了以人为本最基本的生命权。中国煤炭企业安全事故比较频发，每年造成的经济损失也是巨大的。特别是小煤矿事故占总事故量的90%以上。为了实现科学发展，我们首先需要实现安全发展。

正是这“五块短板”制约中国煤炭企业的发展，我们的转型创新应立足于解决“五块短板”，提高中国煤炭企业的竞争力。

六、中国煤炭企业解决“五块短板”实现转型创新的“三圈”模式

创新的过程是不断解决问题与短板的过程。目前，中国煤炭企业转型创新主要解决科技、环保、高碳、人才、安全五个方面的问题。而如何能更好地解决“五块短板”，我们认为需要进行转型战略创新、转型管理创新、转型科技创新、转型制度创新和转型文化创新。从系统论看，只有系统要素达到协同发展，整个系统才会向好的方向演化。

1. 中国煤炭企业创新的“三圈”模式

“三圈理论”是由美国哈佛大学肯尼迪政府学院的马克 · 穆尔（Mark H. Moore）教授提出的。他认为，公共管理的终极目的就是为社会创造公共价值，任何一项好的公共政策首先都要具有公共价值。其次，政策的实施者要具备相应能力提供管理和服务。最后，这项政策还需得到政策作用对象或民众的支持。这就形成三个圆圈，第一个圈是指公共价值，第二个圈是指能力，第三个圈是指支持。三圈理论是分析问题的一种方法，三代表数字“三”或多数，也就是说我们在分析问题时不要局限于一维或二维世界，应该从三维或多维中看世界。

解决中国煤炭企业面临的“五块短板”，需要转型战略创新、转型管理创新、转型科技创新、转型制度创新、转型文化创新和转型保障创新，这就形成如下的“三圈”模式（如图 2—1）。

2. 中国煤炭企业转型创新的“三圈”模式特征

“三圈”模式比较直观地反映了“六个转型创新”解决“五块短板”的路径。从多维度提升中国煤炭企业转型创新能力。不同创新侧重解决不同的问题，但它们之间彼此协同，相互作用，总的创新目标是一致的。

转型战略创新在宏观层次上为企业创新提供了努力的方向。转型科技创新在科技维度上为解决五块短板提供科技支撑。转型管理创新从精细化管理要求出发为煤炭企业的零浪费提供管理支撑。转型制度创新从制度层次规范企业员工行为。转型文化创新实现了观念、行为、制度和器物的统一。保障机制为中国煤炭企业转型创新提供人才、投入等方面的支撑。中国煤炭企业实现跨越发展的水平，关键看“六个转型创新”解决“五块短板”的能力。

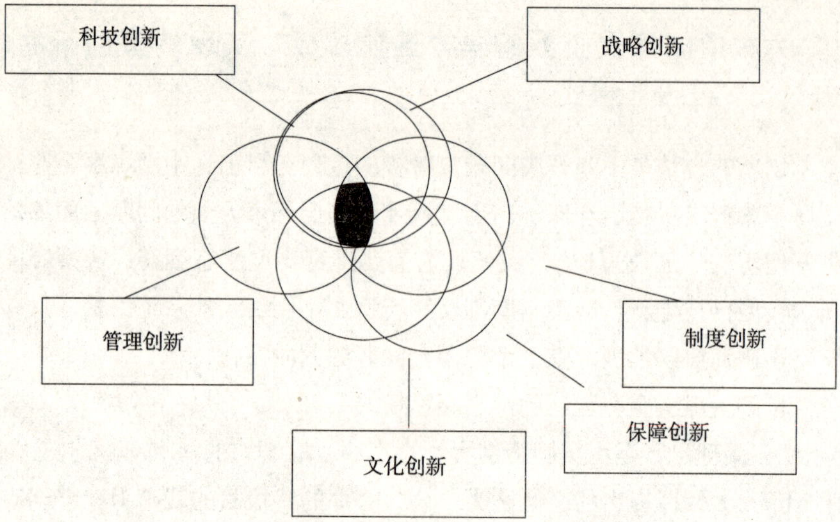

图 2—1 中国煤炭企业转型创新的“三圈”模式

七、中国煤炭企业转型创新结构

从宏观层次看，中国煤炭企业转型创新的过程是国际、历史、现实发展的必然要求，是国际能源结构和煤炭企业转型、中国煤炭企业历史发展过程中形成的“五块短板”基础上的转型创新，是战略、管理、科技、制度、文化、保障不断转型创新的过程，体现为宏观层次结构（如图 2—2）。

从微观上看，中国煤炭企业转型创新作为一个系统，有它的系统要素、系统结构、系统功能。对于一个系统来讲，它的系统要素包括内在要素、相关要素和外在要素。中国煤炭企业转型创新要素包括企业内在的人才、管理、制度、科技、设备等，相关要素包括国家政策、规划、法律法规，区域发展政策、产业政策、税收政策等，外在要素包括国际煤炭企业转型特征与路径等，形成核心层、相关层和外围层三层要素。三层要素构成三级结构体系。企业要素构成最内层的结构，相关要素构成中国煤炭企业转型创新的相关结构，外在要素构成中国煤炭企业转型创新的国际背景。

中国煤炭企业转型创新是手段，跨越发展是目标，而要实现跨越的目标，首先要实现构成要素、要素结构的转型，因为系统的要素与结构决定了系统的功能。

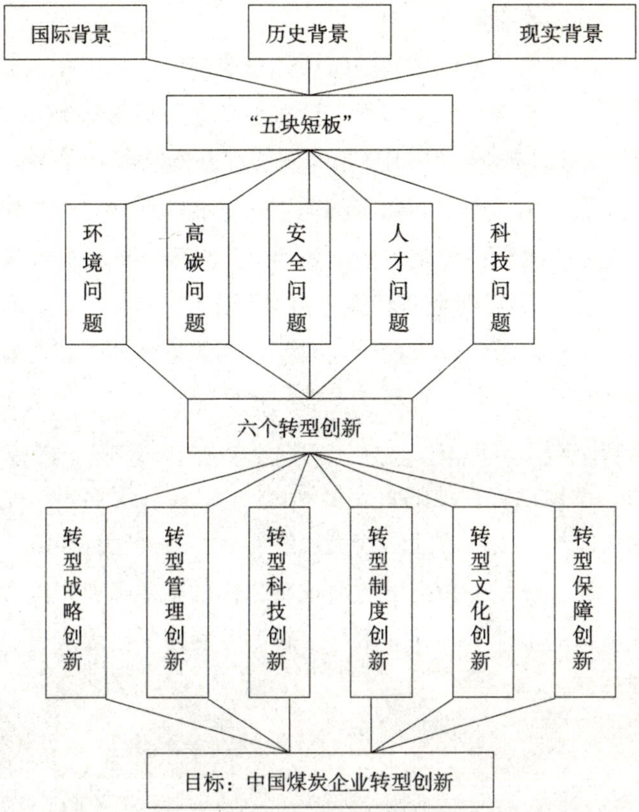

图 2—2　中国煤炭企业转型创新宏观层次结构

八、中国煤炭企业转型创新的意义

中国煤炭企业转型创新体现了时代发展的客观要求，对实现经济发展方式转变，构建资源节约型、环境友好型社会具有重要意义。

第一，是提高企业可持续发展的重要途径。企业发展都具有生命周期。煤炭企业以煤炭为主业，随着时代的发展，“三高”模式已给自然、社会带来巨大的问题，只有通过不断转型创新，实现企业经济发展方式的转变，才能延长企业生命周期，实现企业可持续发展。

第二，是实现煤炭产业转型发展的基础。多年来，由于中国煤炭产业持续超能力生产，回采率低，矿区环境问题严重，能耗水平比较高，产业收益率低等问题比较突出。为了实现煤炭产业的转型发展，必须从微观上实现煤炭企业的转型发展，使煤炭企业成为资源节约型、环境友好型企业，促进产业的转型。

第三，实现资源型区域转型发展的重要内容。从国际、国内资源型地区转型经验看，资源型区域转型以资源型企业转型为根本。大多数以煤炭资源为依托的区域，经过 60 多年的发展存在经济结构单一、生态破坏严重、社会矛盾突出、功能弱化等问题。它发展的前景要么是矿竭城衰，要么是矿竭城盛。为避免矿竭城衰，资源型区域需不断地转型发展。为实现区域转型，首先要实现企业转型。21 世纪初，是我国实现第二步战略目标转到实施第三步战略部署的重要时期。资源型区域转型发展正是实现小康社会的客观需要，是实现科学发展的现实要求。资源型企业转型成为资源型区域转型的重要内容。

第四，承担社会责任的重要体现。“十二五”规划建议提出以科学发展为主题，以经济发展方式转变为主线，大力发展循环经济，加强资源节约和管理，加大环境保护力度。而这些目标的实现需要中国煤炭企业承担自己应该承担的节能、环保等责任。转型发展使中国煤炭企业在更广的价值中实现创新。

第二篇　转型战略创新

第三章　中国煤炭企业转型战略创新的演变

中国煤炭企业的发展战略带有全局性、战略性，是在对企业内外部各种资源系统思考基础上作出的决策。新中国成立以来，中国煤炭企业战略转型创新体现了中国煤炭企业与时俱进、与时消息、与时偕行的精神，是公司战略、竞争战略、职能战略转型创新的过程。

第一节　战略创新的内涵及特征

随着经济全球化进程的加速，竞争日益激烈，越来越多的企业认识到战略创新的重要性。这既是企业可持续发展的需要，同时也是时代发展的需要。

一、战略的内涵及特征

战略是发现智谋的纲领。在西方，“strategy”一词源于希腊语“strategos”，意为军事将领、地方行政长官。后来演变成军事术语，指军事将领指挥军队作战的谋略。在中国，战略一词历史久远，“战”指战争，略指“谋略”。春秋时期孙武的《孙子兵法》被认为是中国最早对战略进行全局筹划的著作。在现代“战略”一词被引申至政治和经济领域，其涵义演变为泛指统领性的、全局性的、左右胜败的谋略、方案和对策。战略是目标和策略的组合，战略的核心问题是方向的确定和策略的选择。

战略首先是一种选择、一种取舍。所谓策略，就是如何来组织资源来落实战略。企业的发展战略和企业的经营策略是相互依托的。企业在制定其战略和策略时如果概念混淆，把策略和战术问题当做战略问题来思考，这会导致企业的方向性错误。战略的特性主要表现在以下几个方面：

1. 全局性

凡属需高层次谋划和决策，有要照顾各个方面和各个阶段性质的重大的、相对独立的领域，都是战略的全局。全局性表现在空间上，整个世界、一个国家、一个战区、一个独立的战略方向，都可以是战略的全局。全局性还表现在时间上，贯穿于指导战争准备与实施的各个阶段和全过程。战略的领导者和指挥者要把注意力摆在全局上面，胸怀全局，通观全局，把握全局，处理好全局中的各种关系，抓住主要矛盾，解决关键问题；同时注意了解局部，关心局部，特别是注意解决好对全局有决定意义的局部问题。

2. 方向性

战争是政治的继续，具有很强的政治目的。任何战略都反映一个国家或政治集团利益的根本的目标方向，体现它们的路线、方针和政策，是为其政治目的而服务的，具有鲜明的目标方向。

3. 预见性

预见性是谋划的前提，决策的基础。在广泛调查研究的基础上，全面分析，正确判断，科学预测国际国内战略环境和敌友关系以及敌对双方战争诸因素等可能的发展变化，把握时代的特征，明确现实的和潜在的斗争对象，判明面临威胁的性质、方向和程度，科学预测未来战争可能爆发的时机、样式、方向、规模、进程和结局，揭示未来战争的特点和规律，是制定、调整和实施战略的客观依据。

4. 谋略性

战略是基于客观情况而提出的克敌制胜的斗争策略。它是在一定的客观条件下，变被动为主动，化劣势为优势，以少胜多，以弱制强，乃至不战而胜的重要方法。运用谋略，重在对战争全局的谋划。制定战略强调深谋远虑，尊重战争的特点和规律，多谋善断，料敌定谋，灵活多变，高敌一筹，以智谋取胜。

二、企业战略创新的内涵及特征

随着世界经济全球化和一体化进程的加快和随之而来的国际竞争的加剧，对企业战略的要求愈来愈高。企业战略涉及企业多方面的活动，因而对企业战略的理解应从多维度中把握。

从企业发展阶段看，企业战略是确定企业组织长期目标，活动程序和资源分配的优先级；从竞争策略看，“企业战略在于限定企业的竞争范围”①，确定企业进入某一行或某几行开展多样化经营的决策，充分挖掘竞争的优势；从环境看，企业战略是企业考虑自身竞争优势与外部环境、行业结构及竞争对手基础上，企业内部条件与外部环境融合的结果。因此，我们可以说企业战略是指企业根据环境的变化、本身的资源和实力选择适合的经营领域和产品，形成自己的核心竞争力，并通过差异化在竞争中取胜。

企业战略创新体现了企业不断变革的历程。清华大学魏杰教授没有从现有的企业战略理论出发，而是将中国企业战略变革的实践作为切入点，根据中国企业战略变革的实践而探索中国企业战略的创新问题。他重在企业战略的实践创新，而并非理论创新。我们认为企业战略创新是企业根据企业内部条件、发展阶段和外部环境基础上，为提高企业核心竞争力而作出的策略。

企业战略创新是设立远景目标并对实现目标轨迹进行的总体性、指导性谋划，具有指导性、全局性、长远性、竞争性、系统性、风险性六大主要特征。

1. 指导性

企业战略创新界定了企业的经营方向、远景目标，明确了企业的经营方针和行动指南，并筹划了实现目标的发展轨迹及指导性的措施、对策，在企业经营管理活动中起着导向的作用。它是企业确定战术和策略的依据和价值。

2. 全局性

企业战略创新立足于未来，通过对国际、国家的政治、经济、文化及行业等经营环境的深入分析，结合自身资源，站在系统管理高度，对企业的远景发展轨迹进行了全面的规划。研究发现，一个优秀的统帅和企业家总是能在复杂的条件下把握全局。处理好局部与全局的关系，从整体利益出发做出战略决策。

3. 长远性

---

① 金占明编著：《战略管理》，清华大学出版社 2004 年版，第 3 页。

"今天的努力是为明天的收获"，"人无远虑、必有近忧"。兼顾短期利益，企业战略创新着眼于长期生存和长远发展的思考，确立了远景目标，并谋划了实现远景目标的发展轨迹及宏观管理的措施、对策。围绕远景目标，企业战略必须经历一个持续、长远的奋斗过程，除根据市场变化进行必要的调整外，制定的战略通常不能朝夕令改，具有长效的稳定性。

4. 适应性

一个好的战略总是力求实现长远性与适应性的统一，竞争是市场经济不可回避的现实，也正是因为有了竞争才确立了"战略"在经营管理中的主导地位。面对竞争，企业战略创新需要进行内外环境分析，明确自身的资源优势，通过设计适合的经营模式，形成特色经营，增强企业的对抗性和战斗力，推动企业长远、健康地发展。适应性体现了企业战略确定过程中环境与企业、长远性与短期性等之间的必要张力。

5. 风险性

企业做出任何一项决策都存在风险，战略决策也不例外。市场研究深入，行业发展趋势预测准确，设立远景目标客观，各战略阶段人、财、物等资源调配得当，战略形态选择科学，制定的战略就能引导企业健康、快速地发展。反之，仅凭个人主观判断市场制定的战略就会产生管理误导，甚至给企业带来破产的风险。

6. 系统性

在企业战略创新通常不是用战略和战略对上述问题做出处理，"而是将战略创新划分为三个层次：公司战略、竞争战略和职能战略。所谓公司战略创新主要是决定企业应该选择哪类经营经营业务，进入哪些领域；竞争战略创新主要涉及如何在所选定的领域内与对手展开有效的竞争。职能战略创新主要涉及如何使企业的不同职能，如营销、财务和生产等，更好地为各级战略服务，从而提高组织的效率。"①"公司战略创新包括密集性成长、一体化成长、多样化成长；竞争战略创新包括成本领先战略、差异化战略、重点市场战略；职能战略包括营销策略、财务策略、研究开发策略、生产策略和人力资源开发策略。"②企业战略创新实施成功与否是三个

---

① 金占明编著:《战略管理》，清华大学出版社 2004 年版，第 13 页。

② 金占明编著:《战略管理》，清华大学出版社 2004 年版，第 189 页。

层次战略整合与协同的结果。因此，做好企业战略必须从系统的角度，分析不同战略层次之间的关系。

从战略创新的过程看，企业战略创新经过战略创新分析、战略创新选择、战略创新实施三个关键子系统。战略创新分析主要解决战略创新所处的环境和相对竞争的地位；战略创新选择主要解决对多种战略创新方案的模拟、评价和选择；战略实施主要解决采取怎样的措施使战略发挥作用。所以，从战略创新过程看，也是不同要素协同发展的过程。

三、企业战略创新组成要素系统及评价系统

企业战略创新作为一个系统，它是由不同层次的要素组成的复杂系统。从构成关系看，它包括三个层次的系统要素，第一个层次包括战略创新分析、战略创新选择、战略创新实施三个关键子系统。三个子系统又分别包括多个要素。战略创新分析包括环境、文化、利益相关者的期望、历史发展现状、战略能力；战略创新选择包括鉴别各种战略方案、评估各种方案、选择战略等；战略实施包括计划和分配资源、组织结构和设计、管理战略变革等。对于每个层次又包括它的子系统要素。如环境包括国际、国内、行业的环境，文化的多元性和利益相关者的期望也是多元的，企业发展水平的多层次性决定了它们资源和战略能力的多元性；因此，企业战略创新是一个复杂的系统，它是由多层次的要素组成。企业战略创新的成功与我们战略创新要素的分析与集成紧密联系在一起。

“战略创新成功与否的评价标准主要包括：适用性、可接受性、可行性。”[①] 适用性强调战略创新与组织目标、资源条件和外部环境的协调性。可授受性与人们的期望值紧密相关。一方面，与消费者的期望值紧密相关；另一方面，与企业内部不同部门的期望值紧密相关。当企业作为战略创新后，不被这两个群体所认同将不会成功。可行性主要指组织有能力实施既定的战略，达到既定的目标。

---

① 金占明编著：《战略管理》，清华大学出版社 2004 年版，第 303 页。

四、企业战略创新的作用

新中国成立以来，中国企业经过了计划经济、市场经济两种经济体制，企业组织方式也在不断变革。特别是企业的国际化发展趋向，使实施企业战略创新成为紧迫的任务。

首先，企业战略创新是落实企业价值选择的航标。第一个时代由于价值选择的不同，企业会实施不同的战略创新。经济增长发展观指导下，企业战略创新主要是为了实施经济的增长。在可持续发展观指导下，企业战略创新不仅要考虑经济增长，还需要解决企业、环境等的可持续发展问题。科学发展观指导下，企业战略创新应在坚持以人为本基础上，实现全面的发展、协调的发展和可持续的发展。每一次价值观革命都引起企业层次战略创新的革命。

其次，企业战略创新是企业审视国际、历史和现实基础上做出的战略选择。任何战略的选择都来源于实践，并指导实践。企业战略创新来源于国际、历史和现实，是多语境协同发展和选择的结果。目前，中国煤炭企业转型战略创新正是思索三个维度基础上进行的创新。我们需要实践推进创新，也需要实践检验创新。

再次，企业战略创新是调整我国产品和产业结构，避免无序竞争的需要。企业战略创新不仅决定了单个企业能否取得和维持竞争的优势，而且还深刻地影响行为结构、市场竞争态势和总体格局。21 世纪企业战略创新是我国提高自主创新能力，提升产品结构、避免无序竞争的客观需要。

最后，企业战略创新是企业可持续发展的内在要求。实施战略创新不仅有助于培养企业家的战略思维能力，寻求内部资源与外部环境的匹配，而且可以促进企业改进决策方法，优化组织结构，实现企业可持续发展。从实践看，一个好的企业战略创新不仅是企业长期发展的关键，而且也是企业成熟的标志之一。企业战略的转移是企业价值、发展方向、发展策略的转移。

第二节　中国煤炭企业转型公司战略创新的历程

对于煤炭开发的战略早在明清时期已有，当时建立了招商开采政策、采煤执照制度，完善煤炭税课制度。对于煤炭发展战略当时一直存在禁矿与开矿两种争论，出现了禁而不止，禁了又开，开了又禁等现象，而这种发展战略的摇摆影响了当时煤炭业的发展，对于当代煤炭企业战略创新具有重要的借鉴价值。

战略是国家、企业或社会长期发展的一系列政策和制度，包括战略方向、战略目标、战略侧重点和战略规划。“企业战略是企业在激烈的市场竞争中为求得长期生存和发展而对企业发展方向和使命、企业的经营领域和发展目标，以及实现发展目标的保障措施所作出的具有全局性、根本性和长远性的谋划和对策。”①新中国成立以来，中国煤炭企业创新战略与煤炭产业布局有很大的关系。“煤炭产业布局是指煤炭生产能力在地域和时间上的分布。”②煤炭企业转型的速度和方向与煤炭资源在地域上的分布状况和开采条件有很大的关系。

新中国成立以来，随着社会发展的不断进步，为了满足能源需求和市场化发展的需要，中国煤炭企业组织形式进行了战略性创新。主要经过了三种形式：行政区划下计划经济形式、行政区划下市场化形式、突破行政区划下的能源整合形式。

一、行政区划下计划经济组织形式（1949—1978 年）

矿区一般指曾经开采、正在开采或准备开采的含矿地段。包括若干矿井或露天矿的区域，有完整的生产工艺、地面运输、电力供应、通讯调度、生产管理及生活服务等设施，其范围常视矿床的规模而定。影响矿区开发的自然因素有：矿床赋存的形态和空间分布、资源储量、矿石质量、矿石可选性、地质构造的复杂程度、水文地质条件、矿岩的稳定性、矿区

---

① 牛克洪、崔涛主编：《现代煤炭企业管理 50 法》，煤炭工业出版社 2007 年版，第 38 页。

② 岳福斌主编：《中国煤炭工业发展报告（2006—2010）》，社会科学文献出版社 2008 年版，第 16 页。

地形地物及气候条件等。影响矿区开发的地区技术经济因素有：水、电、交通运输、材料设备供应以及劳动力来源等。

矿区建设是计划经济时代企业办社会的标准模式。矿区建设包括矿生产区、学校、医院、住宅区、集贸市场、娱乐场所、公共设施等的建设。对改善职工生活条件、提供工作便利、做好社会保障等方面发挥了重要作用。

1949 年 11 月召开的第一次全国煤矿会议，确定 1950 年国营煤矿建设的总方针是以全面恢复为主，以东北建设为重点，体现面与点的辩证统一。

“一五”期间，为了国民经济的发展和为人民生活提供必需的燃料。改变全国工业偏集于北方和沿海，煤炭工业建设向生产消费区接近，开始建设平顶山、包头、潞安、中梁山、汾西等新矿区。

“二五”期间，我国煤炭企业组织战略进行了一系列创新。1958 年 6 月，实行企业下放，除河北、山西、辽宁、云南、贵州、宁夏六个省的部属煤矿企业和北京京西矿务局由煤炭工业部领导外，其余均下放给省、区人民委员会领导。1959 年 12 月，中央、国务院规定实行双重领导的煤矿有：黑龙江、湖南、江西、安徽、河南、山东、吉林、内蒙古 8 个省的煤矿。1962 年 3 月，国务院批准成立中南、西北煤炭工业管理局，实行以部为主和中南局、西北局为辅的双重领导。

“三五”期间，重点建设了西南、西北的六枝、水城、三道岭、铜川等矿区。“四五”期间，重点建设了大屯、永安、后所等新矿区。“五五”期间，建设了古交、平朔、龙口、洛市等新矿区。到 20 世纪末，我国已建成千万吨级煤炭矿区 30 多个。这些矿区为煤炭工业、地方经济的发展作出了杰出的贡献。但是，计划经济形式下企业办社会，行政区划的煤炭发展也存在诸多问题：

一是采掘关系失调。由于旧中国地质勘探资料非常少，矿业方面的技术人员比较少，出现了两次采掘关系失调的状况。“一五”期间，出现了地质勘探落后于设计的局面，设计不能满足施工要求的矛盾比较突出。20 世纪 60 年代又出现过采掘关系失调的局面。

二是引进人才机制缺乏。很多煤炭企业人才引进与发展存在近亲繁殖、唯亲观念和排外思想严重等问题。在引进人才时多以解决职工子女工作为先。这虽然对解决职工子女工作、稳定矿工工作在短期内有一定的好处。但是从长远看，不利于企业创新发展，这一方面容易滋生腐败；另一方面容易产生唯关系为上等不良的社会风气。而这种情况往往使真正的人才无法引进来。在唯亲的社会观念下，很多引进的人才无法留下来。这样看来，煤炭企业人才匮乏与煤炭企业人才观念、机制、社会环境等都有很大的关系。

三是创新力弱。人才缺乏是煤炭企业长期发展最短的短板。没有人才支撑，企业就没有创新的能力。很多煤炭企业的矿长、副矿长学历都很低，有些是初中文化，有些是高中或中专文化，具有硕士、博士学位的领导非常之少。领导学历低，员工学历更低，很多一线工人都是农民工。没有人才，就没有科技创新，管理创新速度也是很慢的。由于人才短板，很多煤炭企业没有自己的研发机构，产业很单一，以采煤为主。特别是一些煤炭大省，主要就是采煤，先进的设备都需要通过外省甚至国外采购，拿自己低级的煤炭初级产品换高附加值的设备或服务。

四是影响了对煤炭资源的高效开采。由于矿区建设最初都是以区域为载体建设的，而煤炭资源是以煤田的形式存在，区域采矿破坏了煤田的整体性开发，特别是大量小煤矿的存在，对煤矿资源破坏力非常大。

五是市场化运作力低。煤炭企业多是行政区划一个组织部门。煤炭企业的产量、营销方式等受行政领导。煤炭企业与政府之间存在管理与被管理的关系。因此，该时期，煤炭企业市场化运作能力非常低，企业仅是一个生产车间。

六是小煤矿发展受到国家的重视，但水平比较低。该时期，为解决中国能源问题，小煤矿发展得到国家的重视。恢复期召开了第一次全国小型煤矿工作会议，提出“全面改造，重点提高”的方针。1959 年 11 月，召开全国第二次小型煤矿工作会议，继续贯彻该方针，广泛开展以“五改”为中心的“四比”竞赛活动。“四五”时期，国家对煤矿进行了下放，小煤矿技术等得到国家的支持。1977 年，提出小煤矿税收政策要放宽些，可以搞机械化，搞样板，搞典型设计，降低成本，这也是一个大政策。但是，小煤矿普遍存在生产水平低，技术落后等问题。

二、行政区划下煤炭企业市场化组织形式（1978年—20世纪末）

改革开放至20世纪末，中国煤炭企业经历了从计划经济时代的矿区建设向行政区划下市场化形式方向的转型。该时期，中国煤炭企业数量、产量、现代企业化运作等取得了显著成效，但也带来一系列问题。

1. 中国煤炭企业市场化的发展问题

20世纪80年代，随着改革开放的不断深入，煤炭企业从计划经济进入了市场经济大潮中。1983年中国确立了煤炭企业组织创新的基本方向：改革计划管理，实行计划经济和市场调节相结合；扩大企业自主权，增强企业的活力；改变单纯依靠行政手段管理经济的做法，将行政手段和经济手段结合起来。具体表现在实行了包建制和招标投标制，吨煤工资包干，国定工和农民轮换工相结合，产销统一等。

1981年，国家能源委员会出台了《关于地方国营煤矿若干经济政策问题的请示》，1983年煤炭部出台了《关于加快发展小煤矿八项措施的报告》，“从办矿体制、资源划分、产品运销、技术服务等方面放宽了政策。”[①] 坚持放开、搞活、加强管理。从战略上大大促进了小煤矿的发展。

从数量上看，小煤矿数量激增。从产量上看，产量激增。从产权形式看，出现了单一产权模式、集团化运作模式。从发展环境看，主要以竞争为主，甚至有些过度竞争。煤炭企业进入成本低、退出成本高。小煤矿曾经为解决能源紧张、发展地方经济、解决劳动就业、提高农民收入等方面作出贡献。据统计，“全国小煤矿产量由1980年的1.14亿吨猛增到1985年的2.83亿吨，市场份额由18.3%提高到32.5%；矿井数量由2万个增加到3.5万个。20世纪90年代，在市场经济的发展下，小煤矿数量继续增加。1997年，小煤矿产量达到6.2亿，矿井数量高达8.2万个。”[②]

从上面数据可以看出，近20年，小煤矿数量增加到4倍，产量增加到近6倍。总的特征是数量多，规模小，违法现象严重，安全问题多等。

---

① 邓力群、马洪、武衡：《当代中国的煤炭工业》，中国社会科学出版社1988年版，第105页。

② 岳福斌主编：《中国煤炭工业发展报告（2006—2010）》，社会科学文献出版社2008年版，第63页。

2. 中国煤炭企业市场化形式带来的社会问题

煤炭企业社会负担比较重。特别在20世纪90年代，煤炭市场处于低迷势态下，煤炭价格与煤炭成本倒挂，生产就要亏本，这是对我国煤炭企业发展打击最大的一次。当时，很多煤矿发不起工资，有的发一半工资。由于创新能力弱，人才缺乏，很多煤炭企业不是进行积极地创新改造，而是等待煤炭市场的好转。

目前有60%的小煤矿仍然采用巷道采煤工艺，煤炭资源利用率不足30%。环保意识差，安全设施和科技创新投入不足。市场经济时代大增的小煤矿已成为安全、环保问题的"重灾区"。对小煤矿的改造就是淘汰落后生产力，提高我国煤炭集中度、创新能力的重要举措。

三、突破行政区划下的能源整合形式（21世纪至今）

在煤矿市场低落的情况下，1998年政府采取了"关井压产、总量控制"政策，引入了对小煤矿的退出机制。进入21世纪，中国煤炭企业发展带来的负面影响越来越大。资源浪费问题、环保问题、科技问题、安全问题、人才问题成为制约中国煤炭企业发展的"五大短板"。"五大短板"的产生过程正是小煤矿急速发展的过程。在发展数量、注重产量的过程中忽视质量的提高。新时期，随着能源需求的不断加速，中国煤炭企业出路将在何方？哪些企业能够解决"五块短板"，实现中国煤炭企业的可持续发展。显然，小煤矿由于人才、资金、科技、安全、环保等大量问题的存在，没有能力解决。这艰巨的任务落在了国有企业的肩上。因为，国有企业历来承担着很多的社会责任。在计划经济时代，国有企业办社会。市场经济条件下，国有企业在促进经济发展的同时，要力争解决环保问题、安全问题等。

为了促进中国煤炭企业可持续发展，国家提出了稳步推进大型煤炭基地建设和积极培养大型煤炭企业集团的"两大"发展战略，进行了小煤矿退出战略和大型煤炭基地建设的战略创新。

1. 小煤矿退出战略组织创新

2001年国家实施安全专项整治，取缔关闭了一大批非法和不具备安全生产基本条件的小煤矿。2004年国务院颁布了《安全生产许可证条例》。到2004年底，全国小煤矿数量下降为2.3万个，占全国总量89%。2005年，国务院出台"争取三年左右时间，解决小煤矿问题。"2006年5月，安委办出台了《关于制定煤矿整顿关闭工作三年规划的指导意见》，从2005年7月到2008年6月，争取三年时间实现"一个好转、两个减少和三个提高"，即采矿秩序明显好转；小煤矿数量大幅度减少，小煤矿事故总量大幅度减少；提高小煤矿资源回收率、提高小煤矿装备水平、提高小煤矿安全管理水平和从业人员技术素质。限期关闭布局不合理矿井、2007年末淘汰年生产能力在3万吨以下的矿井、关闭违法组织生产的矿井、关闭不具备安全生产条件的矿井、关闭资源整合方案中确定的被整合矿井、地方人民政府决定依法予以关闭的矿井、关闭煤炭资源接近枯竭的矿井。

小煤矿整合的目标是什么？2006年3月，国家安全生产监督管理总局、国家煤矿安全监察局等十一部委联合下发了《关于加强煤矿安全生产工作规范煤炭资源整合的若干意见》，在此意见中提出6个目标：减小矿井数量，提高矿井生产规模；提高机械化程度；提高劳动生产率；提高资源回收率；提高安全保障度；提高煤矿信息化水平。可概括为一个减小，五个提高。并对可整合的小煤矿进行了规定：合法的生产矿井或新建、改扩建矿井；经省级国土资源部门认定尚有开采价值的资源可以纳入整合范围。对于许可证到期的、不符合安全生产条件的、年生产能力3万吨以下的矿井都不得进入整改范围。

2. 煤炭基地、大型煤炭企业集团发展的组织战略创新

《煤炭工业中长期发展规划（2004—2020年）》提出了大型煤炭基地建设。按照规范开发秩序、推进制度创新、优化生产结构、促进产业融合、发展循环经济和有利环境保护的原则，并提出大型煤炭基地建设的6个并举：大型煤炭基地建设要与资源勘探开发规划同时并举，要与培育煤炭骨干企业同时并举，要与电力、冶金、建材、化工的联营同时并举，要与加强资源、环境保护同时并举，要与提高煤炭洁净化程度同时并举，要与技术创新、设备本地化同时并举。6个并举为新时期中国煤炭企业整合发展提供了思路，体现了中国煤炭企业全面开发的特征。从纵向看，煤炭企业发展要与勘探、相关的电力、冶金、建材等行业发展相和谐。横向上，煤炭企业发展要在技术创新、洁净化生产基础上做强做大，承担环保等社会责任，体现中国煤炭企业与社会诸因素的和谐发展。

2007年1月，《煤炭工业发展"十一五"规划》明确指出：把大型煤

炭企业集团培育成为优化煤炭工业结构的主体、大型煤炭基地开发建设的主体、平衡国内市场供需关系的主体、参与国际市场竞争的主体，逐步形成若干个由国有资本控股、担负跨省区市煤炭供应的大型煤炭企业集团。具体来说，以市场化运作为基础，强化政府推动和政策引导，打破地域界限，发展跨区域集团公司；打破行业界限，发展煤、电、化工、路、港为一体的跨行业集团公司；打破所有制界限；以产权为纽带，发展各类资本参与的混合所有制集团公司。"十一五"末，形成6—8个亿吨级和8—10个5000万吨级大型煤炭企业集团，其产量占全国50%以上。

目前，我国建立的大型煤炭基地包括神东、陕北、黄陇、晋北、晋中、晋东、鲁西、两淮、冀中、河南、云贵、蒙东、宁东13个大型煤炭基地。这对保障我国能源安全、优化煤炭工业结构、促进资源地区经济社会发展具有重要意义。

3. 突破行政区划下能源整合形式特征

21世纪以来，中国煤炭企业整合实现了突破行政区划下的整合形式，具有以下特征：

（1）为实现"两大"发展战略提供了现实基础。著名管理大师杜拉克曾经指出：大企业是社会的核心机构，适度的企业规模不仅是企业自身发展的需要，也是提高一个国家某个产业集中度的基础。一个行业没有适度的产业集中度就不可能有合理的产业结构和竞争秩序，而没有合理的产业结构和竞争秩序的行业其增长效率不可能是最高的。一般来讲，达到一定规模的企业集团具备雄厚的资金实力，有能力支持科技开发，走集约化的发展道路，能够或有实力解决中国煤炭企业面临的短板问题。

在煤炭基地建设基础上，中国煤炭企业走向新一轮的整合，大型煤炭集团成为主要发展方向。目前，澳大利亚、美国、德国、印度等世界上主要的产煤国，煤炭行业的产业集中度都非常高。比如，2002年美国产煤992百万吨，其中前3家煤炭公司产煤390百万吨，占全国煤炭总产量的39.4%；俄罗斯产煤258百万吨，它的煤炭公司产煤245百万吨，占全国总产量的95%；印度产煤308百万吨，其中印度煤炭公司产量237百万吨，占全国煤炭总产量的77%；而德国的煤炭产业集中度已达到百分百。在这些国家，随着煤炭产业集中度的提高，企业生产效率和经济效益不断提高。从国际看，国际性的大型煤炭企业已经超过一个地区或一个国家的概念，体现了国际化运作的方式。我国的大型煤炭企业运作也可以在强大基础上走国际化的发展路子。

目前，大型煤炭基地 13 个，由 98 个矿区组成。这 13 个大型煤炭基地涉及 14 个省、区，总面积 10.34%万平方公里，煤炭保有储量 6908 亿吨，占全国煤炭储量的 70%。重点建设 10 个千万吨级的现代化露天煤矿、10 个千万吨级的安全高效现代化矿井；形成 6—8 个亿吨级和 8—10 个千万吨级的大型煤炭企业集团，产量占全国的一半以上。13 个大型煤炭基地到 2010 年，基地内煤炭产量将达到 22.4 亿吨，占全国产量的 86%。

（2）保障我国能源安全具有重要作用。大型煤炭基地保有资源量 8528 亿吨，占全国的 83.5%。对促进我国能源安全、煤炭工业体系转型发展、安全发展等具有重要作用。中国的煤炭工业将在“大整合”中催生更多的“巨无霸”。基地建设将按照发展循环经济的要求，建成煤炭调出基地、电力供应基地、煤化工基地及资源综合利用基地。

（3）实现煤炭企业结构优化、产品多元化。目前，中国已形成神府东胜矿区、晋北基地、大同煤盆地、晋东基地、蒙东基地、云贵基地、东南基地、鲁西基地、晋中基地等。

神府东胜矿区是我国目前已探明储量最大的煤田，已探明储量 2236 亿吨，位列世界八大煤田之一。现在先期开发的神府东胜矿区仅为神府东胜煤田的一小部分。神府东胜矿区分为五个勘探区，即神木北部详查勘探区、神连详查勘探区、准格尔召新庙详查勘探区、布尔台详查勘探区和新民普查勘探区。矿区面积 3481km^2。矿区已探明储量 354.22 亿吨，其中精查储量已占总量的 54%，说明勘探程度较高。神府东胜矿区位于陕西省神木县北部、府谷县西部和内蒙古自治区伊克昭盟的南部，地处乌兰木伦河和窟野河的两侧。

晋北基地以大同矿区为主的动力煤基地。大同矿区位于山西省北部，行政区划包括大同市及朔州市的左玉、右玉、山阴和怀仁县。煤田大致为一长方形盆地，长 85km，宽 30km，面积 2550km^2。

大同煤盆地经历过石炭、二迭、侏罗纪 3 个成煤时期，主要煤种为弱黏煤、气煤、不黏煤、1/3 焦煤、长焰煤。大同矿区现勘查井田 34 处，1996 年底煤炭保有储量 150 亿吨左右，其中弱黏煤近 60 亿吨，气煤、1/2 中黏煤、1/3 焦煤、长焰煤及分类不明的煤约 90 亿吨。现开采的是侏罗纪煤层。

晋东基地主要涵盖阳泉、潞安、翼城、阳城、盂县和晋城等高煤阶煤矿区，是山西省内著名的无烟煤矿区。沁水煤田预测储量1515亿吨，保有储量840.01亿吨。煤质优良，具有低灰、低硫、低磷、发热量高、硬度大等特点，构造简单，煤层稳定，易于开采。

蒙东（东北）基地主要有蒙东霍林河、东北的铁法、沈阳、抚顺等矿区，以及黑龙江四大矿区。霍林河矿区位于内蒙古哲里木盟霍林郭勒市境内，长约60km，平均宽9km，面积540km^2。本区含煤地层为侏罗纪上统霍林河组，属陆相沉积，共含煤24层，其中可采9层，可采煤层总厚度为81.7m，煤层结构复杂，厚度大，稳定性较好，为矿区主要可采层。矿区1996年保有储量为130亿吨。

云贵基地南方诸产煤省中，从资源来看，具备基地条件只有贵州西部与云南连接的一带。如六枝、盘县、水城和老厂矿区等均可成为云贵基地的组成部分。贵州水城矿区位于贵州省西部，水城、威宁、赫辛、纳雍境内。贵州水城矿区含煤地层为二迭统龙潭组，年代地层包括龙潭阶和长兴阶两部分，厚约250—500m。含煤性以威水背斜为界有所差异，北翼一般可含可采煤10—20层，可采总厚20m；以11号层煤为界，含硫量上高下低，南翼可采煤一般8—38层，可采总厚12—45m。云南小龙潭矿区位于云南南部开远县境内，地形呈盆地形，矿区含煤地层为新第三纪，含复合煤层1层，称N31，是一巨厚复杂结构的褐煤层，平均厚度139m，内有夹矸数十层。该煤层储量大，煤层厚，埋藏浅，宜于露天开采。矿区煤的灰分一般在15%—25%，精煤挥发分大于50%。其煤灰成分组成较为特殊SiO^2和Al^2O^3含量都较低，二者之和尚不足30%，CaO含量在30%，甚至40%以上，Fe^2O^3也在10%以上。

河南基地包括“中原煤仓”平顶山矿区、义马、郑州、鹤壁、焦作、登封等矿区，探明煤炭储量达200亿吨。以郑州矿区为例，该矿区位于郑州西南，地跨新密、新郑、登封三市及郑州郊区。矿区东西走向长100km，南北宽，西部为5km，东部为45km，面积1000km^2，郑州矿区范围内新密、登封和荥巩煤田均为石炭、二迭纪含煤地层。

鲁西（兖州）基地包括兖州、枣滕、新汶、龙口、淄博、肥城、黄河北、济宁和巨野9个矿区，矿区探明煤炭储量约160多亿吨，其中兖州矿区拥有已探明及推定储量19.31亿吨。目前矿区有南屯、兴隆庄、鲍店、东滩和济宁二号等5座煤矿，其煤田面积分别为$47.1km^2$，$54.0km^2$，$37.5km^2$，$60.0km^2$，$90.0km^2$。

晋中基地包括乡宁、古交等矿区已经形成的炼焦煤集团。太原西山煤田含煤面积1764km，保有储量117.86亿吨，其中炼焦用煤储量37.41亿吨。如果将山西霍西煤田包括在内，又包括有汾西矿区、霍县矿区、万安勘探区和克城煤矿等4个矿区，保有储量241.35亿吨，主要是炼焦用煤，非炼焦用煤仅约5亿吨。

两淮基地包括淮南、淮北矿区，相邻的徐州矿区划入此基地似在情理之中。这个基地探明煤炭储量近300亿吨，其中淮南是“不折不扣”煤的世界，远景储量就444亿吨，探明储量153亿吨，按照规划，到2010年，煤产量将超过1亿吨，到2020年年产量达1.5亿吨。火电装机容量将从2010年的1000万千瓦到2020年的2000万千瓦，将超过三峡电站的1800万千瓦的规划装机容量。

黄陇（华亭）基地包括陕西黄陵、甘肃华亭、庆阳等相近矿区，探明储量在200亿吨以上，具备建设大型煤炭基地的条件。据报道，庆阳境内煤炭预测储量达1342亿吨，占甘肃全省预测储量的94%，特别是千米以上浅层的预测资源达84亿吨，且储量集中，构造简单，煤质优良，是未受破坏的整状煤田。

冀中基地包括开滦、峰峰和蔚县矿区，探明煤炭储量150亿吨左右。开滦矿区位于河北省唐山市，地跨丰润、丰南、滦县、滦南、玉田、唐山6个县市。矿区地处燕山南麓，华北平原北缘，由开平向斜、车轴山向斜和林南仓向斜3个构造单元组成，总面积$760km^2$。

宁东基地主要包括鸳鸯湖、灵武、横城三个矿区，以及马家滩、积井、萌城、韦州和石沟驿等8个勘探区，其中尚有石沟驿井田和煤化工项目区，宁东能源重化工基地远景规划面积为$2855km^2$。该区域优质无烟煤储量达273亿吨。宁东能源重化工基地也是宁夏回族自治区内最重要的能源建设项目。宁夏境内含煤面积1.17万千平米，全区煤炭远景储量2029亿吨，探明储量310亿吨，主要分布在宁东煤田和贺兰山煤田。

陕北基地坐落在陕西榆神地区。1996年陕西煤田地质局185队就开始对榆神进行详查，榆神矿区是陕北侏罗纪煤田地质条件、煤质性最好的地区，低灰、低硫、低有害组分和高发热量的煤特征，在世界上也是罕见的。榆神矿区位于神府矿区南部，面积为5500km^2，探明储量为301亿吨，矿区可采煤层13层，其中主要可采煤层4层，主要煤层厚度平均10m,最厚可达12m，是国内外罕见的可建设特大型现代化矿区的、条件优越地区之一。

4. 体现了中国煤炭企业收放收螺旋式上升发展特点

新中国成立以来，随着我国能源需求、社会发展、市场因素等的不断变化，我国煤炭企业发展经历了收—放—收的发展模式。新中国成立初期，为了满足对煤炭需求，当时国家经济力量比较弱，集国家力量，建设了一些矿区，满足生产、生活需要。20世纪80年代，在市场经济条件下，为了满足煤炭需求，降低了煤炭企业进入的门槛，大量的小煤矿迎运而生。经过20世纪的发展，它所带来的安全问题、环保问题、能耗问题、科技问题越来越突出。为了实现科学发展，它们不得不退出或被兼并。21世纪以来，国家对煤炭企业进行了新一轮的整合，体现了收的特征，一些人将之概括为国进民退，有一定道理。但我们认为是优进劣退，这符合市场竞争的规律。

中国煤炭企业的大型化发展，具有历史必然性。第一，它有利于国家有效地进行宏观指导，促进煤炭生产与需求的协调，避免煤炭市场价格的大起大落。第二，是促进和提高生产力水平的必然选择。解放和发展生产力是社会发展的关键，要促进先进生产力的发展，必须淘汰落后生产力，而大企业的运作模式将会淘汰大量的生产效率低的小煤矿，对发展生产力具有重要作用。只有能进能退的机制才是优秀的机制。第三，对保护和合理高效采煤具有重要作用。目前，组建大型煤炭企业集团，一块煤田由一个主体来开发经营，便于对煤田进行统一规划，科学采煤。第四，提高竞争力。大企业可以减少很多中间环节，节省很多谈判费用，提高企业赢利空间，使企业有更大的能力提高创新力。第五，制度和政策上的保障。党的十六大以来，民营经济和国有经济都是国民经济的重要组成部分，企业可以通过并购重组组建新的企业形式。2005年，《国务院关于促进煤炭工业健康发展的若干意见》中把培育大型煤炭企业集团作为主要目标：要打破地域、行业、所有制界限。加快培育和发展若干个亿吨级大型煤炭骨干企业和企业集团，使之成为优化煤炭工业结构、建设大型煤炭基地、平衡国内煤炭市场供需关系和“走出去”开发国外煤炭、参与国际市场竞争的主体。组建大企业，突破行政区域局限、没有行业制约，产权形式多是通过股份制改造实现的。

当然，大型化发展不是完全垄断下的发展，而是在政府管理和市场运作下的一种发展方式。目前，中国煤炭企业大型化发展，是走强大化的发展路子，加长高碳、环保、科技、安全、人才“五块短板”。中国煤炭企业大型化发展战略的实施需要处理好以下关系。

第一，处理强与大的关系。目前，中国一些煤炭企业在整合过程中，注重大。兼并的小企业之间与主企业之间并没有形成协同关系。系统论讲，要实现系统功能的优化，首先系统要素之间具有相关性、协同性，否则杂乱无章的要素只会使系统演化走向消亡，而不是走向良性运转。目前，一些企业在兼并过程中，企与民之间的很多纠纷难以合理解决，一些企业因为要兼并一些技术落后企业，沉没成本很高。这就是说，我们在做大企业时，一定要理性地思考，不能为了大而大，否则会搞跨一些本身非常好的大企业。我们认为，在重组过程中注重系统要素之间的协同关系，在协同基础上科学发展、和谐发展，这是一个很重要的原则。

第二，处理竞争与垄断的关系。由于20世纪80—90年代，煤炭企业的过度竞争，使煤炭行业集中度低、竞争力弱、短板比较多。现在通过整合，提高中国煤炭企业的集中度不是否定市场因素。而是在市场机制下使中国煤炭行业更有序地发展。通过适度提高煤炭进入门槛，提高集中度，提高产品差异性等提升中国煤炭企业竞争力。在具体的操作过程中，要充分发挥市场配置资源的基础性作用。同时要通过制度和政策手段，解决资源规划、安全生产、环保等问题。

第三，处理资源与环境的关系。实现资源兼并开发，突破行业、行政区划，就是为了在更高层次上实现资源与环境的和谐发展。煤炭作为不可再生资源，需要站在对人类和子孙负责的基础上处理二者之间的关系问题。

第四，处理关小与放大的关系。改革开放以来，小煤矿的大量存在，虽然在一定时期内对解决能源、就业起到了一定的作用。事实上影响了煤炭工业的有序发展。为了促进小煤矿的有序退出、大企业的有序进入，我们在机制上建立煤矿退出机制和标准，以及企业兼并的标准。为被关、停、并、转的小煤矿退出提供条件。自1998年以来，我国煤炭资源的整合，实施安全标准、生产能力标准、环保标准、技术标准等，使很多小煤矿合理合法地退出；对于符合整合要求的小煤矿通过机制被大型企业整合。正是这种退出机制与进入机制的联动效应，淘汰了落后生产力的小煤矿，壮大了大型煤炭企业的发展能力。

第三节　中国煤炭企业转型竞争战略创新的历程

煤炭开发布局体现了科学发展的要求，以节约、全面、协调、可持续发展为指导，在效率、公平、和谐基础上发展煤炭产业，为煤炭企业留下了很大的创新空间。煤炭企业可根据自己在国家布局中的位置，创新发展。根据布局，我们延伸中国煤炭企业转型战略创新的若干路径。

一、中国煤炭企业转型竞争战略创新的历程

新中国成立初期，中国煤炭企业发展路子集中体现在“调整、巩固、充实、提高”方针指导下，国有煤炭企业实现了机械化、制度化、管理科学化发展历程。

改革开放后，中国煤炭企业成为国家战略的重要内容。1982年党的十二大确定了煤炭企业发展的路子为“五个转变”、“十二条方针”。“五个转变”是从手工业为主转变为以机械化作业为主；从单一生产原煤转变为多品种生产；从单一经营转变为多种经营；从不能控制重大恶性事故和职业病的发生转变到基本上能控制；由小吨位的运煤工具转变为大吨位的运煤工具，并协助铁路、交通部门发展大吨位的运煤列车和水上顶推船运煤。“十二条”方针是：改革经济体制，发展地区、部门、企业之间的联营；大胆利用外资，放手开发内资；有计划有重点地对矿井进行技术改造；加快煤炭开发，缩短建设周期；大力发展地方煤矿；发展洗选加工，调整产品结构；坚决执行“安全第一”的方针；巩固井下职工队伍；加强智力开发，提高职工科学文化水平；大力发展科学研究；统筹安排，同步建设，协同铁路、交通部门解决煤炭运输问题。

1985年煤炭工业部对煤炭企业实行投入产出总承包战略，大大调动

了地方煤矿企业和职工的积极性。小煤矿的发展对解决当时的能源问题，促进经济增长具有重要作用。“到1990年末，全国已建成大、中、小相结合的煤炭生产基地134个，重点产煤县数十个，地方煤矿遍布全国。”①但也带来一系列问题，如对煤田的破坏、资源的浪费、环境污染的加剧等。

21世纪以来，在科学发展观指导下，中国煤炭企业不断推行循环经济发展路子，通过产业内、产业间的融合，实现煤炭企业横向、纵向和交叉的联合发展。为提高中国煤炭企业的竞争力，近些年来对煤炭企业实行资源整合，体现优进劣退的特征。

二、中国煤炭企业转型竞争战略创新的特征

新中国成立以来，中国煤炭企业发展战略变革主要体现为转型特征。转型就是转轨变型的过程，“转轨就是使企业经营转到以提高经济效益为中心的轨道上来；变型就是由生产型转变为生产经营型，由单一品种、单一经营转变为多品种、多种经营。”②转型体现了价值理念、生产方式、经营方式、管理方式的变革。中国煤炭企业转型战略路子体现为以下特征：

1. 在党的领导下凸显国际、历史、现实的需要

新中国成立以来，中国煤炭企业转型路子的选择都是在党的领导下，结合国际煤炭企业发展形势、中国煤炭企业发展现状基础上，坚持实事求是、解放思想，以与时俱进、与时消息、与时偕行的创新状态实现了中国煤炭企业转型路子的战略创新。

2. 从单一煤炭生产向产、洗、焦等方面转型

20世纪50年代，我们学习前苏联企业的单一产品结构，洗煤加工程度很低，发电、炼焦及煤化式被化分为其他行业。20世纪80年代初，我国提出了煤炭企业综合开发的理念与生产模式。为了满足生产对能源的需要，我国确定了机械化作业、安全健康生产、多品种生产、多种经营、大能力运煤等。1982年党的“十二大”提出煤炭企业发展的“五个转变”。20世纪80年代建成的太原煤气化公司和大屯煤电公司以煤为基础综合开发与经营，产品包括煤炭、焦炭、煤气、煤化工、建材、灶管制造等，取

① 魏同等:《中国煤炭开发战略研究》，山西科学技术出版社1995年版，第35页。

② 邓力群、马洪、武衡:《当代中国的煤炭工业》，中国社会科学出版社1988年版，第647页。

得了比较好的经济和社会效益。

3. 从开环式生产向循环经济生产模式转型

循环经济概念最初来源于生态系统，它模仿大自然的整体、协同、循环和自适应功能去规划、组织和管理人类社会的生产、消费、流通、还原和调控活动的简称，是一类融自生、共生和竞争经济为一体、具有高效的资源代谢过程、完整的系统耦合结构的网络型、进化型复合生态经济。普遍认为循环经济应坚持减量化、再使用、再循环原则。吴季松先生认为应坚持五个原则，即再思考原则、减量化原则、再使用原则、再循环原则、再修复原则。资源短缺、生态环境保护是我国发展循环经济体系的主要原因和目的。吴季松提出了资源利用的半衰期理论，即“以探明的短缺自然资源储量预测，在剩余仅为总量的1/2时，短缺资源的产量应该达到最高峰，其后递减”①。受探测技术、开采能力等的影响，中国煤炭资源半衰期离我们越来越近。因此，为了实现煤炭资源的可持续发展，我们需要通过循环经济战略的推动，促使煤炭企业做强做大。具体来说，对于煤炭企业应坚持煤炭—洗选—焦炭—煤化工—中煤矸石电厂—建材—煤机制造—矿用的循环经济发展思路，最大限度地保护环境，提升资源利用效率，实现科学发展。

4. 从数量居多向做强做大的转型

煤炭作为不可再生资源，它的开采能力受到地理位置、开采成本、环境条件等方面的制约。对于资源丰富、开采成本低、环境承载能力大的区域，煤炭企业的发展战略可以将做强做大作为战略选择。加快神华、陕北、山西省焦煤等13个大型煤炭基地建设，形成商品煤供应基地、煤炭深加工基地和出口煤基地，是新时期党中央、国务院作出的重大战略决策。它们应按照科学发展观的要求，在做强基础上做大，提高回采率，提升科技含量，这是对企业、社会、子孙负责的发展理念。

5. 以煤为主向非煤为主转型

煤炭作为不可再生资源，一个地区煤炭挖竭，需以另一种方式来替代。每年我国都有煤炭枯竭型企业或区域的申报。目前，为了可持续发展，中国煤炭企业多采用向邻近煤田扩展，向远离的矿区转移，破产老矿

---

① 吴季松:《循环经济概论》，北京航空航天大学出版社2008年版，第64页。

区、开发新矿区、向海外转移等方式来接替发展。从长远来看，是不可持续的。这是由煤炭资源本身的不可再生性决定的。煤炭作为不可再生资源，它总是有一天会开采完的。因此，中国煤炭企业应根据自己资源情况与开发现状，发展非煤产业，实现可持续发展。

我们认为，目前两种煤炭企业需要发展非煤产业。第一，资源丰富，受科技、交通等条件的制约，开采成本比较高，效率比较低，生态破坏比较严重，资源消费比较大。出于对人类、对子孙负责的态度，我们应减少这方面煤炭企业的开采。对这些企业我们认为应发展相关产业。坚持走新型工业化道路，淘汰落后产能，加强环境监管，发展环保产业，有效推动节能先进技术，树立循环经济发展理念。第二，对于资源优势越来越不明显，生态代价已接近生态环境可承载范围的煤矿企业，应及早地做好转型发展的规划。目前，山西省一些煤炭企业的做法就是通过转型发展，促进企业更好地创新。一些企业选择到其他区域继续挖煤，另一些企业选择延伸煤炭的产业链做强做大，还有一些企业积极探索发展非煤产业。

总之，煤炭企业转型战略创新的路子基于矿产资源的有限性、不可再生性，通过转型战略创新，“依靠科技进步及寻求可替代资源的基础上，调控矿产资源的耗竭率，使其达到最佳状态，使矿产资源既满足当代人的需要又不对后代人满足其需要的能力构成危害。”①

第四节　中国煤炭企业转型职能战略创新的历程

新中国成立以来，中国煤炭企业战略职能创新也经过了长期的探索过程。从主体上看，国家在企业转型职能战略创新中具有重要作用。企业的职能也从生产车间走向独立的经济实体，企业内部的职能部门越来越齐全。

① 綦振平、刘效参、冯述虎：《矿产资源开发的可持续性分析、评价与对策》，经济科学出版社2002年版，第6页。

一、国家层次中国煤炭企业转型布局职能战略创新的历程

中国煤炭企业的战略创新受国家宏观战略创新的指导，在宏观战略创新的框架下进行职能创新。具体表现在以下几个方面：

解放前，中国的煤矿主要分布在东北的辽宁、吉林、黑龙江，华北的河北、山西，华东的山东和安徽。该时期，中国煤炭开发的最高产量是1942年的6568.6万吨。随着抗日战争和解放战争的发展，这些煤矿陆续由解放区人民接管。旧中国遗留下来的煤矿，“除开滦、抚顺、淮南、焦作、阳泉、淄博和枣庄外，绝大部分煤矿规模小、设备简陋、技术落后，加上战争的破坏，基本上处于停产和半停产状态。”①

新中国成立初期，中国煤炭工业开发战略创新主导思想是“稳住东部，战略西进”，1949—1952年，在国家“有计划、有步骤地恢复和发展重工业”方针的指导下，全国第一次煤炭工作会议确定了以全面恢复为主，重点建设东北的生产建设方针，力求使煤炭生产接近消费区。在这一战略的指导下东北的煤炭企业得到了快速的发展。1949年10月，成立了燃料工业部，主要管理煤炭、电力和石油工业。同年11月，召开了第一次全国煤矿会议，确定以全面恢复为主，以东北建设为重点的格局。1952年，华北和东北的原煤产量占全国总产量的69.2%，形成长距离“北煤南运”的局面。为了解决运输问题，从“一五”开始，我国就十分重视调整布局，使煤炭产地尽量接近消费区，我国先后在华东地区、华中地区、华北地区、西南地区、西北地区，开发了淮南、淮北、徐州、新汶、兖州、肥城、平顶山、义马、鹤壁、包头、轩岗、六枝、水城、渡口、石炭井、铜川等新矿区，这是中国煤炭企业发展的第一次战略大转移。

“三五”期间（1966—1970年），为了全国大三线建设的需要，煤炭工业战略重点是加快“大三线”建设，迅速“扭转北煤南运”的局面。煤炭企业发展重点从华北、东北和沿海转移到西南、西北和江南，西南煤炭企业建设重点是六枝、盘县和水城；西南煤炭企业建设的重点是贺兰山和渭北；江南煤炭企业主要集中在江西萍乡和英岗岭、湖南资兴和白沙、江苏的苏南和大屯、安徽的马鞍山、广东的梅县等。这是中国新中国成立以

① 纪成君：《中国煤炭产业经济研究》，经济管理出版社2008年版，第86页。

来煤炭企业开发又一次重大战略转移，逐步扭转北煤南运的局面。

“四五”期间（1971—1975 年），由于“三五”时期重点建设“大三线”，江南煤矿已达到一定规模，而东北、华北和华东地区的煤炭企业优势不明显，发展速度明显减慢。为此在 1973 年确定以东部区为重点，加强北方和华东骨干矿区的建设，加强淮南、淮北、兖州、开滦、古交等大型骨干企业的建设。为满足东部地区的发展提供了能源基础，这是中国煤炭企业发展的第三次战略转移。但是也存在采掘失调的局面，后不断完善。

“五五”和“六五”期间（1976—1985 年），中国煤炭企业通过发挥老矿潜力、扩大新矿建设和小煤矿建设，增加煤炭产量，立足于通过发展机械化，提高单产、单进和资源回收率。1979 年 9 月煤炭工业部颁发了《煤炭工业技术政策》（试行），主要内容包括：在煤炭资源开发上贯彻中央和地方并举，大中小并举的方针，战略布局上要合理。设计上贯彻集中化、机械化和技术经济合理化的原则。在地面设计上，设计要标准化，严格工程验收。在安全上，严格执行《煤矿安全规程》。在科研上，明确方向和重点，做好科研攻关和试验。这是改革开放后指导煤炭企业转型创新战略性文件。1979 年 5 月，煤炭工业部提出了“调整、改革、整顿、提高”方针，这是新中国成立以来第四次大调整，调整生产与基建、采掘、生产与生活、生产与安全等方面的比例关系。一方面，充分发挥国有重点煤炭企业的基础性作用，满足了全国骨干企业和经济建设的用煤。另一方面，充分发挥乡镇企业的补充作用。20 世纪 80 年代提出了对乡镇煤矿“扶持、整顿、改造、联合”的方针，并制定了政策，搞活了地方经济，满足了地方经济建设和人民生活的需要。充分发挥了不同层次生产的积极性。

“七五”期间，为了解决煤矿的安全问题、产品的单一问题、科技问题，提出了安全、效率、现代化矿井的任务，确定多种经营、安全生产、现代化建设的发展格局。现代化矿井建设着重从中国实际出发，实现采煤和掘进机械化、质量标准化、矿井运输现代化、管理科学化、培训正规化和思想革命化等。

“八五”和“九五”时期，由于煤炭受供大于求、亚洲经济危机等的影响，处于萧条时期，1998 年煤炭部也被撤销。所有这些使该时期中国煤炭企业处于缓慢发展阶段。

进入21世纪，中国煤炭企业的发展逐步从东、中部扩展到西部，陕西、内蒙古自治区、新疆等地成为新时期煤炭开发的重要领域。中国共产党第十七届中央委员会第五次全体会议通过的《关于制定国民经济和社会发展第十二个五年规划的建议》。提出以科学发展为主题，以加快转变经济发展方式为主线，能源战略是推动能源生产和利用方式变革，构建安全、稳定、经济、清洁的现代能源产业体系。加快新能源开发，推进传统能源清洁高效利用。加快建设资源节约型、环境友好型社会，提高生态文明水平，积极应对全球气候变化，大力发展循环经济，加强资源节约和管理，加大环境保护力度，加强生态保护和防灾减灾体系建设。为中国煤炭企业创新提供了战略依据。

目前，中国煤炭产业布局主要体现在三个方面：第一，受资源分布和生产条件的限制，优先开发资源丰富、开采条件好的地区。第二，从消费特点看，优先开发离消费区近的资源。第三，受生态承载能力的影响，煤炭开采应规划在区域生态可承载范围之内。

新中国成立以来，中国煤炭企业转型创新开发战略体现以下特征：首先坚持党的领导。中国煤炭企业开发战略的每一次转型都是在党的领导下，结合中国实际实现转型。其次，开发战略的转型与中国能源消费结构的变革紧密联系在一起。消费结构表现在消费能源结构和消费的地理结构两个方面。随着新能源开发的不断加速，客观上要求对煤炭的开发也要向清洁能源方向转变。能源消费向东部地区转移，为了节约运输等环节的费用，就近开发和周边开发是很现实的选择。最后，从开发主体看，呈现出中央、地方，大中小企业共同发展的格局。随着科学发展观的不断深入，一些落后的产能企业将要被兼并和淘汰，这既是市场规律运行的结果，也是实现科学发展的结果。

总体上看，"'五五'以前建设的重点是东北、华北、京津冀、中南等东部地区，约占总开工能力的70%；'五五'时期以后，晋陕蒙区成为建设重点。"① 到2000年，我国煤炭工业形成了"煤炭调出型、煤炭调入型、煤炭产需区平衡略有调出型三种类型包括晋陕蒙规划区、东北规划区、华东规划区、京津冀规划区、中南规划区、西南规划区、新甘宁青规划区七

① 魏同等:《中国煤炭开发战略研究》，山西科学技术出版社1995年版，第32页。

个规划区的发展战略。”① 中国煤炭企业在布局转型基础上实现了它的职能的不断转型。

二、中国煤炭企业转型职能战略创新的历程

在布局转型创新和市场经济环境基础上，中国煤炭企业进行了营销策略、财务策略、研究开发策略、生产策略和人力资源开发策略等的不断创新。

从营销策略看，中国煤炭企业经过了从生产车间向独立主体的转变，从供给制向市场制的转变。根据市场规律确定营销策略。

从财务策略看，中国煤炭企业经过了从定性描述走向定量核算，从对企业整体的核算走向精细化的核算体系，形成大到企业、小到班组的核算体系，从成本收益核算走向绩效核算。

从生产策略看，中国煤炭企业经过了从狭义的开环生产模式走向闭环的循环经济模式，从单一采煤走向发展煤炭产业与非煤产业并举的局面，从煤炭产业发展走向与煤炭产业相关的纵向与横向之间一体化发展的转变。

从人力资源开发策略看，中国煤炭企业仍然处于低端人才运行模式。新中国成立以来，虽然中国煤炭企业经过了几次人员的分流与精减，但整体上人员素质比较低，生产一线多是农民工、技校生等，企业研发力量非常薄弱。要实现中国煤炭企业转型创新，必须解决人才最短的“短板”，否则难以实现转型创新。

从转型职能结构看，中国煤炭企业形成了比较完整的职能部门体系。企业集团的运作进一步优化了企业职能部门之间的关系。企业集团以产权连接为主要纽带，并附以产品、技术、经济、契约等多种纽带，以母子公司为主体，把多个企业单位联结在一起，形成具有多层次结构的多法人经济联合体。不仅一个企业内部职能部门越来越全，而且在企业集团的运作下，企业之间的职能部门实现了资源的优化组合。

---

① 彭世济主编:《中国煤炭工业四十年》，中国煤炭工业出版社 1990 年版，第 17 页。

第五节 中国煤炭企业转型战略创新的意义

新中国成立以来，为了更好地促进中国煤炭企业的发展，其发展模式战略在不断地创新。对实现中国煤炭企业高效有序发展、优化能源结构、平衡供求关系、凸显煤炭行业重要地位等具有重要意义。

一、促进中国煤炭企业高效化有序发展

2004 年，温家宝在“两会”的《政府工作报告》等多次会议中明确提出“要增加煤炭、电力、油品生产，加快大型煤炭基地建设，形成煤炭为主体，电力为中心，油气和新能源全面发展”的国家能源发展战略。对于煤炭企业发展来讲，要稳定东部地区煤炭生产规模，巩固区内煤炭自给能力，加大山西、陕西、内蒙古西部地区煤炭开发强度。

通过战略创新，达到煤炭资源开发秩序良好，大型煤炭基地建设初见成效、中小型煤矿整合改造取得明显进展；现代企业制度进一步完善，形成若干个亿吨级产能的大型煤炭企业和企业集团；基本形成适应煤炭工业发展的科技创新体系；煤矿安全生产形势明显好转；洁净煤技术开发和产业化全面发展，资源综合利用和节约资源取得明显进展；矿区生态环境恶化的趋势得到遏制；职工收入稳步增长，初步形成与社会主义市场经济体制相适应的煤炭工业管理体制和煤炭法律法规体系。

具体目标是煤炭产量 26 亿吨，56%由大型煤矿生产；形成 10 个千万吨级安全高效现代化矿井，6—8 个亿吨级矿井；大型煤矿采掘机械化程度达到 95%以上，中型煤矿达到 80%以上，小型煤矿达到 40%；煤矿专业技术人员达到 12%，职工受教育平均年限达 11 年；煤矿百万吨死亡率降到 2%以下。节约能源 6000 万吨标准煤；现有矿井实现应抽尽采，新建矿井基本实现先采气、后采煤，煤层气利用率达 40%以上。煤矸石、矿井水利用率均达到 70%，矿井水达标排放率 100%。

随着大企业化运作方式的不断深入，需要小煤矿不断地退出。国家安全生产监督管理总局国家煤矿安全监察局制定了三步走的战略部署。第一步整顿关闭；第二步整合技改；第三步管理强矿。并制定了山西、内蒙古、

陕西整合后的矿井规模不得低于30万吨/年，新疆、甘肃、青海、宁夏、北京、河北、东北及华北地区不得低于15万吨/年，西南和中南地区不得低于9万吨/年的标准。

《煤炭工业发展“十一五”规划》和《若干意见》确定了以煤炭整合、有序开发为重点，完善体制、创新机制、强化管理、保障安全、改小建大、优化结构，依靠科技、促进升级、深度加工、洁净利用、节约资源、保护环境，构建与社会主义市场经济体制相适应的新型煤炭工业体系，形成中国煤炭企业创新的体系化发展特征。国家“十二五”煤炭工业发展规划与以往规划有很大的区别，主要表现在以下几个方面：

第一，从企业规划上升为产业规划。也就是说强化了对煤炭产业的规划，弱化了对企业的发展规划。对企业更多地采用了原则、指导性任务，以宏观指标作为指导。

第二，政策转变。过去煤炭工业规划侧重扩大原煤出口作为发展目标之一。而在“十二五”规划中由过去的鼓励原煤出口向鼓励煤炭企业境外投资采煤转变，这是政策转变的重要方面。

第三，产业结构指导性转变。在此前，产业结构调整内容大都是“削主力副”，要求煤炭企业多元发展，最后导致一企多业，主次不分，难以做强。在本规划中，用改小建大，优化结构取代了人们已习惯的“结构调整”，更符合科学发展的要求。总之，国家宏观指导性政策是煤炭企业发展的指示灯。

第四，“安全发展”已成为中国煤炭企业发展的重要战略。为贯彻落实科学发展观和实现安全生产，2006年国务院制定了《安全生产“十一五”规划》。通过理念、制度、行业、物质等方面解决中国煤炭企业安全问题。“十二五”规划建议进一步强调安全发展的重要性与紧迫性。

二、凸显中国煤炭企业转型的轨迹

新中国成立以来，我国主要通过规划和战略引领中国企业的发展。“中国煤炭企业在煤炭产量、产品结构调整、市场供求、煤炭价格、煤炭经营状况等多个方面，都具有一定的优势。”①

---

① 吴长军：《入世后中国煤炭企业发展战略研究》，中国民商法律网，2004年4月9日。

几年来，煤炭工业管理体制发生了很大的变化，原国家煤炭工业局撤销，行业管理职能上交国家经贸委，新组建了国家安全生产监督管理局（国家煤矿安全监察局），煤炭企业及相关的事业单位下放地方管理，政企分开，政社分开，企业逐步成为独立参与市场竞争的主体。

国家通过实施一系列宏观调控和市场监管政策，加大了关闭国有煤矿矿办小井和乡镇煤矿停产整顿的力度，全国原煤生产总量得到有效控制。一是全国原煤产量继续保持负增长，原国有重点煤矿增长，乡镇煤矿大幅度下降，产量结构得到不断优化；二是国有重点煤矿洗精煤产量增幅上升，洗精煤质量提高，产品结构优化继续向好的方向发展；三是开拓进尺大幅增长，单产、单进继续增加，原煤生产人员效率大大提高。从煤炭行业经济运行的状态来看，整个行业的经济运行质量有所提高，国家对煤炭行业实现“三降一升”（煤炭产量降下来，原煤成本降下来，拖欠货款降下来；煤炭价格升上去）的要求，取得了明显成效。总之，产品结构调整取得了明显成效，这是近几年来国家实施煤炭总量控制、关井压产、调整结构一系列宏观调控政策的结果。

三、有助于调整市场供求关系实现煤炭价格稳中有升

目前煤炭企业在国内、国际能源市场上份额在逐步增加，煤炭运量、销售量结构进一步优化。适应国民经济持续高速增长，煤炭出口大幅度增加的需要，全国煤炭装车运输销售也呈现出大幅增长的态势。在国家关闭国有煤矿矿办小井和乡镇煤矿停产整顿政策推动下，国有煤矿销量增加，煤炭销售结构继续优化。

从国内来看，今后几年国民经济增长速度预测为年均7%左右，煤炭需求量稳步上升，价格稳中有升。随着产业结构、能源消费结构的调整和节能技术的发展，煤炭需求将继续增长，煤炭消费和生产格局正发生变化。

一是工业生产快速增长，煤炭消费不断增加。从全国工业生产形势看，工业产品产量快速增长，拉动了煤炭消费的持续增加。交通运输等基础设施的加快建设，铁路实行“网运分离”，进一步改善着煤炭运输条件，促进了中西部地区煤炭开发，优化了煤炭开发布局。全国电力、冶金、化工、建材等主要耗煤行业煤炭消费均有较大幅度增长，消费的持续增加促

进了煤炭供求关系的平衡发展。据国家统计局报告，2003年中国能源和主要原材料消费明显上升，全年能源消费总量16.78亿吨标准煤，比上年增长10.1%，原材料、燃料、动力购进价格上涨4.8%。

二是煤炭企业库存量继续下降，社会煤炭库存量趋于合理，减少了资金积压，盘活了煤炭企业资产，促进了煤炭价格的上涨。

三是国家进行的西部大开发加大了西部基础建设，特别是大型坑口火电站的建设，将带动西部地区煤炭生产和消费的增长，从而拉动社会经济快速发展，扩大了煤炭市场需求。

四是污染物排放标准的提高和石油、天然气价格变动，推动了洁净煤技术的开发和应用。

五是“西电东送”、“西气东输”及“三峡工程”等项目的建设投产，正在改善华东和中南地区能源供应状况。全社会技术进步加快，进一步提高了能源利用效率，节能效果更加明显；电力工业火力发电仍以较快速度增长，对煤炭需求持续增加；冶金、化工、建材等主要耗煤行业生产稳步发展。据国际能源机构发表的《1998世界能源展望》预测，到2020年，世界石油消费量年均增长1.9%，天然气消费量年均增长2.6%，煤炭消费量年均增长2.2%。在世界煤炭需求增长中，亚洲呈较强增长势头，大部分国家年均增长3.8%左右；北美年均增长2.1%。世界煤炭需求增长带动了中国煤炭出口，促进了国内煤炭市场供求关系调整，提高了煤炭市场价格。

四、实现煤炭行业在国民经济中的重要地位

根据世界能源国际组织和能源专家的预测，煤炭仍是21世纪全球的最主要能源，它作为主要基础能源的地位不会改变。与世界其他国家相比，中国能源分布的特点是丰富的煤炭资源和贫乏的油、气资源。中国是一个以煤为主要能源的国家，目前煤炭在能源消费结构中占70%左右，是中国能源工业的支柱产业之一。中国煤炭在各种能源中占有储量优势。目前已探明的煤炭资源约8.7万亿吨，仅次于苏联和美国，居世界第三位。相比较中国的石油天然气后备可供开采的资源严重不足，储量小而且开采成本高。煤炭是具有竞争力的能源，煤炭在价格上相对于石油和天然气具有很强的竞争力。目前，中国几十万个火电厂、工业锅炉燃用煤炭，多数

城市特别是中小城市居民生活，以煤炭为主要能源。中国是农业大国，目前农民生活中60%以上的能源仍靠柴草，农村从使用生物能源向矿物能源转变是必然的趋势，这将进一步扩大对煤炭的需求。基于以上原因，煤炭资源是中国重要战略资源之一，在国民经济发展中居于重要地位。

第四章　中国煤炭企业转型战略创新模式

建立大型煤炭基地已成为新时期中国煤炭企业创新的主方向。大型煤炭基地与大型煤炭企业的建设是一致的。我们不仅应建立大型煤炭企业，而且应建立强大型煤炭基地。

第一节　中国煤炭企业转型战略创新的基础与目标

中国煤炭企业经过60多年的发展，取得了显著的成就，例如，在解决中国能源问题、就业问题等方面成绩突出。但是它的问题也是多方面的，而这些问题的解决正是中国煤炭企业进一步转型创新的基础。

一、目前中国煤炭企业转型战略创新的条件

《煤炭工业发展“十一五”规划》提出为建设与社会主义市场经济体制相适应的新型煤炭工业体系，必须贯彻科学发展观，健全和完善煤炭宏观调控体系，加强大型煤炭基地建设，加快煤炭企业重组，促进煤炭与相关产业协调发展，优先发展煤炭科技教育，加强煤矿安全综合治理，发展循环经济，保护矿区环境，提高矿工劳动保障和生活水平，解决煤矿历史遗留问题。由于政治、经济、文化、科技、历史等多方面的原因，我国煤炭企业发展存在结构不合理式、粗放式、低科技式、低文化式的发展特征。

1. 集中度需要进一步提高

“‘十五’期末，年产量在30万吨以下的小煤矿仍多达2万余家；而同期年产3000万吨以上的企业只有10家，其中过亿吨的仅有2家，5000

万吨的也不过3家。”①一些大型煤炭企业只是从形式上实现了“大”，并没有实现“强”，甚至一些大型企业从发展理念看主要目标就是要做“大”，企业之间不同部门之间并没有协同关系，甚至只是挖煤。

2. 科技创新水平需要进一步提高

2010年初，胡锦涛书记提出转变我国经济发展方式刻不容缓。煤炭作为不可再生资源，作为人类宝贵的资源，我们应从对子孙后代负责任的角度，实现煤炭资源的可持续发展。特别是应推动煤炭企业经济发展方式从粗放型向集约型转变。但是从总体上看，大多数企业还属于粗放式增长，主要靠资金、大批劳动力的投入增加产量。很多小煤矿还采用落后的采煤生产工艺。科技对煤炭企业的贡献率比较低。

党的十七大以来，随着民生问题越来越成为社会关注的热点，民生科技作为解决民生问题的重要支撑，需要转化为现实生产力促进企业和谐安全发展。

3. 开环式发展模式需要创新

从人类文明发展史看，最好的发展方式是循环式的发展特征。农业经济时代，最主要的生产要素是土地，而生产者通过实现土地资源的循环利用，实现了人与自然之间的和谐发展。工业经济时代，最主要的生产要素是资本，资本家通过扩大再生产，提高技术水平等手段实现了资本的循环利用与增殖。但是，工业经济时代发展方式最大的特征就是开环式的发展模式，以巨大的不可再生资源投入为代价，使二氧化碳排入量远远超过植物可吸收的能力，造成温室效应、生态的破坏，人与自然之间的不和谐发展越来越突出。

目前煤炭企业的发展模式是造成环境恶化、资源枯竭的最主要原因。现在我们也谈煤炭的循环发展，其实只是实现煤炭资源节约式发展，如对煤炭资源的吃干榨尽，对开发煤炭过程中实现水资源的循环。只是对开环式发展方式的改进，并不能真正实现煤炭这种资源的循环利用。特别是无法充分实现对碳元素的循环使用。而这种创新将是功在当代，利在千秋的大事。

---

① 岳福斌主编:《中国煤炭工业发展报告（2006—2010）》，社会科学文献出版社2008年版，第5页。

4. 管理创新空间比较大

煤炭企业管理涉及的内容非常广。首先，我国煤矿事故多发问题已经引起管理层的高度重视。党中央、国务院三令五申要解决煤矿生产安全保障低、整体防灾能力差等问题。中国煤矿企业的安全水平远远低于一些发达国家，我们必须重视安全管理。

其次，我国煤炭企业生产力水平整体比较低，资源浪费问题长期存在。有资料表明：产量占全国近65%的大中型矿井的回采率平均约为46%，资源富集地区的小煤矿的回采率约为15%，有的甚至不到10%。低回采率浪费了大量的资源，不利于煤炭资源的可持续发展。这需要提高宏观管理水平，遏制低水平发展方式的继续。

5. 制度需要进一步完善和创新

制度创新（Institutional Innovation）是指在人们现有的生产和生活环境条件下，通过创设新的、更能有效激励人们行为的制度、规范体系来实现社会的持续发展和变革。所有创新活动都有赖于制度创新的积淀和持续激励，通过制度创新得以固化，并以制度化的方式持续发挥着自己的作用。目前，中国煤炭企业制度创新速度比较慢，不够细化，需在精细化管理思维指导下，做精细化制度体系。

6. 企业文化需要进一步创新

企业文化作为企业发展的软实力，影响着企业发展的路径与视野。很多成功的企业都是因为有着人们共识的文化基础。目前，中国很多煤炭企业文化比较认同企业短期经济利益，而对涉及人才、安全、生态建设等文化理念却不重视。最终导致煤炭企业人才匮乏、安全意识薄弱、生态代价严重的局面。在不注重企业多文化建设的背景下，使一些煤炭企业走向低级化发展。

由于企业人才队伍建设文化的缺失，造成煤炭企业人才结构的低级化。表现为：①不注重高层次人才，特别是复合型人才的培养。很多企业重视技工的引进，将人才仅仅停留在操作的层次。②很多煤炭企业安全管理员严重不足。

7. 煤炭企业的双刃剑问题

煤炭企业对于促进中国经济发展、解决中国能源问题具有重要贡献，对解决中国民生问题具有重要的促进作用。但是，煤炭企业的发展同时带来了资源枯竭、生态破坏、环境污染等一系列新的民生问题，一些问题是显在的，如煤矸石、矿井排水、地表沉陷；另一些是潜在的，如地质结构的破坏等。据统计和推算："目前煤炭行业每年排放的工业废水约45亿吨；每年排放的瓦斯150亿立方米；每年排放煤矸石约3.5亿吨，累计已超过35亿吨，占压土地约11万亩。"① 除此之外，煤炭开采还带来地表塌陷、居民迁移等社会问题。这样以来，我们必须反思一个平衡问题，煤炭企业解决的民生问题多，还是产生新的民生问题多。这是我们在当代必须面对的一个现实问题。

二、21世纪中国煤炭企业转型战略创新的基础

工业经济时代为我们留下什么，除了工业化体系，人们生活水平的提高之外，还有四大全球问题：人口问题、资源问题、环境问题和生态问题。因此，中国煤炭企业的战略创新主要建立在两大基础上。第一个基础就是要解决由于煤炭的过度开采和利用产生的一系列社会问题；第二个基础是企业内部的"五块短板"。具体来说表现在以下几个方面：

一是解决环境问题的需要。自20世纪50—60年代以来，环境问题越来越突出，美国生物学家卡逊发表的《寂静的春天》，引起人们对发展理念的反思。1972年在瑞典斯德哥尔摩召开的人类环境会议，通过的《人类环境宣言》进一步告示人类发展应保持代际之间平衡的重要性。1987年的可持续发展内涵为人类发展提供了一种模式。2003年我国提出科学发展观，后来的"十一五规划"等客观要求中国煤炭企业必须不断创新，实现科学发展。

二是解决社会问题的需要。人口问题：从1600年到1900年的300年间，世界人口增长了2倍多，从5亿人增长到16.50亿人，1900年到2000年世界人口增长了将近4倍，从16.50增至60.52亿人。资源问题：就石油而言，石油储量尚可支撑42年。中国可支撑12年，美国可支撑13年，沙特阿拉伯仅可支撑68年。环境问题：自20世纪80年代以来，环境污染影响范围从局部扩展到大范围，甚至是全球性的。环境问题的发

① 岳福斌主编：《中国煤炭工业发展报告（2006—2010）》，社会科学文献出版社2008年版，第7页。

生地从经济发达国家转向世界各国。生态问题：水土流失，土地荒漠化，森林和草地资源减少，生物多样性减少。

2010年7月14日《参考消息》登载了“地球的九大软肋”，分别是生物多样性、臭氧减少、化学污染、土地使用、淡水消耗、氮磷循环、海洋酸化、气溶胶浓度、气候变化。在9个极限中，超出3个，分别是生物多样性、氮磷循环、气候变化；濒临3个，分别是土地使用、淡水消耗、海洋酸化；还有2个无法评估，分别是化学污染、气溶胶浓度。最后1个是我们拯救了臭氧层。而这些社会问题或者说全球问题与化石燃料具有很大的关系。煤炭燃烧产生大量的二氧化碳，影响了地球气候，而且煤炭在开采过程中破坏了地下水资源，影响土地的使用，产生其他的化学污染等，这是知识经济时代煤炭企业发展与创新的基础和前提之一。

三是解决煤炭企业内部问题的需要。社会问题是煤炭企业创新的外在环境因素和客观要求。煤炭企业是否能够解决这些问题与企业创新能力紧密相连的。而企业内部问题的存在是企业创新的直接动力。目前中国煤炭企业存在科技创新能力弱、文化创新缺失、管理能力需要进一步提升、制度创新的空间比较大等问题。

中国煤炭企业创新将走向何方，我们认为社会问题、企业内部问题是它转型战略创新的基础和动力。这为中国煤炭企业转型战略创新提供了的方向。这是站在历史的、社会的、现实的不同层次得出的结论，也是对当代、后代、整个人类负责的基础上的转型战略创新。

三、中国煤炭企业战略转型创新的影响因素

中国煤炭企业转型战略创新受到多种因素的影响，包括内部因素、历史因素、外部因素。

从内部因素看，企业发展水平、规模、潜力等非常重要。目前，中国煤炭企业普遍存在技术转型、规模大型化转型、依靠力量转型等。这是中国煤炭企业转型创新成功与否的条件。

历史因素包括企业发展过程中形成的短板，如科技、人才、安全、管理等。这是企业战略创新的基础。新中国成立以来，由于不同发展阶段目标的不一致性，造成中国煤炭企业发展的不平衡性，固定资产投资力度大，软因素投资力度比较小。

外部因素有：国外煤炭企业发展水平、国际技术水平、市场条件和政府干预等。国外煤炭企业发展水平是影响中国煤炭企业转型战略创新的视野，国际技术水平影响中国煤炭企业产品、生产方法和信息系统；市场的竞争和波动影响中国煤炭企业的优势、劣势和战略整，政府干预程度对中国煤炭企业的战略产生重大影响。

正是基于内部因素、历史因素和外部因素，中国煤炭企业转型创新走向大型化、强型化、可持续化、循环经济化、和谐化。中国煤炭企业发展水平的差别性、历史因素的复杂性、外部因素的多元性使其转型战略创新更具有前瞻性和重要意义。

四、中国煤炭企业战略创新的价值定位

在新的形势下，中国煤炭企业价值定位发生了新的变化。与国际煤炭企业发展相比较，中国煤炭企业面临的问题更多，需要创新的空间更大。这与我们价值定位紧密联系在一起。我们认为，目前中国煤炭企业转型战略创新应该有明确的价值目标，而且各个价值目标之间应和谐发展，否则都会损坏煤炭企业或社会的发展。具体表现在以下几个方面：

1. 经济价值

煤炭作为中国能源基础，它的发展对中国冶金、电力、建材等行业的发展具有重要作用。它的发展首先体现在其基础性的经济价值。我国目前处于工业化的重要时期，传统工业发展速度非常快。而煤炭目前在我国能源、工业等领域具有十分重要的地位。中国煤炭消费主要集中于电力、冶金、建材、化工、农业生产和出口等。

“煤炭生产弹性指煤炭生产的增长速度与国民生产总值的增长速度之比值。”[①] 随着科技进步、产业结构的优化，煤炭生产弹性系数会不断下降。所以，煤炭的经济价值不仅体现在它对其他产业的贡献率，还体现在它本身的效能上。

2. 政治价值

煤炭企业作为一个企业，应该按照市场规律行事。但是，它与一般企业具有很大的区别，它是国家能源、工业命脉，它的发展离不开社会的客

---

① 纪成君：《中国煤炭产业经济研究》，经济管理出版社 2008 年版，第 109 页。

观需要，更离不开国家的宏观指导。煤炭企业在解决中国能源问题上不仅是一个经济问题，更是一个政治问题。

3. 生态价值

传统煤炭企业发展，特别是很多小煤矿企业的发展，不承担外部性，给社会和子孙后代带来了严重的伤害，使人类与自然之间越来越不和谐。现代中国煤炭企业转型创新很大程度上就是要解决生态问题，尽量减少对自然界的破坏，使人与自然处于和谐状态。这需要现代煤炭企业承担更多的社会责任。现在的社会责任不是计划经济时代或市场经济初期，企业办社会的责任，而是体现了权责利、公平性、谁破坏谁负责等原则。

4. 安全价值

安全体现了科学发展观以人为本的要求。以人为本，首先应在尊重人的生存权基础上进行创新。安全发展也是企业本身发展的目标之一。从国际500强企业发展历程看，还没有哪个企业连安全问题都解决不好而进入的。这是企业发展的一个基础目标：不安全不生产。在不安全状态下能生产出安全的产品吗？建设安全高效现代化煤炭企业始终是大型煤炭企业建设的基础和核心。而我国近些年来，煤炭安全发展成为一个很大的短板。从目前看，不是领导不重视，而是因为"技术短板"、"人才短板"等的制约，使很多安全问题无法从根本上解决。

2008年10月7日，在深入学习实践科学发展观活动动员大会上，山西省省委决定把实现"三个发展"作为推动山西省科学发展的战略重点和具体抓手。山西要实现科学发展，最关键的是要做到转型发展、安全发展、和谐发展。实现转型发展，就是要以企业、产业、矿业转型为重点，优化产业结构、推进节能减排、提高经济效益，推进经济社会协调发展和能源基地全面转型。实现安全发展，就是要以坚强决心和过硬举措，全面加强安全生产工作，尽快扭转安全生产被动局面，建立安全生产长效机制，走出一条符合科学发展、切合山西实际的安全生产、安全发展的路子。实现和谐发展，就是要把握好科学发展与社会和谐的内在统一性，正确处理各种社会矛盾，及时协调各方面利益关系，理顺群众思想情绪，积极为群众排忧解难，实现各方面事业有机统一、社会成员团结和谐。实现转型发展、安全发展、和谐发展，事关科学发展观在山西的贯彻落实，事关山西省人民的福祉，是对山西各级党委和政府执政能力与领导水平的重大考验，是对全省广大党员干部保持先进性、发挥先锋模范作用的重大考验。其中安全发展是基础，转型发展是手段，跨越发展是目标，这体现了当今安全价值在煤炭企业的作用。

五、中国煤炭企业转型战略创新的目标探索

战略创新的过程包括战略方向、战略目标、战略侧重点和战略规划四个方面。一般来讲，战略方向、战略目标、战略侧重点多是定性的描述，对于战略的实施关键看建立在战略方向、战略目标、战略侧重点基础上战略规划的落实情况。规划一般要解决两个问题：一是对一定资源进行合理安排，以完成可能实现的最大任务。二是用尽可能少的资源来完成即定目标。从多种方案中选择最优。根据系统要素的复杂程度和可预测程度的不同，“规划可分为线性规划、非线性规划和动态规划”①。线性规划强调任务与目标的加和性，可通过最优化实现战略。非线性规划不满足比例性和可加性，使方案的选择达到最优比较困难。动态规划体现了规划的时间性与阶段性。对于复杂的系统来讲，规划呈现出长期、中期、短期的特征。

21世纪，中国煤炭企业战略创新的目标应体现知识经济对传统工业企业的客观要求，应体现时代的客观需要，应体现持续创新的能力。我们认为，中国煤炭企业转型战略创新包括战略方向、战略目标、战略侧重点和战略规划四个方面，是线性规划、非线性规划和动态规划的有机统一。目前中国煤炭企业转型创新就是保持企业旺盛的可持续创新的能力，而这种能力的提升是国家宏观战略与企业微观战略创新的有效整合，体现为以下六个方面的转型创新。

牛克洪等将中国煤炭企业战略创新目标的实现定为六个替代方面，即“实施资源的持续替代、实施产业的持续替代、实施产品的持续替代、实施技术的持续替代、实施人才的持续替代、实施管理机制的技术替代。”②我们认为应体现为六个方面的转型，包括战略、管理、科技、制度、文化和保障，这是优化目前中国煤炭企业外部环境和内部环境、自然环境和人文环境的过程，是实现中国煤炭企业转型的过程。

---

① 谭璐、姜璐编著:《系统科学导论》，北京师范大学出版社2009年版，第127页。

② 牛克洪、崔涛主编:《现代煤炭企业管理50法》，煤炭工业出版社2007年版，第104页。

第二节　中国煤炭企业转型公司战略创新模式

中国煤炭企业的发展需适应知识经济时代企业发展的客观要求，走网络化的发展路子。目前，很多大型煤炭企业只是实现了形式上的整合，需要创新的领域非常之多。中国煤炭企业横向与纵向创新领域非常之广。只有大胆地转型创新，才能实现资源的优化整合，补充相互产业之间的短板，形成建立在安全基础上的强竞争力。从战略方向看，强大型企业集团模式将成为中国煤炭企业转型的战略方向。

一、强大型企业集团发展模式的理论依据

改革开放以来，我国的煤炭企业经过了市场化的运作历程。“市场结构的影响因素主要有市场集中度、产品差别化、进入与退出壁垒、市场增长率、商品的价格弹性、市场容量以及短期成本结构等，其中最主要的是前三个因素。”①20 世纪 90 年代兴起的企业能力理论也是中国目前强大型企业集团运作的基础性理论。

一是集中度提高的客观要求。哲学里讲量变与质变的关系，其中度在量变到质变过程起着重要的作用。“市场集中度指某一特定的市场或产业中，买者或卖者具有怎样的相对的规模结构指标，反映着该产业市场垄断程度的高低。”② 它可以用集中化指数、洛伦茨曲线、基尼系数等度量。

目前，中国煤炭企业数量多，集中度低，过度竞争严重，产生一系列问题。20 世纪 50 年代以来的结构主义发展对中国煤炭企业创新具有重要的指导价值。贝恩于 1959 年首先用 4 个企业的市场集中度来测量市场结构和用回报率来测量绩效，考察了 1936—1940 年间 42 个美国制造业样本，得出的结论是集中度与经济绩效具有正相关关系。“贝恩又以进入壁垒来测量市场结构，检验了 20 个美国制造业的进入壁垒和利润的关系，结果进一步发现了集中度和利润之间的正相关性，并发现平均回报率在高壁垒

---

① 苏东水:《产业经济学》，高等教育出版社 2000 年版，第 35 页。

② 苏东水:《产业经济学》，高等教育出版社 2000 年版，第 58 页。

条件下明显高于低壁垒的现象。”①后芝加哥学派也对产业集中度进行了研究。他们认为是不同的企业效率决定了不同的市场结构。在高集中度的市场结构中，即使存在着某些垄断势力或不完全竞争，使得这些企业能够获取高额利润。而真正的原因是由于一些企业在剧烈的市场竞争中能取得更高的生产效率。所以，它们才能获得高额利润，并进而促进企业规模的扩大和市场集中度的提高，形成以大企业和高度集中度为特征的市场结构。我国目前煤炭企业的小型化、分散化、科技水平低重复化等，使中国煤炭企业的竞争力低，环境压力大。而强大型化发展有助于提高中国煤炭企业的竞争力和集中度。

二是产品差别化发展趋向的要求。“产品差别化指企业在其提供给顾客的产品上，通过各种方法造成足以引发顾客偏好的特殊性，使顾客能够把它同其他竞争性企业提供的同类产品有效地区别开来，从而使企业在市场竞争中占据有利地位。”②我们可以通过产品主体差别化、品牌差别化、价格差别化、服务差别化等扩大产品的差别化。产品差别化一方面是提高企业竞争力的主要动力之一。另一方面，也是提高行业进入壁垒的重要手段。

目前，中国多数煤炭企业产品之间的差别化不大，都是来源于能源，很多以开采煤为主，资金、技术、人才等瓶颈的存在，使煤炭产品差别化不大，可替代性强，这容易引起恶性竞争，扰乱中国的能源市场，浪费不可再生的煤炭资源。中国煤炭企业的强大型的集团化运作，可以通过产品差别化提升竞争力。

三是进入与进出壁垒对称发展的要求。进入壁垒是一个产业重要的结构阻止性特征，指当一个产业的在位厂商获得超额利润时，能够阻止潜在竞争厂商进入的因素。包括绝对成本壁垒、规模经济壁垒、产品差别化壁垒、法律政策壁垒等。退出壁垒指企业在市场竞争中失败，以破产方式退出，或经营不佳向其他行业转移时所遇到的障碍，有经济、政策、法律等方面的原因。一般来讲，进入壁垒与退出壁垒呈正相关关系。二者要么都强，要么都弱。

---

① 王军:《现代产业组织理论述评》,《国外社会科学》1997 年第 3 期。

② 纪成君:《中国煤炭产业经济研究》，经济管理出版社 2008 年版，第 119 页。

中国目前的小煤矿进入壁垒小，退出壁垒大，造成所谓的“边积压、边亏损、边生产、边建设”的局面。这也体现了由于我们法律、制度创新滞后使很多小煤矿在短期利益驱动下盲目扩展的发展特点。大型企业进入壁垒与退出壁垒能力都强。要提高中国煤炭企业的竞争力，必须通过适当地进出壁垒，提高中国煤炭企业的强大化发展。目前，煤炭资源整合过程中，小煤矿的退出壁垒比较高，已经很明显了，表现在小煤矿的历史因素、与周围村民的纠纷等，使很多被兼并的小煤矿无法正常进行改革。

四是提升企业竞争力的客观要求。20 世纪 90 年代兴起的企业能力理论认为，企业的竞争优势来源于企业在企业文化、竞争性组织、核心能力和产品等方面的独特性，在这些因素中最主要的是企业知识和能力的创新强度。因此，21 世纪企业的竞争关键看企业知识和能力创新。

中国煤炭企业在知识创新、能力提升方面存在小而散，多而不精等问题，究其原因是多方面的，如小企业的大量存在，它们在科技、知识等方面创新理念落后，投入低或没有能力去创新。而大集团发展有助于解决目前中国煤炭企业竞争力弱等问题。

五是创造有效竞争环境的要求。有效竞争是由美国经济学家克拉克（Clark）在 1940 年提出。后梅森（Mason）提出了有效竞争的两个标准即市场结构标准和市场绩效标准。再后史蒂芬·索斯尼克（Nick Soss）提出了三个标准，即市场结构、市场行为、市场绩效。有效竞争就是在政府宏观指导下，充分发挥市场结构、市场行为与市场绩效的作用，使企业之间形成有利于提高竞争效率的格局。

强大型煤炭企业的发展，就是力图通过改变市场结构，引导企业行为，创造好的市场绩效而进行的创新，它是竞争力和规模效益的重要保障。

六是提高煤炭企业科技创新力的要求。“十二五”规划建议指出应加大企业科技创新力，将科技创新主体进一步向企业转移。而科技创新需要大量的投入，很多小企业无能力、无资金进行科技创新。组建大集团企业能够支付技术开发费用，承担开发风险，提高煤炭企业整体科技水平。

总之，从国内外煤炭企业发展的经济理论看，走强大型的集团化发展趋向是我们作出的重大的战略选择，适合目前中国煤炭企业的发展，对提升竞争力，优化资源，解决环保等问题具有重要的推动作用。

二、强大型企业集团发展模式的特征

以整合在产业链上所处的位置而言，我们可以把整合划分为横向整合、纵向整合以及混合整合三种类型。横向整合是指通过对产业链上相同类型企业的约束来提高企业的集中度，扩大市场势力，增加对市场价格的控制力，从而获得垄断利润。纵向整合是指产业链上的企业通过对上下游企业施加纵向约束，使之接受一体化或准一体化的合约，通过产量或价格控制实现纵向的产业利润最大化。混合整合又称为斜向整合，是指和本产业紧密相关的企业进行一体化或进行约束，它既包括了横向整合又包括了纵向整合，是两者的结合。煤炭企业发展涉及煤矿、电力、建材、化工等领域，我们是可以通过对煤炭的深加工，提升相关产业链的水平。中国煤炭企业强大型化运行模式具有以下特征。

1. 实现纵向产业链的进一步融合

煤炭作为主要能源，它本身不仅可以直接作为一次能源，而且经过深加工，发展煤电、煤材、煤焦、煤气、煤油等，延伸煤炭产业链。中国在2006年推行的循环经济就是要通过产业链延伸提升中国煤炭企业竞争力、社会效益和生态效益。

循环经济最初来源于生态学，最初阶段是绿色经济，指防治污染、使过于传统工业化的经济与自然界的循环相协调。20世纪70年代末，在总结美国福特汽车公司等世界工业清洁生产的经验基础上，以局长拉德瑞尔（Larderel）女士为首的联合国环境规划署提出了著名的循环经济发展的减量化、再使用和再循环三个原则。2005年循环经济学著名学者吴季松将循环经济概括为五个原则，即再思考、减量化、再使用、再循环、再修复，体现了循环经济学的开放性、实践性与可操作性。目前，中国煤炭企业纵向产业链的延伸，正是通过这五个原则来实现的。再思考体现了中国煤炭企业知识创新的动态特征，减量化、再使用、再循环体现了中国煤炭企业纵向产业链延伸的方向，再修复体现了中国煤炭企业创新的生态性特征。

煤炭作为不可再生资源，它是十分珍贵的。就循环经济理念来讲，实现它的完全循环几乎是不可能的。但是，我们知道碳元素是煤炭里最主要的元素之一，它燃烧之后，以二氧化碳的形成集聚在空中。如果我们能够把二氧化碳中的碳以另一种新能源的形式出现，就循环经济的角度来讲，可以说是实现了煤炭的较好的循环发展。

目前，中国很多大企业正是通过延伸产业链，提高煤的附加值。如新汶矿业集团制定了《新矿集团改革发展战略》，提出了“煤炭产业集中化、非煤产业集优化、产业发展生态化”的工作思路。矿区循环经济得到了更大程度和空间的提升，实现与煤炭有关的电力、冶金、煤机、铁路等领域的企业融合，以及煤化工、煤制油、煤层气开采利用等，大力发展非煤产业。

2. 实现横向产业链的进一步融合

目前，很多煤炭企业研发能力弱，研发投入少，多是资金密集型的发展模式。为了提高煤炭企业科技含量，提升竞争力，提高煤炭企业集中度，我们可以根据自己的情况进行以下尝试。

（1）为了提高研发能力，通过股份制或其他形式与煤炭研发机构联合开发。这种创新模式解决了两个难题，一是能弥补中国煤炭企业研发能力弱这块短板；二是解决研发机构缺资金的现状。有效地整合社会的资金、人才资源，实现两者的有机结合。

目前，中国煤炭企业自主研发力弱，大量的大型设备靠进口。企业与研发机构合作是产学研发展模式由外在型向内源型发展的重大推动。处理好引进与研发、制造与使用、投资与收益关系，推动重大装备国产化。

（2）为了落实科学发展，通过股份制实现与新型能源企业的联合开发。可持续发展分四种情况：

极限的可持续性：人造资本、自然资本、人力资本和社会资本之间是完全可替代的，可持续性要求这四种资本的总和不减少。也就是说，只要当代人留给后代的这四种资本的总和不少于当代人所拥有的资本总和，就意味着发展是可持续的。

弱的可持续性：这四种资源之间在很大程度上是可替代的，但每种资本的消耗都有一个最低的限度，可持续性要求任何类型的资本不应少于这个最低限度。

强的可持续性：自然资本与其他资本之间不是替代的关系，而是互补的关系，可持续性要求保持资本的结构不变。

极强的可持续性：同种类型的资本虽可替代，但替代性也不强，可持续性要求不耗损任何不可再生的资源，只使用可再生资源的净产出部分。可持续发展总体能力指标体系：生存支持系统、发展支持系统、环境支持系统、社会支持系统和智力支持系统。

从可持续发展要求看，不可再生的煤炭资源需要同可再生的新型能源之间保持和谐发展。从长远来看，新型能源是最具有前途的能源。“新兴能源”是指近年发展起来的，以可再生能源或理论上用之不尽的能源为主的，具有较高的环境保护效益的能源，主要包括太阳能、风能，潮汐能、生物能、地热能，环保充电动力电池等。如目前正在研发的汽车中就有以太阳能，风能，磷酸铁锂动力电池为新型能源，随着科学技术的发展，更多种类的新型能源将会陆续出现。但是，目前，新型能源开发成本高，研发投入大，资金缺乏严重。为了促进资源的有序利用，实现煤炭资源与可再生资源的联合开发，有以下方面的优势。

第一，有助于新型能源的开发，解决资金难的问题。新型能源作为能源的分支，它具有以下特征：可再生性、环保性、可持续性、高效率性。因此，它发展前景非常之好。煤炭资源能够通过资金融资的方式发展新型能源。

第二，提高煤炭企业的竞争力。新型能源的开发增加了企业产品的差别性，更有利于企业的竞争。随着人们环保理念的增强，传统煤炭资源可能带来的负面作用越来越成为人们关注的热点，这也为新型能源发展提供了广阔的空间。

第三，优化和整合我国的能源结构。未来几年，以煤为主的能源结构特征将会继续占主导地位。我国已查明储量1万亿吨，有65%的储量尚未利用，目前我国煤炭精渣储量不足10%。2011—2020年缺1200多亿吨。只有不断优化能源结构，才能保障我国能源的安全。提早优化我国的能源结构是利国利民的大好事。

第四，实现不同企业或一个企业内不同工艺流程间的横向联合与资源共享。随着大企业集团的不断发展，企业重组的不断推进，企业之间的横向联合越来越多。我们应根据企业发展水平，实现企业横向发展的空间。

3.实现中国煤炭企业的混合整合模式

这种模式在企业运作过程中，既有横向联合，又有纵向联合的发展模式。中国煤炭企业未来创新之路就是在企业本身竞争力基础上，因地制宜地发展多元产业，推行循环经济，实现科学发展。目前，我们可以通过对外联合，实现横向与纵向整合的方式，进一步优化科技、人才、管理、资源等生产要素。

针对煤炭资源整合过程中存在的问题，我们需加强采煤方法创新，提高回采率；开采煤与伴生资源同时进行，充分利用资源；开发与环境保护同步进行；优秀企业进入与落后企业退出同步进行。混合式发展特征是中国煤炭企业战略创新很重要的方向。我们要做好相关配套制度的创新。

4. 强大型煤炭企业与中小型煤炭企业和谐发展

从系统论来讲，系统的功能是由系统的要素、结构决定的。系统要素的多层次性，有助于系统功能的实现，也有助于增强系统抵抗风险的能力，促进系统向进化的方向演化。中国煤炭企业转型强大型发展并不是完全淘汰小煤矿，关键看它的发展水平。

目前中国煤炭企业的大型化、强型化发展不是完全的国进民退，有些专家称之为强进弱退，我们觉得是比较恰当的。强不是国有企业的代名词，只要是具有竞争力的企业都会发展下去。关键看它是不是强。而不是单独地看它大。国有企业整合了很多的小煤矿，由于历史或社会的原因，这些小煤矿都不能正常地运作，给大企业带来更多的麻烦，而不是发展空间。因此，在市场经济条件下，我们鼓励多种所有制形式并存，共同和谐发展，关键看它的发展水平。

5. 企业集团的运作模式

企业集团作为一种高级组织形态，是水平一体化和纵向一体化的高级形式。中国企业集团的发展是从 20 世纪 70 年代末 80 年代初的横向联合开始的。21 世纪中国煤炭企业强大化型发展主要通过企业集团实现的。企业集团之间产权的运作主要通过市场方式和半市场方式实现的。市场方式包括“分立式、对外投资式、购买兼并式、承担债务式、补偿式、等值换股式、租赁、承包式”①；非市场方式包括“授权的主体是国有资产管理部门，授权的客体是企业集团的集团公司，授权持股的范围是国家以各种形式直接设立的成员企业，授权持股后，集团公司与授权范围内的集团成员企业形成母子公司产权关系，授权持股后，授权范围内的集团成员企业

① 金占明编著:《战略管理》，清华大学出版社 2004 年版，第 242 页。

与集团公司直接投资设立的集团成员企业，与集团公司的产权关系是一样的，均为母子公司产权关系。”①

6. 大力发展非煤产业

人类社会从工业社会逐步进入知识经济社会。就业和消费特征发生了显著的变化。工业社会时期，工业发展所形成的就业聚集效应使工业化带动了城市的发展。知识经济时代，服务业就业比重明显快于工业，对城市化具有主导作用。中国已到了服务业大力发展的时期了，这是中国的国情。

传统煤炭企业作为资本有机构成比较高的行业，就业率比较低，拉动消费比例也是有限的。发展非煤产业对中国煤炭企业来讲，一方面是时代发展的需要；另一方面，有助于企业实现可持续发展。煤炭作为不可再生资源，本身的不可持续性决定了煤炭企业的不可持续性。为了实现它的可持续发展，必须提早做好枯竭的准备，坚持非煤产业的发展战略。调整产品结构，这也是有效竞争理论和差别化的要求。实现煤炭企业本身的可持续发展，提高竞争力。

第三节　中国煤炭企业转型竞争战略创新模式

竞争战略创新主要用于解决在所选定的行业或领域内与对手展开有效的竞争，宏观世界是企业生存和竞争的基本工具。竞争战略创新一般包括成本领先战略创新、差异化战略创新和重点市场战略创新。中国煤炭企业转型战略创新必须依托三个具体的竞争战略创新来实现。

一、中国煤炭企业转型成本领先战略创新模式

成本是商品经济的价值范畴，是商品价值的组成部分。人们要进行生产经营活动或达到一定的目的，就必须耗费一定的资源（人力、物力和财力），其所费资源的货币表现及其对象化称为成本。并且随着商品经济的不断发展，成本概念的内涵和外延都处于不断地变化发展之中。国家规定

① 金占明编著:《战略管理》，清华大学出版社 2004 年版，第 244 页。

成本的构成内容主要包括：原料、材料、燃料等费用，表现商品生产中已耗费的劳动对象的价值；折旧费用，表现商品生产中已耗费的劳动对象的价值；工资，表现生产者的必要劳动所创造的价值。

成本领先战略创新是企业努力实现资源优势，在行业最低价格为其产品定价的竞争战略。成本领先战略创新可使企业获得高于行业平均水平的利润；有利于增强竞争力；应付来自替代品的竞争。在市场经济条件下，企业成本领先战略创新是增强市场适应力和竞争力的基础。

21世纪中国煤炭企业转型创新建立在它的成本领先战略基础上。它的成本不仅包括可见的原料、折旧费用和工资，还包括大量的社会成本，如环境成本、资源成本、生态成本和安全成本等。正是中国煤炭企业本身的特殊性决定了它的成本控制的多元战略特征。

1. 规模经济战略创新

通过规模经济生产和销售是实现成本领先战略的重要措施。中国煤炭企业转型创新在国际、历史和现实实践基础上，提出的强大型发展战略就是实现规模经济最有效的手段，就是降低常规成本和社会成本最有效的手段。从历史上看，中国煤炭企业主要包括国有大型企业、地方国有企业、乡镇小煤矿。从成本控制水平看，国有大型企业在承担企业常规成本和社会成本方面成绩显著。而很多小煤矿的发展多以环境、生态等社会成本为代价，以取得少数人的利益。从科学发展观角度来讲，小煤矿也是应该被淘汰的组织形式。

2. 充分发挥生产能力

在市场经济条件下，企业生产能力由是社会需求决定的。生产能力发挥状态直接决定了单位产品的成本高低。在生产能力不足时，单位产品的成本是比较高的；在生产能力充分的情况下，单位产品的成本是比较低的。对中国煤炭企业来讲，固定资产投资占企业投资比重是非常高的。要控制成本，就要提高设备的使用率，加大折旧率。加快企业科技进步速度。

3. 生产过程的再设计

在传统发展模式下，中国煤炭企业主要任务是挖煤。生产过程比较简单，产品比较低级，带来的环境、生态、资源等社会问题比较突出。改革开放之初，我们也效仿国外进行生产过程的再设计，进行了末端治理。

后果是成本比较高，效益比较低。进入21世纪，循环经济模式形成中国煤炭企业生产过程再设计的重大成果，取得了比较好的经济效益和社会效益。

4. 降低运输成本

由于煤炭开发区与煤炭消费区往往不在同一区域内，而且煤炭作为能源，它运输的成本比较高。为了降低成本，必须提高产品的附加值，压缩产品的体积、降低库存，成立专业的煤炭物流中心，实现集约化运输。这些都是降低运输成本有效的途径，同时也是中国煤炭企业实现成本领先重要的模式。

二、中国煤炭企业转型差异化战略创新模式

"所谓差异化战略是指企业向顾客提供的产品和服务在行为范围内独具特色，这种特色可以给产品带来额外的加价，如果一个企业的产品或服务的溢出价格超过因其独特性所增加的成本，那么，拥有这种差异化的企业将取得竞争优势。"①差异化战略创新可以满足某些消费群体的特定需要，对付替代品具有重要地位，会给企业带来丰厚的回报。

中国煤炭企业转型差异化战略创新既体现了市场化特征，又体现了煤炭企业之间、煤炭企业与其他新型能源企业之间竞争的特征。特别是煤炭作为不可再生资源，在能源结构不断转型的过程中，必须存在与新型能源的竞争。中国煤炭企业转型差异化战略创新模式包括以下几个方面：

1. 有形差异化

有形差异化主要是从产品和服务可见的特征出发，影响顾客的偏好和选择过程。包括产品的尺寸、形状、体积、功能、材料等。由于煤炭资源受地区的限制天然形成不同特征的产品，如无烟煤、褐煤、动力煤等。

为了解决环境、资源、生态等社会问题，中国煤炭企业大力发展循环经济，延长产业链，满足不同主体的需求。同时为了与新型能源进行竞争，中国煤炭企业转型差异化战略创新不断提高煤的高附加值，减少环境污染。

2. 无形差异化

---

① 金占明编著:《战略管理》，清华大学出版社2004年版，第197页。

顾客选择产品不仅受有形差异化的影响，还受社会因素、情感因素和心理因素的影响。由于多年来中国都以传统的煤作为主要的能源产品。这种消费惯性会影响他们的选择。因此，我们需要不断解决煤的洁净性、高附加性、低价格性，影响顾客的无形的消费理念。通过顾客消费理念的变革反过来促进中国煤炭企业不断的转型创新。

三、中国煤炭企业转型重点市场战略创新模式

法国《论坛报》2010年6月14日报道，全球第一大建材和水泥制造商拉法基，视中国为战略重点市场，因中国的水泥消费占全球的一半，2009年其消费达14亿吨。专家预计2025年中国城建水泥的消费将占总消费量的59%，目前为48%；在未来的15年内，其建筑面积将达400亿平米，即500万座大楼，其中摩天大楼有5万座。

重点市场战略侧重解决为谁生产的问题，也是体现了矛盾论中的重点论问题。中国煤炭企业目前的产品主要用于电力、化工、建材等领域。这些领域的转型是中国煤炭企业转型的重要依据。因此，中国煤炭企业转型重点市场战略创新应紧紧围绕下游产业进行不断的创新。

第四节　中国煤炭企业转型职能战略创新模式

职能战略创新是企业各个职能部门根据总体战略目标要求所确定的职能领域的战略，是公司战略创新和竞争战略创新的支持性战略和细化战略。微观层次上如何实现煤炭企业的价值呢？我们需要创新系统来解决。为了更好地促进中国煤炭企业的科学发展，我们需要在科技、管理、制度、人才、文化等方面进行战略创新。总体思路是根据企业内外部环境、地质条件、开采技术条件等特点，制定长期、中期、短期的发展规划，有步骤地解决我国煤炭企业面临的问题，进行逐步分解，各个突破。

一、中国煤炭企业战略创新的系统

中国的国家创新体系研究始于20世纪90年代中期。中国科学院借鉴国外对国家创新体系研究的成果和实际经验，结合中国的国情，在《迎接

知识经济时代，建设国家创新体系》的报告中，提出了关于中国国家创新体系的概念："国家创新体系是由与知识创新和技术创新相关的机构和组织构成的网络系统，其主要组成部分是企业（大型企业集团和高新技术企业为主）、科研机构（包括国立科研机构、地方科研机构和非赢利科研机构）和高等院校等；广义的国家创新体系还包括政府部门、其他教育培训机构、中介机构和起支撑作用的基础设施等。"这表明中国创新体系是知识创新和技术创新并举的系统。

中国国家创新体系的构筑，主要有以下特点：①创新是具有经济和社会目标导向的行为。②国家创新体系具有现实性特征，必须从中国自己的国情和未来发展的需要出发，既要有在世界最前沿领域开拓进取的发展战略与重点，也要有符合中国国情的发展战略与重点，发展高新技术产业、用高新技改造传统产业及发展农业和农村经济。③创新的核心是要从体制上、机制上解决好科技与经济结合的问题，创新的关键是提高科技促进经济社会发展的能力和实力。④创新主体的多元化，不仅表现为知识和技术的转移，而且表现在创新系统多元化的要素有效地使用与协同，构成知识与技术的创造、获取、转移和应用的网络。中国的国家创新体系包括知识创新系统、技术创新系统、知识传播系统和知识应用系统。

中国煤炭企业作为社会能源产业发展的基础，必须通过创新系统的建立，实现多价值目标。具体来说，它创新的水平是由战略创新、科技创新、管理创新、制度创新、文化创新、保障创新等系统整合的水平决定。在该系统中战略创新是关键，科技创新、管理创新、制度创新和文化创新是基础，保障创新是条件。

二、转型管理战略创新

任何管理工作都是在某一特定组织中进行的，是为特定组织服务的。管理的过程是计划、组织、领导、控制过程的统一。按照管理人员所处的组织层次和所从事的管理工作领域的不同，管理人员分为高层管理人员、中层管理人员、基层管理人员。按照管理的领域，管理人员又可分为综合管理人员和专业管理人员。从管理要素看，企业管理包括对人员、物资、财务、物流、技术等方面的管理。

21 世纪，管理领域三个特征，一个是以人为本的管理理念；二是知识管理特征；三是精细化管理的趋势。中国煤炭企业管理作为21世纪知识经济时代的工业领域，它的管理战略创新应体现时代性需要，在这三个方面不断地进行转型创新。

三、转型科技战略创新

科技创新战略行动计划是中国科学院知识创新工程试点工作的延续和深化，是知识创新工程试点的核心目标，是攀登世界科学高峰，为我国经济发展、国防建设、社会进步作出基础性、战略性和前瞻性创新贡献的关键举措；是进一步推动中国科学院结构调整、机制改革、队伍建设和文化创新，将中国科学院真正建设成为具有国际先进水平的科学研究基地、培养和造就高级科技人才的基地、促进我国高新技术产业发展的基地，提高我国科技创新能力的必要途径。

科技创新战略行动计划的指导思想是：（1）面向国家战略需求，面向世界科学前沿，加强原创性科学创新，加强战略性技术创新；（2）在充分调查研究的基础上，坚持顶层设计、自上而下，上下结合，以明确的战略目标为导向，加强宏观组织和系统集成，充分发挥中国科学院综合优势；（3）科技创新与体制创新相结合，以科技创新带动体制创新，以体制创新保证科技创新；（4）坚持开放、联合，广泛吸收社会创新要素，有效整合科学院内外力量和资源。

中国煤炭企业发展需要相应的科技战略创新计划来推动，目前我国已制定中长期煤炭科技发展规划。企业根据自己的情况确定目标。

四、转型制度战略创新

战略创新的实现需要制度战略创新的保障。战略往往具有全局性和前瞻性。转型制度战略创新往往具有时滞性。有些战略制度创新可能在短期内实现，有些需要阶段性完成，有些甚至是长期的任务。

煤炭带来的环境问题既是一个历史问题，又是一个现实问题。目前最主要通过投入、科技、法规、政策、竞争力提升等方面来解决。目前世界主要煤炭生产和消费国纷纷研究与转化洁净煤技术。美国前总统布什制订了“美国洁净煤发电计划”，到2018年火力发电厂排放的硫、氮、汞减少近70%，并提出了“黑煤变绿煤”的计划，变黑色煤炭为环保型煤炭。

对采用清洁煤技术的企业和单位，减征10%—20%的所得税。布什当时在10年内拨款20亿美元用于洁净煤技术的研发。可见转型制度战略创新很必要。中国煤炭企业转型战略需要转型制度创新作为基础之一。

五、转型文化战略创新

现代企业文化理论形成于美国，是世界经济发展和管理变革的必然趋势。是器物层、制度层、行为层和观念层的统一。转型经济需要转型文化作为支撑。

党的十六大以来，我们党继承了毛泽东思想、邓小平理论和江泽民“三个代表”关于文化建设的战略理论，在实践中丰富和发展我们党关于文化发展战略的思想，取得了丰硕的成果。文化已成为国家竞争的软实力。

中国煤炭企业转型文化创新对提高国家文化软实力，解决中国煤炭企业“五块短板”有着非常重要的意义，是实现不同层次转型创新的基础，是实现企业文化的大发展、大繁荣，推动社会主义文化大发展大繁荣具有重要的现实意义。

六、转型保障战略创新

转型创新既是过程又是结果。转型创新是一系列转型的系统整合。转型能否成功与保障体系紧密联系在一起。

目前，中国煤炭企业转型保障要素包括社会转型的基础、领导的转型创新能力、转型的人才队伍建设、转型的投入和转型要素之间的协同关系。社会的认同度是中国煤炭企业转型创新外在的社会基础和消费的主体。领导的转型能力是转型创新的主导因素。转型的人才队伍建设是中国煤炭企业转型创新内在创新力的体现。转型的投入是中国煤炭企业转型创新能否实现的物质保障。转型要素之间的协同关系是中国煤炭企业转型创新实现的机制保障。

第三篇　转型管理创新

第五章　中国煤炭企业转型管理创新的演变

新中国成立以来，中国煤炭企业管理理念与方法一直处于不断的变革与创新之中。中国煤炭企业管理水平不断创新的过程是对人、财、物、科技、知识等生产要素及生产过程管理的创新。

第一节　管理创新的内涵及特征

任何组织，小到企业，大到国家都需要管理。管理的重要性随着社会的发展、组织规模的扩大越来越受到重视。

一、管理创新的内涵

法国人亨利·法约尔在其名著《工业管理和一般管理》中认为，管理是所有的人类组织都有的一种活动，在这种活动中包括五项要素：计划、组织、指挥、协调和控制。他的管理理论影响了整整一个世纪。后来很多管理学家提出了不同的管理概念。芮明杰认为：管理是对组织资源进行有效整合以达成组织既定目标和责任的动态创造性活动。我们比较认可这个概念。管理具有动态性、时代性、科学性、艺术性、实践性和创新性等特征。

"管理创新是创造一种新的更有效的组织资源整合范式，这种范式既可以是新的有效融合资源以达到组织目标和责任的全过程式的管理，也可以是新的具体资源整合及目标制定等方面的细节管理。"① 从概念可以看出，管理创新是对不同资源的整合。

① 芮明杰：《现代企业可持续发展理论与策略》，清华大学出版社 2004 年版，第 333 页。

管理创新过程涉及五种情况："提出一种新的发展思路并加以有效实施；创设一个新的组织机构并使之有效运转；提出一个新的管理方式方法；设计一种新的管理模式；进行一项制度的创新。"①

二、管理创新的条件

对于一个企业来讲，它是否能实现管理创新需要企业内外部相关的条件。从企业内部讲，需要创新主体的创新意识、创新能力、基础管理信息、创新目标、企业内部创新环境；从企业外部讲，需要创新的社会氛围、社会需求动力、产业刺激等。

创新主体的创新意识反映在对文化素质、价值观判断等方面的远见上。创新能力指企业领导、企业员工具有创新的实践能力将能力战略付诸实施。基础管理信息指企业具有创新基础性的资料。特别是知识经济时代的到来，企业基础性知识管理更重要。创新目标是企业根据国际、历史、现实发展基础上做出的创新目标。企业内部环境包括激励环境、分配环境等对创新的影响。一个创新型企业更具有管理创新的热情，而缺乏创新的企业创新管理推行也是很困难的。创新的社会氛围是企业管理创新的社会条件，有助于管理创新的实施。社会需求动力是企业管理创新的直接动力。随着人们需求观的不断变革，企业需要不断地整合资源，以满足社会的需求。产业刺激是中观政策对企业的影响。每一次产业政策的调整，都引起企业管理的创新。

三、管理创新对企业的作用

企业管理创新的过程是资源不断整合的过程。管理创新对企业实现资源整合、实现可持续发展等具有重要作用。

1. 实现资源的优化整合

企业管理创新的过程是资源优化整合的过程。从生产要素看，企业资源包括人力资源、技术、资本、知识等。实现资源的优化整合就是实现这些要素整合的过程。随着管理理论的不断创新，企业资源管理的边界也在不断扩展，资源形式也走向了多元化。因此，管理过程中实现资源整合的

---

① 芮明杰：《管理学教程》，首都经济贸易大学出版社 2004 年版，第 40 页。

形式也越来越多。

2. 降低交易成本

交易费用：也指交易成本，是一个经济学概念，指在完成一笔交易时，交易双方在买卖前后所产生的各种与此交易相关的成本。学术界一般认可交易费用可分为广义交易费用和狭义交易费用两种。广义交易费用包括一切非鲁滨逊经济中出现的费用，即为了冲破一切阻碍，达成交易所需要的有形及无形的成本。狭义交易费用是指市场交易费用，即外生交易费用。包括：搜索费用、谈判费用以及履约费用。

交易费用的节约表现在“由于生产单位和采购及分配单位的管理联结在一起，获得市场和供应来源信息的成本极低。最重要的是，多单位的内部化使商品自一单位至其他单位的流量得以在管理上进行协调。对商品流量的有效安排，可使生产和分配过程中使用的设备和人员得到更好的利用，从而得以提高生产率并降低成本。”①

3. 提高领导者的创新力

21 世纪作为创新的时代。一方面，企业管理创新需要创新型领导；另一方面，企业管理创新也促进创新型领导的产生。企业管理创新过程实现资源的整合需要创新型领导从战略高度进行优化整合。所以，提高领导者的创新力既是管理创新的条件，也是管理创新的结果。

4. 实现企业可持续发展

企业可持续发展的过程是企业管理创新的过程。世界上任何事物的发展都存在着生命周期，企业也不例外。企业生命周期如同一双无形的巨手，始终左右着企业发展的轨迹。所谓“企业的生命周期”，是指企业诞生、成长、壮大、衰退甚至死亡的过程。虽然不同企业的寿命有长有短，但各个企业在生命周期的不同阶段所表现出来的特征却具有某些共性。为了实现企业可持续发展，企业必须通过管理创新，整合资源，延长生命期，实现可持续发展。

总之，21 世纪企业管理在开放与合作的环境中，不断实现以市场、人、效益为中心的管理创新。管理创新是中国煤炭企业转型创新的重要内容。

---

① 芮明杰：《现代企业可持续发展理论与策略》，清华大学出版社 2004 年版，第 334 页。

第二节　中国煤炭企业转型管理创新的历程

中国煤炭企业具有共同经济属性和环境属性。中国煤炭企业管理创新历程体现了管理要素、管理方式、管理目标等不断变革的过程。

一、计划经济条件下新中国成立初期中国煤炭企业管理创新（1949—1978年）

该时期中国煤炭企业管理的特征是在国家计划指导下，管理好生产领域中人才、资金、设备等的投入与产出问题，管理目标就是能够按期完成生产任务。对能耗、环保等方面还没有定量化的管理体系。所以，该时期的管理主要特点是对生产过程的管理，并建立了相应了管理制度体系。

1. 宏观管理体制创新——煤炭工业部的起起落落

为了促进中国煤炭企业的发展，满足社会需要。1949年10月，国家设立了燃料工业部，下设煤矿管理总局。1955年8月，为了加强对煤炭工业的领导，国家撤销燃料工业部，成立了煤炭工业部。1958年，产煤较多的省区相继建立了煤炭工业管理局。“文化大革命”时期，煤炭工业管理体制受到严重破坏。1970年，煤炭、石油、化工三个工业部合并为燃料化学工业部，部内设煤炭生产组和煤炭基建开发组，管理煤炭生产与建设。为了促进煤炭企业的发展，1975年1月，国家再次成立煤炭工业部。管理体制的创新体现了中国煤炭企业发展的曲折性。

2. 煤炭企业管理体制呈现集中—下放—再集中—再下放螺旋式创新历程

“一五”期间，是全国建设煤炭企业管理制度体系的重要时期，实行集中管理。首先，在宏观上确定了国家年度生产计划制度，再下分给省，省再下分给企业。企业在计划基础上再编制生产、基建、财务成本、劳动工资、物资供应等方面的计划。其次，建立了用工制度、劳动工资制度、企业经济核算制度、物资供应制度、煤炭分配制度等。劳动工资制度实行了工种计件、综合计件和计时工资加奖励。经济核算制度采用分级负责制。矿务局实行独立核算，对燃料工业部和各省煤炭厅承担全部经济责任，矿务局下属的矿、厂只对矿务局承担确定的经济责任。物资供应制度实行国家统一分配、中央各部门分配、地方管理三级，体现以计划分配为主体的特征。煤炭分配制度实行产运销统一管理制度。

“大跃进”时期企业管理权实行下放政策。1957年11月，国务院发布了《关于改进工业管理体制的规定》，指出“重工业部门所属的企业，凡属大型矿山，重要煤炭基地，由中央部门管理；其他凡属可以下放的，都应根据情况逐步下放。”以充分发挥中央和地方两个积极性。三个月时间内，30多个企业、事业单位下放，但由于速度过快，宏观管理不到位。

由于“大跃进”的影响，“二五”期间中国煤炭企业出现了高指标、瞎指挥、说大话的浮夸风。“二五”调整时期实行以煤炭部为主的集中管理。煤炭企业管理权又一次上交，包括重点煤矿企业和事业单位的人、财、物、产、供、销等权力。1964年，为了进一步全面贯彻“调整、巩固、充实、提高”方针，煤炭工业部确定1964、1965年的工作方针是“两高、三学、四化”，即“高举毛泽东思想红旗，高举总路线红旗；学习解放军，学习大庆，学习石圪节精神；实现思想革命化、质量标准化、管理制度化、技术经济合理化”。[①] 普遍推行了生产第一线的科学管理，实行采煤工业面正规循环作业。“按作业的合理顺序，科学地加以安排，做到最优地利用时间和空间，工作面每天有规律地向前推进一个进度，按照作业图指示表周而复始地循环工作，提高了工作效率，保证了生产安全。”[②] 该时期，对煤炭企业管理体制进行了积极地探索。1964年起，煤炭工业部成立了三个“托拉斯”，分别是华东煤炭工业公司、贺兰山煤炭工业公司和渭北煤炭工业公司，“使公司、分公司和矿从过去由行政隶属关系转变成为在一个统一的经济组织中分别负有不同经济责任的三个环节。”[③] 对中国煤炭企业管理进行了积极的创新。到1965年底，全国有部属煤矿企业65个，地方煤矿企业269个，省属煤矿企业105个，专业企业164个。

---

① 邓力群、马洪、武衡：《当代中国的煤炭工业》，中国社会科学出版社1988年版，第40页。

② 邓力群、马洪、武衡：《当代中国的煤炭工业》，中国社会科学出版社1988年版，第46页。

③ 邓力群、马洪、武衡：《当代中国的煤炭工业》，中国社会科学出版社1988年版，第62页。

"三五"时期，"文化大革命"将调整时期形成的煤炭部、省、地方煤矿企业布局下放。到1970年6月，已下放到部属矿务局72个，其中67个全部下放给地方管理，4个实行双重领导以地方为主的管理方式，北京矿务局实行以部为主的管理方式。

3. 领导体制管理创新历程

煤炭企业的领导体制在恢复和"一五"初期，曾在东北和其他地区实行过局矿长负责制。"1956年批判了'一长制'，在企业中普遍推行中共党委领导下的厂长负责制。"①"大跃进"期间，领导管理体制存在错位现象，强调政治、书记挂帅，忽视和放松经济。"文化大革命"时期，企业领导由企业成立的政治部、生产指挥部、后勤部和办事组组成，企业的生产与管理处于混乱状态。该时期，受政治因素的影响，企业领导体制走了很多弯路。

4. 煤炭企业计划管理创新的历程

新中国成立至改革开放前，我国实行计划管理，包括计划、实行、检查、处理四个环节，涉及生产、技术、劳资、供销、设备、安全、成本、财务等各项工作。1950年，燃料工业部编制了煤炭工业第一个五年计划，根据全国煤炭企业所有制的不同，分别采取不同的计划管理方式，对国营煤矿实行直接计划管理，对公私合营和私营煤矿实行产量计划管理。计划的制定根据矿井生产能力、地区资源平衡、社会需要，采用两下一上的编制程序。

"六五"期间，随着中、小型煤矿实行企业包投资、包工期、包达产时间；煤炭部"保投资、保材料设备、保劳动力"的政策，计划管理简化了年度计划，企业的自主权不断扩大。

二、市场经济条件下中国煤炭企业管理创新（1978年至20世纪末）

该时期随着市场化机制的不断推进，中国煤炭企业管理创新也进入了崭新的发展阶段。在对外开放的条件下，宏观管理和微观管理创新都很

① 邓力群、马洪、武衡：《当代中国的煤炭工业》，中国社会科学出版社1988年版，第539页。

明显。

1. 引进国外管理模式

改革开放以来，随着环境问题的不断凸显，发达国家首先对生产过程进行管理。20 世纪 50—70 年代末，工业发达国家开始实施“谁污染、谁治理”的原则，这是典型的末端治理模式，后被发展中国家采用。由于这种模式割裂生产过程，为解决污染而解决，不能从根本上实现物质的循环发展。我国在改革开放之初，也采用该管理方式，注重末端管理。

2. 煤炭企业宏观管理体制创新

改革开放后，为了促进中国煤炭企业进一步的发展，1978 年中共中央《关于加快工业发展若干问题的决定》指出：“少数关系国民经济全局的重点企业和科研、设计单位应实行中央和地方双重领导、以中央有关部门为主管理。”1978—1983 年间，32 处统配煤矿由地方为主的双重领导上升为煤炭部直属。为了扩大矿务局自主权，1985 年制定了关于煤炭工业部、管理局和矿务局的三级管理权限的暂行规定。矿务局在企业生产进度，建设管理、财务管理、物资供应管理、人事管理都方面都有一定的自主权。

3. 煤炭企业领导管理体制创新

改革开放初期，为了扭转煤炭企业无人负责、无法负责的局面，1984 年 10 月十二届三中全会通过的《中共中央关于经济体制改革的决定》要求进行领导管理体制创新。1985 年 3 月，全国煤炭厅局长和党委书记会议，提出了加快推行局矿长负责制的要求。后在煤炭企业进行了推广。

4. 煤炭企业现代企业制度管理创新

中国煤炭企业发展经过了产权制度改革。1996 年的《中华人民共和国煤炭法》第十三条规定：“矿务局和其他具有独立法人资格的煤矿企业、煤炭经营企业依法实行自主经营、自负盈亏、自我约束、自我发展。所以，中国煤炭企业管理要素包括生产、销售等环节的人才、资本、科技、知识等要素的管理。”20 世纪 90 年代以来，为了促进煤矿企业发展，国务院除制定《中华人民共和国煤炭法》外，1994 年出台了《煤炭生产许可证管理办法》、《乡镇煤矿管理条例》，使中国煤炭企业成为以有限责任制度为核心，产权明晰、权责明确、自主经营、自负盈亏的法人主体。

5. 企业市场管理体制创新

改革开放到20世纪末，随着市场经济体制的不断建立和完善，中国煤炭企业市场化运作不断深入。对企业生产要素、生产过程具有管理权。1980年，国家经济委员会出台了《工业企业全面质量管理暂行办法》，要求工业企业树立“质量第一”的思想，对产品从设计、试制、生产制度到售后服务的整个过程进行质量管理，建立起全面质量管理体系。这促进了煤炭企业管理创新。

从生产要素看，企业在市场经济体制下具有决定人力、物力、财力的权利。从管理过程看，企业的生产过程由企业负责，相关部门监管。但是，对于煤炭企业生产的产品，如煤、电国家具有定价权，企业没有。1992年国家放开煤价的同时又对电煤实行政府指导价，煤炭价格实质上是放而不开。1993年国家开放了部分煤炭价格，使市场调节的比重增加到70%。1994年7月开始，国家取消了统一的煤炭计划价格。除电力用煤限价外，其他煤价根据市场来确定。2004年6月，电价调整后电煤价格不分重点合同内外，均由供需双方协商确定。

6. 节能、环保管理体制的滞后

随着可持续发展理念与模式的不断推进，企业发展要考虑环保问题。但从1992年到2002年的十年中，从世界发展趋势看可持续发展战略执行的力度不尽如人意。企业实质上的环保就是对污水的处理，对环保问题的解决多是末端治理。能耗问题学者已开始关注，但还没有进入实质性的创新阶段。20世纪90年代，已出现源头治理模式，中国煤炭企业能耗与环保问题的解决从末端转向以清洁生产为特征的源头治理。但是，由于该种模式只是某个企业内部的清洁生产，无法在更广阔的范围内实现资源的综合利用。

三、科学发展观指导下中国煤炭企业管理创新（21世纪以来）

21世纪以来，在科学发展观指导下中国煤炭企业管理要素从资本、科技、人才扩展到包括能耗、环保，管理理念实现了全程的精细化管理，体现为定量化、零浪费理念的不断深入。对能耗与环保问题也实行了定量化管理模式。

20世纪80年代末90年代初欧洲的生态工业园的建设，对我国煤炭企业创新有重大的启示作用。21世纪循环经济发展模式成为推动中国煤炭企业生态化发展的最主要模式，它通过纵向、横向、混合型等不同的循环经济发展方式实现资源、环境、经济、社会效益的最大化。它是落实科学发展观的重要举措，是实现煤炭产业经济、社会功能的根本出路，是实现煤炭资源综合利用的根本出路，是转变煤炭企业经济发展方式的有效手段，是实现煤炭全程管理的重要方式，是一种新的资源观、系统观、发展观和效益观，是企业、区域、社会循环的有机组成部分。

第三节　中国煤炭企业管理创新的维度

企业管理是一门科学，它主要是对生产要素、生产理念、生产过程的管理。不同时代管理理念与方法是不同的。中国煤炭企业转型管理创新应体现时代价值。

一、不同时代管理理念的变革历程

从生产要素发展历程看，人类社会发展经过了农业经济时代、工业经济时代、知识经济时代（见表5—1）。农业经济时代，最主要的生产要素是土地，管理理念主要围绕土地展开。工业经济时代，最主要的生产要素是资本，企业管理的理念围绕资本展开。知识经济时代，最主要的生产要素是知识，企业管理的理念围绕知识展开。

表5—1 人类发展的不同时代特征

项　目	农业经济	工业经济	知识经济
主要生产要素	土地	资本	知识
产业	农业	制造业、化工产业等	高新技术产业
时间	公元前8000年到18世纪60年代	18世纪60年代到20世纪50年代	20世纪50年代以来

1. 农业经济时代管理理念创新

从世界文明发展史看，农业时代经过了漫长的发展时期，在该时期，为了促进农业的发展，人们从经验中汲取了丰富的管理理念。

农业经济时代管理理念最主要的就是实现土地资源的循环利用。我国现存最古老的农学著作《吕氏春秋》中《上农》、《任地》、《辨土》、《审对》等，都是实现土地最好利用方面政策、技术上的著作。《上农》侧重奖励制度；其他三篇侧重耕地、播种到收获等具体的技术过程。反映了人们实现土地循环利用的基本思想和管理理念。

2. 工业经济时代管理理念创新

工业经济时代，随着大工业的不断发展，资本成为最主要的生产要素，有了资本，资本家可以在市场上购买到他们所需要的人力、厂房、设备等生产要素。生产的最主要的目的就是获得更多的剩余价值。马克思的《资本论》主要研究了资本的循环与增殖。马克思研究了货币资本、生产资本、商品资本循环过程：

G—W…P…W’—G’

但由于资本家过于考虑个体利益，致使环境、生态等方面带来了严重的环境问题。所以，资本的循环能够解决一些生产问题，但并不能解决一切问题。由于工业经济发展带来的环境问题、资源问题、生态问题越来越严重，这成为知识经济时代创新的基础。

3. 知识经济时代管理理念创新

知识经济时代，知识更新的速度在呈指数加快。一个人所掌握的知识半衰期在18世纪为80—90年，19—20世纪初为30年，20世纪60年代为15年，进入20世纪80年代缩短为5年左右。知识经济时代，管理理念创新最主要体现在对知识循环的管理。

知识存在主要表现为两种形态：显性知识和隐性知识。显性知识是可以通过文字、公式等编码化的知识。隐性知识是与人结合在一起，很难编码化或变为经验性知识。知识管理的过程就是知识从隐性知识到显性知识到隐性知识不断循环上升发展的过程。而知识的产生与应用过程都是由人来实现的。因此，知识经济时代与传统农业经济时代、工业经济时代最大的不同就是实现了从对物的管理到向对人的管理的转变。

在知识经济时代，企业管理的对象越来越多。鲁冠球认为：我们搞企业的，就是要抓住“三个本”：一是人本，二是资本，三是成本。这体现了新时期中国煤炭企业管理对象的重大创新。

二、中国煤炭企业转型管理创新的维度

中国煤炭企业作为知识经济时代的能源企业，它的管理创新是融合了知识经济时代和工业经济时代管理理论，体现了转型期管理维度的多元性与复杂性，而这种管理创新更多地体现了系统论状况下，达到系统最优化的管理创新特征。

1. 从企业发展的要素看，传统经济要素、现代潜能型要素、社会责任型要素是中国煤炭企业管理的主体

知识经济时代的发展是对工业经济时代带来的环保问题、资源问题、人口问题等的修正与完善。工业经济时代企业发展最主要的要素是资本，通过资本购买企业所需要的科技、人才、设备等生产要素。由于在该时期，企业以追求个体利益为目标，将环保等外部负效益转嫁给社会。资本主义在它二百多年的发展过程中，产生了很多重大的环境问题，消耗了大量的不可再生资源。知识经济时代，高科技的发展正是在不断地解决工业经济时代的负面效应。

传统的西方经济学、马克思主义经济学都是在自然资源相对充裕和生态环境容量宽松的时代背景下产生的，管理要素包括劳动、资本、土地和企业家才能等经济要素。随着不可再生资源的不断枯竭，环境问题的不断突出，企业管理要素不仅包括经济要素，还包括发展潜力型的科技、知识要素，环保、节能等社会责任型要素。

知识管理作为知识经济时代出现的新兴管理思想，它本身就是从其他管理领域中提取有关“知识”的管理理念经过抽象和综合分析，才逐渐形成的一种战略思想。如煤矿地址的选择、人员构成、设备、企业设计图纸、相关制度等都属于知识管理范围。

中国煤炭企业作为知识经济时代的工业企业，它的发展不仅需要管理传统的资本、劳动、企业家才能等经济要素，还需要管理发展潜能型的科技、知识要素，社会责任型的环保、节能等要素，形成经济、发展、社会三个维度的管理要素体系。通过管理要素创新，解决企业发展带来的环保问题、资源问题和安全问题。

2. 从企业组织管理看，提升“三力”的创新水平

企业组织管理主要从企业发展的结构入手，在要素一定的情况下，通过优化系统结构，达到系统的功能。“企业组织管理围绕逐级提升企业战斗力、管理力和文化力，管理结构包括低、中、高，战斗力是企业基层、基础和基本功的战斗力；企业管理力是企业最常规性管理状态下企业管理制度化、规范化和科学化；企业文化力是企业最高愿景管理状态下员工工作的自觉性、主动性和创造性。”①因此，从组织结构看，企业管理侧重“三力”的渗透与融合。战斗力是基础，文化力通过管理力传递给基层，而基层的意愿通过管理层上升到文化层。但是，目前很多煤炭企业的管理“三力”分开，无法形成合力，因而影响企业绩效。

3. 从企业与外部环境看，掌握国家和行业的法律与政策是企业管理创新的环境因素

中国煤炭企业作为中国能源企业，它的发展受国家宏观指导和约束。因此，它的管理创新应在国家宏观指导的框架下进行创新。任何违背国家意愿的创新都不可能存在。因为企业与外在环境之间存在互塑关系。外在环境通过法律与制度影响着企业，企业的发展通过实践与事实影响着国家政策与法律。如改革开放的20世纪80—90年代，为解决中国的能源问题，小煤矿在该时期得到长足的发展，但是，给社会带来了严重的环保问题、资源问题、安全问题。而这些问题的突出存在成为21世纪中国煤炭资源整合的实践基础。因此，中国煤炭企业的创新立足于国家的宏观政策与法律。

4. 从耗散结构理论看，中国煤炭企业转型管理创新需达到一个新的动态平衡

新中国成立以来，中国煤炭企业的发展经历了从平衡态到不平衡态再需达到一个新的平衡态的过程。而最初平衡态的特征是：在新中国成立初期，中国的工业、农业等都处于待发阶段。中国通过国有大煤矿企业的发展，解决了当时的能源问题，基本上环境问题、安全问题、生态问题不突出。改革开放最初的20年，随着各行各业在市场经济潮流中的大发展，为解决中国的能源问题，通过市场机制小煤矿在该时期取得了重大发

① 牛克洪、崔涛主编：《现代煤炭企业管理50法》，煤炭工业出版社2007年版，第73页。

展，同时，也带来了比较突出的环保问题、资源问题、能耗问题和安全问题，人与自然、人与人、人与社会之间的不和谐因素越来越多，呈现出不平衡的发展态势。21 世纪中国煤炭企业的管理创新就是在不断地系统创新，达到新的更高层次的人与自然、人与人、人与社会的和谐发展，从而达到一个新的平衡态。这也符合客观事物发展的规律，即螺旋式上升的发展规律。

5. 从管理过程看，从注重中间管理向前端、中端和末端的全程管理转型

传统经济学注重生产过程的要素管理，生产过程人力、物力、财力的投入是管理的主要对象。随着科学发展观的不断深入，环境问题和能耗问题成为企业发展的短板。特别是循环经济生产方式的不断推广，使企业管理重视生产前端、中端和末端的管理。

第四节　中国煤炭企业转型管理创新的特征

俗语说："防火者，步步领先；救火者，手忙脚乱。"中国煤炭企业管理创新的过程就是预防与控制的过程。新中国成立以来，中国煤炭企业管理创新经过了从粗放型向集约型，宏观型向微观型、定性型向定量型等转型发展过程，集中体现为转型特征。

一、从粗放型向集约型转变

粗放型与集约型最大的区别就是看是否最大限度地减少各种形式的浪费，合理利用资源，达到经济、社会、生态等方面效益的不断提升。新中国成立以来，中国煤炭企业管理创新首先体现为粗放型向集约型转变。

具体来说，新中国成立初期，煤炭企业管理重客观、轻主观；重生产、轻安全和环保；重常规，轻创新；重抓表面工作，轻抓环节问题。这造成经济秩序、开采顺次乱；开采方法创新落后、现场管理乱等情况的不断出现。整体上来看，定量化考核指标少，定性化要求多，核算力度不大。

改革开放以来，中国煤炭企业管理在市场经济体制下，不仅管理要充

分发挥人才、资金、科技等生产要素的功能，走集约化的管理路子，而且要解决相应的能耗、环保问题，通过定量化指导体系实现管理的精细化、科学化和人性化、零浪费化。

二、宏观型向宏观调控和微观管理型转变

新中国成立以来，中国煤炭企业发展指标经过了从定性化走向定量化的发展历程。最初，在计划经济体制下，企业生产什么、生产多少、采购多少设备等都是由国家宏观管理决定的，也就是都是由国家计划来确定。

改革开放以来，随着中国煤炭企业从生产车间向生产主体、市场主体、独立自主的经营主体的转变，中国煤炭企业管理呈现在国家宏观指导下，市场机制作用下，企业微观管理为主导的特征。

三、定性型向定性与定量型结合转变

新中国成立之初，除了生产多少、生产什么等定量指标外，多数指标是定性化的。如企业成本控制指标、企业人才结构优化指标、企业引起的环境问题指标、社会问题指标等多在报告中是定性化的，如我们应不断优化人才结构，解决环境问题等，定性化描述比较多。市场经济时代，企业作为法人主体，作为自主经营、自负盈亏的主体，它发展需要通过成本核算来实现，不像在计划经济条件下，亏损都转嫁给了国家和社会。在这种时代背景下，定量考核成为企业管理重要内容。

绩效考核主要的目标就是要对员工、企业的工作进行评价、激励、约束、预测和调控等。从发展历程看，市场经济条件下，中国煤炭企业绩效考核体系经过了注重经济效益的人才、成本的管理向人本、成本、环保指标、节能指标、安全指标等内容的扩展，体现了科学发展观、和谐理念在中国煤炭企业的贯彻执行。而绩效指标的不断扩展也成为领导干部考核指标的重要内容，形成企业、政府、社会绩效考核指标体系。另一方面，从实事求是角度看，绩效考核体系体现了长期指标、中期指标和短期指标体系的统一与整合。21 世纪，随着解决中国煤炭企业科技、人才、能耗、安全、环保等的不断深入，这些内容都将会成为定量考核的内容。

四、保障煤炭资源健康、有序发展

改革开放以来，中国煤炭企业发展形式的多样化，发展水平的多元化，发展目标的差别化，不利于它健康有序的发展。从系统论来讲，一个和谐、有序的要素形成的结构才能促进系统进化的演化。

1996年出台的《中华人民共和国煤炭法》从宏观层次说明了煤炭管理的目标：国家对煤炭开发实行统一规划、合理布局、综合利用的方针，国家保护依法投资开发煤炭资源的投资者的合法权益。所以，我国煤炭企业管理创新服务于这一目标。

进入21世纪，随着中国煤炭企业转型管理创新体现了科学发展观的要求，使管理达到以人为本、实现全面、协调、可持续发展。

第六章　中国煤炭企业转型管理创新模式

21世纪，随着科学发展观的不断深入，中国煤炭企业创新的深度与广度都有了很大的扩展，从对人、财、物、生产过程的宏观管理延伸到精细化的微观管理，从标准化的刚性管理向刚性管理与以人为本柔性管理并存的发展模式转变，从注重对物的管理向对人的管理转变。中国煤炭企业管理创新的过程是适应目前中国煤炭企业强大型发展的需要。

第一节　中国煤炭企业转型管理创新的原则

中国煤炭企业发展正处于煤炭、人才、管理、科技等生产要素重新整合的重要阶段。它的管理创新水平直接决定了整合的效率。为了更好地把握中国煤炭企业创新的方向，我们认为应坚持以下原则。

一、科学性

科学性是指概念、原理、定义和论证等内容的叙述是否清楚、历史事实、任务以及图表、数据、公式、符号、单位、专业术语和参考文献写得是否准确，或者前后是否一致等。管理学是从客观实际出发，来研究人类社会中各种组织的管理活动及其规律性的学科，这些规律是客观存在的，如果谁违背了这些规律，就必然会遭到惩罚。比如，企业经营中有一条亘古不变的真理：企业必须以自己的产品和服务最大限度地去满足顾客的需求才能赢利。这条法则应该说是古今中外企业必须遵循的不二法则，这就是管理规律，谁违背了谁就要吃亏。科学性体现管理创新与事实的适应性。

科学性的标准具有相对性。受人们认识水平、科技发展水平、历史因素等方面的影响，科学性呈现出相对性特征。那么我们应该怎样判断我们的管理是否具有科学性？我们认为应将管理理念和方法放入广义的国际、历史、现实背景中确定它的实在性和科学性。只有最适合的，没有最准确的。

二、时代性

知识经济时代，企业管理创新出现了两个明显的趋势："从物到人"、以"人"为中心的"柔性管理"。

1. 从"物"到"人"

知识经济的发展实际上就是高新技术的不断开发、应用和产业化，并运用高新技术来组织、协调和不断提高社会经济活动以及其他一切人类活动的质量、效益和效率。因此，在知识经济时代，管理的主要对象是管理创新和知识管理。

自从1897年诞生在美国的"泰罗制"创立了"现代管理"，到21世纪人类即将迎来知识经济管理的新时代，世界范围的企业管理制度在不断地创新。如果说以"科学管理"取代"经验管理"引起了企业管理的"第一次革命"，那么在经历了20世纪的科学管理，行为科学管理、现代管理等历史发展阶段后，21世纪全球的企业管理将迎来"第二次革命"，即以"人性化"、"科学化"管理为标准的新时代。

传统管理服务服从于资源经济或工业经济时代机器大工业生产需要。以机器为中心的管理，工人被当作机器系统中的"配件"。人被异化为"物"，管理的中心是物。因此，管理部门要求雇员成为标准人，以便实行规范的标准化管理。但这种使人异化为物的管理，不利于人的创造性的发挥。

随着科学技术的发展，人的因素：创造性、个性、才能，在生产活动中发挥着越来越重要的作用。这就使企业管理部门日益重视人的因素——管理从物转移到人，研究人的需要、人的行为、人与组织的关系，进而使管理柔性化。

2. 以"人"为中心的"柔性管理"

20世纪20年代起，随着西方社会经济的发展，生产规模的扩大，企业管理日益脱离古典科学管理时代的经验管理方式，向着更深层次发展。

管理科学专家开始注意到人们的内心世界与人的行为的关系，人与人之间复杂的人际关系，他们开始探索一种相应的管理方法，管理科学进入了一个新时期——现代管理阶段。现代管理阶段，即管理理论与创造异常活跃，主要有行为科学学派、管理科学学派、决策理论学派和企业文化学派。知识经济时代管理的革命，也产生了一些明显的特征，表现在以下几个方面：

（1）大规模生产转向规模个性化生产。市场需求从本质上讲是一个个性化需求的集成。由于存在人们的消费行为、消费观念、消费水平等方面的差异，每一个人都有自己独特的消费需求。在工业经济时代，消费者产品价格的承受有限，再加上技术上的原因，大多数消费者只能从效用最大化出发，选择或购买以大批量生产方式所提供的商品。这是规模化生产和规模经济得以在工业经济时代流行的根本原因。

在一些发达国家，这种规模个性化生产的模式已逐渐形成。美国通用公司别克汽车制造厂可以让客户在汽车销售陈列厅的计算机终端前，设计自已所青睐的汽车样式。客户可以从大量可供选择的方案中挑选所喜欢的车身、发动机、轮胎、着色、车内结构等，很快可以看到自己选择的部件组装出来的汽车样子。工厂按客户的要求生产出汽车，前后只需时 56 天。对整个汽车行业来说，在顾客提出要求再制造产品，比在顾客要求提出前生产产品，可节约成品库存价值 500 亿美元。

（2）纵向管理转向水平、网络状的管理。在工业经济时代，企业组织生产的目的是使产品从一个部门流向另一个部门，有关产品的价格、生产技术和投资决策等只掌握在少数人手中，从而等级管理就是必然的。信息自下向上流动，指令从上向下发出，权力来自于企业管理的最高层。如在机床制造业中，研究开发部门和生产部门都是按照总经理的指令从事新产品开发和生产活动，部门没有自主权，是总经理在协调各部门的工作。这常常是纵向管理使产品开发迟缓的原因。

在知识经济时代，知识和信息成为基础性资源，成为各部门可以自由获取、必需获取的资源，因而水平管理就成为必要。水平、网络管理的具体表现是：①研究开发部门可直接与客户沟通，开发客户所需要的产品。知识经济时代企业的每一部门的管理都是由知识型人才组成，他们对产品的设计、加工制造、销售、售后服务和最终处理实行一揽子管理。由于网络技术的普及，使企业与客户可随时对话，客户只要确切说明所需要的产品，就基本能得到满足。②大型企业将被改造成许多小型的能提供某种专门服务的自主管理单位，而信息系统又利用企业内部的综合通信网络把所有的生产经营活动结合为一个整体，协调生产的全过程。③各管理部门按工作成绩分配工资、资金和其他资源，自主地同其他单位开展协作，还可以按照自己认可的最佳方式自行组合和安排生产。

（3）产品从现实开发转向虚拟开发。在从农业经济时代向工业经济时代转变的过程中，技术创新的方法发生过重大变革，即从个体式的发明转变为以研究机构为主体的集体行为，研究方法也从手工制作的试错法转向以实验室为主的系统方式。而且，工业经济时代创新需要将抽象的知识即定律，同有关特定现象的具体知识结合起来才能实现。如在航空领域，工程技术人员一直用风洞来模拟飞机的飞行状况，以观察设计是否可行。在缺乏空气动力学理论的情况下，这种方法是有效的。

产品的虚拟开发，可以使技术人员从绘图、台上实验、原形制造、制模以及实际调整等设计模式中解脱出来，而通过“虚拟空间”不制造实际物体，却可以对可设计的产品加以观察、操纵和反复实验，甚至可以销毁。这种开发客户可以直接参与设计过程，帮助检查设计是否符合需要，从而降低了市场风险，当每个客户根据自己的需要不断对设计加以改进时，这一设计创新的价值又可以比原投资增值若干倍，甚至更多。

中国煤炭企业虽然属于工业企业，但是它的发展离不开现代管理创新。它的管理创新需吸收现代管理理念和方法，只有这样才能做到与时俱进，与时消息，与时偕行。

三、集成性

集成就是一些孤立的事物或元素通过某种方式集中在一起，产生联系，从而构成一个有机整体的过程。集成性体现了事物发展的复杂性和协同性。

新中国成立以来，中国煤炭企业管理经过管理要素、管理过程、管理方式等不断转变的历程。21 世纪中国煤炭企业管理创新是在扬弃原来基础上的创新，是整合计划经济和市场经济基础上的不断创新。如计划经济时代煤炭企业的生产管理、技术管理、质量管理、劳资管理、财务管理，现在依然要受国家管理。只不过是在当代为了实现科学发展，我们又突现了一些新的管理模式和管理方法。管理创新是历史、现实集成的过程。同时，中国煤炭企业转型管理创新还是横向不同要素之间的集成结果。

四、经济性

经济性是指组织经营活动过程中获得一定数量和质量的产品和服务及其他成果时所耗费的资源最少的特性。经济性主要关注的是资源投入和使用过程中成本节约的水平和程度及资源使用的合理性。这里是专指生产作业计划要有利于利用企业的生产能力，缩短生产周期，降低生产成本，实现均衡生产，提高生产效率和经济效益。管理创新的目的就是用最小的投入获得最大的产出。

中国煤炭企业作为企业，具有企业的性质，在市场经济体制中，企业追求个体利益的最大化，甚至以公众利益为代价以获得个体利益的最大化。21 世纪，中国煤炭企业转型管理创新过程是企业经济利益、社会利益、生态利益等目标协同发展的过程。考虑社会性和生态性，并不是不要企业的经济性，而是将经济性的实现建立在社会利益和生态利益基础上。

五、时效性

时效性是指信息的新旧程度、行情最新动态和进展。整体分析策略方案在一定时间阶段是有效的。决策的时效性很大程度上制约着决策的客观效果。应紧紧把握其时效性特点，充分发挥其时效性的功能。分析策略的有用性是其中最为重要的方面，即了解外部环境的变化并相应调整决策以利生存和发展。管理创新应符合当前中国煤炭企业发展的需要，解决目前面临的问题。

时滞的管理往往给企业和社会带来不必要的损失。随着社会发展目标的变革，必然引起管理领域的变革。管理创新是一定时期企业和社会发展的结果。它需要与时俱进，与时消息，与时偕行。

六、可操作性

可操作性是用具体的测试（testing）或者测量（measurement）标准来陈述事物。这些标准的建立还必须有实证参考：可数、可测或者是其他通过我们的感官可以获取的信息数据。管理需要通过可测量的指标体系来实现。可操作性是实现管理的微观表现。再好的管理如果不具有可操作性，将是失败的。

针对目前中国煤炭企业面临的“五块短板”，管理创新必须通过管理理念、管理方式、管理内容的变革，解决这些问题。

第二节　中国煤炭企业以人为本的精细化转型管理创新模式

信息革命的不断推进，为企业的精细化管理提供了一种可能。精细化管理是以精细操作和管理为核心，以精确定位、合理分工、细化责任和量化考核为基本特征的管理方式，是一个由粗放型管理向集约化管理、由传统经验管理向科学化管理转变的一种管理模式。煤炭企业作为高风险行业，多年来以经验管理为主要模式，能耗高，效率低、事故频发，总体上呈现出很多问题，这与我们传统的管理模式有很大的关系。精细化管理在煤炭企业的应用有助于其科学发展、安全发展、和谐发展。

一、以人为本精细化管理产生的背景与特征

20世纪50年代，日本缺乏足够的资金去建造规模庞大的大型汽车制造企业，以丰田为例，他们建立了一个多品种、小批量、高质量和低能耗的生产系统，丰田的生产方式成为精细化管理的最初来源。1991年《改造世界的机器》一书将丰田生产方式定名为“精细化生产”。这种生产方式体现了个性化需求、高效率、低能耗的生产方式，实现了资金、人员、设备等价值的最大化利用。以人为本精细化管理具有以下特征：

一是零浪费性。零浪费体现了循环经济发展的最高境界。一个生产系统包括多个环节，只有实现多环节的不浪费才能从根本上获得经济效益、生态效益和社会效益。“零浪费”是精细化管理的最终目标，它客观上要求零库存、零故障、零灾害、零停滞、零排放、零不合格等目标的实现，是环保、节能、经济等多重目标的集中体现。

二是高柔性。“高柔性是指企业的生产组织形式灵活多变，能适应市

场需求多样化的要求，及时组织多品种生产，以提高企业的竞争力。”①它的高柔性体现为组织结构的柔性、人才构成的柔性、生产流程的柔性、管理过程的人本性、产品开发的适变性等方面。

三是高质量性。精细化管理在零浪费、高柔性基础上实现产品的高质量，体现为零缺陷。要求产品生产的每一个环节质量达到最优化，建立无缺陷质量控制体系，降低生产环节成本，这也是实现节约型社会的客观要求。

四是人性化。知识经济时代是个性发展的时代，为了满足不同客户个性化需要，客观上要求企业实现多元化生产体系。在这种背景下产生了以人性化需求为特征的精细化柔性生产体系。人性化管理理念体现了转型依靠人、为了人、实现人的价值的客观要求。

二、煤炭企业实施以人为本精细化管理的必要性

改革开放以来，中国煤炭企业管理理念经过了从粗放型向集约型转变，管理方式从经验管理向科学管理过渡，精细化管理作为科学管理，是现代煤炭企业管理的重要方式。它的必要性主要表现在以下几个方面：

缓解能源转型对煤炭企业的压力。我国是世界能源生产和消费大国。在我国的能源供需结构中，以煤炭为主的化石能源的地位一直举足轻重，而代表未来能源发展方向的风能、太阳能等新能源却处于从属、补充的地位。而从世界能源结构来看，能源结构正处于转型期，新型能源在一些国家已成为主要能源。目前已有 50 多个国家和地区制定了激励可再生能源发展的政策。澳大利亚要求到 2020 年该国可再生能源占总能源的比例升至 20%。日本通过实施“绿色新政”，计划将太阳能发电量增加 20 倍，新型环保汽车使用量增加 40%。韩国将在 2030 年前投资 1030 亿美元用于开发可再生能源，把化石能源比例从目前的 83%减少到 61%。印度政府倡导使用清洁、可再生能源。我国也处于这样的转型期，新型能源的开发由于具有环保、可再生、效能高等特点，发展前景很好。而煤炭产业存在问题比较多，能耗高、环境污染大、不可再生。针对这种情况，只有煤炭企业只有实现精细化管理，才可能在现在条件下发挥煤炭的最大效能，

① 李永生编著:《现代煤矿精益管理》，中国矿业大学出版社 2009 年版，第 18 页。

减少污染，提高效率，这对于实现科学发展具有重要的现实意义。

实现科学发展和安全发展的客观要求。科学发展观是党坚持以邓小平理论和“三个代表”重要思想为指导，在准确把握世界发展趋势、认真总结我国发展经验、深入分析我国发展阶段性特征的基础上提出的重大战略思想，是指导发展的世界观和方法论的集中体现，是推进社会主义全面发展的指导方针。而“安全发展”是指国民经济和区域经济各个行业必须把安全作为基础前提和保障，把发展建立在安全保障能力不断增强、安全生产状况持续改善、劳动者生命安全和身体健康得到切实保证的基础上。安全发展与科学发展是紧密联系在一起的，安全发展丰富了科学发展观的内涵及其理论体系。科学发展宏观上指导企业的安全发展。煤炭企业作为高危企业，只有实现精细化管理，才能实现精确定位、细化责任和量化考核，使各级领导干部真正负起责任来，可以充分调动员工的积极性和主动性，体现主人翁的使命，实现科学和安全发展。

提高企业竞争力的必然选择。精细化管理是超越竞争者、超越自我的需要，是企业适应激烈竞争环境的必然选择，是企业节能降耗、提高效率的必然选择，是企业挖掘潜能的必然选择。市场经济是竞争经济，企业作为市场竞争的主体，企业管理水平是企业能否搞好搞活的基础。煤炭企业作为国家能源的支柱，历史包袱沉重，管理相对粗放，人才相对短缺，竞争力不是很强。所以，煤炭企业只有实现持续改进，强化管理，挖掘潜力，降低成本，减员增效，以精细化管理提高竞争力，才能满足市场经济的客观要求。

追求综合价值最大化。随着社会的发展，企业的责任也从单一的经济责任向经济责任、社会责任转型。随着全社会环保意识的提高，煤炭环境成本呈现不断提高的趋势。必须通过加强管理，降低成本，实现综合价值最大化。随着煤炭行业的发展和成熟，单纯依靠产量扩张已无法保证企业健康发展，进一步深挖潜力、降低成本成为管理的主要任务。而精细化管理对于煤炭企业实现综合价值最大化具有重要的价值。

建设和谐矿区的可靠保证。我国煤矿百万吨死亡率逐年下降，但却远高于世界主要产煤国水平，和谐矿区建设任重道远。通过精细化管理，建立“纵到底、横到边，事事有人管、人人有专责”的岗位标准和操作标准，使每个岗位的职工按标准操作，减少工作盲目性和随意性。煤炭企业的每一丝细微之处都可能构成较大安全威胁，而精细化通过管理每个细小环节，及时查堵漏洞、解决问题、把安全隐患消灭在萌芽状态，确保实现矿井安全生产。精细化管理有助于煤炭企业安全生产，保障员工的人身安全，也是实现“以人为本”的重要途径。

李永生在他的《现代煤矿精益管理》中提出了“精益煤矿”概念，从煤矿生产经营的实际出发，以项目改进为切入点，以任务完成和效益评价为主要内容，以建立健全内部各种类型的责任制为手段，以量化细化管理目标为标志，突出各级管理主体的主观能动性等为特征的综合素质和经济效益的稳步增长。“核心是消除浪费，形成精益战略、精益煤矿和精准文化。”① 总之，在国际、历史、现实条件下，中国煤炭企业实现以人为本精细化管理势在必行。

三、我国煤炭企业以人为本精细化管理存在的问题

目前，我国煤炭企业发展水平差距很大，领导对精细化管理认识水平不一，企业员工素质差别很大，具体表现在以下几个方面：

第一，发展观念滞后。现阶段的煤矿企业，从经营管理者到各部门的工作人员，受高额利润的影响，大都沉溺于煤炭行业当前的“大好形势”之中，注重产量的提升，忽视煤炭企业自身管理所带来的效益。利润的获取目前是一些企业发展的主要目标。而很多企业不是通过精细化管理提高效率，而是坐等价格的飙升给企业增加利润。这种发展理念违背了我国目前科学发展的理念，也违背了目前我国所倡导的以人为本的发展理念。这种只注重小我，而忽视大我的思想理念，将会对企业和社会带来更多的负面影响。

第二，领导重视不够。一些煤炭企业在管理过程中，片面认为一流的企业靠文化，二流的企业靠管理，三流的企业靠管人。盲目追求上层的企业文化建设，忽视制度建设。企业发展是企业文化、企业制度、企业技术创新等整合的结果，不是单纯的上层文化能够解决的。一个只有文化，没有制度和创新的企业是不可能发展起来的。因为文化需要通过制度创新和技术创新落到实处。精细化制度创新还必须依靠制度建设和对全员、全过

① 李永生编著:《现代煤矿精益管理》，中国矿业大学出版社 2009 年版，第 68 页。

程的精细管理来约束职工的行为。

第三，精细化标准不严，贯彻不力。一些煤炭企业根据精细化管理需要相应地制定了一些标准和制度。诸如安全质量标准、生产技术标准、责任制度、成本核算制度等。由于学习贯彻不到位，一些煤矿职工和管理人员对本岗位的精细化考核标准认识不清。这必然导致执行工作标准不到位，习惯于传统模式管理。这样，就会使精细化管理无法贯彻下去，也可以说可能流于形式。

第四，精细化管理过于刚性化。精细化管理是提高煤炭企业效率的重要手段，但不是唯一手段。一些企业将精细化管理作为企业唯一的管理模式，这将造成新一轮的“技术异化”。因为精细化管理的主要特点是程序化、标准化和定量化，没有人情味。其实，在我们以人为本的时代，精细化管理也应体现以人为本，关键是如何科学、合理地处理精细化与人性化之间的关系问题。

第五，人员素质比较低。煤炭企业作为传统行业，整体上员工素质比较低，对于新生事物认识比较慢，对于精细化管理的作用和考核机制缺乏认知。特别是一些落后的煤炭企业，员工很多都是农民工，他们参与企业的精细化管理程度比较低，往往是被动地接受，而不是主动地参与到企业的精细化管理过程中，这使企业处于“一头热”的状态。另外，一些企业领导的素质比较低，没有能力将精细化管理与企业的实际有机地结合在一起。

第六，管理范围有待进一步扩展。煤炭企业作为中国能源基础企业，它的精细化管理就是量化、细化管理指标的过程，也是降低各种风险最主要的手段。

精细化管理应包括哪些管理内容呢？有些专家认为应包括“生产管理精细化、成本管理精细化、安全管理精细化、质量管理精细化。”①我们认为除了这四个方面，还包括环保管理精细化。随着社会的不断发展，中国煤炭企业的环保问题越来越成为重要的管理内容。因此，也应将它管理精细化。

总之，煤炭企业要实行精细化管理，还需要不断地创新，使理论更好

---

① 牛克洪、崔涛主编:《现代煤炭企业管理50法》，煤炭工业出版社2007年版，第108页。

地与企业实践、社会需要结合起来。

四、煤炭企业实施精细化管理的具体措施

中国煤炭企业精细化管理系统，包括精细化生产管理系统、精细化安全管理系统、精细化科技管理系统、精细化能耗管理系统、精细化人才管理系统、精细化环保管理系统等。应综合考察分析煤炭企业管理现状，从问题出发，有针对性地、创造性运用精益管理的原则和方法，实现整体的精细化管理体系。具体来说，需要做好以下几个方面的工作。

1. 加强培训，提高煤炭企业精细化管理的意识

目前，中国煤炭企业的整合，很多企业强调大，忽视强；强调自动化、高生产效率，忽视生产过程与需求的平衡性。只有观念的不断创新，并树立精细化管理意识，才能从根本上提高企业的竞争力。

煤炭企业要掀起一个学习、贯彻精细化管理考核标准和考核办法的热潮，努力让每个职工都能了解、熟悉本岗位的考核标准和考核办法，增强全员执行岗位考核标准的自觉性、主动性。同时，抓好全员教育培训。制定各工种培训计划，并严格实施。要本着理论学习和技能培训相结合的原则，从设备或工程的质量标准、企业标准（完好标准和安装标准）、相关安全技术管理规定、本专业安全生产基本知识、职工道德和行为规范等各个方面强化对职工的教育，努力提升全员安全生产素质，提高工作效率。

2. 理论联系实际，建立符合煤炭企业的精细化管理制度

加强制度建设是实施精细化管理的关键。煤炭企业推进精细化管理，就要健全和完善各项规章制度，加强制度创新。一是科学，制定的制度既要科学合理、符合企业实际，又要条理清楚，层次清晰；二是规范，使每项工作都要用制度的形式固定化、明细化、程序化，严格界定责任，避免责任互相扯皮；三是细致，用完善的制度整合管理功能，力求管理高效力和高效率。保证人人有标准、事事有标准、处处有标准，形成完善的岗位工作标准体系；四是人性化，精细化管理制度在创新过程中应符合人性化的客观要求，特别是在经济高速发展的今天，人们的需求已从单纯的经济需要向全面发展和高质量的生活方式的转变。因此，精细化管理不能违背现在社会发展的历史潮流，否则将会是失败的。

3. 加强考核力度，认真落实责任

由于煤炭企业是高危企业，它的发展关系到员工的生命安全问题、社会责任问题和科学发展问题。所以，煤炭企业的科学、安全发展绝不是一个口号或一个要求，客观上要求必须落实到企业发展过程中。为了更好地实现煤炭企业的精细化管理，必须将责任落实到具体的工作中，否则精细化管理只能流于形式。严格责任考核，做到人人被考核、考核无缺项，推行工作“问责制”，奖惩分明，责任清楚，使追究责任与推动工作形成完整的闭合运行系统。另外，应建立双向的考核机制，使基层员工也有发言的权利，有助于领导与员工相互联系，推动精细化管理的不断深入。

4. 要建立职工绩效工资量化考核办法，进一步规范劳动用工制度

要将职工的工资收入同工时定额、质量、物耗、安全、出勤等指标进行挂钩，实施量化考核。推行绩效工资制，对生产、辅助单位副科级以上管理人员按照生产任务、安全质量、费用指标，精神文明建设进行联挂考核，以提高员工的工作积极性。同时，要建立工资储备基金制度，在新增效益工资的情况下，从当年计划工资总额的新增效益部分提取不少于10%数额，作为工资储备金，用于以丰补歉，促进煤炭企业可持续发展。

5. 塑造精细化管理的企业文化

精细化管理是一种全面的管理模式，要将这种管理模式引向深入，向工作态度、工作方式、职业素质和职业道德等深层次发展，就必须用企业文化使企业上下都有统一的思想、统一的价值观念。因此，煤炭企业实施精细化管理需要形成为广大干部职工认同和自觉执行的精细化管理文化，并通过坚持不懈的精细管理，塑造企业强大而持久的综合竞争实力，确保企业实现又好又快发展。

6. 实现精细化管理与战略管理的统一

精细化管理与战略管理是宏观与微观、大局与小节的辩证关系。精细化管理的实施与国家煤炭发展战略、企业发展战略是一致的。随着国家对节能、环保等的重视，煤炭的精细化管理也应将这些划入管理范围。

总之，我国煤炭企业管理处于转型期，精细化管理是目前比较科学和合理的管理模式，为了促进企业的精细化管理，我国必须从观念、制度、培训、文化等方面入手，促进企业安全、和谐和科学发展。下面就以精细化管理战略思想为指导，重点分析中国煤炭企业集团化管理、安全管理和知识管理。

第三节　中国煤炭企业转型集团化管理创新模式

2004年《煤炭工业中长期发展规划（2004—2020年）》提出了大型煤炭基地建设。并提出大型煤炭基地建设的6个并举：大型煤炭基地建设要与资源勘探开发规划同时并举，要与培育煤炭骨干企业同时并举，要与电力、冶金、建材、化工的联营同时并举，要与加强资源、环境保护同时并举，要与提高煤炭洁净化程度同时并举，要与技术创新、设备本地化同时并举。中国煤炭企业发展战略的集团化运作客观上要求企业管理实现集团化管理创新。

一、集团化管理创新内涵

所谓集团即是以母公司为基础，以产权关系为纽带，通过合资、合作或股权投资等方式把三个及三个以上的独立企业法人联系在一起形成的集团。集团化管理是集团成员企业之间在研发、采购、制造、销售、管理等环节紧密联系在一起，协同运作的方式。从我国集团化管理经验来看，国有集团化企业习惯于专业化分工，决策与执行分离的管理模式，往往决策在集团，而下属公司更多是执行，困惑往往是集团与下属单位合理的权责划分问题。根据总部的集、分权程度不同，可以把总部对下属企业的管控模式而划分成“操作管理型”、“战略管理型”和“财务管理型”三种管控模式。中国煤炭企业管理创新体现了三种形式的综合运用。

二、集团化管理特征

集团化管理是实现煤炭企业做强做大的重要途径，有助于实现要素的整合，优势的互补和竞争力的提升。它具有以下特征：

其一，实现资源共享，节省成本和费用。企业都有边界，企业与企业以外的主体进行交易就形成了市场交易，同时产生交易费用和税收。而企业内部的交易则费用最低，因为它避免了税收和交易成本，集团化运作的实质是扩大了企业的边界。统一采购可以降低采购成本，集团大制造可以利用制造资源，统一技术和研发平台以研发高难度的课题，统一销售可以节约营销费用，统一结算可以节省财务费用和解决融资的难题等。

其二，实现优势互补，提升了企业的运作和管理效率。企业集团都是由若干相互联系、相互作用的子公司组成的复杂系统，在这个大系统内各要素间的互动和协同，使系统产生了创新和发展的推动力量，即协同效应，也就是 1 + 1 > 2 的效应。集团化运作可以将某一企业的“长板”弥补其他企业的“短板”，使这一长项得到充分发挥，从而带动其他成员企业提高了运作和管理的效率。比如，销售渠道的融通、人力资源管理经验的借鉴等。

其三，提高了企业创新能力和综合竞争能力。通过集团化运作，实现子企业之间的横向和纵向产业链的融合，使子企业间技术创新、营销创新以及成本和费用的降低等，使企业及集团综合竞争能力得到提升。目前，中国煤炭企业正是通过集团化运作提高企业的创新力和竞争力。

三、中国煤炭企业集团化管理现状

我国煤炭工业发展现状及行业布局为实施集中化发展提供了有利条件。2000 年末，我国有煤炭探明开采储量 2000 亿吨，丰富的煤炭资源是我国煤炭产业实施大集团战略的重要基础。国内外煤炭企业和行业外其他企业的发展为我国实施集团化提供了成功的经验和示范。世界上主要产煤国家，如俄罗斯、印度、美国、澳大利亚等，都形成了一个或多个占有垄断或控制地位的煤炭企业集团。

根据美国哈佛大学教授迈克尔·波特（M.E PORTER）的理论，我国煤炭产业属分散型产业。分散型产业的重要特征是没有任何一家企业占有显著的市场份额，也没有任何一家企业能对整个产业的结构施加重大影响。与发达国家的生产集中度相比，我国前 8 名企业在全行业中的产量比应该达到目前全部大型企业共 116 家占比水平，即 40%以上，同时也表明煤炭行存在大量的企业购并机会。

煤炭产业走集团化发展战略符合当前党和国家对国有企业改革的方针政策和煤炭工业的发展方向，符合煤炭企业自身和发展战略要求，符合我国煤炭产业发展目标要求。在我国煤炭产业现有的发展情况以及政策之下，实施集团战略是可行的。因此，我们有理由认为煤炭产业实施集团化发展战略是实现中国煤炭产业可持续发展的必然要求。

在国家宏观政策的指导下、产业政策的指引下，2004年以来，神华集团、中煤集团、山西焦煤集团、山西潞安集团等都在进行集团化管理运作，在做大基础上做强。从以上的发展趋势来看，我国的煤炭企业完全有能力在现有政策的指导下进行产业结构调整，实施集团化战略。

四、中国煤炭企业集团化管理发展趋势

21世纪，为了更好地促进中国煤炭企业集团化管理创新。我们需要在现有基础上把握好未来发展的方向。

1. 因地制宜选择管理模式

众所周知，集团化管理模式往往分为战略控制型、财务控制型与操作控制型等模式。对于不同的集团，不同下属企业究竟采取哪种控制模式，很难做出正确的选择。管控模式由于影响的因素很多，各企业所处的行业竞争环境和自身条件又各不相同，因此，并不存在一个“标准”或“万能”的模式，也没有“最佳”的模式，只有“最适合自己”的模式，而且它们还必将随一些外界因素的变化而不断调整。

2. 平衡权利关系

集团化管理涉及集团与下属企业之间的权利模式。一方面，下属企业需要在集团战略下发展，实现它们价值目标的同一性。另一方面，下属企业要服从主公司的考核。被下属企业与集团共同认可往往成为集团化管理的主要难题。统一考核指标要求，往往没有考虑不同企业的个性；按照个性化考核，企业之间又可能出现相互比较的现象，这样导致对下属企业考核难以把握。因此，集团与下属企业之间应通过制度创新平衡权利关系。

3. 提高集团的执行力

所谓执行力，指的是贯彻战略意图，完成预定目标的操作能力，是把企业战略、规划转化成为效益、成果的关键。执行力包含完成任务的意愿、完成任务的能力、完成任务的程度。执行力，对个人而言，执行力就是办事能力；对团队而言，执行力就是战斗力；对企业而言，执行力就是经营能力。而衡量执行力的标准，对个人而言是按时按质按量完成自己的工作任务；对企业而言就是在预定的时间内完成企业的战略目标。集团存在的价值就是有一个统一的战略目标。集团化战略目标的贯彻执行需要下属企业的大力支持。集团对下属企业的管理应通过制度创新，提高其执

行力。

4. 发挥集团化运作的优势

集团化运作本身目的就是为了发挥企业之间的优势，实现科技、人才、管理、知识等方面的共享，节约相关费用。集团化运作过程要体现优势互补、协同力的增强。

为了提高煤炭企业回采率，提高煤炭资源的利用率，集团化运作应从煤田角度出发，实现跨区域的煤炭资源整合，体现优胜劣汰规律，进一步提高煤炭企业集中度。

5. 提高竞争力

目前，世界上主要产煤国家，都形成了一个或多个占有垄断或控制地位的煤炭企业集团。世界上最大的 10 家煤炭公司平均每户年产原煤超过 1 亿吨，煤炭产业集中度很高，中国煤炭企业集团化运作应不断提高集中度，提高整个集团的竞争力。

第四节　中国煤炭企业转型安全管理创新模式

"无危则安，无缺则全"。党的十六届五中全会提出的"安全发展"理念和指导原则，为安全生产奠定了思想、理论基础和强大动力。国务院 116 次常务会议，针对影响制约我国安全生产的深层次、历史性问题，确定了安全规划、行业管理、安全投入、科技进步、经济政策、教育培训、安全立法、企业主体责任、激励约束考核、事故责任问题、社会监督参与、安全监管及应急管理体制等 12 个方面的治本之策。瓦斯、水、火、煤尘、顶板五大灾害是煤矿生产主要的安全问题。近年来，煤炭安全生产得到了国家的高度重视，相继采取了一系列措施。对于煤炭企业来说，安全管理是煤炭企业良性循环的保障，而要做好安全管理，必须协同安全思维创新、安全制度创新和安全实践创新，构建有利于安全发展的管理创新系统。

一、中国煤炭企业安全管理创新的必要性

煤炭作为解决中国目前能源的主要产业，它的发展水平直接体现了我

国能源发展的水平。由于煤炭企业首先必需的是要将煤炭开发出来，而煤炭开发过程涉及很多与安全相关的问题。实现中国煤炭企业安全发展，是在国际化大背景下，体现以人为本理念的基本要求，实现科学发展的客观要求，保障人与自然和谐发展的基础。

1. 从国际煤炭安全水平看中国煤炭企业安全发展水平有待提高

从世界安全发展历程看，发达国家经历了从事故多发到逐步稳定和下降的趋势。1970 年，美国有煤矿 7000 余座，年产量 18 万吨以下小煤矿的煤炭产量所占比例接近 33%。1968 年，美国发生煤矿重大瓦斯爆炸事故，死亡 78 人，全国哗然。国会制定了更为严格的《煤矿安全健康法》，严格安全标准和粉尘控制标准（井下工作面空气中粉尘含量小于 2mg/m^3），迫使近 3000 多个不符合安全健康标准的矿井被关闭，同时现代化大型煤矿加快发展，提高了煤炭工业现代化生产技术水平，提高了生产率。此后，美国煤矿安全状况迅速好转，煤矿事故死亡人数由 1970 年的 260 人迅速下降到了 1990 年的 66 人。2008 年，美国共有煤矿数量 1450 个，煤炭产量 10.6 亿吨，事故死亡 30 人，百万吨死亡率仅为 0.028。

南非煤矿安全状况良好，现有煤矿 60 个，2001 年以后每年死亡 20 人左右；2007 年降至 15 人，百万吨死亡率 0.061。1994 年以来，未发生过瓦斯、煤尘爆炸和透水事故，矿山火灾事故也大为减少。英国和澳大利亚煤矿已连续几年实现零死亡。英国 2002—2008 年连续 6 年实现煤矿零死亡，这在世界煤炭安全开采史上开创了先河。

2001 年以来，印度煤矿事故死亡人数逐年下降，2007 年煤矿事故死亡仅有 69 人，重伤人数 904 人，百万吨死亡率和百万吨重伤率分别为 0.15 和 1.7，推进露天开采，提高集中度，以及 2006 年在全国推行的 10 大安全措施对煤矿安全的改善有很大的促进作用。

在各方面的共同努力下，煤矿事故起数、死亡人数、百万吨死亡率逐年下降，煤矿安全生产状况总体稳定并趋于好转，但煤矿安全形势依然严峻。2003 年以来，中国煤矿事故死亡人数呈现大幅下降趋势，煤矿事故死亡人数从 6434 人下降到 2002 年的 3215 人。神华集团百万吨死亡率 0.04，已达美国等发达国家水平。但总体上看，我国煤矿事故总量仍很大，与世界先进水平差距大，煤矿百万吨死亡率约是美国的 35 倍、南非的 15 倍、波兰的 8 倍、俄罗斯和印度的 6 倍，远远高于世界平均水平，形势依然严峻，小煤矿事故起数和死亡人数多，2009年以来发生了多起特别重大生产安全事故："2.22"山西屯兰煤矿特大瓦斯爆炸事故、"5.30"重庆松藻同华煤矿特大煤与瓦斯突出事故、"9.8"河南平顶山新华四矿特大瓦斯爆炸事故。

事故的频发要求中国煤炭企业必须重视安全问题，从事后处理转为事前预防，科技、人才、制度等综合性安全体系不断完善。

2. 安全管理是企业落实科学发展观的基本要求

胡锦涛总书记在《高举中国特色社会主义伟大旗帜为夺取全面建设小康社会新胜利而奋斗》的报告中提出，科学发展观第一要义是发展，核心是以人为本，基本要求是全面协调可持续性，根本方法是统筹兼顾，指明了我们进一步推动中国经济改革与发展的思路和战略，明确了科学发展观是指导经济社会发展的根本指导思想，标志着中国共产党对于社会主义建设规律、社会发展规律、共产党执政规律的认识达到了新的高度，标志着马克思主义的中国化，标志着马克思主义和新的中国国情相结合达到了新的高度和阶段。党的十七大报告提出：科学发展观核心是以人为本。以人为本是党的十六大以来党中央突出强调的一个重要思想和基本要求。它之所以是科学发展观的核心，主要有以下四方面原因决定的：第一，以人为本是历史唯物主义的一项基本原则。第二，以人为本是我们党的根本宗旨和执政理念的集中体现。第三，以人为本全面回答了科学发展观的一系列基本问题。第四，以人为本体现知识经济时代发展的特征。知识经济时代最主要的生产要素是知识和信息，而知识和信息的产生依赖于人的创新性。我们不重视人就是不重视创新，不重视知识和信息。这是违背客观规律的。

科学发展观坚持人民群众是历史创造者唯物史观的基本原理，坚持全心全意为人民服务的党的根本宗旨，牢固树立"立党为公，执政为民"的坚定信念，把依靠人民作为发展的根本前提，把提高人作为发展的根本途径，把尊重人作为发展的根本准则，把为了人作为发展的根本目的，始终把实现好、维护好、发展好最广大人民的根本利益作为党和国家一切工作的出发点和落脚点，解决好人民群众最关心、最直接、最现实的利益问题，做到发展为了人民，发展依靠人民，发展成果由人民共享。

3. 安全管理是落实安全生产方针的基本保证

中国煤炭多数企业的事故是由于违章造成的。违章的产生与我们的管理水平有很大的关系。往往很多员工有章不循，漠视规章。管理最主要的首先是要消除违章。

“安全第一，预防为主，综合治理”是我国安全生产管理的方针，是长期安全生产工作中的经验与教训的科学总结。为落实好该方针，一方面需加大安全生产投入；另一方面需培养安全责任感与自觉性；再者应加大投入，提高安全科技水平，加大培训力度。而所有这些工作需要通过安全管理不断深入下去。

4. 安全管理是提高企业经济效益的重要保证

安全问题对企业全面提高管理水平，企业人才、科技、投入等方面具有重要的推动作用。安全问题的解决避免企业经济、人才等方面的损失。我们可以说，安全也是生产力，它与企业人才、科技、资金等方面的管理相互联系、相互影响和促进。

总之，安全管理工作的根本目的就是保护职工的安全与健康，防止人员伤害、职业危害和财产损失，体现以人为本的理念。中国煤炭企业作为高危企业，实现安全管理十分重要。

二、中国煤炭企业安全管理系统存在的问题

新中国成立以来，中国煤炭工业经过六十多年的建设，安全面貌大有改观，重大事故整体呈下降趋势。但井下伤亡事故仍较严重，重大恶性事故时有发生。除了自然因素外，安全管理系统存在一些问题。

1. 安全思维创新滞后

思维创新是制度创新和实践创新的前提和基础。多年来，我国安全思维创新的理念不断更新，从实践中不断总结出一些新的思维方式。经过了从由安全管理强调事后处理的被动安全管理，到以经验教训为依据，通过经验解决危机的管理，再到事前预防的管理机制，现在强调系统的管理机制。尽管取得了一些成绩，但多是从实践中总结经验来指导思维创新。思维创新本身水平落后于实践发展。也就是说思维创新落后于实践的客观需要，往往思维的创新都是被动地在总结历史教训的基础上不断创新，都是在以劳动人民血和生命的代价基础上不断创新，显然是比较落后的。

2. 安全制度创新水平有待完善

从系统论来讲，只有合理的系统要素形成的科学系统结构，才可能凸显系统的功能。而目前中国煤炭企业安全制度创新速度很快，但总体上安全制度系统化建设比较混乱。近年来煤炭市场火暴，多产煤、多卖煤成为一些企业努力的目标，从而造成矿难频发。在此情况下，国家成立了安监局、煤监局，一些省市还有煤炭工业、发改委、国土资源局等等，都来管理煤炭。这些机构多是强调自己的权力，而更多地忽视了自己的责任。你发采矿许可证，我发煤炭生产许可证，他发矿长资格证，我发矿长安全资格证等等，大家“都来管”，结果谁都“管不好”。对于企业来讲也存在权利大家争，责任都想推的状况。对于一个系统来讲，如果系统结构不合理，它就不可能形成科学、高效的管理机制。

3. 安全实践创新能力低

安全实践创新主要涉及思维创新、制度创新、技术创新的落实问题。我们有再先进的思维创新和制度创新，但实践不了或实践不好，中国煤炭企业就管理不好。对于煤炭企业来讲，为了搞好安全工作，进行了一系列的制度创新和技术创新。一方面，对于制度创新来讲，由于企业员工实践惯性的存在，使新制度的推行存在一定的风险。煤炭事故的发生很多与企业员工不按照国家和企业制度的规程工作有很大的关系。另一方面，企业技术创新存在水平比较低，科学性有待进一步的完善。一些企业的矿难与企业技术改造的水平、科学性有很大的关系。由于制度落实的滞后、技术创新的风险性加大了煤炭企业安全实践的成本和风险。

4. 煤矿安全投入低

用“冰冻三尺非一日之寒”这句话来形容目前的煤矿安全问题恐怕最为恰当。新中国成立以来我国发生的七起死亡百人以上煤矿事故中，除两起分别发生在1950年和1960年外，其余五起均在1998年以后。一个值得注意的事实是：1998年煤炭行业效益陷入历史最低潮，同一年国家煤炭部正式退出历史舞台。安全需要投入，而在温饱难保的情况下，煤炭行业安全投入几乎为零，作业方式甚至退化到“原始社会”；安全也需要管理，但自从煤炭部撤销后，监管几乎成为真空。2003年后，随着“能源紧缺”时代的到来，煤炭行业迎来历史上第一个黄金时期。由于煤价飞涨，密集的矿难就在这样的大背景下发生了，关键还是对安全投入不够。

根据2005年专家对54户重点煤矿企业分析，仅国有重点煤矿安全欠账就高达689亿元。地方国有煤矿和乡镇煤矿安全欠账问题更突出。由于投入低，安全科技力量弱，科研投入不足，成果转化率低等成了制约瓶颈。

5. 违规现象突出

目前，中国煤炭企业多数事故与违规操作联系在一起。煤矿企业自觉遵守法律，依法办事观念落后，非法生产现象严重，执法不严格。煤矿安全生产法规标准体系需进一步完善。安全生产责任落实不到位。部分企业安全管理体系和规章制度不健全，安全制度落实不到位。

总之，我国煤炭企业要实现安全发展，还需要思维创新、制度创新和实践创新的系统整合，还需要中国煤炭企业创新力度的不断增强。

三、中国煤炭企业安全管理创新模式

我国安全发展规划是到2020年亿元国内生产总值事故死亡率、十万人事故死亡率等指标达到或接近世界中等发达国家水平。为了实现该目标，中国煤炭企业安全工作要做得更细、更全，我们需要创新管理模式。

1. 不断提升煤炭企业安全思维创新的能力

思维创新有广义与狭义之分。一般认为人们在提出问题和解决问题的过程中，一切对创新成果起作用的思维活动，均可视为广义的思维创新。而狭义的思维创新则是指人们在创新活动中直接形成的创新成果的思维活动，诸如灵感、直觉、顿悟等非逻辑思维形式。我们说的创新思维就是不受现成的常规思路的约束，寻求对问题的全新的独特性的解答和方法的思维过程。

煤炭企业作为一个高危行业，由于生产环境的特殊性、地质条件的多变性，发生事故灾害的几率较高，安全工作历来成为全社会关注的焦点，也是长期困扰煤炭企业和谐发展的主要难题。为了做好煤炭企业的思维创新，我们需要做好以下几个方面的工作。

第一，培养创新意识。一个人对创新的认识程度直接决定了他的创新能力。没有创新意识就不可能重视创新。21世纪是一个创新的时代，创新是一个民族进步不竭的灵魂。我们要做好思维创新，必须让企业重视创新。只有具有创新意识的企业才可能重视思维创新。对于企业创新意识的培养首先在领导干部，只有创新的领导干部才可能有创新的员工。

第二，加强思维训练。创新思维训练包括换位思维训练、多维度思维训练、列举法思维训练和逆向思维训练等。创新的力度与创新思维训练的程度和胆量有很大的关系。我们很多干部不敢创新，主要害怕创新带来的风险。为了更好地提高煤炭企业创新的力度，必须加强对领导干部创新思维的培训。

第三，加强思维创新与制度创新和实践创新的联动作用。一方面，思维创新的实效关键看思维创新指导实践的力度和成效。符合客观实际的思维创新是指导实践的指示灯。而脱离实际的思维创新可能使煤炭企业陷入新的危机。另一方面，思维创新体现了继承与突破的特征，思维创新需继承原来经过实践检验是正确的东西，同时要敢于创新出新的方法。因此，思维创新必须与制度和实践紧密联系。

第四，要将思维创新塑造成一种习惯。煤炭企业作为高危企业，它的不可预测性、高风险性和复杂性，客观上要求煤炭企业必须不断创新，才可能应对面临的各种风险。这样就要求煤炭企业将思维创新作为一种常态来发展，而不是一时的热情或一时的要求，关键是看创新的力度。这是非常难的，客观上要求企业领导、员工形成一种创新的机制来提高企业思维创新的能力。

通过思维创新，不断变革我们一些片面的认识，树立发展经济是政绩，安全生产也是政绩的理念。将安全放在突出的位置上。建立以人为中心，人、机、物、环境相统一的安全管理体系。

2. 不断强化煤炭企业安全制度的创新

安全的内涵具有广泛性、复杂性、相对性。安全的“三性”要求我们用联系的观点、全面的观点来管理安全。其中制度创新是很重要的一项工作，是联系思维创新和实践创新的纽带。为了更好地制度创新，我们需在“安全第一、预防为主、综合治理”、“人人管理、自我约束”、“三同时”、“四不放过”原则下，不断进行制度创新。

第一，进一步完善煤炭企业相关的法律。煤炭行业是关系国民经济综合发展的基础产业，同时也是高危险行业，我国先后出台了《中华人民共和国矿山安全法》、《中华人民共和国煤炭法》、《中华人民共和国安全生产法》、《煤矿安全监察条例》、《安全生产许可证条例》、《煤矿安全规程》、《国务院关于预防煤矿生产安全事故的特别规定》、《安全生产事故隐患排查治理暂行规定》等许多关于煤矿安全生产的法律、法规。党的十六届五中全会确定了“安全发展”的指导原则，把安全生产纳入《国民经济和社会发展“十一五”规划纲要》中。发展必须安全，安全才有发展。保证煤炭企业的可持续稳定发展，是煤矿工作者的第一要务。2006年6月通过的《中华人民共和国刑法》修正案，将安全生产事故责任罪的刑期由七年以下修改为五年以上，增设了不报、谎报事故罪。

第二，建立煤炭企业微观安全制度创新体系。煤炭企业的安全问题不是哪一个部门的事情，而是整个企业的大事。传统上认为，煤炭的安全问题是生产部门的事情，尔后发现与机电部门、通风部门和运输部门等都有直接的关系。再后来又发现煤炭安全问题与企业的制度建立有很大的关系，特别是煤炭企业安全责任的落实问题，各部门的责任问题。因此，必须以高度的政治责任感、认真负责的态度、科学严谨的方法，建立一套安全管理制度，并持续创新以达到煤矿企业安全生产，控制风险，防范事故，实现煤炭企业又好又快发展的目的。形成涉及政府管理部门、企业相关部门安全制度创新体系。

第三，加快煤炭企业安全制度创新的力度。煤炭企业的发展是与制度创新紧密联系在一起。改革开放之初，我国的煤炭企业的制度创新表现在理顺企业发展过程中涉及的制度，后发现安全事故存在相互扯皮的现象。这样，企业安全责任制度的创新是必然的事情。2003年“非典”以来，危机管理和突发事件处理逐步成为政府和企业很重要的一项工作。由于煤炭行业是一个高危行业，对于它的突发事件的处理更应成为一种制度。在这种时代背景下，煤炭企业安全制度需进一步的创新。认真执行安全费用提取、安全风险抵押等政策。

第四，强化行政首长负责制和企业法定代表人负责制。温家宝总理曾指出：“要建立安全生产的考核制度和考核指标体系，把安全指标作为考核领导干部的一项重要内容。”政府主要领导是安全生产的第一责任人。一方面，要树立“发展经济是政绩，安全生产也是政绩”的理念。另一方面，企业是安全生产的责任主体，企业法定代表人要切实履行企业安全第一责任人的职责，要把安全生产的责任落实到每个环节、每个岗位、每个人。只有将两个责任制落实好，才能最大限度地实现中国煤炭企业安全发展。

第五，落实煤炭企业制度创新的成果。制度创新是手段，落实是目的。从煤炭企业发生的事故来看，很多是由于企业制度落实不到位造成的。也就是说人为原因比较多。制度创新涉及煤炭企业各方面的关系，如技术创新的安全原则问题、各部门的协调问题、新旧制度的关系问题、员工的认知问题等。一旦制度创新成为指导实践的行为规范，关键问题就是落实。对于落实来讲，首先领导应重视，员工应认识，考核要跟上，使制度创新成为扭转员工行为规范的标准，最终使员工按制度办事成为一种习惯。

3. 不断提高煤炭企业安全实践创新的能力

实践创新是思维创新和制度创新的源泉，同时也是检验思维创新和制度创新的成效的标准。三者形成一个有机的整体。目前，我国实践创新与理论创新存在脱节问题。从理论上讲，很多思维创新和制度创新是正确的和合理的，但是在实践中无法实行。因此，为了不断提高煤炭企业的安全实践创新的能力，我们必须做好以下几个方面。

第一，充分认识到理论联系实际的必须性和重要性。辩证唯物主义告诉我们，理论来自于实践，又反过来指导实践。实践创新是思维创新和制度创新的源泉。由于煤炭生产环境存在区域差异，实践创新在很大程度上体现为个性差异，不同的煤炭生产经验可能对自己也不是完全适用的，关键看自己的生产条件和环境是否相同。这是坚持实践创新的关键。

第二，加强技术创新的科学性与实效性。目前，技术创新已成为企业发展的根本动力。技术创新是煤炭企业安全发展的重要依托。煤炭开采始终受到水、火、瓦斯、煤尘、顶板、冲击地压、地热等自然灾害的威胁，尤其是瓦斯和水害是威胁矿井安全生产的主要危险源。控制这些灾害威胁，必须要有可靠的安全管理和技术措施。2009 年 2 月 22 日发生在山西屯兰煤矿的特大瓦斯事故，主要原因是技术管理和现场管理不到位。随着信息技术的发展，煤炭企业安全管理逐步走向智能化、信息化。技术创新要符合客观规律，否则可能产生严重的后果。

第三，加强安全教育培训。安全教育培训是现代安全管理的重要对策之一，是提高管理者责任意识、管理水平，提高操作者遵章守纪意识、安全操作技能的主要手段。各级安全培训机构要坚持“全员覆盖，各有侧重”的原则，在加强员工培训的同时，必须高度重视对各级管理人员的培训工作，多层次、多渠道、全方位地开展安全培训，不断改革教学方法，创新培训模式，注重培训质量，增强培训效果，做到干中学、学中干，真正达到全员培训，这是实践创新的重要环节。

第四，推进质量标准化建设。安全质量标准化工作是煤矿安全工作的基础和前提。要始终把安全质量标准化工作作为改善工作环境，提高工作质量，夯实安全基础，增强矿井防灾抗灾能力的一项重要举措。把安全质量标准化工作列为企业安全生产的“一把手”工程来抓，科学制定规划，实行目标管理，量化细化责任，并将其作为基础工程、效益工程、素质工程抓好落实，促进安全质量标准化工作的规范化，进一步夯实安全基础。这对进一步提高矿井整体管理水平，促进安全生产、质量标准化、高产高效、科技贡献、文明建设等五个方面具有很强的指导作用。

4. 建立安全生产控制指标体系

煤炭企业要对安全生产情况实行定量控制和考核，并进行跟踪检查和监督考核，明确不同管理层次的责任，把安全纳入经济、社会、环保等发展的总规划中。要大力推进安全生产监督支撑服务体系，加大信息调度、应急救援、安全培训、评价体系等体系的建设。不断完善日常管理机制，强化责任机制，加大督察机制和责任区追查力度，重点加强采、掘、机、运、通、排环节的管理落实。

第五节 中国煤炭企业转型知识管理创新模式

21 世纪是知识经济时代，知识管理成为企业新的管理对象。中国煤炭企业管理创新应加强对知识管理维度的创新。

一、知识管理的涵义

“什么是知识管理”，至今尚无确定的答案，不同的学者具有不同的见解。从不同角度看，知识管理可以有多种分类。但现在比较共识的理解认为：知识管理就是运用集体的智慧提高应变能力和创新能力，是为企业实现显性知识和隐性知识共享提供的新途径。显性知识易于整理和进行计算机存储，而隐性知识则难以掌握，它集中存储在雇员的脑海里，是雇员所取得经验的体现。

知识管理不同于信息管理，因为信息管理主要侧重于信息的收集、检索、分类、存贮和传输等。而知识管理则要求把信息与信息、信息与人、信息与过程联系起来，以进行大量的创新，还要求雇员共同分享他们所拥有的知识。

知识积累是进行知识管理的基础。一个企业，自成立的第一天起，就会有很多的信息和知识产生，如果没有积累，这些信息和知识就会随着业务项目的结束而消失，随着员工的离去而流失。而这些信息和知识都是企业的财富，它们一点一滴地汇集起来，就形成了企业文化、企业价值和企业核心能力。因此，企业一定要重视信息和知识的积累，这是企业进行知识管理的首要条件。由知识积累而形成的知识库、信息库，也是企业知识管理的主要对象之一。

在知识积累的基础上，要实现知识的共享。知识的共享是指一个企业内部的信息和知识面要做到尽可能地公开，要使每一个员工都能接触到，每个员工都有权使用企业的知识和信息。

有积累、能共享，如果没有交流，企业照样不能实现有效的知识管理。知识管理的核心就是要在企业内部建立一个有利于交流的组织结构和文化氛围，使员工之间的交流畅通。这样才能最大限度地使信息和知识在交流过程中得到融合和升华，使知识交流者得到启发和提高。

积累、共享和交流是企业知识管理的原则，也是企业文化的核心，知识型企业的企业文化必须适应“积累、共享和交流”这一基本原则。

二、知识管理的特征

知识管理是知识经济中的一种管理创新，既继承了人本管理的精髓，又结合知识经济这一新的经济形态的特点。它的特征有以下几个方面：

1. 知识管理重视对员工的精神激励

在知识经济条件下，如何采用适当的激励机制激发员工的创造力，这在企业发展中显得异常重要。在传统的工业管理中，虽也有精神激励，但更多的是物质激励。在知识经济时代，企业管理重视精神激励，不只是那种给予赞赏、表扬或荣誉的传统式精神激励，而是一种新型的精神激励，即赋予更大的权力和责任，使被管理者意识到自己是参与管理的一员，进而更好地发挥自己的自觉性、能动性和首创性，充分挖掘自己的潜能以实现其自身的人生价值。

2. 知识管理重视知识共享和创新

在知识经济时代，企业之间的竞争取决于企业的整体创新能力，即运用集体的智慧，提高应变力和创新力，增强企业的竞争能力。它要求公司的领导层把集体知识共享和创新视为赢得竞争优势的支柱，与雇员共同分享他们所拥有的知识，并且要求管理层对那些做到这一点的人予以鼓励。

3. 知识管理重视知识和人才

对于显性知识的取得、分享可以通过计算机的网络化和软件系统实现。对于隐性知识，除重视员工自身的潜能发挥之外，企业应重视组织内外专家学者及领导的智慧作用，即人才智力的高效能发挥。企业重视知识和人才，关键要开发员工的隐性知识，实现隐性知识向显性知识的转变。

4. 知识管理重视组织文化建设

与传统管理只重视规章制度建设不同，知识经济时代的知识管理强调组织文化建设。每一个成功的企业必须有自己的企业精神，用一种共同的价值观来熏陶全体员工。独特的组织文化全面地影响着各项管理职能的实现，以及集体效力的发挥。

三、知识管理的分类

知识管理按照管理的性质可分为微观知识管理和宏观知识管理，根据管理的范围可分为对内知识管理和对外知识管理。

1. 微观知识管理和宏观知识管理

（1）微观知识面管理。

到目前为止，对知识管理的研究主要集中于组织的层次。知识管理与技术管理具有类似性，所不同的是，它的范围扩展到了知识层面上。对于企业来讲，微观知识管理的内涵包括了技术管理、研究与开发管理、部分人事管理与教育培训管理、情报信息管理、知识产权管理等等。企业微观知识管理主要有以下几个要点。

第一，使组织最大限度地拥有知识。因为拥有知识是应用知识的基础。拥有知识包括在组织内部最大限度创造新知识，最广泛地从外部收集和积累知识。

第二，使组织内部最大限度地扩散和交流知识，最大限度地将隐性知识转化为显性知识，使每个成员都最大限度地掌握组织运营和创新所需要的知识。也就是说，组织内部少数人拥有知识不是最佳利用知识的充分条件，还必须使组织成员都能够掌握他们工作岗位所必需的知识。

第三，最高效率地利用现有知识，使其转化为组织的无形资产，成为实现组织的目标的基础；这是拥有和扩散知识的目的。

第四，建立良好的知识基础设施和刺激知识创新的机制。这是组织创造知识的硬件和制度保障。拥有知识是基本要求，创造知识更为重要，这是组织能在竞争中保持特色和优势的核心。

第五，培养知识创新和转化的人才，留住和吸引人才。这是组织创新的基础，没有人才一切都是空谈。从这个意义来说，知识管理应该包括人力资源开发和管理。因此，组织的人事管理部门应改为人力资源管理部门。

第六，保护好组织的知识产权不受侵犯。这是知识经济社会中组织保护自己利益的重要一环。因为知识资产在企业资产中占的比重将会日益上升。国际很多知名企业无形资产在企业总资产中所占的比重在不断上升。因此，知识产权保护非常重要。

（2）宏观层次上的知识管理。

上述知识管理的分析与定义都是针对微观企业和组织的。这与知识经济发展是从微观水平上起步是对称的。正像经济学先有微观经济后有宏观经济学，经济管理先有企业管理，后有宏观经济管理一样，是合乎逻辑的。

但是，在宏观上进行知识管理也是知识管理的重要方面。宏观知识管理应包括知识产权管理、教育与人力资源开发管理等等。知识产权管理在发达国家已经具有很长历史并已经走上了法制化和国际化的轨道。教育和人力资源开发管理也具有悠久的历史，但从知识经济角度进行深入研究是近几年的事。众所周知，在第二次世界大战结束以后，美国和前苏联曾经为争夺德国科学家各自采取过重大对策。新中国成立前后，美国与中国之间也曾经发生过人才争夺战。20 世纪 40 年代末 50 年代初，美国对一些华人学者回国设立了诸多障碍，包括钱学森等在内的一批中国尖端军事高技术的奠基人在解放前后回国并不顺利，不得不绕道欧洲长途辗转曲道回到祖国的怀抱。这些事实说明，政府的宏观知识管理早就存在，但没有像今天这样上升到理论高度进行分析研究，并提高到国家战略层次。

2. 企业对内知识管理和对外知识管理

（1）企业对内的知识管理。

企业对内的知识管理是企业知识管理最为重要的工作。其主要内容包括：

第一，在企业内部培育“知识共享文化”。所谓知识共享文化，即在一个企业内，形成人人乐于知识共享的氛围，既乐于共享别人提供的知识，也乐于将自己的知识提供给别人共享。要做到这一点，一方面需要借助制度性办法，保护知识提供者的个人利益；另一方面，也需要建立有效的激励机制，倡导并培育“知识需要者、提供者的共同体”，使同一企业的员工之间相互信任，且乐于知识共享。

典型的是，在美国，3M 公司对 6 万种产品的生产过程进行了革新，公司内部设立了一个机构，专门负责协调创新与部门保护主义之间的矛盾。3M 鼓励学习和敢冒风险，要求管理者不断学习，创造新的价值。在美国的 ANALOG DEVIES 公司，董事长大力倡导打破企业内部的职能性分工所产生的障碍格局，倡导组织内部竞争的气氛，倡导建立一种知识共享文化，鼓励建设“知识需要者的共同体”，而不是“知识拥有者的共同体”。在美国的波音（BOEING）公司，公司员工无论在世界哪个角落都可以使用相同的数据库。美国 BUCKMAN LABS 公司是一家生物工程公司，他们大力鼓励知识共享，建立了企业内部知识扩散部门，并对为公司内部的知识共享作出突出贡献的员工颁发奖金或晋升职务。在美国的 WM-data 公司，每个机构都不超过 50 人，他们着力于培育员工有一种“家庭”式的归属感，目的就在于使员工相互信任，乐于进行知识共享。Oticon Demark 公司创立了“意大利面条式”的企业内部组织，即企业内部关系似乎是杂乱无章的，每个员工似乎没有固定的工作，但实际上每个员工都是依托企业内部的知识共享系统有计划地工作着。

第二，将人力资源开发作为企业知识管理的重要内容。人力资源与知识的最大区别在于人力资源的价值体现在人身上，人只能在某一时刻，某一地点从事一件事情，而知识一旦发明之后可重复使用；人力资源具有很大的私有性；而知识则有一定的公共性，也可供他人分享。为此，在一些知识经济发展较快的国家，企业十分重视对人力资源的开发性管理。

人力资源开发的一项重要工作，是为员工提供“干中学、用中学”的机会与条件。根据现代学习理论，要获得新知识，有三种学习途径，即学中学（脱产在院校学习）、干中学（通过实践来学习）、用中学（在需要使用新知识时学习新知识）。现实中，不可能每个员工都有“学中学”的机会与时间，“干中学、用中学”就成为企业员工获取新知识的主要途径。因此，在一些企业，十分重视借助各种方式，为员工提供“干中学、用中学”的学习机会与条件。

在知识经济中，大量工作是要由受过专门教育的、有专门知识的人来完成的，特别是将既有知识应用于产品和服务生产过程，或从事知识的生产、加工和流通，管理也是一种特殊的知识性工作。在这种情况下，需要掌握的工具主要是信息工具，如计算机信息系统，专家智能系统等，它们可自动地完成许多知识高密集的工作。为此，不少企业也在强化对员工的此类培训。

除了培训，合理安排每个人的工作也是十分重要的。为此，一些企业在内部信息系统上专开了一个网页，在网页上列出公司每个职位需要的技能和评价方法，每个职员可匿名上网，利用该系统对自己的能力作出评价，系统即会帮你找出你自己和职位要求的技能的差距，并告诉你如何提高或改变的方法。同时，公司人事主管也可以借助该系统匿名发现适合做某件事情的员工。

特别典型的是，美国施乐公司正在开发有关培训和职业发展方面的知识库，以便员工可以通过自学，保持职业领先。公司设计了职位技能标准，对每个岗位列出了近 25 条关键性职位技能。并把胜任的条件规范为“工作胜任指南”。该“工作指南”列出了所有职位标准，对各职位的技能标准给出了详尽的说明。每个职员都能用这种知识库去提高自己的技能水平。该系统还可以自动计算出每个员工现有技能与职位标准之间的差距，然后员工和管理者一道探讨他们的实力，确定他们的优势，制定缩短差距的计划。1998 年，这个系统刚刚投入使用，即发挥了效力。使用者可以自我辅导和学习，很快提高自己的技能。

日本 Matsnshita 公司则对员工实施超前辅导。1993 年，该公司即出台了一项政策，将每年工作时间减少到 1800 小时。出台该政策并不是为了减少费用，而是为了改变管理者的思维方式，因为许多管理者并不清楚怎样执行公司的策略。因此，公司将如何理解工作策略并有效地工作作为首要的知识传播内容。每个月用150小时的工作时间帮助员工进行工作理解，通过这种亲身经历的训练，员工就知道一年的1800小时应该做些什么，并且怎样做得更好一些。

第三，在某些情况下，以知识管理为基础设立职位。企业将是最为典型的知识性组织之一，企业生产、获取、共享、集成、传播知识的绩效，决定着企业的发展状况。因此，在某些情况下，企业需要以知识管理为基础设立职位、提供激励。特别是对于在知识共享中表现最佳者提供较高的管理职位，并给予较高的货币激励。

值得借鉴的是，瑞士一家公司在招收新员工时，除了要求他们掌握基本的业务技能之外，还要求应聘者具有知识共享方面的技能，并赋予合格的应聘者以较高的管理职位。在美国的IBM公司和日本一些大公司，鼓励专业技术人员与管理人员进行岗位交换，甚至为技术人员设置专门的知识管理岗位，目的就是为使企业赢得更多的有关公司发展的新知识。在瑞士，Pfizer公司为了招收精英型的新成员，开发了自己的员工竞争模型，要求员工除了要掌握基本财务技能之外，还要有知识建设或共享方面的技能，并据此安排每个员工的职位高低。

第四，挖掘、共享企业既有的知识。挖掘企业既有知识的过程，正是生产改进型知识的过程，在某些情况下也是进行知识集成的过程。因此，企业需要重视挖掘、共享自身既有的知识。

值得借鉴的是，在国外一些管理顾问公司已经开发了自己的知识库，这些知识库将每个工作岗位的工作经验都收集在其中，以便员工在开展新业务时借鉴。一些公司还建立了“最佳实践知识库”，将解决问题的成功经验与最新方法储存到知识库中，以供员工实现知识共享。瑞典一家公司编制了获取经验、提升经验到理性化程度的计算机程序，从而使一项新产品从投产到获利由过去的2年缩减到现在的6个月。不难看到，如果企业能够深层次地挖掘自己既有的知识，使之得以理性化提升，并在企业内部充分共享，这对提高企业工作的质量与效率无疑是有益的。

第五，为知识在企业内部的共享创造微观环境。客观地看，要使知识在同一企业内部有效地共享，需要相应的微观环境。这包括要使个人掌握的知识能够向他们转移、传播、扩散、要使知识的需求者能够检索、接收并鉴别需要的知识。

丹麦一家公司为了加强成员间知识的扩散，往往派“导师”对年轻员工进行知识转移、传播、扩散的辅导，从而使年轻员工的工作技能迅速提高。美国施乐公司则通过为员工提供聚会的场所，鼓励员工进行跨部门的知识转移、传播与扩散。

日本本田公司常规性要求员工大量采集与自己目前工作似乎无关、但与公司业务有关的信息，以增强员工为公司知识共享服务的责任。这样，公司员工既可从多种资源中寻找自己解决问题的方案，又能服务于他人正在或即将开展的业务。

第六，为员工提供知识共享的技能培训。要实现企业内部的知识共享，还需要企业员工有相应的“知识共享技能”，这包括人际交流的技能，人机对话的技能，知识查询、检索、选择、使用的技能等。员工要具备这些技能，往往需要企业给予一定的培训。

正如施乐公司一位科学家所言，培养员工能够敏捷地检索、选择、接收自己要利用的知识的能力，是提高公司竞争力的重要途径。施乐公司甚至将知识查询、检索、选择、接收、使用的技能，作为各个岗位员工必备的25条关键性技能之一，并要求每个员工都要按这种标准提高自己的技能水平，公司还对员工普遍进行了这方面的技能培训。

第七，开发与建设企业内部的知识共享系统。在知识经济时代，企业知识管理的核心内容是凭借一系列技术手段、制度安排及管理手段，建立一套有效的“知识管理系统”，其中开发与建立服务于企业内部的知识共享系统尤为重要。

全球驰名的美国安达信咨询公司启动了“全球最佳业务”项目，建立了一个包括70多种业务（如会计、采购和客户服务不同的最佳业务方法）的数据库。该公司的咨询专家在执行咨询项目时，可以广泛使用该数据库，这既可节省完成特定工作所需的时间，又可减少工作成本。同时，他们设专人维护这一系统，保障知识库内容的质量、深度、更新、风格并与公司的发展一致；保证知识库设施的正常运行；进行知识集成，产生新的知识，促进知识共享的过程。

Mckinsey和Bain公司都是管理咨询顾问公司，为了企业员工获取、储存和创新知识的方便，他们开发了知识数据库，将每个工作岗位的工作经验、每位咨询顾问的简历、每个项目进行过程中客户的反应，每个咨询小组工作文件的形成过程和背景都记录在案。这样，一旦有新的咨询项目，借助该系统，公司即可迅速安排适当的人去做适当的项目，而适当的人也可迅速查找到需要的有关咨询知识。无独有偶，Chevron公司建立了“最佳实践数据库”，将规范条件下的经验和解决问题的最新方法储存到该系统中。这样，在全球各国的该公司员工即可方便地进行知识共享。

（2）企业对外的知识管理。

对外的知识管理也是企业知识管理的重要内容之一，这主要包括从外部获得他人生产的知识，同时向外部传播企业自身掌握的知识。其中较为重要的是企业研发部门对外的知识管理——从其他机构获得新的知识，营销部门对外的知识管理——从用户那里获得新的知识。

第一，研发部门对外的知识管理：从客户那里获得信息和知识，产品研发部门要开发出用户真正需要的产品，就必须注意从客户那里获得信息和知识。目前，一些发达国家的大企业已采取了较为有效的办法。

美国通用汽车公司别克汽车制造厂开发了一种用户服务系统，让客户在汽车销售商陈列厅的计算机终端前设计自己所喜欢的汽车结构，客户可以以厂商提供的方案为基础，另就车身、车轴上托住车身的悬架、发动机、轮胎、颜色、车内结构等做出个人选择。客户可以看到自己选择的部件组装出来的车样，并可持续更换其中某些部件，直到满意为止。客户每设计出一种结构，汽车的价格也同时显示出来，客户可利用软件进行模拟驾驶试验，对自己的设计结果满意后即可填写订单。电子信用分析系统可帮客户制订付款计划，一旦客户做出选择，该选择即通过在线订购订单系统输入通用汽车的生产计划。这样，从客户填写订单到工厂按客户设计的结构生产出汽车并交货，前后只需8周时间。从费用上看，按顾客要求定制的汽车，其单价不一定比批量生产的标准汽车贵多少。据业内人士预期，对整个汽车行业来说，在顾客提出要求后再制造，这比在顾客提出要求前制造，全球汽车制造商每年可节约价值500多亿美元的成品库存。

日本一家自行车厂设计了“客户建议系统”，借此了解客户对自行车的高度、重量和颜色的偏好，并将具有设计及生产功能的计算机与客户建议系统相连。这样，厂家即可随时捕捉到用户的产品需求特征信息。美国网景公司则利用与Internet的密切联系，了解客户意见，鼓励客户提出问题。其后，他们将客户需求信息存储起来，并打印出来发给设计部门员工。所有这些做法，都为企业开发出用户真正需要的产品或服务提供了依据和方便。从一些发达国家企业的实践来看，研发部门从客户那里获得信息和知识，主要采取三种方式：

一是对话式。即企业研究开发部门直接与用户对话，开发用户需要的产品。企业各单位的管理工作都由知识型人员承担，他们对产品设计、制造、销售、服务、最终处理等一抓到底。从趋势上看，由于网络技术的普及，采用这一办法，在不久的将来，企业即可与用户随时沟通，任何用户只要确切说明他需要什么样的产品，就可能从厂家那里得到最大限度的满足。

二是合作式。这一方面的适用范围是客户难以陈述其具体需求的业务。例如，日本一家眼镜销售商开发了一种“眼镜裁缝设计系统”。借助该系统，可首先拍摄下消费者的照片，然后结合消费者的需求特点，给消费者推荐适合其脸形或其他独特需求的镜片、镜架、形状。该系统将消费者带上眼镜后的效果加在照片上，让消费者自己判断。其后，销售商就可与消费者共同找出适合消费者需求的眼镜。

三是配合式。由于信息从用户向制造商的转移是需要成本的、不流畅的，这就导致不少制造商的产品往往并不能满足用户的需要。于是，一些厂家就先将自己的产品制成标准型产品，这样，每个用户都可以将标准型产品以较低成本修改成自己真正满意的产品，并得到需要的产品。

第二，销售部门对外的知识管理：随时了解客户，为客户提供有效的服务。销售部门对外知识管理的主要任务是改变“一对一”的营销方法，即将企业与客户之间单纯的买卖关系，转变为与客户合作伙伴的关系，充分挖掘客户的有效资源，与客户共同发展。因此，随时了解客户，为客户提供有效的服务是十分重要的。

施乐加拿大公司销售部门近年来致力于随时了解用户，持续了解客户，尽量避免从头了解客户。过去，施乐销售人员一般为一个客户工作一年，然后转向其他客户。但以这种方法运作，每个业务人员对新客户都是陌生的，就需要从头开始了解这个新客户，客户也不希望发生这种情况。同时，公司也损失了大量顾客知识，增加了营销费用。鉴于这种情况，该公司现在建立了一个用户管理系统，随时将客户信息，与客户的每一笔交易都存入系统。公司有专职工作人员跟踪这个系统的利用情况，确定什么可行，什么不可行，以及员工是否使用了这个系统。有了这个系统后，销售人员就可以通过知识分享系统与该数据库对话。这样，销售人员就可以随时了解有关客户信息，包括客户的业务情况、购买情况、个性、脾气、喜好、习惯，甚至小孩的姓名。如果销售人员在与客户交往中发生了不愉快的事情，也要在该系统中记录下来，这样，公司有关部门就可以及时派专职人员前去处理客户和员工之间的矛盾。

美国的 Agro 公司是一家销售肥料和种子的公司，他们致力于给客户提供超越服务范围的相关知识服务。如该公司为了帮助农民，大量收集产品销售区的土壤、气候、播种及农作物信息，进行分析后，再反馈给销售人员和农民，帮助农民选择最佳的农作物组合。美国的 Frito-Lay 公司则要求销售员到现场收集自己所有商品的售货架空间利用率信息，然后进行市场信息分析，再反馈给零售商，同时向零售商推销空间利用率较高的货架品种。

第三，售后服务的知识管理：为客户提供服务知识。为客户提供本企业的服务知识，有助于减少服务费用，改善服务效果，提高服务效率。施乐美国公司有关服务的新知识是以“手册”传递给每个维修人员的，结果往往是手册印出之时就是现有服务知识过时之日。事实上，随着产品的生命周期越来越短，产品更新换代加快，服务知识也需要加快更新。为此，通过与施乐法国公司共同努力，施乐美国公司开发了一项“维修服务知识管理系统”，以便更好地保存、提升本企业的服务知识，同时储存用户需要的服务信息，进而有效地传递服务知识与用户信息。

这套系统首先安装在法国国家通信信息基础设施上，通过触摸屏与主服务器相连。系统运行的 90% 是社会化过程，只有 10% 是公司配备一些基础设施。如在某地的维修服务代表解决了一个难题，或发现了处理某件事的较好方法，他就可将这个建议提交给一个评论小组，该小组即对这个建议进行评论，并把最好的建议存入系统的数据库之中，所有施乐公司的服务人员都可以使用这个系统。现在，该系统正以每月增加 5000 条的速度积累服务知识及客户信息。另外，该系统的维护成本比印刷服务手册要便宜得多，而且可以经常进行更新。

四、中国煤炭企业知识管理模式

知识作为公共产品，从投资研究到推广应用，都存在很大的市场失灵特征。仅仅靠企业和其他相关组织难以使知识商品市场顺利发展。我们看到，即使是美国这样的发达成熟的市场经济国家，其政府在知识管理方面都扮演着日益重要的角色。对于可以商品化的知识，可以通过法律直接进行管理，如知识产权法律体系，可以对专利、商标和版权与著作权进行更加严格的保护。但对于大量非商品化的知识，如何加速开发扩散，则主要是政府和公益机构的任务。在经济日益全球化的今天，发达国家对知识产品的交易和知识产权的保护正在投入越来越大的精力。为促进中国煤炭企业知识管理模式创新，我们必须做好以下几方面：

1. 创造知识创新的良好环境，保护知识产权，促进知识创新

知识与物质的差别，知识商品与实物商品的差别，决定了知识管理与物质管理的差别。知识的公共产品属性决定了任何一个国家的知识发展都需要政府的支持和保护。这种支持和保护包括两个方面内容。

一是为知识创新和传播创造良好的宏观环境和基础设施平台，包括体制和政策环境。体制环境是指建立良好的创新激励机制，激发民族的创造性；基础设施平台包括建立良好的信息与知识传播扩散等基础设施；政策环境主要包括政府在政策方面对创新给予切实可行的倾斜，例如，建立风险基金、科学研究基金等。

二是对知识产权进行合理的保护，既要激励创造和创新，保护创造者的积极性，也要推进社会效益的最大化。对于政府知识产权，要以社会效益最大化为第一标准，促进其向商业化转化，以最大限度地提高国民福利。

中国煤炭企业知识管理过程是知识创新、知识产权保护的过程。为了促进中国煤炭企业知识管理，我们必须不断完善产权制度，鼓励员工发明创造。

2. 建立良好的信息网络基础设施，促进人力资源开发，加速知识的广泛传播

知识经济的基础是知识能够及时传播到需要知识的组织和个人。知识传播需要两个基本要素。一是必须有发达的知识信息网络基础设施；二

是需要有高效的知识接受体——高素质的能够学习、理解、应用的知识人才。

信息网络基础设施建设是具有规模效益的系统工程，并带有一定的公益性质，需要政府建立适当的规制管理体系，既要保持技术体系的系统一致性，实现规模化经营，又要保持适度的竞争，提高效率，保护消费者利益。因此，信息基础设施和网络建设，是政府宏观知识管理的重要内容之一。

人力资源开发是知识管理的基础任务。知识经济是以高素质的人为本的经济，具有高素质的人才，是知识创新和创造的主体，是知识扩散的主体，也是经济应用的主体。由于任何一个知识型组织都不可能自己独立培养所需要的全部人才，它所能做的仅仅是培养极少数具有本组织特征的和隐性知识的专有人才，而对于多数人才，它只能从组织外部直接招聘。因为作为一般通用或专门人才的培养，都需要从正规的小学开始培养，到能够符合一个知识型组织基本需要的层次，至少需要 16 年到 22 年的教育，在竞争的环境下，组织不可能等待如此长的时间。作为一个国家，必须具有专门的人力资源开发部门，为国内各种组织培养各种人才，对人力资源进行综合开发，才能加速提高国家的综合国力和竞争力。作为宏观知识管理的重要任务之一，政府的责任就是加强公共性很强的基础教育，为大力发展具有一定商业开发能力的专业教育和高等教育创造好的体制与政策环境，加速人力资源的深度开发。例如，美国对教育体系的管理细致到小学每个班不能超过 18 个学生，目的是提高素质教育水平，增加师生之间的交流。克林顿政府许诺过，到 2000 年任何一个年满 18 岁的适龄青年，只要其有上大学的要求，政府就必须保证他有机会进入大学学习，不能因为学校没有“名额”而不能上大学。相比之下，中国的人力资源开发程度则低得多。很多初中毕业生不能上高中，很多高中生不能进入大学，主要原因并不完全是没有负担学费的经济能力，而是没有足够的学校。说明我们的宏观知识管理，尤其是人力资源开发存在严重的不适应知识经济需要的问题。因此，大力开发人力资源，是发展知识经济的重要基础。

中国煤炭企业知识管理过程是信息网络建设和知识传播的过程。企业需要建立企业内网和外网实现内外信息的沟通与交流。

3. 促进知识的商业化

促进知识的商业化是知识管理的重要内容。只有实现知识的商业化，才能使知识的生产实现产业化。知识商业化是市场发展的结果。所谓知识商业化并不是说所有知识都要商业化，而是尽可能使更大比例的知识传播与开发商业化，通过某种机制，加速知识向商业化领域渗透，实现知识产品的价值。例如，美国为了加速国有知识产权的应用，实现其商业化价值，对于政府资助的研究成果，放弃政府的知识产权，支持私有部门无偿利用政府的知识产权，从而使得过去长期不能发挥作用的大量知识产品、科技成果得到了应用，表面上政府失去了知识产权收入，但大量的知识在商业领域的推广应用提高了国民福利。中国也存在大量职务发明产权属于国家或单位所有，但由于产权所有者与发明人之间存在制度性障碍，大多数高科技成果得不到应用，造成了巨大的知识资产的浪费。

激励机制是充分挖掘人的潜能的重要支撑。而知识的商业化正是一种市场化的激励机制。中国煤炭企业转型知识管理水平与我们所建立的激励机制的有效性存在正相关关系。

4. 充分利用政府职能，加大知识创新投入力度

政府的经济职能之一是弥补市场失效。知识产品具有的公共属性使得市场在知识创新的某些领域失效。例如，基础知识领域的研究需要投入大量的人力物力，但取得的知识一般没有直接的商业价值。这样的领域只能由政府或非盈利组织资助进行研究。在发达国家，跨国公司与政府有一种自然的分工，大型技术创新由跨国公司投资研究与开发，公共性基础研究由政府和其他公益性基金资助。在发展中国家，企业的实力普遍较弱，没有能力与跨国公司进行竞争，政府不仅要支持和资助基础研究，而且，为了追赶发达国家，政府也必须在重大技术创新方面进行间接资助，甚至充当辅助主体。因此，在发展中国家，政府的知识管理任务比发达国家更繁重。当然，加入 WTO 以后，政府对竞争性技术创新和知识生产的资助将会受到国际条约的限制，政府对研究与开发的投入结构必须进行较大的调整，从支持竞争性的产业化技术开发研究，转向更多支持基础性的竞争性技术的研究与开发。

中国煤炭企业作为中国能源基础，一直以来是政府管理的重要领域。为了促进知识的创新、流通与转化，政府需要建立公共信息平台，加大维权投入，优化宏观教育资源等，促进中国煤炭企业转型知识管理。

5. 不断完善企业基础知识工作

企业知识管理不同于企业的档案管理。但是，二者之间有一定的联系。煤炭企业的档案管理涉及科技档案、企业职工档案、会计档案、审计档案、环保档案、音像档案、基本建设和设备档案、教学档案、艺术档案、律师事务档案、合同档案、纪检案件档案、荣誉实物档案、信访档案等内容，管理范围包括对这些档案的收集、整理、鉴定、保管、统计、开发利用等。目前，煤炭企业档案管理大多重视档案收集、整理、鉴定、保管与统计，对于档案的开发利用比较欠缺。但也有一些企业不注重档案的管理，企业基本的建矿地址、矿井地质和水文地质图、通风系统图、井上下对照图、采掘工程平面图、井下运输系统图、井下配电系统图、井下避灾路线图等内容不完善。

我们认为，档案管理是企业知识管理的基础。档案管理更多地体现为静态管理，而知识管理更多地体现为开放性、共享性、开发性，知识管理的目标是通过对企业内外部知识的管理，隐性知识与显性知识的管理使员工通过知识学习，达到共享性，开发新的知识资源，提高员工知识创新水平，为员工搭建知识创新平台。对于企业来讲，做好企业知识管理的基础是重视企业档案管理。中国煤炭企业经过 60 多年的发展，基础的知识管理工作还需要进一步完善。

第四篇　转型科技创新

第七章　中国煤炭企业转型科技创新的历程

新中国成立以来，中国煤炭企业的科技创新经过了引进消化吸收创新、集成创新、原始创新向原始创新、集成创新和引进消化吸收创新的转变，自主创新能力不断提升。

第一节　科技创新的内涵及特征

随着知识经济时代的到来，国际竞争力由资金竞争转化为科技与人才的竞争。科技发展水平是由科技创新力决定的。那么什么是科技创新，它有哪些特征呢？

一、科技创新的内涵

从国外资料看，科学与技术是两回事。那么，何为科学呢？科学一词，英文为Science，源于拉丁文的Scio，后来又演变为Scientin，最后成了今天的写法，其本意是“知识”、“学问”。日本著名科学启蒙大师福泽瑜吉把“Science”译为“科学”。1893年，康有为引进并使用“科学”二字。严复在翻译《天演论》等科学著作时，也用“科学”二字。此后，“科学”二字便在中国广泛运用。现在普遍认为：科学是反映自然、社会、思维等学科的客观规律的知识体系。

从词源上来讲，Science的本来含义是系统知识，是个外来词。这种争论经常存在：中国古代有没有科学？中医是否是科学？科学与伪科学的区别是什么？科学与宗教的区别是什么？等等。由“科学”的定义来看，中国古代当然有科学，中国古代的科学不称为科学，而是“格物”，意思与今天的科学基本是一致的。我们中国具有悠久的科学历史和灿烂的古文明，我们祖先的“四大发明”都远比外国早得多，我国的古代科学文明为世界作出了巨大贡献。中国古代有完整的医学体系、数学体系、天文学体系、农学体系等。说中国古代没有科学，是不符合历史事实的。当然，这种认识存在辉格式研究传统的嫌疑，即用今天的眼光看过去发生的事情。但是我们都是生活在今天语境中的人，完全做到不受今天理论等方面的影响，是不现实的。因此，用今天科学的含义分析中国古代科学技术的发展，能保持对古代、近代、现代科学技术分析采用统一的标准，体现科学技术发展的继承性、创新性和整体性。

从词源上讲，技术产生于人们的劳动过程中。技术的最原始概念是熟练。所谓熟能生巧，技巧就是技术。技术远比科学古老。事实上，技术史与人类史一样源远流长。广义地讲，技术是人类为实现社会需要而创造和发展起来的各种手段、方法和技能的总和，包括工艺技巧、劳动经验、信息知识和实体工具装备。法国科学家狄德罗主编的《百科全书》给技术下了一个简明的定义：“技术是为某一目的共同协作组成的各种工具和规则体系。”技术的这个定义，基本上指出了现代技术的主要特点，即目的性、社会性、多元性。

科学与技术往往联系在一起，但是，两者的目的和任务是不同的。科学的目的是要回答“是什么”和“为什么”的问题；技术则回答“做什么”和“怎么做”的问题。科学的基本任务是认识世界，有所发现，从而增加人类的知识财富；技术的基本任务是改造世界，有所发明，以创造人类的物质财富，丰富人类社会的精神文化生活。科学和技术的成果在形式上也是不同的。科学成果一般表现为概念、定律、论文等形式；技术成果一般则以工艺流程、设计图、操作方法等形式出现。科学产品一般不具有商业性，没有阶级性和国界，而技术成果可以商品化。但是，现代科学与现代技术的发展越来越走向融合，呈现科学技术化和技术科学化的趋向。特别是高科技时代，“科学技术”一词，包含着科学和技术两个概念，它们虽属于不同的范畴，但两者之间相互渗透、相辅相成，有着密不可分的联系。科学是技术的理论指导。技术是科学的理论基础，结合生产实际进行开发研究，得出新的方法、新材料、新工艺、新品种、新产品等。技术是科学的实际运用，是科学和生产的中介，没有技术，科学对生产就没有实际意义。技术对科学也有巨大的反作用，在技术开发过程中所出现的新现象和提出新问题，可以扩展科学研究的领域，技术能为科学研究提供必要的仪器设备。科学技术这种提法反映了现代科学与技术融合的发展特征，科学走向技术化，技术服务于科学研究。

人类发展史就是科学技术不断创新的历史。20世纪初，美籍奥地利经济学家约瑟夫·阿罗斯·熊彼特（J.A.Schumpeter）在《经济发展理论》（1912年）一书中，首次提出创新的概念。他认为“创新”就是建立一种新的生产函数或供应函数，即把一种从来没有过的生产要素和生产条件的“新组合”引入生产体系。

在此后的技术创新研究热潮中，国内外专家、学者以及相关研究机构对技术创新的概念有着不同的理解和认识。曼斯费尔德（M. Mansfield）认为，产品创新是从企业对新产品的构思开始，以新产品的销售和交货为终结的探索性活动。厄特巴克（J. M. Utterback）在他1974年发表的《产业创新与技术扩散》中认为，与发明或技术样品相区别，创新就是技术的实际采用或首次应用。

弗里曼（C. Freeman）认为，技术创新在经济学上的意义只是包括新产品、新过程、新系统和新装备等形式在内的技术向商业化实现的首次转化。在他1973年发表的《工业创新中的成功与失败研究》中认为，技术创新是一种技术的、工艺的和商业化的全过程，其导致新产品的市场实现和新技术工艺与装备的商业化应用。他在1982年的《工业创新经济学》（修订本）中明确指出，技术创新就是指新产品、新过程、新系统和新服务的首次商业性转化。

清华大学傅家骥教授认为，技术创新是企业家抓住市场的潜在赢利机会，以获取商业利益为目标，重新组织生产条件和要素，建立起效能更强、效率更高和费用更低的生产经营系统，从而推动新产品、新的生产（工艺）方法、开辟新的市场、获得新的原材料或半成品供给来源或建立企业的新的组织，它是包括科技、组织、商业和金融等一系列活动的综合过程。

西安交通大学李垣教授认为，技术创新是创新者借助于技术上的发明与发现，通过对生产要素和生产条件进行新变革，并使变革成果取得商业上成功的一切活动。在1999年全国技术创新大会上发布的《中共中央、国务院关于加强技术创新，发展高科技，实现产业化的决定》中将技术创新定义为：企业应用创新的知识和新技术、新工艺，采用新的生产方式和经营管理模式，提高产品质量，开发生产新的产品，提供新的服务，占据市场并实现市场价值。广义而论，科技创新不仅包括一项技术创新成果的本身，而且包括成果的推广、扩散和应用过程。

美国著名学者 P.K. 默顿在《十七世纪英格兰的科学、技术与社会》一书中最早提出“科学、技术与社会（Science、Technology and Society）”这个概念。科学、技术与社会（STS）作为一个学科，20 世纪 60 年代末和 70 年代初，诞生于美国和英国，后来“科学、技术与社会（Science、Technology and Society）”成为一个专门的研究领域（简称为 STS），研究科学、技术与社会相互关系及其应用并涉及多学科、多领域的综合性新兴学科。从 20 世纪 90 年代开始，“科学、技术与社会”作为一门新兴学科开始被国内学者研究。据研究，科学技术成果转化为经济效益的时间，在 18 世纪大体为 100 年，19 世纪为 50 年，20 世纪 40 年代后大约为 7 年，而现在在电脑产业，产品的更新周期已经下降到 3—6 个月。这反映了科学技术与经济一体化的历史趋势，也说明了 20 世纪以来科学技术与经济的一体化理论何以渐趋成熟。在熊彼特之后，创新理论在科学技术与经济一体化的进程中继续发展。

正是基于科学与技术一体化进程的加速，我们研究科技创新的内涵与特征。综合各种对科技创新的解释，其含义包括以下几点：①企业是科技创新的主体；②科技创新是以新的发明或引进新的技术为基础；③科技创新的效果是增加效益或提高市场份额。

二、科技创新系统的内涵

企业或产业科技创新体系作为国家技术创新大系统的主要组成部分，在国家技术创新体系部分已做了粗略说明。但由于这个创新体系在整个科技创新经济学所占的地位太重要了，我们不得不把它作为一个单独部分进行分析。企业科技创新体系的核心部分由企业生产体系、企业研究与开发体系（包括技术管理系统）、企业情报体系、企业经营决策体系、企业销售体系、企业组织体系等组成。

1. 企业生产体系

企业生产体系是企业存在的基础，也是技术应用与创新的最“前沿”。

从纯粹的技术变革来看，科技创新能否成功，关键在新的技术构想能否用于企业生产体系，或能否建立新的生产体系。因为小的渐近式的科技创新一般是从现有生产体系的技术设备逐步改进、产品设计逐步完善、工艺流程不断合理化、产品可靠性日益提高、消耗逐步降低、劳动者劳动条件获得改善、劳动效率逐步上升等方面实现的。这些创新都是在现有生产体系内部实现的，它最终导致某种技术体系日臻完善，某种产品达到基本上是完美无缺的程度。涉及某种（类）产品、某种技术体系，甚至是某个领域或产业发生革命性变革的跳跃性的技术创新，其实现的方式不是在现有生产体系内进行改造和革新，而是要打破或淘汰原生产体系，建立新的生产体系。这种创新的直接动力往往来自企业外部的研究推力或市场压力，迫使企业进行重大改组。也就是说，小的渐进式的技术创新一般是在现有生产体系内部进行，大的革命性技术创新则要建立新的生产体系。不管什么样的科技创新总是落实于企业生产体系上。企业生产体系在企业技术创新体系中的功能表现在以下几个方面；

①接受企业销售体系提出的改善产品功能、降低产品成本等要求，与研究与开发系统共同按要求研究与生产新的产品，或改进原有产品；②向研究与开发体系提出改进生产技术系统和产品设计等方面要求，并和研究与开发系统共同行动，实现生产过程的技术创新；③接受企业经营决策体系的创新指令，研究与开发体系共同引进新技术体系或新的产品设计，并应用于生产体系中。

2. 企业研究开发体系

企业研究开发体系与企业知识管理体系、生产体系具有较大的交叉，尤其是其中的科技管理体系，与生产体系是浑然一体的，其首要任务就是保证生产技术体系正常运转和革新。并不是所有企业都具备自己的较为完善的研究开发与知识管理体系。确切地说，仅有少数经营实力强大，在市场上占有较大份额的大企业或企业集团，才有能力建立自己的研究开发与知识管理体系。绝大多数中小企业没有能力自己独立进行技术研究与开发。因此，完整的技术研究开发知识管理体系仅存在于大企业或企业集团之中。但这并不等于说中小企业就不能进行研究与开发活动，并取得成果用以更新其技术体系或产品。一般中小企业的研究与开发主要表现为引进（包括从国内外引入）新的技术设备，独立进行或委托其他有关机构进行新产品、新工艺设计，一部分企业内具有自己的技术管理体系（如技术科、设备科等），自己也能够进行一些研究开发活动，直接解决生产过程中出现的问题，进行一些小规模的技术创新活动。企业研究与开发系统在企业技术创新系统中占有核心地位。它的功能为：

（1）接受企业生产体系提出的各种科技创新要求，据此提出各种创新方案的构思，并与生产体系共同把构思变为可实际操作的方案，在生产体系中（或在试验工厂、车间）进行试验和测试，最终形成可在生产体系中实现商品化生产的成熟技术方案，向企业经营决策体系报送，由决策体系向生产体系下达实施指令，使技术创新得以实现。

（2）根据企业情报体系提供的各种情报信息，对可能应用于本企业的新技术成果或基础研究成果进行开发，形成新的技术方案设想，向企业决策提出创新建议，一旦建议被决策者所接受，即可与生产体系相结合进行具体方案研究和试验，将新技术引入生产体系，形成技术革新或产品创新。

（3）直接接受企业决策体系的创新，进行新技术、新产品、新材料等的研究与开发。这种指令可能性是决策体系接受来自企业外部的信息刺激而形成的。例如，决策者发现了新的产品市场，或受到某种强有力的竞争，或国家技术政策发生了变化等。总之，企业研究与开发体系是企业技术创新系统的中心环节，尽管某些中小企业自己不具备完整的研究与开发体系工程，但它也总是通过与外界的合作，在有创新机会和需要时，组成临时的研究与开发体系，进行科技创新。对于一些中小型高新技术企业来说，研究与开发体系与生产体系的交叉更大，有的企业本身就是研究与开发活动的产物，即通过某项技术和新产品开发成功地导致一个新企业的诞生，这种情况在高新技术领域是常见的。企业“孵化器”的功能就在于此。

（4）按照企业发展需要，进行创新。企业作为组织的一种，其知识管理的目的是进行体系分类与管理，促进隐性知识和显性知识的相互转换，加速知识在组织内的传播与扩散，推进知识向能力的转变。

3. 企业情报体系

企业信息（情报）体系在技术创新体系中也有很重要地位，它是企业决策者和研究开发人员的“眼睛”和“耳朵”。实际上，企业的技术创新活动就是在信息刺激之下引起的，没有充分的信息，技术创新就会变成盲目的行为，其结果很可能事与愿违。对于真正的企业来说，它所关心的主要问题是企业的产品市场份额和利润情况，这两个方面的变化是引起创新的最根本原因。企业信息体系就是要收集各方面的经济技术信息，并加以整理分析，从中寻找有利于和不利于企业产品市场份额上升和提高利润的因素及其变化趋势，提供各种有利的线索和消除不利因素的途径，为研究开发体系提供各种创新的机会和可能性，指出创新的方向。

4. 企业经营决策体系

企业经营决策体系是企业最高权力体系，是统率企业各个部门的“指挥部”。它根据企业自己的实际情况和环境条件的变化，制定企业总体发展战略，确定企业经营方向，指导或指挥企业研究开发与知识管理体系，进行技术创新成果。企业的规模与性质不同，经营决策体系的层次和决策方式也不一样。对于中小企业来说，决策体系一般只有一个层次，因此决策效率较高。因为中小企业的技术创新多是单一领域的渐进式的创新，风险相对较小。大型企业或企业集团的决策一般是多层次的，至少是两个层次以上。一般的渐进式的小的创新活动可由最低决策层决策，涉及较为复杂的较大规模的技术系统或产品结构的变化，一般需要最高决策层进行决策。

5. 企业销售采购体系

企业销售与采购体系是企业与市场用户接触最紧密的体系。表面上看，这个体系与企业技术创新无关，但实际上，来自市场用户的信息主要通过此体系传递给企业，对企业技术创新有着重要的作用。现代企业界与客户之间事实上是相互学习的关系，用户对生产企业提出大量要求，企业要扩大市场份额，必须广泛听取客户意见，按照用户的要求设计和改进产品、降低成本的价格。同时，这个体系对市场上原材料的行情变化也是最敏感的，它能及时向决策体系提供企业原材料价格相对变化的信息，为企业调整原材料结构和创新决策提供基础信息。这就是熊彼得将控制新的原材料来源作为创新的五个很需要组成部分之一的原因。

6. 企业组织体系

科技创新体系由科技人才、科技投入、科技转化和科技应用等一系列活动组成。科技创新的效果关键看这些要素协同发展的情况。从组织关系看，我们需要组织企业内和企业外的科技人才，实现优化国家、企业和社会科技投入的结构，大力发展科技市场和服务中介，提高科技转化率。

三、科技创新的特征

随着科技进步速度的加快，企业竞争越来越残酷。虽然企业的性质、规模、所处行业的千差万别，但这些企业都很重视科技创新。概括起来科技创新活动具有以下特征，体现为六高：

1. 高效益性

对于任何企业来说，无论是何种形式和层次的技术创新活动其实质都是一种投入—产出的经济活动。这种经济活动与其他经济活动的不同点在于其投入产出比相对较大。这也正是企业在面对激烈竞争时选择技术创新的根本出发点和原动力。由于这种经济活动具有“创新”属性，因此在进行技术创新的过程中除了需要一般性经济活动的投入外，还必须包含创新活动的技术性投入，而这些投入只有当技术创新的成果，即创新产品、技术或服务投入到市场中去并实现其价值后才能给企业带来补偿，同时获取垄断利润。

2. 高投入性

科技创新过程需要企业投入资金、引进人才、购买设备、社会调研等。而且很多科技研发投入，未必一定能够带来丰富的社会回报。财企[2007]194号文件第一条规定，企业研发费用包括：①研发活动直接消耗的材料、燃料和动力费用。②企业在职研发人员的工资、奖金、津贴、补贴、社会保险费、住房公积金等人工费用以及外聘研发人员的劳务费用。③用于研发活动的仪器、设备、房屋等固定资产的折旧费或租赁费以及相关固定资产的运行维护、维修等费用。④用于研发活动的软件、专利权、非专利技术等无形资产的摊销费用。⑤用于中间试验和产品试制的模具、工艺装备开发及制造费，设备调整及检验费，样品、样机及一般测试手段购置费，试制产品的检验费等。⑥研发成果的论证、评审、验收、评估以及知识产权的申请费、注册费、代理费等费用。⑦通过外包、合作研发等方式，委托其他单位、个人或者与之合作进行研发而支付的费用。⑧与研发活动直接相关的其他费用，包括技术图书资料费、资料翻译费、会议费、差旅费、办公费、外事费、研发人员培训费、培养费、专家咨询费、高新科技研发保险费用等。

随着高科技时代的到来，企业用于研发的费用越来越多。2006年，国家统计局发布的企业创新专项调查结果显示，目前中国企业研发经费主要用于现有产品和技术的完善，仅三分之一用于属于创新范畴的新产品开发和基础研究。根据这项调查，企业研发经费的33%用于“改进工艺从而提高效率、降低成本”，31%用于“以完善现有技术、拓展产品用途为目的的开发研究”，24%用于“完全新产品开发”。

3. 高风险性

众所周知，效益与风险总是相生相伴的，且两者呈正相关关系。效益低、风险小；效益高，风险大。换句话说，并不是所有的技术创新活动都能够带来增量收益。在企业技术创新活动中，有些因素是可控的，如创新投入、要素组合、工艺安排等；有些因素是不可控的，例如技术的跳跃式发展，市场需求的大幅变动，企业家决策上的失误以及法律、政策上的巨大变化等。这些不可控因素会给企业技术创新带来不利影响，通常可以称为风险性。

4. 高创新性

企业的任何技术创新活动，哪怕是微小的创新都是对原有的传统活动的改进和变革，都是人类社会的进步，因而技术创新是企业的一种创新性行为，是企业创新观念的实践。正是基于这一特征，熊彼特将创新活动称为一种“创新性的破坏”。我们通常表面上见到的是企业的新产品、新工艺或感受到某种新服务，但是实质上这些都蕴涵着企业的创新理念，反映着企业的创新精神和行为。这种创造性源于企业的凝聚力，以及在此基础上焕发出的积极性、主动性和强烈的创新意识。

5. 高累积性

新一轮的技术创新通常都要以先前的创新成果为基础，这并不是对原有产品和传统工艺的否定，而是将已有知识累积到一定程度的基础上再对原有产品和工艺的一种扬弃和技术突破。技术创新的另一层含义是指某项技术创新并不一定会带来技术上的重大突破；在现实中，大量成功的技术创新往往是渐进性的，是点点滴滴积累的结果，而不是技术上的新飞跃。

6. 高扩散性

任何创新成果都是暂时的。当某项创新产品投入市场后，在一段时期内可能处于垄断地位，但时间一长，就会招致一些模仿者，而且随着模仿者越来越多，市场上会出现竞争产品；因而垄断局面将被竞争局面所取代，从而会推动整个行业的技术进步。与此同时，同样的情况也会在其他行业中发生，而多个行业的技术进步则会推进整个产业乃至整个社会的技术进步，从而促进一国的经济增长。

四、现阶段企业科技创新与科学发展目标的不一致性

科技创新是一个动态发展的概念，熊彼特在《经济发展理》中，将其定义为“创新就是生产函数的变动，而这种函数是不能分解为小的步骤的。”由于技术创新发展带有不确定性，如果技术创新给社会带来的负面作用得不到及时的治理，是不利于科学发展的，具体表现在以下几方面：

1. 科技创新的不确定性影响科学发展进程

从科技创新系统来看，科技创新目标与经济、社会良性结合具有不确定性，它的实现条件、途径和结果也具有不确定性，技术创新成功与否最终结果是高度不确定的，而技术创新所固有的不确定性在中国企业中是普遍存在的。正是由于科技创新的不确定性可能造成与人类科学发展目标的背离，1867年瑞士诺贝尔成功安全地使用硝化甘油，即使当时的目的不是为军火工业发展而研制的，但它的最终应用于战争为人类带来毁灭性的结果。技术创新的不确定性为科学发展带来一定的不良后果。

2. 企业作为科技创新的主体，它的经济目标的确立不利于科学发展

在我国计划经济体制下，企业以产值最大化为目标，忽视价值规律的作用，忽视技术进步，采用粗放型的经济模式，加剧了环境污染；随着市场经济体制的建立和不断完善，企业以利润最大化为最终目标。为了实现目标，企业重视技术创新，以提升产品的价值，但从科学发展角度来说，由于企业追求利润最大化，在企业个体利益与社会利益发生矛盾时，部分企业以牺牲社会利益来换取个体利益，也不利于可持续发展。

3. 企业作为科技创新获利主体与技术带给社会的负面效应承担主体的分离使企业科学发展的科技创新动力不足

我国的改革开放初期，为了实现利润最大化，不惜牺牲生态环境，形成了难以克服的负外部效应。由于公众作为弱势群体，需要政府出面干预公害。比如，造纸厂排放污水造成水污染，而承受如此负担的是周围的企

业和居民。受益主体与受害主体的分离，市场经济的失灵，使企业的科技创新忽视社会全面发展的目标。

4. 市场经济体制在生态环境配置中的“市场失灵”的缺陷，进一步放大了企业科技创新为追求经济利益的目标，而漠视科学发展

市场经济作为资源合理配置的经济体制和运行机制，在我国改革开放初期促进经济发展、人民生活水平提高起到了一定的作用。但一直没解决好保护环境、可持续利用自然资源的问题。作为市场主体的企业追求自身利益最大化与维持生态资本存量的稳定性无缘，“经济人”的假设，而只追求利益最大化，背离了人类的全面发展，不利于经济、社会、环境的协调发展。随着人类社会的发展，对人性假设的不断进化、市场经济体制的不断完善将有助于可持续发展。正是由于企业科技创新动力、技术发展的不确定性、市场经济的缺陷与科学发展目标的不一致，需要企业、政府、公众等行为主体参与来解决。

因此，对于企业的科技创新，我们一定要十分重视，它是企业发展的动力和源泉。但是，由于对企业个体利润的追求，很多企业的科技创新忽视环保问题、资源问题和其他可持续发展问题。这就需要国家从宏观上引导企业的科技创新。

五、提升企业科技创新的对策

技术的发展使我们的生活方式、生活和工作环境发生了巨大的变化，技术渗透于我们生活的每一个角落。我们在享受技术给我们带来的方便之余，也被迫接受技术给我们造成的环境污染等负面效应。解铃还需系铃人，我们科学发展面临的问题还必须依靠科技创新来解决。中国在新的国际环境下，要求技术创新与发展相协调。科学发展指标体系引入技术创新过程，是必然选择。中国的经济体制改革要在促进技术创新的同时，必须走科学发展道路。

要树立全新的人本科学发展观。实现经济、社会、环境的协调发展，尊重人的全面发展。对于可持续发展，环境保护论、经济核心论、三位一体论都具有一定的合理性，但我们发展的最终目的是为了人的全面发展，为了增进全人类的利益，它涉及人—社会—经济—自然之间复杂的系统。技术创新主体（企业）、环境保护的干预者（政府）和环境污染的受害者

（公众），他们的活动构成了可持续发展的动力，也构成了对任何发展形式的最终检验。科学发展观的确立，使企业和公众的利益最终达到一致，使技术创新向着有利于科学发展的方向迈进。

企业对科技创新的不确定性进行评估。由于科技创新所固有的不确定性属性，一方面企业探求科技创新的不确定性因素在促进人类全面进步中的积极作用；另一方面企业需评价不确定性在科技创新中的不利影响。企业作为科技创新的主体，根据企业产品的取向，实现产品的个别与社会整体趋同，有利于科学发展。

政府要加大环保投入，健全和改善促进科技创新的宏观环境。政府的投入是科技工作可持续发展的主要投入渠道，尤其对于影响当地长远发展的科学发展科技项目，政府要全力投入。各级政府要在增加科技投入的同时，加大可持续发展科技项目在科技投入中所占的比重。各级政府应积极创造条件，设立科技专项资金，用于支持科学发展的科技事业。

公众环保意识的增强，消费观念的改变有利于技术创新向科学发展的方向前进。绿色消费目前已成为部分人的首先选择。目前我国由短缺经济向相对过剩经济过渡，消费在很大程度上决定生产的规模、生产的效率，所以公众的绿色消费有助于技术创新的科学发展。公众作为环境污染的直接受害者，他们环保意识的增强，在抵制环境污染方面具有不可替代的作用。

推动信息化建设，为科技界、企业界、公众的联络与合作建立交流平台。科技创新的过程也是科技传播的过程。企业科技创新应加强与公众需求的联系，科技界应成为加强政府与企业、社会公众之间的联络与合作的强有力的纽带。科技传播是消除信息不对称，提高决策力的重要依托。

总之，对技术创新的理性分析，有助于科学发展战略的实现。只有科学发展观的不断深入，公众环保意识的不断增强，政府对可持续发展投入的不断增加，企业的科技创新才能真正实现科学发展。

第二节　科技创新与企业转型的关系

科学技术作为生产力的非实体性要素对社会的发展具有决定性的作

用，科学技术的每一步发展都推动社会向前迈进，科学技术的发展与社会的进步是成正比的。从古到今，科学技术的发展经过了三次大的飞跃，从渔猎科学技术到农业科学技术的飞跃；从农业科学技术到工业科学技术的飞跃；从工业科学技术到信息科学技术的飞跃。与此相适应，社会类型也经过了三次质的转变，从渔猎社会到传统农业社会的转变，从农业社会到工业社会的转变，从工业社会向知识经济社会的转变。在社会历史发展过程中，科技创新对促进社会转型具有基础作用，对促进企业转型具有重要的支撑作用。

一、重大科技创新与企业转型问题的提出

根据科技创新程度的不同，我们可以把科技创新划分为科技革命与科技进步。科技革命体现科技创新革命性特征，科技进步体现科技创新渐进的发展特征。科技进步是科技创新过程中量的积累，科技革命是科技创新过程中质的飞跃。企业转型发展本身是一场革命，这是科技革命成果转化的直接结果。因此，企业转型来源于科技革命的力量。

1. 科学革命

科学革命，正在成长的新科学传统取代旧科学传统的活动或过程，这种传统的变化意味着人类认识的飞跃。由于对科学革命概念的理解角度不同，有不同的分类，到目前为止，一般认为在世界范围内发生过四次大的科学革命。

第一次科学革命，发生于16—17世纪（1543—1687年）。从哥白尼开始到牛顿力学体系建立。第二次科学革命，开始于19世纪30年代，一组带头学科出现理论综合、科学全面发展的时期。如经典电磁理论的建立和完善。第三次科学革命，20世纪初开始，以相对论、量子力学的创立为标志。在自然科学领域实现了学科之间的综合，生物工程学、物理化学、激光化学等学科的出现。第四次科学革命，20世纪50年代后，也称世界新科技革命，以一组带头学科和技术科学、综合科学的出现为标志。主要是系统论、信息论、控制论等学科的产生。

2. 技术革命

技术的发展同样具有量的积累和质的突破。技术革命是指技术本身发生影响全局的、飞跃性的进步。包括技术体系、技术结构、技术规范的根

本变革。一般认为历史上共有四次大的技术革命。

第一次技术革命，18世纪，以蒸汽机为主导技术，以蒸汽机、纺织机、机床、火车为主导技术群。首先发生在英国，推动了社会生产进步。使社会生产力得到巨大飞跃，社会生产从手工劳动进入到机器时代。就业结构发生了变化。1788年统计，英国的42个纺纱厂中，女工占3.1万，童工占2.5万，成人男人占2.6万人。社会上从事第一产业的人数激增。企业管理方面从经验管理过渡到标准化管理。

第二次技术革命，是以电力技术的大量推广应用为标志的。发生于19世纪70年代，首先发生在德国。使人类文明进入了以电气化为标志的新时代。推动社会生产力方面，电力技术的大力推广应用，不仅使传统产业得到改造，水平提高，而且创造出一些新的产业，电气、化工、汽车，工业结构从轻工业向重工业发展。就业结构发生了变化，农业人口急剧下降。内燃机取代畜力、拖拉机的使用，促进了农用工作机的大量制造和应用，完成了农业机械化进程。

第三次技术革命，自20世纪40年代—70年代以来，在相对论、量子力学等现代科学革命的基础上，出现了以原子能技术、电子计算机技术和空间技术为主体的技术革命，有人也称为第三次技术革命的第一个阶段。这次技术革命对生产的影响不大。因为无论是电子计算机、原子能还是空间技术多数是出于军事和政治的原因，民用化是后来才发生的。

第四次技术革命，发生于20世纪70年代，由于科学与技术结合日益紧密，将科学革命与技术革命区别开来是很难的，所以也称世界新技术革命或现代科技革命的第二个阶段。主要是以信息技术、生物技术、新材料技术、新能源技术、空间技术、海洋技术为技术群。产业结构方面，随着信息技术的发展，产业结构从农业、工业、服务业再到知识产业。就业结构发生变化，从事第三产业的人数在增加，劳动方式也发生变化。科技革命促进了物质文明、精神文明和政治文明的发展。

以上分析可以看出，第一、二次技术革命使发达资本主义国家从传统农业社会转型到工业社会，第三、四次技术革命使西方发达国家从工业社会转型到后现代社会，同时促进社会产业结构、就业结构、企业管理方式、分配方式等发生转变。并且科技革命是先导，社会转型是科技向社会各个方面渗透的宏观表现。

3. 关于企业转型

每一次科技革命在宏观层上促进了社会的转型，在微观层次上引起企业生产工具、生产资料、生产方式的重大转变。

农业科技革命时期，企业生产工具多是手工型的，生产资料直接来源于自然界现成的材料，生产方式基本上是简单再生产。理念体现为天人合一观。工业科技革命时期，企业生产工具依靠机械化、电气化，生产资料来源于两个方面，直接从自然界中获取，或者再加工后的材料，特别是19世纪化学工业的发展，化工材料等取得了重大突破。生产方式表现为机器工业化。20世纪40年代以来的高科技革命，企业的生产工具走向智能化，生产资料逐步走向循环化，生产方式体现为人性化。因此，中国煤炭企业转型程度直接由科技创新的水平决定。

二、重大科技创新与企业转型之间的辩证关系

重大科技创新促进企业转型，主要是通过物质、制度、行为和观念等方面来实现的。其中，重大科学创新通过知识间接促进企业转型。重大技术创新通过物质、制度、行为和观念作用于企业转型。

第一，技术与企业经由物质系统相互作用。技术主要是通过对象、手段和产品来影响企业。技术作用对象的演变由农业时代的土地—工业时代的不可再生的能源—信息时代的知识。生产中的关键要素由传统农业时代的土地—工业时代中的资本和劳动—信息时代的知识和信息。由技术生产的产品在中观上影响人们的消费结构和产业结构。传统社会形成第一产业：农业，近代科技革命形成第二产业：工业，新科技革命促进第三产业（服务业）和第四产业（技术、知识、信息和服务）的发展，并且不同时期主导产业是不同的。

就业结构发生了变化。美国在15年内淘汰了8000种职业，同时也产生了6000多个新职业。整体就业趋势由劳动密集型向技术密集型、知识密集型产业转移。在信息革命时代，又出现了一些新的行业，必须产生一些新的职业，如由IT行业产生的技术营救者、CIO（高级信息主管）、信息解读员、网络策划师、IT行业顾问、数据通讯人员、IT审计师、网站策划师。

出现了新的分配方式。农业时代典型的是封建社会，地租是主要的分

配形式。在工业经济时代，资本家按资分配，产业工人拿到的是工资，按照社会必要劳动时间来计算的。高新技术驱动的后现代社会财富分配以知识要素及智力劳动量在经济中的贡献为衡量标准。按要素贡献率来分配。

第二，技术与企业经由制度相互作用。这里的制度不涉及所有权和分配权等经济学和管理学中的制度问题，而集中分析在改造人与自然关系的过程中形成的特定的人与人之间的关系。“技术决定制度，处于某种水平的技术规定了相应的制度（人与人、人与物之间形成的制度），以保证该项技术的实施，同时推动人际关系的变革。”①在传统农业技术基础上形成的是建立在血缘基础上的以家庭和家族为基本单位或组织方式。农业技术规定并维系家族组织。第一次工业革命后，组织的建立以机械技术为基础，机械规律取代了宗教、家法与人情形成的制度。人与人之间必须按照机器运行的规律和节奏相处。人是被机器异化了的人。“第二次技术革命不但没有改变这种组织，而且把电缆所到之处的人际关系都变为机械关系。”②企业管理的控制仍需遵循机械运转的规律。管理者与大多数人之间形成线性的、垂直的、自上而下的信息流动路线。现代信息技术在各个领域的广泛使用又一次重塑人际关系。特别是网络技术的推广应用，要求企业的管理模式向扁平状、网络状的组织结构发展。技术与制度关系中，技术是第一位的，技术决定企业的组织形式。

第三，技术与企业经由企业员工行为转型为标志。企业员工作为科技创新的实践者，他们的转型是技术转型的体现。技术通过行为规范影响着企业员工的工作方式、工作态度。知识经济以来，科技创新成为企业发展的根本动力，客观要求企业员工不断学习，提高素质和创新能力。

第四，技术与社会经由观念相互作用。一方面，某种技术活动作为一种特殊的行为方式规范人的行为。农业技术使人扎根于土地，形成封闭的自给自足的经济关系。第一、二次技术革命都使人成为机器的附属品，人的行为遵从机器运行的规律。现代技术革命又使人从附属地位变为主导地位，相应的人的行为注重创造性、自主性的发挥。现代技术革命在观念上要求，一是社会发展中人与人之间、人与自然之间必须和谐相处。二是发

---

① 吕乃基:《科技革命与中国社会转型》，中国社会科学出版社 2004 年版，第 79 页。

② 吕乃基:《科技革命与中国社会转型》，中国社会科学出版社 2004 年版，第 80 页。

展以人为本。人的主观能动性在社会发展中的地位越来越重要。另一方面，企业影响技术。企业需要、企业文化系统对技术发展的方向有引导作用。马斯洛将人们的需要按照先后顺序划分为五个等级，即生理的需要、安全的需要、感情的需要、尊重的需要、自我实现的需要。人们每满足一个需要将会需求更高一级的需要。

总之，技术与企业一方面各自具有自身发生、发展的规律，另一方面，它们又相互制约、相互促进，在错综复杂的关系中推动人类前进。科技革命在促进中国煤炭企业转型中处于主导位置，使企业在文化、物质（技术、手段和产品）、制度、行为、观念等方面实现转型。物质是基础，没有技术物质实体而进行的制度创新是空洞的；没有制度创新的物质实体转型是不彻底的。

第三节　中国煤炭企业转型科技创新的演变

新中国成立以来，中国煤炭企业科技创新经过了曲折的发展路子。原因在于资源型企业对资源的过度依赖，人力资源开发和科技创新力弱。20 世纪 50 年代，为了提高中国煤炭产业的科技含量，引进国外大量的煤炭设备。20 世纪 80 年代，我国出现了大量的煤炭设备生产企业，真正具有研发性质的企业非常之少。21 世纪以来，随着我国煤炭发展战略的不断调整，具有研发能力的企业正处成长与发展阶段。

一、新中国成立初期中国煤炭企业科技创新的历程（1949—1978 年）

科技创新是解决中国煤炭经济、生态、能耗、环保等问题的重要支撑。在我国发展的不同阶段，科技创新所需要解决的突出问题不同，形成不同的发展特征。新中国成立初期，中国煤炭企业科技创新特征表现为以下几个方面：

一是提高采掘、通风、地质及机械化采煤技术水平。恢复时期，科技工作是中国煤炭企业发展的重要手段。1950 年，燃料工业部要求东北、华北、华东的国营煤矿在两三年内实行新采煤方法。

"一五"起，大多数矿井实现了机械通风，达到安全规程规定的平均每个井下作业每分钟 3 立方米新鲜空气的要求。煤矿地质勘探工作有了很大加强。"一五"期间是中国煤炭企业由落后煤矿向技术先进煤矿转型的重要时期。20 世纪 50 年代初，废弃了穿硐式、高落式采煤法，采用长壁式采煤，刮板机送煤，人工装煤，劳动强度极大。

"1960 年 3 月，全国煤矿四级干部会议提出进行五大技术革命，攻克 18 项尖端技术。20 世纪 60 年代中研制、使用了浅截式采煤机和可弯曲刮板输送机及单体金属支柱，实现了装煤和输送机移置的机械化，效率有所提高。20 世纪 70 年代引进了综合机械化采煤技术和装备，经过消化、吸收和研制，逐步发展和完善了我国的综采技术，实现了采、装、运、移、控全部过程的机械化，机械化水平和机械化程度都有迅速提高。"①

二是科技创新提高企业生产率。从价值维度看，当时科技创新最主要的目标就是提高企业机械化水平，提高回采率。为了满足生产需要，对煤矿落后生产设备进行了大量的淘汰。矿井生产全员效率与工作面单产、矿井大小、生产技术与管理水平有很大关系。而科技创新是提高我国煤矿企业生产效率最主要的支撑。"一五"期间，产生的供需矛盾，需要通过改进技术装备，增添必要的采掘、装载和运输机械。

三是引进国外技术。由于当时我国科研力量、人才培养处于起步阶段，为了更好地提高生产率，向发达国家引进成套生产设备。"在技术引进中，应以引进国外成熟的技术为主，适当引进带方向性的新技术，以便更好地兼顾当前和长远发展的需要。"②20 世纪 50 年代曾引进过苏式截煤机和联合采煤机，但由于设备效能与地质因素的限制，没有得到大面积推广。"1973 年从英国、法国、联邦德国、波兰等国进口了 43 套先进的综合机械化采煤设备。"③

四是自主创新能力不断提升。由于外援的局限性，必须靠自主创新解决煤炭问题。"'一五'期间开工建设的 194 处矿井，除 6 处外，其他全部

---

① 魏同等:《中国煤炭开发战略研究》，山西科学技术出版社 1995 年版，第 74 页。

② 邓力群、马洪、武衡:《当代中国的煤炭工业》，中国社会科学出版社 1988 年版，第 465 页。

③ 邓力群、马洪、武衡:《当代中国的煤炭工业》，中国社会科学出版社 1988 年版，第 109 页。

是中国自行设计施工的。平顶山矿区是新中国第一个新开发的大型煤炭基地。从矿区规划、矿井设计到洗煤厂、机修厂等配套工程设计，基本上都是中国独立完成的。”①

五是高碳、环保问题处于发展之中。高碳和环保问题的产生与社会、科技发展阶段紧密联系在一起。实事求是地说，当时高碳经济应该很明显，但与当时国外发达国家没有比较，也没有重视高碳问题。煤炭开采产生的环保问题，处于量变过程。还没有从科技方面进行创新。

六是科技创新三线体系逐步形成。20 世纪 50 年代成立了唐山煤炭研究所，北京煤炭研究所等。1975 年确立了一、二、三线纵向的煤炭科研体系，分别在企业、省科研所、全国煤炭专业科研机构三个层次建立研究机构。科技创新服务于三线体系，大大促进了当时中国煤炭企业的发展。

七是促进煤炭科技传播。新中国成立初期，为了促进中国煤炭科技的发展，创办了《世界煤炭技术》（1963 年）、《煤炭学报》（1964 年）、《煤矿安全》（1970 年）、《煤炭科学技术》（1973 年）等杂志。1951 年燃料工业出版社成立，1956 年煤炭工业出版社成立。这为引进国外煤炭技术，促进国内科技成果传播起到了积极的推动作用。

二、改革开放初期中国煤炭企业科技创新的历程（1978 年—20 世纪末）

经过 20 多年的发展，科技成为提升中国煤炭企业竞争力的重要支撑。煤炭科技发展坚持面向煤矿、为生产建设服务的方向，经过了引进、集成、再创新的路子，科研水平不断提升。取得了以下成绩。

一是引进外国设备和自主创新相结合。1978 年煤炭工业部门进口的主要有 100 套综采设备、100 套掘进设备，一些煤矿的选煤设备、制造设备等。地质勘察理论和技术、矿井施工技术、矿井开采技术、采掘机械、矿山电气和自动控制技术、露天开采技术、矿山爆破技术、煤矿安全技术、矿山测量技术、煤炭洗选和综合利用技术等都取得了显著成就，获得多项国家发明奖和国家技术进步奖。

---

① 邓力群、马洪、武衡:《当代中国的煤炭工业》，中国社会科学出版社 1988 年版，第 31 页。

二是科技制度不断创新。1979 年起，逐步完善了一、二、三线科研力量。在比较大的矿务局、选煤厂建立了一线科研单位，主要产煤的省、市、自治区建立了二线科研单位，煤炭工业部所属研究院所建立了三级科技单位。1983 年在煤炭研究所进行了科技体制改革。1985 年扩大了研究院所的自主权，大大促进了科研的发展，重大科研成果达到每年 40 多项。

三是采煤方法不断创新。解放前，主要采用手工刨式。改革开放后，综合机械化采煤方法得到了推广。结合中国煤矿地质特征，自主研发并使用了"倾斜分层走向长壁人工假顶下行陷落采煤法、水砂充填采煤法、急倾斜煤层伪倾斜柔性掩护支架采煤法、倾斜长壁采煤法、恒底再生煤层采煤法"①20 世纪 80 年代以来，综采化水平不断提高，机械化程度最高的矿区达到 100%。

四是建立健全了各种形式的社会团体。为了充分发挥广大科技人员的积极性，1975 年起，国家成立了煤炭工业部技术咨询委员会（1975 年），中国煤炭学会（1978 年），煤炭经济研究会（1982 年），中国煤炭加工利用协会（1982 年）。通过非正式的社会团队促进中国煤炭企业的科技传播。

五是加大煤炭教育发展力度。改革开放初期，为了充分发挥知识分子的作用，提高职工的知识水平，恢复和发展了干部教育，增加教育投入，修改了高等教育学校的专业设置、教学计划和教材，1981 年 12 所煤炭学院获得学士授予权，7 所矿业学院获得硕士授予权。1984 年中国矿业学院培养出第一位自己的工学博士。煤炭中专、成人教育也取得了巨大发展。

虽然取得了一定的成绩，总体上煤炭科技创新能力还是比较低。主要表现在以下几个方面：

一是由于科技水平低，造成资源利用率很低。资源利用效率与科技发展水平紧密相关。"国际上资源利用率为 45%—60%，我国平均只有 30%，一些小煤矿只有 10%多。1978—2005 年，我国小煤矿累计生产煤炭 120 亿吨，消耗资源约 800 亿吨。"②这种低效率利用资源方式，给生态、

---

① 邓力群、马洪、武衡：《当代中国的煤炭工业》，中国社会科学出版社 1988 年版，第 137—138 页。

② 岳福斌主编：《中国煤炭工业发展报告（2006—2010）》，社会科学文献出版社 2008 年版，第 70 页。

资源带来很大的破坏力。

二是由于科技水平低，造成装备水平很低。煤炭行业作为资金密集型行业，用于购买设备的费用是非常高的。很多小煤矿为了降低生产成本，机械化水平很低。目前，全国煤矿采掘机械化程度约45%，国有重点煤矿机械化程度为81%。而国外很多煤炭企业实现了自动化和智能化生产。可以这样说，我们的装备与国外先进水平差一个时代，他们是高科技时代的智能化，我们是工业经济时代的机械化。十六大报告提出要通过信息化带动工业化的发展，以工业化促进信息化的发展。目前，在中国煤炭企业实现两化并一化还需要走很长的路子。“全国平均工作面单产从1952年的4331吨/（月·个）提高到1991年的17126吨/（月·个），提高了近3倍。”[①]1998年综采工作面单产达68889吨/（月·个）。

三是由于科技水平低，解决相关的环保问题、能耗问题难。“全国累计煤矸石总量约38亿吨，占地约11万亩，每年以2亿吨速度增加；每年产出近亿吨的粉煤灰，积存量已达30亿吨；煤矿开采引起地下水资源的破坏；原煤洗选率仅30%，美国、澳大利亚都在90%以上。由煤产生的烟尘和二氧化硫分别占总量的70%和90%。”[②]由于科技水平低，很多具有附加值的资源都处于闲置状态，加大了我国能源压力。由煤炭引起的环保问题似乎是资金投入的问题，实际上多数是由于科技瓶颈，造成科技成果转化难，使一些问题难以解决。该时期国家已倡导末端治理解决环保问题，但由于企业发展水平、科技、人才等瓶颈的存在，使末端治理效果不明显。煤炭企业作为能源生产企业，同时也是能源消耗大户，整体能耗水平比较高。而由于技术瓶颈、管理水平、人才问题等，能耗降低成为一项艰巨的任务。

四是由于科技水平低，煤炭安全问题比较突出。煤矿的安全问题是偶然性与必然性的统一，多数是必然性的客观存在，原因是多方面的，其中与我们的技术装备水平低有很大的关系。从目前事故发生率看，低装备水平的小煤矿是发生的重灾区。要解决中国煤炭企业安全问题，科技必须先行。

---

① 魏同等:《中国煤炭开发战略研究》，山西科学技术出版社1995年版，第75页。

② 岳福斌主编:《中国煤炭工业发展报告（2006—2010）》，社会科学文献出版社2008年版，第70页。

五是研发水平和力量都比较低。我国煤炭行业研发机构不少，但是力量比较分散。结果导致具有国际先进水平的成品不多。目前，进口一套厚煤层综采成套设备在3000万—4000万美元，后期配件及服务费用高达原价的20—30倍。因此，通过整合我国的研发机构，实现高端装备国产化是非常必要的。总体上呈现国有重点煤矿技术水平比较高、地方国有煤矿较差、乡镇煤矿技术落后的特征。尽管大力发展了煤炭洗选加工，但其发展速度远远低于煤炭产量的增长。

三、科学发展观指导下中国煤炭企业自主创新的历程（21世纪以来）

联合国《人类发展报告2008》将72个国家科技发展水平划分为技术领先组、潜在的技术领先组、积极的技术采用组、技术落后组。中国位于第三组。中国高新技术产品出口额只相当于美国的19.4%。研发费用占GDP比重为0.7%，明显低于发达国家的2.3%的水平。整体上中国科技发展水平低。

21世纪以来，随着煤炭资源整合水平的不断提高，综采化程度与规模大步前进，工作面单产水平不断提高。《国务院关于促进煤炭工业健康发展的若干意见》中提出要加快提升煤炭生产和设备制造技术水平。到2010年，大型煤矿采掘机械化水平达到95%以上；中型煤矿达到80%以上；小型煤矿机械化程度、半机械化水平达到40%。并指出：煤炭科技创新要建立以企业为主体的技术创新体系。大型煤炭企业要建立和完善技术研发中心，重视战略规划机构的建设，加强企业与科研单位的联合，将企业技术创新体系建设作为考核内容之一。中国煤炭企业科技创新内容包括三个层次：重大技术攻关、重大装备国产化、中小煤矿机械化。

针对煤炭企业发展水平的不同，采用不同的科技创新目标。也就是说，煤炭企业科技创新目标要与它的人才结构、研发能力相适应，科技创新要与企业现实需求相适应。

中国煤炭企业总体发展方向是提高自主创新能力。从技术引进再创新、集成创新、原始创新向原始创新、集成创新和引进消化吸收再创新方向转化，强调原始创新，提高我国煤炭装备技术水平。按照国家制定的“自主创新、重点跨越、支撑发展、引领未来”的方针，加快和提升我国煤炭科技创新能力。《煤炭工业发展“十一五”规划》确定了该阶段技术进步的目标：大型煤矿采掘机械化程度达到95%以上，中型煤矿达到80%以上，小型煤矿机械化、半机械化程度达到40%。2005年1月，神华集团准格尔能源公司从美国引进的大型矿山采掘设备8750—65型吊斗铲在准格尔煤田黑岱沟露开煤矿开工组装。这是目前我国大型露开煤矿引进的首台适应于规模性采掘的世界一流设备。

四、中国煤炭企业科技创新的特征

中国煤炭企业转型科技创新的历程体现了其在空间、能力、人才队伍等方面取得的成绩。可以看出新中国成立以来，中国煤炭企业技术创新呈现以下显著特征：

纵向上看，科技水平在不断提高。新中国成立60多年来，采煤技术从人采到机采，从低水平综采到高水平综采，从劳动密集型到资本密集型和技术密集型。生产效率在不断提高，采出率也在不断提高。科技对煤炭企业的贡献率也在不断上升。

横向上看，不同水平的技术在空间上同时并存。煤矿大小的不同、地质结构的差异、所有制结构的不同、经济发展水平的不同，使在不同时期先进与落后技术在空间上同时存在。这虽然在一定时期内对满足国民对煤炭的需求具有重要意义。但从长远看，不利于实现能耗的降低，环保问题的解决，安全隐患的排除。21世纪以来，中国煤炭资源的整合充分说明了要实现科学发展，提高能源效率，解决环保问题，必须提高采煤技术，发展循环经济，实现转型发展，淘汰落后技术。

从现实上看，通过技术创新实现煤炭企业科学发展具有很大空间。目前，中国煤炭企业能耗水平远远高于国外发达国家，而且低水平运作的企业比例不小。为了实现节能降耗，安全发展，科学发展，必须通过科技创新，不断提高采煤技术，洗煤技术，焦化技术，延长产业链，大力发展循环经济。

提高自主创新能力，提高转化水平。提高自主创新能力已成为我国发展战略，这既是我国未来发展的目标，也是世界综合国力竞争的客观要求。目前，我国煤炭行业自主创新能力需要进一步提高，降低对国外先进技术的依赖，真正从核心技术层次上取得进步。

总之，新中国成立以来，中国煤炭科技创新取得了长足的发展。采煤方法从手工刨煤发展到综合机械化采煤，长壁采煤方法不断建立和完善。从纵向、横向、现实看，科技创新不断实现企业转型。

第八章　中国煤炭企业转型科技创新的模式

"科学技术是第一生产力"已被人类社会经济发展所证明。要实现中国煤炭企业的创新发展离不开科技创新驱动力。

第一节　中国煤炭企业科技创新的价值维度

21世纪，随着我国科学发展理念的不断深入，中国煤炭企业科技创新的维度也在不断地增加。

一、经济维度

经济是人类社会的物质基础。与政治是人类社会的上层建筑一样，是构建人类社会并维系人类社会运行的必要条件。其具体含义随语言环境的不同而不同，大到一国的国民经济，小到一个家庭的收入支出，有时候用来表示财政状态，有时候又会用来表示生产状态，是当前非常活跃的词语之一。从微观上讲，经济就是生产或生活上的节约、节俭，前者包括节约资金、物质资料和劳动等，归根结底是劳动时间的节约，即用尽可能少的劳动消耗生产出尽可能多的社会所需要的成果。后者指个人或家庭在生活消费上精打细算，用消耗较少的消费品来满足最大的需要。总之，经济就是用较少的人力、物力、财力、时间、空间获取较大的成果或收益；从宏观上讲，经济就是国家收支状况，如国民生产总值、社会总产值的收入与支出等。

从科技创新概念的源头看，科技创新首先要实现经济目标。经济利益的实现是企业创新的首要动力。目前，煤炭企业存在效益低下，诸多问题并存的现状。只有通过科技创新，才能更好地弥补其他短板，促进经济效益的提高，实现以最小投入获得最大产出的效果。

二、系统维度

系统理论要求我们在优化功能时，需要考虑系统的要素以及要素的结构，只有优化的要素和结构，才能促进中国煤炭企业更好地创新。科技创新过程涉及企业规模、经营状态、人才结构、研发能力等多种要素。只有优化的系统要素与结构，才能更好地提升中国煤炭企业科技创新力。

中国煤炭企业科技创新过程是战略、人才、管理、投入、组织等协同发展的过程，是优化系统要素、结构的过程。这客观上要求中国煤炭企业整合要素，优化要素结构，突现科技创新的功能。

三、生态维度

“生态”一词，现在通常指生物的生活状态。指生物在一定的自然环境下生存和发展的状态，也指生物的生理特性和生活习性。由于煤炭企业在发展过程中产生大量的环境问题、生态问题和资源问题，针对这一现状，中国煤炭企业的创新应考虑生态修复与重建。目前，中国煤炭企业推行的循环经济模式、深加工模式、大型化发展趋向都是在逐步解决生态问题。

中国煤炭企业科技创新应在科学发展观指导下，立足解决环境问题和资源问题，实现企业与人、企业与社会、企业与产业的和谐发展。

四、安全维度

需要指出的是，无论是在辞海中，还是在学术研究中，人们经常把安全与“不受威胁”、“不出事故”等联系在一起，但是，我们不能因此认为“不存在威胁”、“不出事故”、“不受侵害”就是安全的特有属性。安全肯定是不受威胁、不出事故、不受侵害的，但是不受威胁、不出事故、不受侵害并不一定就安全。某些不安全状态也可能有“不存在威胁”或“不受威胁”的属性。例如，当某一主体没有受到外部威胁但却因内在因素而不安全时，不受威胁便成了这种特殊情况下不安全的属性。这是一种不受威胁或没有威胁状态下的不安全。安全的特有属性就是“没有危险”。单是没有外在威胁，并不是安全的特有属性；单是没有内在的疾患，也不是安全的特有属性。但是，包括了没有威胁和没有疾患这样内外两个方面的“没有危险”，则是安全的特有属性了。

安全问题是人生存的第一基本条件。煤炭安全是煤炭企业发展、全国安全生产的重中之重，安全发展已成为科学发展、构建和谐社会的重要内容，是煤炭企业改革发展的总体布局。技术创新是企业安全发展的重点，要坚持以信息化带动工业化，建立数控网络化、操控智能化的监测监控体系和安全信息体系，增强煤炭企业安全技术保障能力。

五、低碳维度

低碳就是尽可能地减少碳能源消耗量，生产出与原来同样数量、同样质量的产品；或者是以原来同样数量的碳消耗量，生产出比原来数量更多或数量相等质量更好的产品。低碳经济已成为发达国家科技创新的主要方向。低碳将来也会成为中国可持续发展的一项长远发展战略。

中国煤炭企业作为高碳行业，它实现低碳化的程度与它本身的科技创新能力紧密联系在一起。因此，低碳化也是中国煤炭企业转型科技创新的主要维度。一方面，中国煤炭企业转型科技创新需要在原有煤炭产业基础上创新低碳化；另一方面，需要通过低碳化理念开拓新的非煤产业。科技成为最主要的动力。

六、自主创新维度

中国煤炭科技创新水平是由科技的理论创新、自主创新能力、科技成熟水平等因素决定的。

首先，提升理论创新水平。在英文中，创新 Innovation，这个词起源于拉丁语。其原意有三层含义：第一，更新。第二，创造新的东西。第三，改变。创新作为一种理论，形成于20世纪。人们对创新概念的理解最早主要是从技术与经济相结合的角度，探讨技术创新在经济发展过程中的作用，主要代表人物是现代创新理论的提出者约瑟夫·熊彼特。在经济思想发展史研究领域，他独具特色的创新理论奠定了其独特的地位，也成为经济思想发展史研究领域中的主要成就。

煤炭科技无论直接来源于科学技术还是军用科技，都离不开科学技术在理论层次上的创新。理论创新潜在地打破了原有理论，是煤炭科技在科学理论层次不断创新的过程。信息科技、环保科技、健康科技等煤炭科技的发展首先表现为物理学、环境科学、生物科学在理论层次的创新。所以，理论创新是煤炭科技解决众多问题的认识源泉。

其次，提高自主创新能力。从创新源泉看，创新可以分为引进吸收后的模仿创新和自主创新。自主创新有三个方面的含义：一是要加强原始创新，要在各个生产领域内努力获得更多的科学发现和重大的技术发明；二是要突出加强集成创新，使各相关技术成果融合汇聚，形成具有市场竞争力的产品和产业；三是要在广泛吸收全球科学成果，积极引进国外先进技术的基础上，充分进行消化吸收和再创新。2004 年 8 月，神华集团神华煤直接液化项目开工典礼在内蒙古鄂尔多斯市举行，此项目是世界上首次采用先进工艺技术，将煤炭直接液化为石油产品。

"十一五"时期，我国提高自主创新能力的客观条件已经具备，主要体现在：一是国外技术储备急于获得新市场，这为我们发挥后发优势，进行必要的技术引进和主动选择创造了条件。二是国内人才和科技储备已有相当基础，这得益于我国改革开放政策的实施。三是我国公共财政实力大大增强。四是激励创新的体制和机制逐步建立，国家在税收、折旧、财政和投资等方面支持自主创新的政策体系正在形成。

由于煤炭问题的复杂性，我们完全引进国外技术，未必就能解决中国目前面临的煤炭问题。这就需要自主创新、集成创新和引进消化吸收再创新，这是由中国目前煤炭科技的创新能力和水平决定的，也是世界科技发展规律决定的。从目前竞争来看，科学技术发展水平越来越体现为自主创新能力的较量。

最后，提高煤炭科技成熟水平。煤炭科技直接服务于煤炭问题，而煤炭科技本身的成熟水平是制约煤炭科技转化的重要环节。由于不同时代解决煤炭问题的侧重点不同，使煤炭科技本身成熟水平的判断标准也呈现不同的趋向。如工业时代，为了解决经济问题，只要能促进生产力发展的技术就是成熟的技术，而实践证明，像化工技术、汽车制造技术等，在促进生产力发展的同时，产生了严重的环境污染等新问题。所以，煤炭科技解决当代煤炭问题，需要通过科学性、安全性、经济性、环保性、和谐性等价值标准来衡量煤炭科技本身的成熟程度，防止在此基础上产生新的问题。

第二节　中国煤炭企业转型科技创新特征

21世纪，中国煤炭企业转型科技创新集中体现为“民”与“生”的科学技术，具有科学技术性和社会性，它的特征主要表现为以下几个方面。

一、社会性

中国煤炭企业转型科技创新的社会性表现在：首先，煤炭科技创新的发展领域是由社会需求决定的。目前，社会领域中的健康问题、安全问题、环保问题、节能问题等比较突出，这为煤炭企业科技创新提供了方向和目标。其次，煤炭企业科技创新的发展水平是由社会投资决定的。目前，民生问题多是集中于公共领域中的安全问题、健康问题和环境问题，对于公共领域的民生科技多数是由国家和政府进行投资研发的。再次，煤炭企业科技创新成果的转化水平是由社会选择决定的。改革开放以来，我国科技成果转化率已由原来的30%左右上升为现在的近40%左右的水平，但比起发达国家来讲，差距还比较大。因此，它的转化率可能要高于其他科学技术。因为它的目的性比较强。最后，煤炭企业科技创新的研发人员包括社会领域不同层次的人员。传统意义上，科学技术活动是科学家和技术专家的事情，老百姓只是应用技术而已。似乎科学技术对于普通人来讲，就是一个黑箱。而煤炭企业科技创新不同于一般的科学技术活动，有些难度很小的技术发明，能解决很大的社会问题。如自来水管改造工程、保温材料的使用等。所以，从参与人员看，煤炭企业科技创新的研发不仅包括科学家和技术专家，而且包括一般的科学技术人员和普通人。它更是全民科技活动。所以，要发展煤炭企业科技创新必须要有广泛的民众支持，否则，也只是一般的科学技术成果。

二、科技性

煤炭企业科技创新作为科学技术发展的一个领域，不能违背科学技术发展的规律，应遵循客观性、实践性、理论系统性等特征。

首先，坚持客观性。反映自然界的客观规律，能够经受得起客观事实的检验。我们就将煤炭企业科技创新与伪科技区别开来。很多伪科技都打着适用、经济、高效等幌子骗人、骗钱，应当引起人们的高度警惕，如“神化神功人物”愚弄百姓。自称“超人”、“佛子”、“大师”、“释迦牟尼传人”等“称号”；吹嘘意念“预测卫星发射”、“扑灭森林大火”等种种“神话”；公开表演“特异功能”发功治疗绝症、顽症、疑症，给头面人物带上各色“光环”，甚至实行“个人崇拜”。一些纯粹是不可能的事情，如水变油等活动。

其次，煤炭企业科技创新应遵循实践性。实践性是马克思主义哲学区别于其他一切哲学的最主要、最显著的特点。它第一次把科学的实践观引入哲学，论证了实践在认识和在哲学中的基础地位，并强调理论要付诸实践，转化为改造世界的物质力量。煤炭企业科技创新作为解决民生问题的重要手段，应经得起实践的考验，也就是应具有现实可能性。煤炭企业科技创新在理论上的创新需要通过实践的检验转化为现实生产力。实践性是检验煤炭企业科技创新客观性的重要手段。一些煤炭企业科技创新可能来源于一般的科学活动，实践性成为衡量煤炭企业科技创新功能的重要依托。

最后，理论系统性。煤炭企业科技创新作为科学活动，不是一般的技艺或民间的杂艺，而是一个理论体系。如安全科技是服务于安全活动而构成的理论体系，健康科技是服务于民众健康的理论体系，环保科技是服务于环境保护的理论体系。煤炭企业科技创新的理论系统性是民生科技客观性和实践性发展的结果。

三、阶段性

煤炭企业科技创新是直接服务民生、造福百姓的科技。例如，资源节约技术、环境保护技术，疾病防治技术，食品安全技术、减灾防灾技术等都是典型的煤炭企业科技创新成果。由于存在问题的阶段性特征，决定了煤炭企业科技创新的阶段性特征。也就是在不同阶段、不同国家、不同地区煤炭企业科技创新的领域是不同的。

现阶段，中国煤炭企业科技创新主要解决经济、环保、节能、安全等问题。这是由目前突出的民生问题决定的。而煤炭企业科技创新的水平还受历史上科技发展水平的阶段性约束。

四、革命性

第一、二、三次科技革命主要解放生产力和发展生产力。“科学技术是生产力”是马克思主义的基本原理。马克思曾指出：“生产力中也包括科学”，并且说：“固定资本的发展表明，一般社会知识，已经在多么大的程度上变成了直接的生产力。”马克思还深刻地指出：“社会劳动生产力，首先是科学的力量”；“大工业把巨大的自然力和自然科学并入生产过程，必然大大提高劳动生产率”。1988 年 9 月，邓小平同志根据当代科学技术发展的趋势和现状，提出了“科学技术是第一生产力”的论断。邓小平同志的这一论断，体现了马克思主义的生产力理论和科学观。“科学技术是第一生产力”，既是现代科学技术发展的重要特点，也是科学技术发展必然结果。社会生产力是人们探索自然的能力。作为人类认识自然、改造自然能力的自然科学，必然包括在社会生产力之中。科学技术一旦渗透和作用于生产过程中，便成为现实的、直接的生产力。现代科学技术发展的特点和现状告诉我们，科学技术特别是高新技术，正以越来越快的速度向生产力诸要素全面渗透，不断同它们融合。科学技术通过改造生产力中的生产者、生产工具和生产资料，促进生产力的巨大变革。

煤炭企业科技创新不仅解放生产力，而且可以改变人与自然、人与人之间的关系。如节能技术、新能源技术的开发与利用将会改变人与自然之间的关系，促进人与自然的和谐发展。健康技术、环保技术的开发与利用，将会提高民众的生活质量。所以，煤炭企业科技创新的价值维度是多元的，不仅包括经济功能，而且包括社会功能、政治功能和生态功能。

总之，中国煤炭企业科技创新特征是社会性、科学性、多元性和阶段性的统一，体现个性与共性的统一，历史性与现实性的统一等。为了更好地促进煤炭企业科技创新，我们必须遵循它的特征，以更好地解决中国煤炭企业目前面临的问题。

第三节　中国煤炭企业科技创新系统

中国煤炭企业的科技创新是一个系统工程。从构成性关系看，它的内部要素包括研发项目、研发人才、研发投入、研发成果评价、成果转化、反馈机制等内容；外部环境因素包括企业发展水平、行业研发水平、国家宏观政策、国际发展水平等。只有实现科技创新系统内部因素与外部因素的有机统一，才能实现中国煤炭企业科技创新能力的提升。

一、中国煤炭企业科技创新系统的内部因素

煤炭企业本身的发展水平是它科技创新的重要基础。如果一个煤炭企业本身规模小、亏损严重、人才缺乏、科技投入低，显然它不具有科技创新的能力。中国煤炭企业科技创新的内部因素包括研发水平、研发人才和研发投入、研发成果评价机制、成果转化能力和反馈机制等。

从研发项目看，中国煤炭企业转型科技创新存在低水平重复的现象。很多国有重点煤矿研发项目主要集中在企业内部的技改项目，真正立足于设备创新、新产品研发的不是很多。多数企业通过技术引进或直接采购解决问题。也就是说，中国煤炭企业科技创新项目水平低，资源浪费严重。

研发人才问题更突出。很多企业多数是低级的操作工，具有大专以上学历的人才非常之少，具有研发能力的人才就更少了。人才问题成为制约我国煤炭企业科技创新的最大瓶颈。研发投入问题也是很突出的。目前，我国企业的研发投入比较低。从短期来看，研发投入比，是运用投入产出分析法对研发活动进行的数据化效益分析方法。研发投入比，可以视为研发投入成本占当期产出的比例，用以衡量研发成本在当期对经营成本比重的影响；从长期来看，研发投入比可以视为该项新产品研发过程中所产生的成本额占该产品在生命周期类所有的销售收入的比例，用以衡量产品的运作业绩。国家统计局当天公布的第二次全国经济普查数据显示，2008 年年末，我国规模以上工业企业，投入的科技活动经费是 5941.7 亿元，比 2004 年增长 147.4%。研究与试验发展 R & D 经费的投入强度为 0.61%，高于 2004 年 0.56% 的水平。其中，大中型工业企业研发经费投

入为2681.3亿元，投入强度为0.84%，高于2004年0.71%的水平。从数据中，可以发现经济发展越快、越发达的地方研发经费投入量越多。

研发成果评价机制需要进一步的完善。需要建立同行评价机制，对科研成果进行经济、安全和生态等方面的评价。评价机制既是一个约束机制又是一个推动机制。只有良好的评价机制才能客观合理地分析我国科技创新的能力和水平，提高科技成果成熟水平。

成果转化能力是衡量企业研发效果的重要指标。对于大量无法转化的科技成果来讲，是各种资源的综合浪费。成果转化能力一方面体现了企业研发能力的高低；另一方面体现了研发的效益问题。研发的最终目标是促进科技成果转化，促进生产率的提高。

反馈机制是体现研发项目、转化水平之间存在问题的互动机制，也是从实践再回到理论的过程，是实践为理论提出问题的过程。科技发展过程本身就是从实践到理论再到实践的过程。

总之，中国煤炭企业科技创新内在因素之间构成一个完整的内部链条，包括研发问题、研发的主体及投入、研发成果的转化及反馈机制。任何一个环节都不可短缺。

二、中国煤炭企业科技创新系统外部因素分析

对于一个系统的演化只有在开放状态下才可能向优化方向发展。耗散结构理论的创始人伊里亚·普里戈金（Ilya Prigogine）教授，由于对非平衡热力学尤其是建立耗散结构理论方面的贡献，荣获了1977年诺贝尔化学奖。他告诉我们一个系统向高级化演化需要四个条件：开放、远离平衡态、涨落、非线性。中国煤炭企业转型创新系统具有耗散结构特征。

1. 中国煤炭企业发展的耗散结构特征

中国煤炭企业的发展状态正是一种耗散结构状态。它首先处于开放条件下，它的开放性表现在与国际煤炭市场接轨；其次在发展机制上不仅向国企开放，而且也向优秀的私营企业开放；最后它的运作环境是市场机制，例如生产要素都在开放的市场环境中获得。

中国煤炭企业发展处于远离平衡态状态下。改革开放30多年来，中国煤炭企业的发展过程是从最初的人与自然平衡、煤炭与环境平衡等状态向人与自然、煤炭与环境不平衡方向发展，正是这种不平衡性是我们今天

煤炭企业创新的基础和条件。

中国煤炭企业从一个不平衡态向一个新的平衡态发展的过程就是系统涨落的过程。涨落的效果如何取决于转型创新的水平。涨落体现了一个系统跃迁的过程。中国煤炭企业涨落的过程是和谐发展和科学发展的过程。

非线性说明系统要素之间的协同关系。目前，中国煤炭企业转型创新的过程是它的内部要素与外部要素协同发展的过程。只有具有非线性关系的系统才有创新的动力。目前，中国煤炭企业发展要素是非常之多，比较混乱，需要通过创新机制，进行整合与优化，提高它们的协同力。

2. 中国煤炭企业科技创新的外部因素

中国煤炭企业科技创新系统的外部因素包括同行企业发展水平、行业研发水平、国家宏观政策、国际发展水平等。

煤炭行业研发水平是中国煤炭企业科技创新的基点和目标。根据同行发展水平，结合自身研发能力，确定研发目标。了解同行研发水平还有一个很重要的原因就是避免同行重复投资研发相同的项目。

国家煤炭能源发展宏观政策是指导中国煤炭企业发展的制度保障。为了促进中国煤炭企业的良性化发展，我国宏观政策进行了一系列创新，如从法律法规到规划、计划的不断出台。

国际煤炭发展水平是提升中国煤炭企业整体水平的国际背景。由于发达国家采煤效率、节约程度、资源利用程度、开发安全程度都远远高于我国。对国外先进科技创新水平的认识，可以为中国煤炭企业创新提供努力的方向和借鉴价值。

三、中国煤炭企业科技创新系统内外因素的互塑性

互塑性体现系统内部要素与外部环境之间的互动关系，分两种互塑情况：一种是内部要素的变化，推动外部环境必然变化，实现两者之间的协同发展；另一种情况是外部环境的变化要求系统内部要素必须重新组合，达到新的功能。

中国煤炭企业科技创新过程是内部要素与外部环境互塑发展的过程。中国煤炭企业科技创新过程不仅需要优化的内部要素和外部要素，而且需要实现两者之间的互塑发展。

由于煤炭作为基础性能源，对中国电力、化工、建材等行业的发展具

有重要的作用。因此，外部的宏观指导作用很重要。多年来，由于科技短板的存在，使我们付出了高昂的代价。主要表现在：人才结构低级、引进国外设备成本高、安全问题突出、资源浪费严重、环保问题明显。而国家宏观政策的不断出台为我国煤炭企业科技创新提供了方向和途径。这成为中国煤炭企业科技创新的动力和努力的方向。

中国煤炭企业通过科技创新系统内外部因素的互塑，提高自主创新能力。从近现代中国自主创新发展过程来讲，发展重点经过了从技术引进创新、集成创新、原始创新向原始创新、集成创新、技术引进创新转向的过程，这个转向来源于党的十七大报告对自主创新内涵的界定（见图 8—1）。

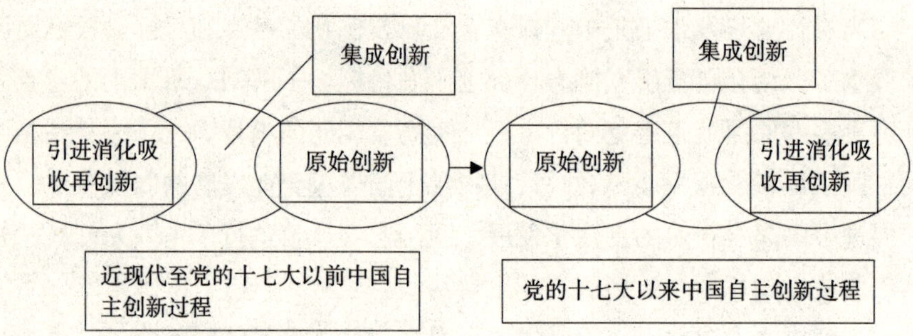

图 8—1　新中国成立以来中国煤炭企业自主创新历程分析

总之，中国煤炭企业科技创新的过程是企业内部要素与外部环境互塑与发展的过程，是生产关系与生产力相互适应的过程，是上层建筑与经济基础相互适应与调整的过程。

第四节　中国煤炭企业科技创新模式

21 世纪，为了更好地促进中国煤炭企业转型科技创新，我们必须在内在要素与外部环境中不断完善创新机制，创造有利于中国煤炭企业创新的途径与模式。

一、科技创新是中国煤炭企业转型创新的中心环节

科技创新是促进中国煤炭企业转型的根本动力。企业本身的科技创新能力和自主创新能力在相当程度上决定着企业转型的进程和成败。

首先，科技创新是企业转变发展方向的重要支撑。科技创新动力来源于企业需要，同时促进企业的转型。一方面，企业发展为科技创新提供研究主题和科研条件；另一方面，科技创新成果成为企业转变发展方向的重要支撑。两者处于互动发展之中。目前，中国处于转型期，科技转型必须先行。

其次，科技创新是企业转变发展方式的重要支撑。21世纪以来，转变经济发展方式已成为中国宏观政策的重要内容。企业作为微观基础，是国家层次上经济发展方式转变的基础。科技创新是中国煤炭企业实现新型工业化、发展循环经济的科技支撑。历史上，每一次社会转型，直接来源于科技动力。农业科技革命，使人类从渔猎社会进入到了农业社会；工业科技革命，使人类社会从农业社会进入到了工业社会；高新技革命，使人类社会从工业社会进入到了知识经济社会。而经济发展方式中生产工具、生产模式是最主要的，而这些是由科技创新决定的。

最后，科技创新是企业实现资源节约型、环境友好型目标的重要支撑。传统煤炭企业发展资源浪费严重，环境破坏也严重，给资源、生态、环境等带来了很大的危机，严重影响了经济社会的可持续发展。只有通过科技创新，转变经济发展方式，实现循环经济，才能从根本上实现人、自然、社会的可持续发展，以建设资源节约型、环境友好型企业。因此，中国煤炭企业科技创新必须立足现实需要，在多维度价值体系中实现转型。

二、优化教育资源，为科技创新提供人才保障

基于对国际国内形势的分析判断，2000年，中央经济工作会议首次提出“要制定和实施人才战略”。同年，党的十五届五中全会提出，要把培养、吸引和用好人才作为一项重大的战略任务切实抓好，努力建设一支宏大的、高素质的人才队伍。2001年发布的《中华人民共和国国民经济和社会发展第十个五年计划纲要》明确提出“实施人才战略，壮大人才队伍”。这是中国首次将人才战略确立为国家战略，将其纳入经济社会发展

的总体规划和布局之中，使之成为一个重要组成部分。

2003年12月，中共中央首次召开中央人才工作会议通过《中共中央、国务院关于进一步加强人才工作的决定》，突出强调实施人才强国战略是党和国家一项重大而紧迫的任务，并进一步明确了新世纪新阶段中国人才工作的重要意义、全面部署了人才工作的根本任务，制定了一系列有关方针政策。2007年，人才强国战略作为发展中国特色社会主义的三大基本战略之一，写进了中国共产党党章和党的十七大报告。由此，人才强国战略的实施进入了全面推进的新阶段。

2010年6月8日《国家中长期人才发展规划纲要》正式公布，进一步明确了建设人才资源强国的远景。国务院国资委主任李荣融在《中央企业人才工作》会议上表示，必须把人才工作摆到优先发展的战略地位，要在新的起点上更好地实施人才强企战略。随着国家加快推进人力资源市场化的步伐，人力资源服务产业概念呼之欲出，人力资源服务逐步深入人心，人力资源服务向企业提供人才服务的主力军。在《纲要》公布后，人力资源服务商将面临如何发挥自身优势的问题，以更好地促进人才市场的发展，真正实现人才强企、人才强国的发展战略。

中国煤炭科技创新的关键看人才。没有人才，何谈科技创新，只能步入后尘，受制于人。目前，中国煤炭企业存在双重问题。一方面，人才短缺、结构不合理；另一方面人才资源浪费严重，不能做到人尽其用。这与我们企业的机制有很大的关系。而目前中国煤炭教育资源需要进一步的整合，要有针对性的教育体系，鼓励企业进行多元化培训。

1. 培育适合中国煤炭企业终身教育的内容体系

终身教育体系发端、发展于20世纪60年代，并在20世纪80年代后开始在各国教育改革与发展中付诸实践的一种现代教育思潮，它是指教育系统为个人提供一生参与有组织的学习机会，使其不断学习，提高素质，以适应社会发展的需要。终身教育体系尽可能有效地向社会开放，各级各类教育之间具有包容性、最终实现沟通与衔接。终身教育体系是以现代大教育观看教育的形态和体制，是家庭教育、学校教育和包括成人教育在内的社会教育等各个领域之间的有机联系整体。

美国终身教育的法律由最初的主要为满足国家发展需要逐渐转向了强调个人发展需求，在实施中特别强调合作、协调的理念，注重调动全社会的力量共同参与终身教育工作。从其成人教育的专业团体发展来看，这些团体包括地方性、全国性、国际性的专业组织。日本各政府把教育事业当做本地区发展的基础，积极并富有创造性地对行政区域内教育事业的发展投入了很大的精力和财力，如东京教育委员会为了树立国际大都市的形象，倡导振兴终身学习，把创建“实现市民在其一生中能自主完成学业的终身学习体系”作为教育的重要目标；为市民的一生能按照自己设计的课题提供各种学习机会和必要场所；促进学校、家庭和地区社会的相互联系，构筑丰富的终身学习社会。此外，英国已经形成终身教育的六大格局：即继续教育、终身教育、远距离教育、业余教育、网上教育和全日制大学成人教育；法国是终身教育思想的发源地，早已形成以民众团体推动、国家、社会共同举办终身教育的格局。

国务院于1999年1月批转教育部《面向21世纪教育振兴行动计划》的提出，到2010年基本建立起终身学习体系，终身教育作为一项规定和任务，已分别写入《中华人民共和国教育法》和《中国教育改革和发展纲要》中。并在面向21世纪教育振兴行动计划中作为一项行动目标提出来，全面实施终身教育，要求有一个一体化的系统。教育体系一体化是终身教育论的中心思想，也是各国实施终身教育的共同趋势。而终身教育的目标，便是使社会成员都能具有终身学习的条件和机会，要达到这样的目标，必须建立终身学习的社会。21世纪，知识更新速度之快。自工业革命以来，人类社会的知识量在呈几何倍数增长，其中90%都是最近50年创造的。现在我们每两年生产的知识量是过去200年知识的生产量。另一方面，知识的淘汰率不断上升。18世纪为80—90年，19—20世纪初为30年，20世纪60年代为15年，进入20世纪80年代缩短为5年左右。

终身学习与教育已成为21世纪企业与社会发展的重要理念。要成为终身学习与受教育的人，首先我们有完整的终身教育体系，内容涉及实现人的全面发展的各种内容。以美国为例，社区学院是比较常见的终身教育机构。它主要承担以下任务：“第一，大学预备教育。第二，职业技术教育。第三，成人及继续教育。第四，补救性教育。第五，社区教育。除此以外，社区学院还有为社区推广文化的任务，它们是社区的文化中心，扫除所有的文盲是社区学院的基本任务之一。”

为了提高中国煤炭企业员工科技创新能力，需要不断优化教育资源，形成专业培训、技能培训、思维培训、能力培训、视野培训等方面的格局，建立合理的人才结构和技术人才考核激励政策，不断完善企业终身教育培训体系。

2. 不断完善中国煤炭企业人才引进与使用机制

中国煤炭企业要尽快制定人才发展规划，建立灵活有效的人才引进机制，制定更加优惠的政策。要落实已经出台的人才政策，对一些高级专门人才，紧缺急需人才，要打破地域、编制、职级限制，在住房、家属调动、子女入学等方面采取特殊政策。同时，要更新人才观念，创新用人机制和分配机制。要把人才放在合适的岗位上，鼓励人才平等合理地竞争。要为人才资源开发提供物质保证，建立人才开发专项资金，主要用于高层次人才的培养和引进。通过目标制等措施充分发挥引进人才的功能。有些企业引进人才，引而不用，最后引进的凤凰终会飞走。

对于中国煤炭企业首先要认真做好人才引进战略规划。一是要对企业现有人才现状进行调查摸底，对企业现有人力资源的数量、质量、结构及分布状况进行盘点、分析，为引进人才提供依据；二是要着眼于企业当前和今后一个时期的发展战略、发展方向和发展目标，认清企业现有人才资源的供给“缺口”及数量，并根据人力资源变动情况及规律，预测规划期内各时间段的人才资源需求量，根据轻重缓急做好人才引进工作，既不能造成“库存积压”，又不能临渴掘井；三是要坚持因岗取才，因事设岗。人才引进的目的是为了满足企业发展急需。中国煤炭企业人才引进应体现人才的创新性、实践性、发展性，使人才在企业里有创新的空间，在实践基础上不断创新，提供他们发展的空间。没有好的机制，就没有好的动力。在引进基础上，要充分发挥他们的能力，使才兴企。

3. 不断创新中国煤炭企业教育培训机制

目前中国煤炭企业职工整体文化水平低、对培训重要性认识不够、教育内容更新速度慢、教育资源分配不公平等问题比较突出。一些单位为了完成培训任务，陈旧的内容不断上，内容与形式都不能满足现在的需要。企业教育培训理念必须要有一个大的改进，否则是劳民伤财的事情。

首先，各级领导要提高对员工培训工作的重视程度。各级领导特别是第一责任人领导要重视员工培训工作，重在抓具体工作的落实，在人力、财力上给予支持。

其次，建立具有企业特色的培训管理体系。企业应结合自身实际，建设和实施具有本企业特色的可操作性强的培训体系。建立资金保障、培训组织机构保障、内部培训讲师保障、培训制度保障、培训环境和培训设施保障等较完善的培训保障体系。运用调查问卷等方法进行培训需求调查分析，分别确定中高层管理人员、基层管理人员以及一线操作人员的培训目标、课程内容和培训方法，并对培训计划的制定、培训实施过程和培训效果的评估进行设计，保证培训有效地进行，建立相应的培训保证制度和激励奖惩机制。

再次，加强煤炭企业内部师资队伍建设。任何一个企业里面都有很多优秀的人员，我们需要把他们开发出来，发挥他们的潜能。外部讲师只能为我们带来新的思维，内部讲师最了解公司情况，他们既具有专业知识又具有宝贵的工作经验，在培训自己的职工时，既能保证培训内容与工作有关，又可以将自己的工作心得与实际问题很好地结合起来，同时，也可以让内部人员总结工作、提升自己。

最后，提高职工进入煤炭企业的门槛。目前，很多煤炭企业都是农民工在生产一线工作，由于他们文化程度低，接受新知识能力差等因素的存在，影响了煤炭企业整体素质的提高。所以企业要从源头上抓人才工作。

4. 不断优化中国煤炭企业人才结构

中国煤炭科技创新过程是研发人才结构优化与发展的过程。目前，中国煤炭企业多是生产人员，研发人员数量非常少。有些企业只有研发管理部门，没有研发队伍，有些企业研发人员就是他们的科技人员，也就是他们的工程师。有些企业技术人员都非常缺，没有专门的研发人员。

目前，中国煤炭企业正处于转型与创新的关键时期，人才是保障，人才结构是基础。科技创新不仅涉及专门的研发人员，还设计相关的管理人员，转化人员和反馈工作的管理者。因此，中国煤炭企业研发队伍的创新应体现这样几点要求：第一，与中国煤炭企业创新的方向相一致；第二，与国家产业结构调整的方向相一致；第三，与企业本身实力相匹配；第四，与研发课题难度相匹配；第五，具有世界眼光；第六，在研发队伍中各种职能的人才结构要合理。

三、建立政、产、学、研与研、学、产、政的科技创新体系

中国煤炭企业的科技创新体系是在国家宏观领导下，以企业为主体，企业领导层、内外部专家层、科技创新业务管理层和实际转化层共同组成的产、学、研双向作用的系统。

中国煤炭企业作为发展中国能源的重要行业，它的发展离不开国家的宏观管理。科技创新的过程是政府、企业、科研单位互塑发展的过程。过去，我们强调从产到学研的过程，也就是从实践到理论升华的过程。科技创新的过程，就是实践问题不断得到解决的过程。但是，由于中国煤炭企业人才素质比较低，提出问题的能力比较弱，这样直接来源于实践的问题比较少，产、学、研效果不明显。

产学研合作就是充分利用学校与企业、科研单位等多种不同教学环境和教学资源以及在人才培养方面的各自优势，把以课堂传授知识为主的学校教育与直接获取实际经验、实践能力为主的生产、科研实践有机结合的教育形式。这可以从根本上解决学校教育与社会需求脱节的问题，缩小学校和社会对人才培养与需求之间的差距，增强学生的社会竞争力。企业在培养学生综合素质中具有独特的、学校不可替代的作用。但这种结合倘若停留在企业提供实训场所，参与指导实训等内容的层面，是不能深化内涵的。

目前，企业与科研单位、学校的合作多是停留在浅层次上，没有形成两者之间互动的机制。也就是说很多科研项目由于缺乏与企业的合作，由于技术等方面的原因转化是非常困难的。一些大型煤炭企业与高等院校、煤炭科研机构建立了长期、稳定、广泛的技术合作关系。多数企业开始组建自己的研究机构，目前有 8 家大型煤炭企业建立了国家级的技术研究中心，企业的自主创新能力不断增强，并取得了一批国内外瞩目的科技成果。

高校和科研机构有很强的研发能力，但是从实践中发现问题的机会比较少。解决这一问题我们认为最好的办法就是让研发人员经常与企业或深入企业进行调研，走研、学、产的路子。在研究实践问题的过程中学和产。这能解决三个方面的问题。一是促进科技成果的实效性；二是提高企业研发能力，通过人才的互动使企业提高对科技创新的重视力度。三是达

到双赢。体现科技创新过程是实践到理论、理论再到实践的历程，是企业与研发机构互助发展的历程，是生产要素在社会间进行优化的过程。企业也可以通过股份制等手段与科研机构进行合作，这是需要探讨的又一重大课题。要形成政产学研、研学产政互动发展机制，在创新基础上不断优化中国煤炭企业科技创新的资源，形成良性循环发展机制。

四、建立中国煤炭企业科技创新激励机制

邓小平同志早在1978年12月就指出“为国家创造财富多一些，个人收入就应该多一些，集体福利就应该搞得好一些。不讲多劳多得，不重视物质利益，对少数先进分子可以，长期不行。如果只讲牺牲精神，不讲物质利益，那就是唯心论。”邓小平同志的这段讲话阐明了他的实事求是的观点，同时也为国有企业进一步解放思想，实现收入分配制度改革指明了方向。实际的激励因素可以概括为人、财、物、精神四个方面。人，主要是干部的聘用、提拔情况；财，主要是职工工资、奖金福利制度；物，包括住房、医疗保障、养老保险、工作环境、福利设施等外在激励；精神包括荣誉等方面的给予。在企业实际的激励中需要将物质激励与精神激励结合起来。

中国煤炭企业科技创新激励不仅包括内在的人财物的激励，还包括外在的政策激励与法律法规支持。为了充分发挥科研人员的积极性与主动性，通过财力的投入、精神方面的奖励等来实现。马斯洛将人的需求划分为依次是生理的需求、安全的需求、感情的需求、尊重的需求和自我实现的需求。随着需求层次的不断提升，我们不仅需要物质激励，还需要精神激励。在激励过程中需要处理目标激励与过程激励、激励与约束的关系问题。要将激励目标细化到创新的过程当中。约束机制对目标的实现具有重要的作用。

五、加强知识产权保护

知识产权是指对智力劳动成果依法所享有的占有、使用、处分和收益的权利。知识产权是一种无形财产，它与房屋、汽车等有形财产一样，都受到国家法律的保护，都具有价值和使用价值。有些重大专利、驰名商标或作品的价值也远远高于房屋、汽车等有形财产。保护知识产权，对鼓励

自主创新、优化创新环境具有十分重要的意义，也有利于减少与国外的知识产权纠纷。要建立健全知识产权保护体系，加大保护知识产权的执法力度。企业家将知识产权作为企业信誉和实力的象征；经济学家将知识产权作为无形资产的象征；科学家将知识产权作为智慧的象征。知识产权也将是衡量一个国家财富和竞争能力的重要标志。而知识产权保护也将面临着很多新情况、新问题。因此，重视和加强知识产权保护，是迎接知识经济到来的重要任务。也是中国煤炭企业科技创新的重要支撑。

知识产权通常包括版权和工业产权两大类。版权也称著作权，是指文学、艺术和科学作品的作者对其创作的作品依法所享有的权利。工业产权是产业活动中的知识产品所有人对其创造性的智力成果依法享有的一种专有权，包括专利权、商标权和制止不正当竞争权。1967年修订的斯德哥尔摩《保护工业产权巴黎公约》将工业产权的保护对象规定为：发明专利、实用新型专利、工业品外观设计、商标、服务标记、厂商名称、货源标记以及制止不正当竞争。知识产权在促进中国煤炭企业科技创新过程中具有以下作用：

1. 鼓励发明创造的作用

在知识产权出现之前，任何人任何时候都可以无偿地使用别人的发明创造，这就使得发明创造的完成人或所有人从自己的发明创造中获利甚微。知识产权的出现改变了这种情况，它以法律的形式保障发明创造完成人或持有人在一定时间内拥有排他性的专利权，抑制了他人的擅自实施。任何要生产、销售某种专利产品或实施由知识所创造的其他的诸如著作权、工业产权、无法定专有权的秘密技术等，都必须得到有关知识产权所有人的同意并支付实施费。这就使得发明创造的完成人或拥有人的劳动消耗能够得以收回或获利，并使专门从事发明创造活动成为一种有利可图的谋生职业，从而极大地提高了人们从事发明创造的积极性，这正如美国总统林肯所说："专利制度给发明人和创造实用物品的天才火焰添加了利益的柴薪。"

2. 促进科技成果及时而广泛应用

在知识产权出现之前，由于竞争的需要，人们总是倾向于对自己的发明创造特别是关于某种产品的制造技术严加保密，从而导致科学技术信息传播的迟滞，极不利于发明创造的及时推广应用和经济社会的发展。在知识产权确立之后，发明创造的完成人或所有人要取得对发明创造的专利权，就必须将其发明创造的内容向社会公开。这就使得科技信息得以迅速传播，任何需要采用该项发明创造成果的人，都可以及时以合适的代价取得实施许可，而且一般来说，发明创造的许可使用越快越多，对于发明创造的完成人或持有人越有利。这两方面积极性的结合，极大地促进了科技成果的商品化，有利于及时扩大科技成果在实际生产领域中的应用，迅速转化为现实生产力，促进经济和社会进步。

3. 促进科研开发队伍形成

在知识产权出现之前，没有实现有偿使用专利申请权与专利权的机制，发明创造的完成人除非自己实施，否则就根本不能取得利益。因此，发明创造只能依附于实际生产才能成为谋生手段，而一旦发明创造的完成人自己投入直接生产过程，也就不可能有充裕的时间或充沛的精力从事再发明创造，这就制约了发明创造队伍的形成，影响科学技术的发展。知识产权制度产生以后，发明创造成果的有偿许可实施，专利申请权和专利权的有偿转让机制的形成，使科技成果本身成了一种能获利的商品，促使了科研开发专业队伍的形成，从而大大地推动了科学技术的发展。

4. 节省科研开发资源，缩短科技进步周期

知识产权出现之前，发明创造成果的完成人或持有人的保密倾向，导致科技信息传播迟滞和许多家传秘方、家传绝技失传的消极后果，致使许多科技成果需要人们重新研究开发。专利制度产生以后人们为了取得专利权，必须公开发明创造的内容，这就一方面避免他人在同样的发明创造方面的重复劳动，节省了人力、物力、财力和时间，另一方面又使得他人可以及早地在已公开的发明创造基础上进行新的发明创造，从而极大地缩短了科技进步的周期。

六、规划中国煤炭企业转型科技创新短期、长期目标

规划是一个行业发展的宏观指导性内容。由于煤炭行业发展的复杂性，制定科技创新的短期和长期目标是十分必要的。根据科技攻关能力与社会发展的需要不同，我们应科学地确定短期和长期目标。

1. 大力推进瓦斯防治与抽采技术的研发

瓦斯曾被认为是我国煤矿安全的“第一杀手”，它引起的事故不仅给

煤矿带来重大的损失，而且它本身对大气产生重大的破坏。“据统计，我国高瓦斯和瓦斯突出矿井占全部矿井的一半左右，每年瓦斯事故造成的死亡人数占煤矿事故总死亡人数的1/3。”① 瓦斯产生的温室效应是二氧化碳的21倍，对臭氧层的破坏性是二氧化碳的7倍。因此，对瓦斯进行有效管理是十分重要的，它是安全问题与环境问题的统一。

另一方面，瓦斯也称煤层气，是宝贵的能源，目前我国煤层气储量丰富，埋深2000米以上浅的煤层气储量达36.8万亿立方米，相当于450亿吨标准煤。可以开发出来解决民用、发电、工业用气等方面的能源问题。

因此，煤层气的开发利用是实现一举三得的大好事情，是解决安全问题、环境问题和能源问题的统一。为了更好地利用煤层气，我国提出了“采煤采气一体”原则，“先抽后采、监测监控、以风定产”方针，充分利用好煤层气。目前，技术瓶颈问题比较突出。要加快研发煤矿瓦斯抽采利用、灾害防治技术，研发先进适用的抽采技术。

2. 大力研发和转化适合煤炭发展的民生科技

“民生科技”从字面上看，是民生与科学、技术相融合的概念。民生科技这种提法突出了自然科学与社会科学之间融合的特征。2007年两会期间，重庆市科委主任周旭第一次将“民生科技”的概念带进了人们的视线。“对省级以下的科技部门来说，我认为目前主要应把精力放在民生科技上，也就是让先进的实用技术成为我们科研的主要方向。”②科技与民生结合体现了解决民生问题的一种客观需要。民生问题是指“人民最关心、最直接、最现实的利益问题。按照这种说法，民生科技则是与民生问题最直接相关的科学技术。”③也有人认为“民生科技是在民生科学基础上融合了相关的技术。”④总体上，民生科技是针对民生问题提出的与科学技术相关的概念，民生科技不仅包括与民生问题直接相关的科学技术，而且包括与民生问题间接相关的科学技术。因为，直接与间接本身就是相对的。

科学技术本身没有阶级性，只是因使用目的不同，包括直接民用化的

---

① 岳福斌主编:《中国煤炭工业发展报告（2006—2010）》，社会科学文献出版社2008年版，第81页。

② 王瑟:《关注与我们息息相关的民生科技》，《光明日报》2007年3月11日。

③ 周元等:《中国应加强发展民生科技》，《中国科技论坛》2008年第1期。

④ 王海燕:《和谐生活：民生科技追求的基本目标》，《光明日报》2008年1月7日。

科学技术，还包括军用科技民用化的科学技术。所以，我们认为民生科技就是用于解决民生问题的所有科学技术。《国家中长期科学和技术发展规划纲要 2006—2020 年》已经将科技工作的重点转向民生科技，它主要包括公共安全科技、环保科技、人口科技、健康科技等。

民生科技发展内容与中国煤炭企业解决安全问题、环保问题、健康问题紧密相关。“据不完全统计，目前全国煤矿尘肺病患者 30 万人，占全国尘肺病患者 50%左右。其中，国有重点煤矿每年新增尘肺病患者近 5000 例，平均每年死亡 2500 人以上。”① 煤矿尘肺病每年造成直接经济损失达十亿元。而民生科技的研发与转化对实现中国煤炭企业科学发展具有重要的支撑作用。

3. 加大煤炭洁净技术创新研究

2005 年 6 月，国务院“关于促进煤炭工业健康发展的若干意见”中明确提出，要推进洁净煤技术产业化发展。洁净技术是提高煤炭利用效率和减少环境污染的煤炭开发、燃烧、转化及控制等的新技术群。它的发展可以大大降低温室气体的排放量，期待煤转化为能的“零污染”技术的出现。煤的液化、气化、热解技术和地下气化技术等都是煤洁净技术的重要内容。鉴于我国富煤贫油的现状，煤液化可能成为解决中国能源问题和建立战略储备的重要途径，也是实现我国科学发展的必然和现实选择。

中国煤炭资源中低变质、中变质的煤种所占比例大，对发展煤炭气化、液化具有重要的保障作用。目前，兖矿集团、内蒙古伊泰集团、山西潞安集团已投资煤液化项目。煤制油产业属于技术、资金、人才密集型产业，它的发展客观要求我国煤炭产业人才结构优化、技术投入不断增加等方面的条件。

4. 确定短、中、长期发展目标

《煤炭工业“十一五”发展规划》指出，中国煤炭行业应从以下五方面加快科技创新：

（1）加大科技攻关力度。围绕煤炭资源高精度快速勘探技术、煤矿高效集约化生产配套技术、煤矿重大安全隐患防治技术、煤炭洁净加工转化

① 岳福斌主编:《中国煤炭工业发展报告（2006—2010）》，社会科学文献出版社 2008 年版，第 89 页。

与利用技术、矿区污染治理和环境保护技术等加强科技攻关。

（2）建立以企业为主体的技术创新体系。大型煤炭企业要加快科技投入，建立和完善技术研发中心，重视战略规划机构的建设，加强与科研机构和各类院校的联合，推进技术创新体系建设。把企业技术创新体系建设作为大型国有煤炭企业领导班子的考核内容。

（3）推进煤矿重大装备国产化。充分发挥市场配置资源的基础性作用和企业的市场主体作用，加强组织协调和政策引导，重点围绕大型煤矿综合采掘和露天开采设备、大型运输提升和洗选设备、大型煤炭气化和合成设备的国产化，组织跨行业大协作，处理好引进与研发、制造与使用、投资与收益的关系，推进重大装备国产化。

（4）加快安全高效矿井建设。采用高新技术和先进适用技术，加快现有煤矿的技术改造，推行一个矿井一个工作面的新井建设，提高煤矿装备现代化、系统自动化、管理信息化水平，加快安全高效矿井建设。

（5）大力推进中小型煤矿机械化。发展适合于中小型煤矿的机械化装备，加快培育和发展面向小型煤矿的综合服务体系，新建中小型煤矿必须采用机械化开采，现有煤矿限期进行技术改造，尽快提升中小型煤矿技术装备水平。

因此，中国煤炭企业要加快科技创新，必须结合国内外煤炭科技发展水平，规划中长期煤炭科技攻关项目，提升我国煤炭科技创新能力。

七、加大科技投入力度

科技作为中国煤炭企业发展的“短板”，它的发展需要大量的投入。“十二五”规划提出：鼓励大型企业加大研发投入，激发中小企业创新活力，发挥企业家和科技领军人才在科技创新中的重要作用。但是，由于中国目前煤炭企业发展水平不同，科技投入比例差距比较大。从20世纪80年代后期开始，我国各有关部门也开展了多项研究工作，但与国外研究投入相比，明显不足。“九五”和“十五”期间，我国科技攻关计划中能源技术领域的投入还不到美国对洁净煤技术投入的十分之一。

一些企业基本上科技研发投入为零，一些企业比例比较大。我国煤炭行业的科技投入正在不断加大，关键技术已达国际先进水平。根据43家原国有重点煤炭企业的统计数据，2004年，这些企业的科技投入达49.7

亿元，占销售收入的2.4%。2007年中国煤炭企业100强研发费用率最高达8.36%，最低百强企业不足0.001%。

《煤炭生产安全费用提取和使用管理办法》的推行，大大提高了企业对安全的投入。“2006年国有重点煤矿平均吨煤提取20元安全费用，按产量11.25亿吨计算，则一共提取了225亿元。”① 安全费用中也可以提取一部分用于研发安全科技。但目前，多数用于安全管理，购买安全设备，用于安全研发的非常少。要建立正常且逐年有所提高的企业科技经费提取制度。煤炭产业按产品收入总额提取比例不低于3%，煤化工产业不低于5%等。

八、建立和完善我国煤炭行业科技创新信息平台

2006年年初，全国科学技术大会在京召开，会议提出了用15年的时间使我国进入创新型国家行列的目标。建设创新型国家，关键是要强化企业在自主创新中的主体地位，建立以企业为主体、市场为导向、政产学研相结合的技术创新体系。

由于信息的不对称性造成科技创新资源的巨大浪费。有关资料显示，目前企业在自主创新，特别是在技术创新成果转化与推广方面不容乐观。一方面是企业加大技术创新力度，不断推出新成果，而这些成果大都只应用于企业内部；另一方面却是许多企业在苦苦寻找解决生产实践中碰到的技术难题。中央企业分属各行业和领域，许多企业都有较强的技术研发力量，而其创新成果同样也面临着在更大范围推广的难题。科技资源效应严重浪费与对科技资源的需求得不到满足的现象在中央企业中同样存在。

信息平台建设将充分运用现代信息网络技术，通过整合和共享中央企业科技资源，提供跨企业的信息交流平台，促进中央企业间的知识流动和技术转移，避免中央企业在科技创新上的重复投入、重复开发和重复引进。通过建立共享机制和搭建互动平台，努力创造中央企业间集成创新的氛围，进一步促进中央企业提高技术创新效率，降低技术创新的成本。通过整合利用国内外科技信息资源，搭建具有战略性的科技基础平台，帮助

---

① 岳福斌主编:《中国煤炭工业发展报告（2006—2010）》，社会科学文献出版社2008年版，第86页。

企业及时、全面了解国内外最新技术发展动态，为中央企业的科技长远发展与重点突破提供强有力的支撑。

政府在服务中国煤炭企业科技创新信息平台的建设过程中具有重要作用。它通过收集与转化相关煤炭科技创新水平与阶段性成果，对节约煤炭企业科技创新成本，提高煤炭企业竞争力、协同力等方面具有不可替代的作用。

九、不断开发新的科学技术体系

现代科学与技术呈现出相互依赖、相互促进的发展趋势，科学的技术化和技术的科学化，使得科学和技术日益一体化。中国著名科学家钱学森，把现代科学技术作为一个整体系统。纵向划分为部门分系统（自然科学、社会科学、数学科学、系统科学、思维科学和人体科学）、横向划分为层次（基础科学、技术科学和工程技术）的现代科学技术的体系结构。现代科学技术由于高度分化与高度综合的辩证发展而形成的一个门类繁多、纵横交错、相互渗透彼此贯通的网络结合，从人类现有知识的总体出发，科学技术科学大致可分为以下四个层次：①马克思主义哲学。是最高层次的科学，对各种科学具有世界观和方法论的指导意义。其中包括自然辩证法、历史辩证法、认识论、数学哲学、系统论、军事哲学、马克思美学、社会论等。②相互并列的自然科学、社会科学、思维科学、数学、系统科学、人体科学、军事科学、文化理论、行为科学九大基础科学。它们同马克思主义哲学之间都有一门桥梁（中介）学科相联系。③各类技术学科。如农业科学、计算机科学、工程力学、空间科学等以基础科学为指导，着重应用技术的基础理论，从而把基础科学同工程技术联系起来，具有中介性和相应用性两个显著特点的学科群。④工程技术。如农业技术、交通技术、通讯技术、航天技术等以综合应用基础科学、技术科学、经济科学以及社会科学理论成果，直接改造客观世界的一大批具体技术，是生产力的直接体现者。

随着自主创新理念的不断深入，科学技术一体化趋势的发展，新的科学技术体系在学科交叉与融合中不断发展。为了促进中国煤炭企业转型科技创新，需要通过低碳化理念，进一步开发选煤技术、型煤技术、动力配煤、水煤浆技术、煤炭液化技术、煤炭气化技术、煤层气开发技术、煤矸石的综合利用技术。在国外，煤炭洗选已经成了原煤生产的一个必备环节。型煤可用于工业锅炉和民用方面。要依靠科技创新，解决生产效率与资源率，生态问题、环保问题、安全问题。低碳经济客观要求中国煤炭企业开发相关的低碳科技产业，引领人们消费理念和生产理念的变革。

十、加强国际合作与交流

改革开放以来，中国煤炭企业通过人才、技术交流取得了一些成果，但多数停留在国外考察、购买设备等技术引进的阶段，在引进基础上的创新还远远不够，自主创新水平更低，很多煤炭企业合作的目的就是为了花钱买设备，这其实也是一种粗放型的发展理念。

知识经济时代要占领知识经济的前沿就必须占领知识支柱产业的前沿，而占领知识支柱产业的前沿就必须占领科技发展的前沿。占领科技发展的前沿靠的就是自主开发的知识产权。所谓自主开发的知识产权是指不仅由自己研究开发作出最新的发明创造，而且还要取得国家知识产权保护，必要时还要依靠国际公约、协议取得相关的国际知识产权保护。这里所讲的自主开发知识产权不是某些枝节部分所获得的知识产权，而是有关领域中关键部分所取得的知识产权。国际合作有助于自主知识产权的培育与发展。

和平、发展、合作已成为时代的主题，为了更好地促进中国煤炭企业科技创新的水平，必须加强与国外同行之间的合作与交流，通过人才、技术、会议、项目等多渠道、多层次的合作，通过在国外建立合资合作研发机构，提高中国煤炭企业科技创新力和自主创新力。通过国际合作，突破地域和区域界限，寻找世界顶极人才和技术。

第五篇　转型制度创新

第九章　中国煤炭企业转型制度创新的演变

说起制度创新，早在北宋时期，已设官管理煤炭，宋代盐铁使，共分掌七案，其中煤炭、铜铁等统归铁案掌管，基层机构是务和场，务是石炭税收和监督机构，石炭场则设官掌管收纳出卖石炭，开始了我国煤炭制度创新的先河。到了清代，为了更好地促进煤炭业的发展，法律层面的创新成为当时很受重视的制度创新特征。随着时代的发展，为了更好地促进中国煤炭企业的发展，中国政府在规划、制度与法律和法规的构建中进行了一系列的创新。下面就中国煤炭企业科技、能耗、人才、环保、安全“五块短板”制度创新进行历史分析。

第一节　制度创新的内涵及特征

制度是影响人类经济行为、资源配置和绩效的最基本变量。“制度配置问题是进行制度研究时应当关注的重要内容。”[①]对于制度我们既不能夸大它的作用，也不能忽视它的作用，关键看它与其他转型创新要素之间的协同力。人类发展的不同阶段，制度理论也在不断发生变化。

一、制度的内涵及分类

很多经济学者认为，21世纪将是新制度经济学繁荣发达的时代，它将对越来越多的引导经济事务的具体制度安排提出自己的真知灼见，并且为改变这些安排以增强经济效率提供了理论基础。著名经济学家施蒂格利茨认为，新制度经济学从新的视角来解释制度并检查它的结果。确实，新

① 顾颖:《制度与发展》，科学出版社2004年版，第10页。

制度经济学为人们分析经济社会问题提供了一个全新的视角和理念，特别是在新旧体制交换的领域中，新制度经济学更是具有强大的分析和解释问题的能力。

关于“制度”这一问题，不同的经济学家有不同的理解。T.W. 舒尔茨在《制度与人的经济价值的不断提高》一文中将制度定义为管束人们行为的一系列规则，这些规则用以规范社会、政治经济行为，例如，宪法中关于政治和社会的有关规则，国家关于经济运行的政策，有关当事人签订的合同、不同社会的价值信念、伦理规范、道德观念等。舒尔茨对于制度的解释被多数研究制度的学者所接受。V.W. 拉里在《诱致性制度变迁理论》一文中认为，制度是一套行为规则，它们被用于支配特定的行为模式与相互关系。道格拉斯 · C. 诺斯对制度的定义也有类似之处。诺斯认为，制度是一个社会的游戏规则，更规范地说，它们是为决定人们的相互关系而人为设定的一些制约。制度通过向人们提供一个日常生活的结构来减少不确定性。制度的确定限制了人们的选择集合。在新制度经济学的分析视野里，制度作为一个特定的研究对象包含着丰富的内涵：制度与人的动机行为存在密切的联系，是一系列规则或人们习以为常的习惯的表现，制度类似于公共物品，对制度进行分析的基本单位是交易，制度要有实际载体。

现代企业制度是指以完善的企业法人制度为基础，以有限责任制度为保证，以公司企业为主要形式，以产权清晰、权责明确、政企分开、管理科学为条件的新型企业制度。它主要内容包括：企业法人制度、企业自负盈亏制度、出资者有限责任制度、科学的领导体制与组织管理制度。

从企业制度演变的过程看，现代企业制度是指适应现代社会化大生产和市场经济体制要求的一种企业制度，也是具有中国特色的一种企业制度。十四届三中全会把现代企业制度的基本特征概括为“产权清晰、权责明确、政企分开、管理科学”十六个字。1999 年 9 月党的十五届四中全会再次强调要建立和完善现代企业制度，并重申了对现代企业制度基本特征“十六字”的总体要求。

根据制度形式可将制度划分为两种，一种是由权力机构制定和实施的、由法律、法规和政策等组成的正式制度；另一种是由习惯、习俗和伦理道德规范等构成的非正式制度。

二、制度理论的演变

从亚当·斯密开始，许多经济学家将精力投入到经济制度的研究中。制度创新源于科技、社会需求和企业利益冲突等方面。顾颖在《制度与发展》一书中，将制度理论的演变概括为马克思制度理论、美国制度学派的制度理论、新制度经济学的制度理论、制度系统理论。

1. 马克思的制度理论

马克思是一位制度经济学家，他主要从技术发展角度研究制度的变迁。“他的制度理论可概括为技术决定论、利益冲突论和产权制度演进论。”① 核心思想体现为技术超过某一限度时，制度的性质就要发生改变。制度的性质决定着技术的限度。

马克思还认为制度创新来源于利益冲突。当不同的利益集团之间的矛盾冲突达到一定程度时就将爆发革命式的激进的制度变迁。利益冲突是制度创新的另一动力。

马克思采用辩证唯物主义和历史主义方法，分析了人类社会产生以来产权制度不断变革的历程。马克思将人类产权制度的演进分为五个阶段：部落所有制、古代公社所有制和国家所有制，封建的或等级的所有制、资本主义所有制和共产主义所有制。产权制度的不断变革是生产关系适应生产力的结果。

2. 美国制度学派的制度理论

美国制度学派的开创者凡勃伦和康芒斯。他们关于制度理论虽然有些分歧，但是他们共同点是认为“实际经济成就是技术和制度的一个函数”②。凡勃伦认为“制度实质上就是个人或社会对有关的某些关系或某些作用的一般思想习惯。”③ 康芒斯认为制度就是“集体行动控制个体行动”④。

3. 新制度经济学的制度理论

交易费用的提出和应用是新制度经济学得以发展的关键。制度创新的

---

① 顾颖:《制度与发展》，科学出版社 2004 年版，第 19 页。

② 顾颖:《制度与发展》，科学出版社 2004 年版，第 28 页。

③ 顾颖:《制度与发展》，科学出版社 2004 年版，第 28 页。

④ 顾颖:《制度与发展》，科学出版社 2004 年版，第 29 页。

目的就是为了减少交易费用。该学派包括企业理论、产权理论、制度变迁理论。企业理论解决企业本质和界限问题、企业的内部结构和效率差异、企业的资本结构。产权理论研究私有产权、国有产权和共有产权的资源配置效率问题。制度变迁理论研究如何通过规范人类行为以降低交易费用，研究制度变迁的动因和规律。

4. 制度系统理论

顾颖在《制度与发展》一书中提出自己的观点，他从系统论角度研究了制度系统理论。他认为制度本身是一个复杂的系统，有若干相互联系和作用的具体制度安排所构成的具有特定功能和目的的有机的制度整体。制度系统具有社会性、历史性、公共性和短缺性。包括整体性、结构性、有序性和开放性四个特征。他认为制度系统发展过程是内部制度要素与外部要素协同发展的过程。

三、制度创新的特征

人类发展史就是一部人类制度创新史。制度创新来源于社会需求。它的特征体现为以下几个方面：

体现生产力发展的要求。生产力决定生产关系，生产关系必须适应生产力发展的需求。每一次生产力的大解放都需要与其相适应的生产关系的大调整。制度作为生产关系重要内容，它的不断创新是生产力发展的要求。

有助于系统有序化的提升。制度作为人类生产和生活关键的创新领域。它的创新程度与水平有助于系统有序化的提升。对于一个系统来说，制度是实现系统要素合理、结构优化、功能凸显的框架。在一个系统中，制度是有层次结构的，包括国家层次的制度创新、产业制度创新、企业微观层次的制度创新。只有实现不同层次制度的协同发展，才能提升系统有序化程度的提升。因此，制度创新过程是企业内部制度之间、企业与外部制度之间耦合发展的过程，正是在内外部整合基础上实现了系统的有序化。

社会转型的重要体现。每一次科技革命都促进了社会的转型，分别给人类社会带来了农业社会、工业社会和知识经济社会。而社会转型的过程是器物、行为、制度和观念不断转型的过程。制度创新是社会转型的客观需求。从人类发展史看，每一次社会转型都是制度转型创新的过程。

总之，制度创新体现了时代性、科技性、社会性等特征，是复杂性科学发展的结果。新中国成立以来中国煤炭企业转型制度创新经过了漫长的探索和发展历程。

第二节　新中国成立初期中国煤炭企业转型制度创新的历程（1949—1978年）

企业制度是企业员工所共同遵守的行为准则和工作程序。“企业制度创新就是依据市场需求和企业生产经营需要而变革、调整原有制度，创建新的企业制度。”① 现代企业制度是指在现代市场经济条件下，以规范和完善的法人制度为主体，以有限责任制度为核心，以股份有限公司为重点的产权清晰、权责明确、政企分开、管理科学的一种新型的企业制度。中国煤炭企业转型制度创新是一个制度再配置的过程。

新中国成立初期，中国发展处于恢复与整顿期，除开滦、抚顺、淮南、焦作、阳泉、淄博、枣庄等少数煤矿外，大多数煤矿规模小，技术落后、人才缺乏。煤炭作为基础，为了促进中国煤炭企业的发展，中国进行了一系列制度创新。

一、宏观制度创新：煤炭企业转型创新的基础

宏观制度创新对企业发展具有指向、规范、激励、约束等方面的功能。中国煤炭企业发展可以从国家宏观制度中找出适合自己的发展方向、发展空间、发展活力。

1949—1952年为中国煤炭工业的恢复期。1949年成立了燃料工业部，管理煤炭、电力和石油工业。1951年出台了《中华人民共和国矿业暂行条例》、《公私营煤矿暂行管理办法》、《土采煤窑暂行处理办法》。该时期，中国煤炭企业的发展是在高度宏观行政管理体制下运作。政府根据市场状况，作出生产什么、生产多少、价格水平等。实行了“五统一”的煤炭产

---

① 牛克洪、崔涛主编：《现代煤炭企业管理50法》，煤炭工业出版社2007年版，第38页。

业经济政策。“财务统收统支，利润全部上缴，亏损由国家补贴；物资由国家统一调拨；销售实行统一分配、统一价格；人、财、物、供、产、销均由行政部门统一决定。”① 企业只是行政机构的一个生产车间。这在当时对集中物资办大事，解决当时人民的吃、住、行等方面起到了积极的作用。但是，从企业本身特征看，没有自主权，权责利不一致，效率低下，煤炭长期成为制约国民经济发展的瓶颈。这一时期，企业就是一个小社会，建设生活服务区，党政工团，医院和学校等。不利于企业集中精力和资源搞好主导产品的发展。因此，它的考核主要看对指令性计划的完成情况，后果是重投入，求高产，对生产要素的配置效率、市场情况不重视，这样将生产风险转嫁给政府。随着时间的推移，政府也无法承担这些责任。这成为后来煤炭企业创新的重要背景之一。

为了充分发挥设备的潜能，提高煤矿的生命周期。1951 年 10 月，全国煤矿基本建设会议明确了基本建设的方针是以改建恢复为主，扩大井田范围，提高矿井生产能力，延长矿井寿命，充分发挥现有设备潜力的方针。

1953 年，我国开始了第一个五年计划，当时煤炭工业的发展方针是“大规模地进行新矿井和选煤厂的建设，充分发挥原有矿井和选煤厂的潜力”，实行“新建与改建相结合，以改建为主；大中小相结合，以中小为主”的建设方针，改建老矿，建设新矿。为了解决当时采掘关系失衡的局面，在 1952—1954 年间，燃料工业部按照“把基本建设放在首位”的原则，在燃料工业部煤矿管理局领导下，设立了地质局、煤矿设计局和基本建设管理局，并相应地组建了地区的基本建设专业机构，并建立计划管理制度和生产调度制度。1955 年 7 月，成立了煤炭工业部，撤销燃料工业部和煤矿管理总局，相应设立了煤田地质勘探、设计管理和基本建设三个总局，分别统一领导全国煤炭工业的地质勘探、设计和施工。该时期还推行了矿长负责制、总工程师责任制、生产区域管理制，使煤矿生产从技术上到制度建设上都有很大改观。

为了促进经济发展，该时期地方煤矿有很大的发展，在改变供不应求局面中发挥了重要作用。为了促进小煤矿的发展，1953 年国务院发出了

① 纪成君：《中国煤炭产业经济研究》，经济管理出版社 2008 年版，第 135 页。

《关于发展小煤窑的指示》，在一些地区积极恢复和开办一些小煤窑，以就地解决民用燃料的供应。

1960年冬，党中央决定对国民经济实行“调整、巩固、充实、提高”的方针，煤炭工业由于高指标、瞎指挥等原因，造成了生产力各个方面的大失调。国家进行了新中国成立以来第一次大调整，解决采掘失调，巷道、设备失修问题，进行了压缩基建规模、集中力量保重点、加强技术管理和质量标准的制定等方面的创新，以恢复在“大跃进”中破坏了的生产能力。1961年2—7月初，全国煤炭企业进行了整风运动，主要解决“四堆”问题，包括政治思想问题、生活问题、生产问题和管理问题。1962年10月召开全国重点煤矿干部会议，确定1963年工作方针是“生产、调整、基本建设”的三个战役。

在三年“调整”时期，煤炭工业部根据中央关于“调整、巩固、充实、提高”的方针，进行了一系列创新。1964年提出“两高（高举毛泽东思想红旗、高举总路线红旗）、三学（学习解放军、学习大庆、学习石圪节煤矿）、四化（实现思想革命化、质量标准化、管理制度化、技术经济合理化）”的方针，狠抓以质量为中心的企业管理工作。1964年，煤炭工业部成立综合调度室，决定组成托拉斯规划小组，并决定在开滦、鸡西等13个矿务局建立经济研究室。

“文化大革命”于1976年下半年结束，由于“运动”波及煤矿较晚，煤矿生产仍有所发展。但后来的影响也是很明显的。由于煤炭企业下放，很多企业效益、安全、技术等问题越来越突出。中国煤炭企业制度创新也处于停滞状态。

由于“文化大革命”的破坏，亟须恢复中国煤矿企业的发展。针对煤质差问题，1971年10月，燃料化学工业部提出三个要求：一是加强领导；二是健全和建立煤质检查和化验制度；三是改革工艺，严格操作。为了促进地方煤矿的发展，1975年许在廉副部长提出了发展地方煤矿的“四十字”方针：“全党动员、各级办矿；多搞中小，以小为主；由小到大，由土到洋；成群配套，开成矿区；选择重点，建设基地。”为提高煤炭质量，1972年燃料化学工业部出台了《煤炭质量、数量管理暂行规定》，提出搞好质量管理的8项工作和8条制度。为了促进小煤矿的发展，1973年出台了《小煤窑管理办法》、《小煤窑技术改造暂行规定》。

1977年11月，邓小平提出煤矿要加强企业管理，要搞机械化，引进外国技术，这是一个大政策。小煤矿税收政策要放宽些，可以搞机械化，搞样板，搞典型设计，降低成本，这也是一个大政策。1978年煤炭部成立了地方煤矿局。所有这些促进了中国煤炭企业的发展。

二、销售、物资供应、财务管理制度创新：煤炭企业循环发展的物质保障

煤炭企业的循环可持续发展，离不开煤炭的销售与生产物资的供应。销售是煤炭企业再生产的条件，物资供应是煤炭企业发展的物质条件。财务管理是提高煤炭企业效益的重要手段。

1. 销售创新统分历程

新中国成立至改革开放，我国煤炭销售经过了产销分家、统一再分家的过程。1949年到1951年间，在燃料工业部的领导下，煤炭销售实行产销分管的模式，企业管生产，燃料工业部管理煤炭的销售。1952年在各矿务局实行产销统一的管理模式，体现了销售创新的统分历程。

2. 物资供应创新统分统历程

煤炭企业的物资供应不外乎通过国家分配、市场、自己生产解决三种途径。新中国成立初期，由于我国实行计划管理体制，物资主要通过国家统一分配、煤炭部分配、地方管理三种形式。1958年，除煤炭部直属企业外，煤炭物资供应下达给各省煤炭管理局领导，体现分的特征。1959—1969年，物资分配权体现集中统一特征，主要集中在部和煤管局两级，矿务局主要加强物资使用管理。1970年，随着企业的下放，物资供应下放给地方，实行“在国家统一计划下，地区平衡，差额调拨，品种调剂，保证上缴”的管理原则，燃料化学工业部供应到1970年年底，1971年1月起由地方负责供应。但是，地方无法承担起供应任务。1972年又改为中央部直接供应，由于多头管理，效率比较低。

3. 财务管理创新统分历程

新中国成立初，中国煤炭企业财务管理经过了三次重大变革。1951—1955年，中国煤炭企业核算由新中国成立初矿务局为生产单位和经营费用的供给制转变为矿务局独立计算的经济核算单位。1956年，进一步将矿作为矿务局内部独立经济核算单位。1964—1965年，随着三家托拉斯

企业的建立，坚持管好、管少、管大的原则，将分公司确定为内部经济核算单位。财务管理制度的创新为探索企业独立自主发展提供了比较好的经验。

三、科技制度创新：煤炭企业转型创新的支撑

中国煤炭企业的发展一靠制度，二靠科技与管理。新中国成立初期，科技创新已成为它发展的主要方向。1950 年 5 月，通过了“关于全国煤矿全面推行新采煤方法的决定”，12 月东北工业部召开的煤矿领导干部会议，决定东北、华北、华东的国营煤矿争取在两三年内实行新采煤方法，并局部进行机械化采煤。

“一五”期间为了提高煤炭企业采煤工艺，在 1953 年全国采煤方法研究会议上进一步推广新的采煤方法。后来中国确立了推行长壁式采煤方法。

“二五”期间，在“大跃进”的思想影响下，煤炭工业出现了高指标、乱指挥、说大话等的浮夸风。1961 年，中国煤炭工业不得不进行一次大调整，在“调整、巩固、充实、提高”指导下，压缩规模，推行了质量标准化、矿井正规循环作业等标准化建设。1962 年出台了《煤矿防爆电气设备技术管理暂行规程》、《煤矿防爆设备检修、维护、运行规程》、《煤矿机电专用设备收购办法》、《防排水抢救站设备器材管理的几项规定》等。

“调整”时期。1963 年，成立了矿井报废审查委员会，北京煤炭科学研究院所属的科学技术情报所改由部直接领导。

“三五”期间，爆发了“文化大革命”，但是，煤炭仍然坚持生产。1972 年，综合机械化采煤成为煤炭工业的主攻方向。经过 3 年研究成功研制了适合不同作业面的 3 种液压支架。为了提高我国科技水平，该时期还从英、法、德等国引进综采设备，使中国煤炭科技发展呈现了引进、自主研发两种发展模式。

“四五”期间，为完成生产任务，提高质量。1972 年要求增加原煤入洗能力，综合利用水平提高，清扫仓库。1972 年起煤炭企业贯彻落实“两条腿”方针，国家开始专项拨款扶持地方煤矿进行技术改造，有效地促进了地方小煤矿的发展。1975 年，邓小平同志对发展煤炭工业提出技术改

造的要求：考虑出口，引进国外技术装备开采煤矿，加速工业技术改造，提高劳动生产率，煤矿用液压支柱，采用综合机械化采煤。

“五五”期间，技术改造成为一项重要工作。1978 年 9 月，邓小平在视察开滦煤矿时，谈到综采机组，主要靠自己制造 500 套，进口 100 套。自主创新已开始成为中国煤炭设备制造的精神。为促进研发工作，1978 年经国务院批准，成立煤炭科学院爆破技术研究所、中国矿业学院科学研究所和阜新矿业学院科学研究所。

四、安全制度创新：煤炭企业安全转型创新的保障

安全管理涉及信息收集、诊断、问题所在、动态监控和实践验证等环节。安全生产作为我国一项基本原则，经过了逐步形成与发展阶段。旧中国由于无安全机构和安全法规，不具有安全生产的条件。新中国成立到改革开放前，中国安全制度在不断创新。安全制度创新有助于各个环境的落实。

1949 年 11 月召开的第一次全国煤矿工作会议提出“煤矿生产，安全第一”的思想。这是新中国成立以来，首次将安全工作放在第一位。1950 年 5 月通过了“关于煤矿保安工作的决定”。1951 年出台了《公私营煤矿安全生产管理要点》、《煤矿技术保安试行规程》。1952 年第二次全国劳动保护工作会议明确要坚持“安全第一”方针和“管生产必须管安全”的原则。“一五”期间，我国煤炭管理体系初步形成，先后颁布了《煤矿和油母页岩矿保安规程》、《小煤矿安全规程》、《伤亡事故和非伤亡事故报告规程》、《救护队试行规程》、《矿井自然发火预防和处理试行规程》。1953 年成立煤矿技术安全监察局。1954 年新中国制定的第一部宪法，把加强劳动保护、改善劳动条件作为国家的基本政策确定下来。后中央人民政府颁布了《工厂安全卫生规程》、《建筑安装工程安全技术规程》等行政法规，建立了由劳动部门综合监管、行业部门具体管理的安全生产工作体制，劳动者的安全状况从根本上得到了改善。1951 年 5 月，燃料工业部出台了中国第一个煤矿安全规程《煤矿技术保安试行规程》。同年 9 月，成立了安全监察局。

1970 年燃料化学工业部颁发了《关于煤矿安全生产几项主要制度的暂行规定》（草案）。1975 年 7 月，提出全国煤矿企业工作要贯彻以“预

防为主”的方针，确保安全生产各项制度的落实。1978 年煤炭部成立了综合利用局和安全局。

五、人才制度创新：煤炭企业转型创新的人才保障

《诗经》是谈人才最早的一部著作。“人才”源于《诗经·小雅·菁菁者莪》，诗曰：“菁菁者莪，乐育材也，君子能长育人才，则天下喜乐之矣！”此诗是用生长茂盛的植物来比喻人才的茁壮成长，希望人才能够成为天下人民喜爱的有华采的人中精华。此后几千年，谈人才问题的著作很多，但对人才未下定义。直到 1979 年 11 月，在中国首届人才学术讨论会上，研究人才学的专家学者对“什么是人才？”这个问题提出了许多看法，归纳起来大体有十种：谁能解决问题谁就是人才；人才是指有潜在能力的人；人才是指出类拔萃的人；人才是指有特殊才能的人；人才是指有超群才能的人；人才是人中优秀者；人才是指对现代化建设作出贡献的人；人才是指智能较高，可能对人类作出贡献的人；人才是指智能较高，有义务感等素质的人；人才是指智能较高，创造力较强，对社会作出贡献的人。

1986 年 6 月，中国人才学专家王通讯在他的《宏观人才学》一书中对人才概念或人才定义是这样讲的：“社会上一般将德才兼备的人或有一定专长学问的人叫做人才”。我们如何将这个既实际又科学的问题解决好，特别需要人才研究工作者和人才管理者下工夫作出其应有的努力。

人才制度涉及人才的用工制度、劳动管理制度、工资制度、组织制度等。“一五”期间，煤炭企业实行单一固定工制度，保持职工队伍的稳定性。1960 年 4 月，煤炭工业部、铁道部、交通部联合向中央报告，将计件工资转为计时工资。1960 年困难时期，为了保障能源供应，国务院颁发“关于晋、冀、鲁、豫、辽五省中央直属煤矿井下工人实行专粮专用制度的管理办法”。1962 年，为巩固煤矿工人队伍，考虑煤矿企业实行义务工役制，建立矿工节，制作矿工服。1964 年，为了解决煤炭企业劳动力问题，实行固定工制度和亦工亦农制度。改革开放前农民工转为固定工。1973 年采取优先吸收煤矿职工子弟，采取职工子女顶替、优先录用制度。新中国成立至改革开放前，煤炭企业建立了完整的劳动计划制度、定员制度、劳动鉴定制度、职工招收录用、考勤管理、奖惩、辞退制度。为了解

决“大跃进”时期人浮于事、窝工浪费的现象，1961年进行了煤炭企业人员的大精减，对象主要是1958年来自农村的人员。

与人才循环发展紧密相关的还有工资制度。新中国成立初期，企业员工的工资主要采用供给制。从1950年开始推行八级等级工资。1955年实行工资分和地区物价津贴的货币工资制。1956年实行建立在职务工资基础上统一的等级货币工资制。对于采掘工来说，“一五”时期实行计件工资和计时工资加奖励工资制。1956年后，随着科技进步，混合计件转为分工种计件。20世纪60年代，为了提高采掘效率，实行综合计件、分班计量、以量计分、按分分配的分配制度。1973年，取消附加工资，改为计时加奖励工资，不能实行的，改进附加工资制。

六、环保制度创新：煤炭企业实现人与自然和谐发展的需要

随着我国工业化进程的不断加速，环境问题逐步凸显出来。20世纪60年代，周恩来曾提出“让祖国的天常蓝，水常清”的环保理念。在国际环保理念的影响下，1973年起，一些矿务局将治理“废渣、废水、废气”作为环保工作的重点。环保工作开始受到人们的重视，但还没有成为中国煤炭企业发展的重要部分。

该时期，由于环保问题处于不断凸显的过程。由于首先要解决人民群众的温饱问题，外在的环境问题还没有能力去解决。因此，该时期环保制度多数体现为定性描述，执行起来弹性比较大、困难比较多、问题比较突出。

七、低碳制度创新：煤炭企业可持续发展的基础

新中国成立初期，中国煤炭企业低碳制度创新仅停留在节能层次。当时还没有“低碳”这个词。当时中国对煤炭价格进行了宏观干预，使煤炭价格长期低于成本。但也进行了调整，由于调整力度小，不利于节能。1949—1958年间，煤炭价格主要根据成本定价。1958年，全国对煤炭进行了统一定价，由于煤价低于其成本，很多煤炭企业吃肥减瘦，造成煤炭资源的大量浪费。在这种背景下，1959年6月，煤炭工业部发出“厉行节约，反对浪费”的紧急指示。

20世纪60年代初，煤炭企业全行业亏损。1962年12月煤炭工业部

与煤矿总工会发出了“关于开展增产节约运动的联合指示”。1965年进行了以质论价的调整，取得一定的成效。1966年，撤销煤炭工业部增产节约办公室，成立煤炭工业部“三查”节约领导组。

1972年9月，燃料化学工业部提出煤矿企业要认真贯彻生产与节约并重的原则，掀起一个以高产、快速、优质、低耗为内容的增产节约活动。

因此，改革开放前，由于煤炭价格低于其成本，造成煤炭企业没有资金做到本身的节能，浪费严重，同时，煤炭价格低还造成用户的浪费。

第三节　市场经济条件下中国煤炭企业转型制度创新的历程（1978—2000年）

改革开放是20世纪70年代末中国开始实行的改革经济政策、对外开放的政策。改革开放包括对内改革和对外开放。中国的对内改革首先从农村开始，安徽省凤阳县小岗村开始实行“家庭联产土地承包责任制”，拉开了我国对内改革的大幕。中国煤炭企业也在改革的浪潮中不断创新。改革开放到20世纪末，是中国煤炭企业制度创新的关键时期，同时也是多种矛盾集中的时期。

一、宏观制度创新：煤炭企业转型创新的基础

该时期，是中国煤炭企业建立现代企业制度的关键时期。进行了采掘关系的第二次大调整，大力发展小煤矿，产权关系不断创新。

1. 采掘关系失调的制度创新

1979年，由于煤炭企业安全欠账多，职工生活困难、采掘关系有些失调，中国煤炭工业在改革大潮中不断进行调整与整顿，进行了第二次大调整。在“稳产调整”方针下，到1981年，中国煤炭企业的96处采掘失调矿井多数调整完毕。再经过1982年的整顿，中国煤炭企业的生产关系、安全设施等方面都有所好转。

2. 促进地方煤矿、国有煤矿发展的制度创新

为了促进地方煤矿的进一步发展，1979年7月，国务院批转了《煤

炭工业部关于地方煤矿当前存在问题和调整发展意见的报告》，调查研究，纠正问题。为了进一步促进地方煤矿的调整力度，1981 年 11 月，国务院批转了《国家能源委员会关于地方国营煤矿若干经济政策问题的请示》，实行亏损补贴、适当减免税收、增加基建投资和技术改造资金、适当提高维简费用。1984 年，煤炭部根据改革的要求，发出了《关于进一步放宽政策放手发展地方煤矿的通知》、《关于积极支持群众办矿的通知》，总原则是在“两条腿走路”方针指导下（中央办矿和地方办矿同时并举），调动一切可以调动的积极因素，利用一切可以利用的资源，集中一切可以集中的资金，大、中、小煤矿一起搞，国家、集体、个人一起上。

20 世纪 80 年代初，在国家政策的宏观指导下，中国煤炭企业在数量上、产量上取得了重大进展。1983 年 4 月，国务院转发煤炭工业部《关于发展小煤矿八项措施的报告》，在“有水快流”思想导向下，国家提出了“有水快流，国家、集体、个人一起上”、“大、中、小煤矿一起上”的“两个一起上”方针，极大地促进了乡镇煤矿的发展，形成了国家、地方和集体多层次、多体制的新局面。

另外，在建设方面，煤炭建设由国家直接拨给施工企业改为拨给建设单位，实行了包建制和招标制。在企业微观层次，鼓励吨煤工资包干。在经营方面，实行了产量和财务包干。这些措施大大提高了中国煤炭企业生产的积极性与主动性。1991 年，我国已成为全世界产煤大国。但是，由于产权关系不明确，产量高，却效率低，亏损严重，企业负担很重。当时主要的形势就是企业办社会，很多矿区都有自己的学校、医院、住房建设等一条龙服务。这些社会责任压得企业喘不过气，没有再多的能力搞科技创新。

3. 产权关系创新

1992 年，党的十四大提出建立社会主义市场经济体制。在向市场经济转型初期（1993—1998 年），“国家在支持煤炭企业减员增效，鼓励兴办非煤产业的同时，在煤炭总量开始失控时继续沿用鼓励小煤矿发展的政策。”①1993 年 1 月，全国煤炭工作会议提出“走向市场，迎接挑战，拼搏三年，扭亏为盈，实现煤炭工业的重大历史转变”的部署，同时作出

---

① 张根虎:《山西煤炭发展前景与战略探究》，经济科学出版社 2005 年版，第 55 页。

“三年放开煤价，三年抽回亏损补贴，把煤炭企业推向市场”的重大决策。1994年，在由产品税改为增值税的税制改革中，大大增加了税收负担。1996年，确定了“分类指导，级差调节，资产管理，法律规范，综合调控”的宏观管理目标，对国有重点煤炭实行了公司化改造或股份合作制改造，使煤炭企业成为自主经营、自负盈亏、自我发展、自我约束的法人实体和市场竞争主体。

1998年，随着亚洲金融危机的不断蔓延，中国煤炭企业发展的一些问题也凸显出来。产销失衡，生产大于消费，很多企业无法维计。国家又进行了宏观的调整，实施了总量控制政策、鼓励煤炭出口政策、审批制度政策等。一方面，将国有重点煤矿下放地方管理，另一方面，关井压产。根据《矿产资源法》、《煤炭法》、《大气污染防治法》，关闭非法小煤矿。经过3年努力，小煤矿数量由1997年的8.2万个减少到2001年的2.3万个。并相继出台了《矿产资源开采登记管理办法》、《煤炭生产许可证管理办法》、《煤炭经营管理办法》等。1998年3月，九届人大一次会议批准国务院机构改革方案，煤炭部实施改组撤并。同年7月，原国有重点煤炭企业全部下放省级地方政府管理，养老保险由地方政府统筹。同年8月，全国重点煤炭企业的公司制改革全面展开。2000和2001年以煤炭生产实行总量控制和关井压产为契机，形成了以行业技术准入、合法合规资格认定、完善行政管理为重要内容的市场秩序。

总之，这一时期中国煤炭企业呈现出生产能力较大的国有重点煤矿、生产能力较小的地方国有煤矿和生产规模低下的乡镇煤矿并存的格局。中国煤炭企业的宏观制度创新着重产权关系、产销关系、生产规模与效率关系，为促进中国煤炭企业走向市场化进行了一系列的创新，使中国煤炭企业从政府主导型走向市场的、法律的、政策的发展方向，体现了中国煤炭企业以宏观为指导，市场为主导的发展模式。宏观政策的调控力度成为中国煤炭企业发展的指示灯，中国煤炭企业成为真正的企业，生产要素、生产什么等都通过市场来调节。

二、销售、物资供应、财务管理制度创新：煤炭企业循环发展的物质保障

改革开放以来，随着市场机制的不断深入发展，煤炭企业也从计划制

度体系走向市场体系。销售体系、物资供应、财务制度也在不断地创新。

1. 销售创新统分历程

1978年，为了集中财力、物力保重点，产销再一次集中起来。不同的是这一次是煤炭部管生产，物资总局主管分配调运，这种管理模式使企业无法知道市场需求情况。1981年，煤炭部不得不实行产销统一的管理制度，煤炭的产销由煤炭部和矿务局共同负责，实行以计划分配为主，统一分配与市场调节相结合。为了从根本上解决煤炭产、销之间的矛盾，1983年，我国实行煤炭生产、分配、运输三个计划一本账的管理制度，以运定产，以运定销，运输是一个很大的瓶颈，大大解决了产销的扯皮现象，提高了效率，实现了不同部门之间的协同发展。

1979年4月1日起实施《关于煤炭工业几个经济政策问题的具体规定》，提出按吨煤提取资金问题。从1979年5月1日起实行原煤提价5元，洗精煤提价11元的方案。

2. 物资供应创新统分历程

改革开放初期，为了加强物资统一管理，1979年统配物资，物资管理由1972年217种增加到791种。随着“对外开放、对内搞活”方针的不断深入，1982年起实行分化的管理制度除30种实行计划分配外，其余通过市场解决。

3. 财务制度创新细化历程

改革开放初期，为了进一步搞活煤炭企业，财务管理从矿核算细分到井区、队组。1981年，煤炭部颁发了《关于实行矿（厂）内部经济核算，建立经济核算体系的试行办法》。1985年又制定了《关于发展和完善煤炭工业企业经济核算制的规定（试行）》，推行井区、队组的经济核算，并将之与经济效益、职工收入挂钩。

三、科技制度创新：煤炭企业转型创新的支撑

该时期，为促进科技成果商品化、市场化、国际化，我们从宏观上进行了一系列创新。这一时期为了促进科技成果转化，对科研院所进行了改制，实现科技成果市场化。很多城市建立了科技成果交易市场。目前我国对制度创新的激励主要来自公共财政对社会科学研究项目的投入和高等院校、科研机构内部的科研激励制度。1979年7月，全国煤炭科技工作会议，

讨论修订了《煤炭工业若干技术政策》、《矿务局总工程师责任制》、《煤炭工业技术培训工作规划》、《1979—1985年煤炭科学技术发展规划纲要》、《1979—1985年全国煤炭工业教育事业规划纲要》、《煤炭工业关于加强科技、教育工作的决定》等。20世纪80年代初，各省煤炭工业厅和企事业单位建立了总工程师责任制。科技制度创新体现了国际性、历史性和市场性特征。

四、安全制度创新：煤炭企业安全转型创新的保障

新中国成立初到改革开放前，中国煤炭企业安全发展欠账比较多。到1979年，“通风能力不足的矿井有196处，应建立瓦斯抽放系统而没有建立的矿井有85处，有自然发火危险而没有建立健全防火系统的矿井有245处。”① 为了进一步解决安全工程欠账过多的问题。1978年3月，煤炭部决定成立安全局。“六五”期间，中国国营煤矿百万吨死亡率比“一五”期间上升了6.55%。为了解决煤矿的安全问题，该时期中国煤炭企业安全制度进行了不断创新。1980年，重申煤炭工业必须坚持“安全第一”方针，领导干部重视安全，员工按安全规程办事，建立健全监察机构，进行安全教育，促进安全科技进步，同年成立了安全监察局。1981年年末，提出了安全工作必须实行“七个纳入”：纳入各级领导议事日程；纳入企业各项计划；纳入干部考核内容；纳入评比竞赛条件；纳入奖励条件；纳入经济包干合同；纳入职工代表大会的议题。1982年，安全生产已成为煤炭企业发展的重要内容。

为发挥企业的市场经济主体作用，1993年国务院决定实行“企业负责、行业管理、国家监察、群众监督”的安全生产管理体制。相继颁布了《中华人民共和国矿山安全法》、《中华人民共和国劳动法》，以及工伤保险、重特大伤亡事故报告调查、重特大事故隐患管理等多项法规。

随着20世纪80年代小煤矿的大量进入，安全问题越来越突出。1986年，“安全第一”再次被强调，明确规定各级行政首长是安全生产第一责任者。“从煤炭工业部到各矿务局和矿，都实行了安全目标管理，提出了

① 邓力群、马洪、武衡：《当代中国的煤炭工业》，中国社会科学出版社1988年版，第89页。

安全控制指标，建立了安全奖励基金和奖惩制度，把安全生产与企业、职工的经济利益挂起来。”①“以 1998 年为例，美国百万吨死亡率为 0.03；前苏联为 0.66；南非为 0.23；波兰为 0.23；印度为 0.5。”②2000 年中国百万吨死亡率为 4.64，其中乡镇煤矿达 17.06。中国煤炭企业的安全问题越来越突出。安全问题主要在于违章、技术、自然灾害等方面，违章占多数。

1996 年的《中华人民共和国煤炭法》的第七条规定：煤矿企业必须坚持安全第一、预防为主的安全生产方针，建立健全安全生产的责任制度和群防群治制度。第八条规定：各级人民政府及其有关部门和煤矿企业必须采取措施加强劳动保护，保障煤矿职工的安全和健康。第三十八条规定：煤矿企业的安全生产管理，实行矿务局长、矿长负责制。

为此，2000 年国务院成立了国家煤矿安全监察局，专抓煤炭企业的安全问题。相继出台实施了《矿山安全监察条例》和《职工伤亡事故报告和处理规定》等法规，并成立了全国安全生产委员会。

五、人才制度创新：煤炭企业转型创新的人才保障

目前，国与国之间的竞争说到底是人才的竞争，企业之间的竞争关键是人才的竞争。在市场机制条件下，小煤矿的大量存在，整个煤炭市场处于过度竞争的状态下，很多煤矿特别是小煤矿看重短期利益，生产要素中人才素质提高根本考虑不到。1998 年，国有重点煤矿初中及以下文化程度占 60%，高中文化程度占 27%，大专占 10%，本科占 3%。小煤矿文盲与半文盲占多数。低素质人才成为中国煤炭企业发展的短板。后果就是总的劳动成本高，人多平均工资低。劳动力低成本优势被人多成本上升所抵销。

1978 年 6 月，煤炭工业部召开研究加强管理，整顿劳动组织，提高劳动效率，搞好按劳分配等。1981 年，煤炭工业部和国家劳动总局，决定在煤炭企业实行固定工和农民轮换工。1984 年，国务院正式颁发了《矿山企业农民协议工制度试行条例》，与此同时，还实行了外包工、基建工程兵等用人制度。

---

① 邓力群、马洪、武衡：《当代中国的煤炭工业》，中国社会科学出版社 1988 年版，第 113 页。

② 纪成君：《中国煤炭产业经济研究》，经济管理出版社 2008 年版，第 144 页。

20世纪70年代初，煤炭企业人员增加速度，机构再一次出现大膨胀。1981年开始了第二次的大精减，一精减富余人员，二鼓励倒流到井上的人员再次下井，第三通过大力发展第三产业，将富余人员通过补学文化、补学技术，安顿到第三产业，大大地促进了煤炭企业主业和副业的发展，是一次人员、发展模式的伟大转型。

改革开放以来，坚持宏观控制、微观搞活的原则，煤炭企业从1985年起实行工人岗位等级工资制和干部职务等级工资制。为了改变企业吃国家“大锅饭”、职工吃企业“大锅饭”的局面，1984年，煤炭部颁发了《关于统配煤矿实行号煤工资浮动包干试行办法》，多出煤多提工资总额，企业有权招收农民协议工，有权采取多种分配形式。

六、环保制度创新：煤炭企业实现人与自然和谐发展的需要

“六五”期间，中国煤炭企业环保问题从理念逐步走向实质化阶段。1983年6月，召开了第一次全国煤炭工业系统第一次环境保护会议。要求煤炭企业实现“三经济”、“三效益”、“三同时”的统一，即经济建设、城乡建设、环境建设相统一，经济效益、社会效益、环境效益相统一，同时设计、同时施工、同时投产同时进行。1985年年底，全国统配煤矿已基本形成由煤炭部、省煤炭管理局、矿务局三级形成的煤炭企业管理体系。该时期成立了煤炭部环境监测总站，山西煤管局环境监测中心站，杭州以环保科研为主的煤炭科学研究院三所科研机构，中国矿业大学还设立了环境保护工程专业。国务院出台了《中华人民共和国环境保护法》，煤炭工业部先后颁布了《关于煤矿环境设计工作的若干规定》、《关于认真执行基建项目环境保护工程与主体工程实行“三同时”的通知》。

1996年的《中华人民共和国煤炭法》第二十一条规定：煤矿建设应坚持煤炭开发与环境治理同步进行。煤矿建设项目的环境保护设施必须与主体工程同时设计、同时施工、同时验收、同时投入使用。

经过长期的发展，中国环保工作形成“全面规划、合理布局、综合利用、化害为利、依靠群众、大家动手、保护环境、造福人类”的工作方针。对环境的污染和防治采用三同时原则，即同时设计、同时施工、同时投产。对已经投产引起的环境问题，实施谁污染谁治理，或关、停、限期解决。

进一步完善环境标准。环境标准是对环境要素间的配比、布局、各种环境要素间的组成所规定的技术规范。目前，国内常用的环境标准有：大气有害物质最高允许浓度、生活饮用水水质标准、噪声标准、工作场所环境标准等。根据社会发展的需要，这些标准从类别上看还不全面，需进一步扩展，内容上需进一步深入。

排污权交易是当前各国关注的一项环境经济政策。早在20世纪70年代由美国经济学家戴尔斯提出，并首先被美国环保局用于大气污染源及河流污染源管理，尔后在德国、澳大利亚、英国等国家相继得到推广。将排污权交易引入我国环保实践。在20世纪末，天津、江苏、浙江、上海、山西、河南、广西等省区市先后进行了试点，这是我国环境保护机制的大胆创新。

七、低碳制度创新：煤炭企业可持续发展的基础

该时期，中国低碳制度创新也主要是解决节能问题。根据经济学原理，一种物品的需求量主要取决于商品的价格与其替代品比价关系。中国长期以来对煤炭实行价格补贴，造成煤炭价格比较低的局面。一方面，这有助于稳住相关产业的价格。因为基础性商品价格的上升可通过传递，引起整个国民经济价格的上涨，不利于经济的平稳快速发展。另一方面，低价格的煤炭也产生了两个副作用，一是不利于新能源的开发，另外，人们的浪费比较严重。这也是我国能耗比较高的一个原因，造成煤炭资源的大量浪费。

改革开放初期，为了扭转煤炭企业亏损的局面，1979年进行了第三次煤炭价格的上调。1985年煤炭价格实行计划价格、指导性价格、协议价格。总体上价格还是偏低。使从价格上做到全民节能是比较困难的。1980年，提出了开发与并重的原则。

但是，一些问题还是比较突出的，中国煤炭企业的人才、资金、管理、科技等资源配置效率低，项目重复建设明显。科技水平低，“1997年中国洗选煤产品在总产品中的比重只为15.4%，机械化采煤比重仅为25%，炮采比重达75%。”① 安全短板仍然比较突出，安全事故居高不下，

① 纪成君：《中国煤炭产业经济研究》，经济管理出版社2008年版，第102页。

能耗可降空间需进一步的探索，环保问题越来越突出，人才问题还是比较严重。也就是说，20世纪末中国煤炭企业的五块短板仍然存在。

第四节　21世纪以来中国煤炭企业转型制度创新的历程

濮洪九曾提出政策调整的根本要义在于提高企业自我发展能力。21世纪，为了更好地促进中国煤炭企业制度创新，我国进行了一系列宏观、微观层次的创新，涉及产权、科技、人才、环保、能耗等方面。

一、宏观制度创新：煤炭企业转型创新的基础

为了使中国煤炭企业适应当今时代发展的需要，体现时代性、适应性、社会性等客观要求，党的十六大以来，我国进行了一系列制度创新。

党的十六大提出了“建立归属清晰、权责明确、保护严格、流转顺畅的现代产权制度”。根据该精神，国家对关系国家安全和国民经济命脉的重要企业进行了战略性调整，以产权为突破口，对重点企业有效控制。中国煤炭企业在这一思想指导下，按照“有所进、有所退、有所为、有所不为”的战略思想，开始了新一轮的制度创新。

2002年，国家经贸委等八部委以859号文件下发了《关于国有大中型企业主辅分离辅业改制分流安置富余人员的实施办法》，启动了国有企业主辅分离改革的进程。这主要在产权制度上解决国有煤炭等企业的许多社会负担问题。在这一宏观政策的指导下，中国煤炭企业创新在主业、辅业关联度、规模效应、市场导向、控制力原则下确定2—3个主业，集中力量把主业做强大，辅业做精专，共同发展。

2004年，随着煤炭市场的逐渐升温，国家对煤炭市场的宏观调控越来越强。同年3月，国家不再设立小型矿和小矿，采取三项措施确保我国煤炭工业安全生产，其中包括大型企业去兼并中小型煤矿，煤炭生产企业税前提取生产安全费用的政策措施。

为防治煤矿事故、提高煤炭企业能源综合利用水平、减少温室气体排放，2006年6月，国务院印发了《关于加快煤矿瓦斯抽采利用的若干意

见》，国务院在发改委能源局成立了煤矿瓦斯防治部际协调领导小组，建立健全煤矿瓦斯防治和抽采利用工作，实行定量控制和考核。坚持采气采煤一体化，并对煤层气抽采利用实行税收优惠政策。

为了进一步加强煤炭企业管理，2006年5月，国务院通过了《关于同意建立清理纠正国家机关工作人员和国有企业负责人投资入煤矿工作部际联席会议制度》。

为了加强煤炭行业管理，2006年国务院出台了《加强煤炭行业管理有关问题的意见》，调整了国务院安全生产安全委员会主要职责，并将发改委与安全生产密切相关的行业管理职能划转到安全监管总局和煤矿安监局。明确和加强了发改委、安全监管总局、煤矿安监局、国土资源部、科技部、劳动保障部、教育部、国资委、中国煤炭工业协会等相关部门的职能。

为了解决中国煤炭生产存在潜在产能过剩问题，2006年，多部门联合下发《关于印发加快煤炭行业结构调整应对产能过剩的指导意见的通知》，要求煤炭企业按照供需基本平衡的原则，基本形成以大型煤炭企业集团为主体、中小煤矿协调发展的格局、提高煤矿生产技术水平、回采率和安全生产水平，提高新建煤矿准入门槛，加强环境保护。

为了实现煤炭产业的可持续发展，保障国家能源安全，2007年，国家发改委出台了《煤炭产业政策》，对煤炭企业发展目标、产业布局、产业准入、产业组织、产业技术、安全生产、节约利用与环境保护、劳动保护等内容进行了明确规定。为新时期煤炭企业创新提供了方向。

二、科技制度创新：煤炭企业转型创新的支撑

21世纪科技成为引领社会进入知识经济时代的引擎。科技创新越来越成为国家和企业重要的事情。建设创新型国家是我国一项战略选择。建设创新型国家的核心是科技创新。科技创新的前提是制度创新。科技制度的创新可以通过降低创新活动的“交易成本”和有效的“产权”保护，实现对创新的激励。如果说科学技术是生产力的话，那么“科技制度”就是生产力中的“生产力”。为了促进科技创新，我国不断地进行科技制度创新。第一，加大企业科技创新投入比例；第二，加大国家投入力度；第三，不断完善风险融资制度等。

该时期，中国煤炭企业科技创新体现了信息化带动工业化、工业化促进信息化发展的要求。生产领域实现了机械化、数字化，安全系数大大增强。

三、安全制度创新：煤炭企业安全转型创新的保障

2001年年初，组建了国家安全生产监督管理局，与国家煤矿安全监察局“一个机构、两块牌子”。2002年11月出台了《中华人民共和国安全生产法》，安全生产开始纳入比较健全的法制轨道。但这一阶段由于经济体制转轨、工业化进程加快，特别是民营小企业的迅速发展等，使安全生产面临一系列新情况、新问题，安全状况出现较大反复。2003年国家安全生产监督管理局（国家煤矿安全监察局）成为国务院直属机构，成立了国务院安全生产委员会。2003年6月，国家煤矿安全监察局公布《煤矿安全监察员管理办法》。7月，公布《煤矿安全监察行政处罚办法》、《煤矿安全生产基本条件规定》、《煤矿建设项目安全设施监察规定》、《煤矿安全监察罚款管理办法》等。10月，国家煤矿安全监察局、中国煤炭工业协会联合下发《关于在全国煤矿深入开展安全质量标准化活动的指导意见》。

2004年国务院作出《关于进一步加强安全生产工作的决定》，发布新版的《煤矿安全规程》、《安全生产许可证实施办法》，明确了安全生产的条件、生产许可申请条件；为建立煤矿安全生产设施长效投入机制。2004年5月，财政部、国家发改委等多部门出台了《煤炭生产安全费用使用管理办法》、《关于规范煤矿维简费管理问题的若干规定》。2004年7月，国家煤矿安全监察局下发《煤矿煤炭安全生产管理制度规定》的通知，包括安全生产责任制、安全办公会议制度、安全目标管理制度、安全投入保障制度、安全质量标准化管理制度、安全教育与培训制度、事故隐患排查制度、安全监督检查制度、安全技术审批制度、矿用设备、器材使用管理制度、矿井主要灾害预防管理制度、煤矿事故应急救援制度、安全奖罚制度、入井检身与出入井人员清点制度、安全操作规程管理制度等，为建立自我约束、自我激励的机制提供了法律依据。2004年10月，国家煤矿安全监察局发布《安全评价机构管理规定》；2004年11月颁布《国务院办公厅关于完善煤矿安全监察体制的意见》；12月颁布了《煤炭经营监管办

法》。中国煤炭企业在安全费用提取、安全风险抵押、煤炭资源有偿使用、煤层气开发利用、工伤责任保险、农民工技能培训等方面进行了制度创新，形成了政府统一领导、国家监察、地方监管、企业负责、群众参与、社会广泛支持的安全生产责任体系。

鉴于煤炭企业安全问题的严重性，2005年年初，国家安全生产监督管理局升格为总局。2005年3月，国家发改委、国家安全生产监督管理总局、国家煤矿安全监察局联合下发了《煤矿瓦斯治理经验五十条》。2005年6月，国务院总理温家宝主持召开常务会议，通过《国务院关于促进煤炭工业健康发展的若干意见》，指出煤炭工业存在结构不合理、增长方式粗放、科技水平低、安全事故多发、资源浪费严重、环境治理滞后、历史遗留问题较多等突出问题。2005年8月，国务院公布了《国务院关于预防煤矿生产安全事故的特别规定》。为明确安全责任，2005年12月，国家煤矿安全监察局出台了《关于明确煤矿企业主要负责人、安全生产管理人员及特种作业人员范围的通知》、《煤矿企业安全生产风险抵押金管理暂行办法》。2005年年底，鉴于安全生产领域存在的种种历史和现实问题，国务院提出“安全规划、安全投入、科技进步、宏观调控、教育培训、安全立法、激励约束考核、企业主体责任、事故责任追究、社会监督参与、监管和应急体制”，有利于安全生产的对策措施。目前，我国已确立“安全第一、预防为主、综合治理”的方针，安全制度也在不断完善。贯彻落实“先抽后采、监测监控、以风定产”的瓦斯治理十二字方针。党的十六届五中全会确立了安全发展的指导原则。目前已有专门的《中华人民共和国安全生产法》、《中华人民共和国劳动法》、《中华人民共和国煤炭法》、《中华人民共和国矿山安全法》等法律中都有煤矿安全生产方面的规定。国务院已把国家安全生产监督管理局升格为国家安全生产监督管理总局，同时专设由总局管理的国家煤矿安全监察局。

2006年年初，成立了国家安全生产应急救援指挥中心。2006年是中国煤炭企业实现安全生产制度创新的一年，该年度煤炭企业安全生产确定了“安全第一、预防为主、综合治理”的安全生产方针，确立了以“两个主体”和“两个负责制”为内容的安全生产工作基本责任制度，强调建立包括群众监督、舆论监督和社会监督在内的安全生产监督参与机制。继续实行企业法人代表是安全生产的第一责任人，一名行政副职主管安全工作，总工程师对“一通三防”工作技术负全责。督促企业足额提取和使用好安全生产费用，用好安全生产国债、专项资金和预算内基本建设基金。2006年还修改了《煤矿安全规程》第68条和158条的决定。针对安全事故的责任问题，监察部和国家安全监管总局等部门出台了《安全生产领域违法违纪行为政纪处分暂行规定》、《关于印发举报煤矿重大安全生产隐患和违法行为的奖励资金有关问题的规定》。2006年出台的《关于加强煤矿安全生产工作规范煤炭资源整合的若干意见》，是进一步解决煤矿企业安全问题的重要举措，是在关闭小煤矿基础上整合煤炭资源的重要举措，整合范围是合法的生产矿井，坚持先关后整合、以大并小、以优并差、一个法人主体等原则，为创建大型煤炭企业提供了法律指导。2006年还出台了《关于加强重点煤矿安全基础管理的指导意见》，全面贯彻“安全第一、预防为主、综合治理”的方针，建立和完善安全生产责任制度、安全会议制度、安全目标管理制度、安全投入保障制度、安全质量标准化管理制度、安全教育与培训制度、事故隐患排查与整改制度、安全监督检查制度、安全技术审批制度、矿用设备器材使用管理制度、矿井主要灾害预防制度、事故应急救援制度、安全与经济利益挂钩制度、入井人员管理制度、安全举报制度、管理人员下井带班制度、安全操作管理制度、企业认为需要制定的其他制度；强化企业安全生产第一责任人的责任、建立并严格落实各个岗位的安全责任制，加强对安全生产责任落实情况的跟踪考核。

为落实生产安全事故追究制度，防止和减少生产安全事故，2007年国务院出台了《生产安全事故报告和调查处理条例》，下达了2007年全国安全生产控制指标的通知，确定了总体控制、绝对控制、相对控制和重、特大事故控制指标体系。为了推动安全监察工作的规划性、常态化，2007年7月，国家安全监察局出台了《国家煤矿安全监察局工作规则》。

四、人才制度创新：煤炭企业安全转型创新的保障

21世纪，企业之间的竞争主要是人才之间的竞争。在我国，有些国有企业尚未搭建人力资源管理平台，缺乏有效的人才经营与管理机制，致使国有企业在激烈的全球化国际竞争中缺少核心竞争力。人才制度创新是体现以人为本，企业和谐发展的要求。对于人才问题涉及人才结构、人才

使用、分配制度三项紧密相关的问题。美国哈佛大学管理学院詹姆斯教授对人才资本的能动性做过专题研究。结果表明，如果没有激励，一个人的能力只不过发挥20%—30%，如果得到激励，一个人的能力可发挥80%—90%，这充分体现了对人才激励的重要性。就人才结构而言，我国一直强调提高中国煤炭企业人员素质、文化水平，优化结构，通过激励机制，使他们在工作岗位上发挥最大效能。但是，由于行业、历史等原因，煤炭企业人才问题还是比较突出。农民工等低级人才占多数，这将成为制约中国煤炭企业转型创新的最短的板。

五、环保制度创新：煤炭企业实现人与自然和谐发展的需要

煤炭生产对环境的影响主要是煤矸石、煤层气、矿井水排放、地表沉陷等。为了更好地解决煤炭企业带来的环境问题，我们需要不断的制度创新。

1. 不断完善法律法规

法律和法规是解决环境问题最高层次的依据，体现为国家行为。随着中国煤炭企业产量不断上升，环保问题越来越严重。

我们需要进一步完善以《中华人民共和国煤炭法》为主体的法律法规体系。完善煤炭准入管理制度，严格煤炭地质勘查、开办煤矿及煤炭经营准入制度。落实相关法律，制定和完善与之配套的产业政策、制度和标准。

2. 建立矿区环境生态补偿基金制度

矿区环境是指以矿山企业为中心的周围空间环境和生活于其中的生物群体共同组成的生态系统。矿产资源是国民经济与社会发展的重要物质基础。随着工业化和人口的发展，我国对矿产资源的需求和开采规模越来越大。长期以来，我国在矿产资源开发利用中，走的基本上还是一条以浪费资源和牺牲环境为代价的粗放式的发展路子。为了解决煤矿开采对矿区环境生态的恢复资金问题，自2005年开始调研并在山西省进行试点，建立矿区环境生态补偿基金，并向全国推广。

生态补偿包括两种含义，一是指“生物有机体、种群群落或者生态系统受到干扰时，所表现出来的缓和干扰、调节自身状态使生存得以维持的能力，或者可以看做生态负荷的还原能力”或是自然生态系统对由于社

会、经济活动造成的生态环境破坏所起的缓冲和补偿作用。二是环境法学意义上的生态补偿。通常有狭义和广义之分。狭义的生态补偿，是指对由人类的社会经济活动给生态系统和自然资源造成的破坏及对环境造成的污染的补偿、恢复、综合治理等一系列活动的总称；广义的生态补偿，还应包括对因环境保护丧失发展机会的区域内的居民进行的资金、技术、实物上的补偿、政策上的优惠等一系列活动的总称。

矿区环境恢复补偿就是环境法学意义上的狭义生态补偿，即采用经济、行政和法律手段对采矿活动造成的环境污染和破坏予以综合治理，补偿环境的损害，尽可能恢复环境的原有功能，促进矿区经济、环境和社会的可持续发展。通过建立资金渠道，解决环境生态恢复资金严重不足的问题，目前这项工作在山西省已经初见成效，正在全国开展。

3. 宏观政策不断推进

加强煤炭基地、电力基地、建材综合基地的整合建设。加大煤炭洗选，形成精煤外运，中煤、洗矸、煤泥等低热值燃料和矿井瓦斯就地发电，煤矸石、粉煤灰直接生产新型建筑材料，充分利用煤炭生产中必须排放的低品位废弃资源，形成完整的循环经济产业链和清洁生产矿区。

排污收费制度、“三同时”制度（是指新建、改建、扩建项目和技术改造项目以及区域性开发建设项目的污染治理设施必须与主体工程同时设计、同时施工、同时投产制度）、排污许可证制度和污染源限期治理制度是我国主要的排污管理制度。

为促进中国煤炭企业转型创新，解决相关产业的环保问题。2004 年 5 月，有关部门印发《关于清理规范焦炭行业的若干意见》，优化结构，减少环境污染，控制总量，抑制盲目扩张，严格市场准入，加强规范管理。为有效保护资源，减少环境污染，促进焦炭行业健康发展起到了宏观指导作用。

2006 年，多部门联合下发《关于印发加快煤炭行业结构调整应对产能过剩的指导意见的通知》，要求煤炭企业实现煤炭开采与生态环境协调发展。新矿必须依法开展环境影响评价，严格执行环保设施与主体工程同时设计、同时施工、同时投产并保证运行的制度。老矿区要按照“谁开发、谁保护、谁污染、谁治理、谁破坏、谁恢复、谁治理、谁受益”的原则，加强生态环境和水资源保护。2006 年《国务院关于促进煤炭工业健康发展的若干意见》中指出：建设资源节约型和环境友好型矿区。

4. 监管制度不断完善和落实

政策制定是一方面，关键是必须落实，针对煤矿“三废”资源综合利用的扶持政策必须落实到实处。建立完善、切实可行的资源综合利用项目认证制度和督察制度。建议政府部门委托行业协会等专业组织负责具体的认证和监督抽查等日常工作，坚决杜绝跟风搭车、弄虚作假，扰乱政策执行的行为。

同时，充分发挥群众监管的力量，扩展群众参与监管的途径。不断完善群众监管的奖励制度，形成政府、企业、社会为一体的监管体系。

5. 扶持政策不断完善

凡经过国家审批、核准建设，通过资源综合利用认证的矿区低热值燃料电厂，国家明确其身份，既不是煤炭企业自备电厂，也不是小火电机组，而是工业垃圾电厂。输电行业必须保证无条件并网，免收上网配套费、备用容量费、过网费和“三金”规费。上网电实行同网同价。鼓励兴办的煤炭企业自发自用，国家实行上下网电量直接互抵。严禁目前较普遍存在的低价进、高价出和上网不给钱的做法。国家给予税收扶持，并实行即征即返。考虑低热值燃料的特殊性，为了保证其稳定运行，国家明确，小于 50 兆瓦的煤矸石等低热值燃料机组作为基本电源，不参加电网调峰。

煤矸石、粉炭灰制墙材是大量利用煤矸石、粉炭灰的最主要途径，考虑其原料品质差、生产费用高，是大宗、重载、微利、低值产品，国家应给予特殊扶持。凡采用煤矸石、粉炭灰做原料，比例在 80% 以上，通过资格认证的企业，按照销售量折算，每使用一吨煤矸石、粉炭灰，国家或者排放企业给予 30 元资金补贴。对销售运输距离超过 200 公里的煤矸石、粉炭灰墙材，国家给予运价 50% 的财政补贴。对年产 6000 万块标砖以上大型煤矸石、粉炭灰砖厂，国家给予不少于 5 年期基本建设贴息贷款支持。对以煤矸石、粉炭灰为 80% 主要原料的企业，国家给予 5 年全免、5 年减半征收营业税、企业所得税，免除其他附加税费的税收扶持政策。

对地表水贫乏的大水矿区（吨煤排水量大于 3.5 立方米），优先考虑经过净化达到饮用水标准的矿井水，作为矿区和城镇居民饮用水源，并允许接入市政供水管网，国家给予最低水价保护（净水 2.00 元 / 立方米）。对净化自用矿井水的企业，国家给予 3 年期矿井水处理厂和相应供水管网基本建设贴息贷款的财政扶持。对通过净化达到饮用水标准，供应城镇居民的水量部分，国家免征水资源费。

6. 促进煤炭相关产业制度创新

随着循环经济的不断推行，中国煤炭企业转型创新越来越融合相关产业，煤炭相关产业在不断发展。制度创新的边界也需要不断扩展。煤炭产业综合基地的建设涉及煤运通道、坑口电站、低热值电厂、建材产业等。国家需要在制度方面创新，鼓励和扶持这些衍生产业的发展，实现经济、社会、环境多元价值的提升。

7. 环保目标的确定

《煤炭工业发展“十一五”规划》确定了煤炭企业环境保护的目标。煤矸石、矿井水利用率达到70%，矿井水达标排放率100%，洗煤废水闭路循环率达80%，自燃矸石山火灭率达到95%，土地复垦率超过40%。

六、低碳制度创新：煤炭企业可持续发展的基础

“低碳经济”最早见诸于政府文件是在2003年的英国能源白皮书《我们能源的未来：创建低碳经济》。作为第一次工业革命的先驱和资源并不丰富的岛国，英国充分意识到了能源安全和气候变化的威胁，它正从自给自足的能源供应走向主要依靠进口的时代，按目前的消费模式，预计2020年英国80%的能源都必须进口。同时，气候变化已经迫在眉睫。

自2003年以来，中国积极地引进消化吸收“低碳经济”，并通过各种会议、文件、网站、规划等落实“低碳经济”。

2007年4月，低碳经济和中国能源与环境政策研讨会在北京举行。2007年6月，中国政府发布了《中国应对气候变化国家方案》，确定了中国长期应对气候变化的框架，同时科技部等13个部门联合发布了《应对气候变化科技专项行动》，以落实国家方案。党的十七大报告强调：加强应对气候变化能力建设，为保护全球气候作出贡献。2007年8月，国家发改委发布《可再生能源中长期发展规划》，可再生能源占能源消费总量的比例将从目前的7%大幅增加到2010年的10%和2020年的15%；优先开发水力和风力作为可再生能源；为达到此目标，到2020年共需投资2万亿元；国家将出台各种税收和财政激励措施，包括补贴和税收减免，还将出台市场导向的优惠政策，包括设定可再生能源发电的较高售价。2007

年9月8日，亚太经合组织第十五次领导人非正式会议在澳大利亚悉尼召开，中华人民共和国国家主席胡锦涛出席当天举行的第一阶段会议并发表重要讲话，提四项建议应对全球气候变化，其中提出：应该加强研发和推广节能技术、环保技术、低碳能源技术，并建议建立“亚太森林恢复与可持续管理网络”，共同促进亚太地区森林恢复和增长，增加碳汇，减缓气候变化。胡锦涛指出：中国将坚持科学发展观，贯彻节约资源和保护环境的基本国策，把人与自然和谐发展作为重要理念，促进经济发展与人口资源环境相协调，走生产发展、生活富裕、生态良好的文明发展道路。中国将把可持续发展作为经济社会发展的重要目标，充分发挥科技创新在减缓和适应气候变化中的先导性、基础性作用，开展全民气候变化宣传教育，继续推动并参与国际合作。同月，国家科学技术部部长万钢在2007中国科协年会上呼吁大力发展低碳经济。同年11月，中国启动“可再生能源与新能源国际合作计划”。

2008年1月17日，联合国环境规划署驻华代表处首任主任夏堃堡先生在首届中国和谐城市论坛上指出“低碳经济是实现城市可持续发展的必由之路”。同月，清华大学低碳能源实验室在京成立。同月，国家发改委和WWF（世界自然基金会）共同选定了上海和保定作为低碳城市发展项目试点，由国家发改委、建设部、科技部、环保总局、商务部等专家组成的项目技术顾问组也正式亮相。国家发改委能源研究所副所长李俊峰表示，低碳发展是中国在城市化和工业化进程中控制温室气体排放的必然选择，也会是全球应对气候变化的重要行动之一。2008年3月，SEE与TCG举办“中国企业与低碳经济”论坛，让中国企业了解国际低碳经济发展的情况，探讨中国企业在低碳经济发展的作用。阿拉善SEE生态协会会长王石对此次会议致欢迎词，英国前首相布莱尔与会。2008年4月，由众多专家、学者牵头，在各部门关注和关心下，中国低碳网成立。同月，国合会（中国环境与发展国际合作委员会）首次圆桌会议在北京凯宾斯基饭店召开。发展低碳经济，建设低碳社会已经成为我国的战略重点和全民教育重要方向。2008年10月29日，国务院新闻办公室发表了《中国应对气候变化政策与行动白皮书》。

在2010年的十一届全国人大三次会议第四次全体会议中“低碳”成为大家讨论的热点。2010年3月11日，中国国际经济合作学会杨金贵在

《北京财经周刊》发表文章《2010，以低碳经济为核心的产业革命来临》，指出：一场以低碳经济为核心的产业革命已经出现，低碳经济不但是未来世界经济发展结构的大方向，更已成为全球经济新的支柱之一，也是我国占据世界经济竞争制高点的关键。引起广泛关注。2010 年 3 月 12 日，2010 两会代表、委员“论低碳之路”座谈会在北京召开，全国政协委员、中央财经大学证券期货研究所教授贺强表示，低碳经济的发展模式既可以大量的节约资源，还可以保护环境，是全世界经济发展可走的长久之路，同时也是中国转变经济发展方式和调整经济结构的必由之路。

第十章　中国煤炭企业转型制度创新模式

煤炭作为不可再生资源，国家有权力对煤炭企业进行宏观指导和约束。针对中国目前企业存在多方面的缺失，需要通过制度创新，提高办企标准、改革用人制度、规范企业生产秩序，提高中国煤炭企业的创新能力。

第一节　中国煤炭企业转型制度创新的原则

中国煤炭企业作为中国能源的基础，它的创新涉及国家层次、行业层次、企业层次多方面的因素，它的制度创新建立在国家、行业制度创新基础之上，为了更好地促进中国煤炭企业转型创新，我们需要遵循以下原则：

一、层次性原则

中国煤炭企业制度构成一个制度系统。系统本身具有层次性。系统的层次性指的是组成系统的种种差异，使系统组织在地位、作用、结构和功能上表现出等级秩序性，形成具有质的差别性。中国煤炭企业制度创新来源于国家层次、行业层次、区域层次、企业层次。体现了共性与个性、行业与区域性特征。

中国煤炭企业转型创新是在坚持国家、产业制度创新基础上微观层次的创新，体现国家、产业、企业不同层次制度创新的协同性。

二、时代性原则

目前，中国煤炭企业转型制度创新是在国际能源结构调整、全球气候问题突出、产业不断升级的背景下，落实科学发展观和发展低碳经济的现实要求下进行的制度创新。

中国煤炭企业发展水平与速度受国际煤炭企业发展水平影响，同时受生产力发展水平，人才团队协同力影响。因此，制度创新必须立足于企业实际需要，在国家宏观政策指导下的创新。也就是说要适合企业、产业和国家创新的需要。任何脱离实际需要的制度创新，都会带来很多负面效应。

三、适应性原则

适应性是指生物体与环境表现相适合的现象。适应性是通过长期的自然选择，需要很长时间形成的。应激性的结果是使生物适应环境，可见它是生物适应性的一种表现形式。但生物体的有些适应特征（如北极熊的白色、绿草地中蚱蜢呈绿色等）是通过遗传传给子代的。并非生物体接受某种刺激后才能产生，这与应激性是不同的。适应性不仅生物界存在，社会领域也存在。制度的适应性表现在两个层次：一是制度对生产力发展的适应性；二是制度应反映上层建筑价值观的要求。

生产关系应适应生产力的发展。当企业生产力取得重大变革时，代表生产关系的制度需要不断调整和创新，以适应生产力的发展。只有适合生产力发展的制度体系，才能促进生产力的发展。生产关系与上层建筑之间也存在适应性特征。当社会的价值观大转变时，价值也需要不断调整。因此，中国煤炭企业转型制度创新不仅应适应生产力发展要求，而且应反映科学发展观的要求。

四、可操作性原则

可操作性原则是实践的客观要求。制度作为规范员工行为的标准，必须具有可操作性。制度创新的目标是为了适应服务于企业战略、管理、文化等方面创新的需要，因此，制度应具有可操作性，能够指导实践。制度创新要对各个管理层次都具有适应性，能够作为一个可选择的标准执行下去。通过考核和反馈机制达到可操作的目的。

第二节　宏观层次转型制度创新模式

“没有规矩，不成方圆”。企业制度体系是企业全体员工在企业生产经营活动中须共同遵守的规定和准则的总称，其表现形式或组成包括法律与政策、企业组织结构（部门划分及职责分工）、岗位工作说明、专业管理制度、工作流程、管理表单等各类规范文件，包括企业经济运行和发展中的一些重要规定、规程和行动准则。要促进中国煤炭企业的转型发展，器物创新、制度创新和文化创新三个环节，缺一不可。宏观层次上我们需要通过法律、法规的不断完善，监督机制的不断创新，实现中国煤炭企业的创新发展。

一、不断创新法律法规

为煤炭企业有序、高效发展提供最高的法律支持。目前，中国煤炭方面的法律法规涉及很多方面。

1. 中国能源政策创新

作为世界上最大的发展中国家，中国是一个能源生产和消费大国。能源生产量仅次于美国和俄罗斯，居世界第三位；基本能源消费占世界总消费量的1/10，仅次于美国，居世界第二位。中国又是一个以煤炭为主要能源的国家，发展经济与环境污染的矛盾比较突出。近年来能源安全问题也日益成为国家生活乃至全社会关注的焦点，日益成为中国安全战略的隐患和制约经济社会可持续发展的瓶颈。20世纪90年代以来，中国经济的持续高速发展带动了能源消费量的急剧上升。自1993年起，中国由能源净出口国变成净进口国，能源总消费已大于总供给，能源需求的对外依存度迅速增大。煤炭、电力、石油和天然气等能源在中国都存在缺口，其中，石油需求量的大增以及由其引起的结构性矛盾日益成为中国能源安全所面临的最大难题。从中国能源政策来看，国家已经确立了能源开发政策，以电力为中心、以煤炭为基础的能源战略。电力的发展很多是以煤炭为原料。这样，煤炭产业的发展状况决定着中国能源的发展状态。

2. 不断完善安全方面的法律法规

安全生产关系到企业、社会各个方面的和谐关系。为了解决安全问题，法律法规的不断完善是非常重要的。法律法规的不断完善来源于这样几个方面的需求：

第一，随着科技进步的不断推进，特别是自动化和智能化技术的不断渗透与发展，原来的一些法律法规已不适应。目前关于煤矿安全的标准有400多项，很多内容有些过时，与目前安全生产状态不相适应。

第二，涉及人身健康标准和行业标准还需要进一步细化。随着科学发展与和谐社会的不断构建，煤矿工人的健康问题、职业安全问题越来越受到人们的关注。而相关标准的制定是执行力的依据。

第三，随着煤炭企业生产的精细化，产业链的不断延伸，很多相关标准需要不断建立。循环经济的实施、煤变油、煤的附加值变建筑材料等的法律法规需不断完善。

因此，为了更好地解决煤炭企业的安全问题，需进一步推进《中华人民共和国矿山安全法》、《中华人民共和国煤炭法》、《煤矿安全监察条例》、《中华人民共和国安全生产法》等相关法律法规的修订工作。进一步完善《煤矿安全规程》。加快完善煤矿安全技术标准体系。

二、不断完善进入煤炭企业的技术水平和资质水平的制度

目前，中国煤炭企业存在资源配置不合理，资源破坏浪费严重的现象。我国煤矿企业资质管理制度尚不完善，在资源价格走向市场的过程中，一些不具备办矿条件的企业和个人利用其经济实力上的优势参与矿业权竞争，通过炒卖资源牟利，对行业的持续发展造成了不利影响。先进与落后生产能力并存，整体技术水平低。我国煤炭行业科技贡献率仅为24.2%，不但低于全国29.5%的平均水平，更低于美国、英国、日本平均60%以上的水平，煤炭行业整体生产技术水平相对落后。除部分国有大矿之外，大多数煤矿生产技术水平低、装备差、效率低。安全基础薄弱，安全生产形势严峻。我国许多国有重点煤矿相继进入了衰老报废高峰期，抵御事故灾害的能力不足。此外，数量众多的乡镇小煤矿为了追求高额利润，安全方面投入少，煤矿事故时有发生，这严重影响了煤炭工业的健康发展和社会稳定。资源综合利用程度不够，矿区生态环境亟须改善。“十五”以来，全国煤炭产量大幅增长，高强度的资源开发加剧矿区生态

环境恶化，而治理力度却落后于开采强度，加重了环境破坏程度。此外，煤炭生产和加工过程中产生的煤泥、劣质煤、与煤伴生矿物以及矿井水等资源尚未得到有效利用，煤炭生产过程中资源的综合利用潜力巨大。

为了提高煤炭企业的效能，宏观管理需要在技术层次对煤炭企业进行监管。国家出台了一系列促进安全技术、环保技术、循环经济技术发展的法规和制度。对于不符合安全要求的企业给予处理。我国应继续大力整顿关闭布局不合理、不符合安全标准、浪费资源和不符合环保要求的小型煤矿，早日形成以大型煤矿企业为主体的煤炭供应体系，进一步提升煤炭行业的整体抗风险能力和竞争实力。做好煤炭资源综合利用、煤炭加工转化项目管理，提高节能减排水平。我国要不断加大煤制油、煤气化等项目的研发力度，尽量降低煤炭作为终端能源使用的比例，推动煤炭资源清洁化利用，减少对生态环境的污染，实现经济、社会可持续发展。

三、不断完善中国煤炭企业发展产业政策

产业政策的解释是多种的。国内学者看法不一致。周叔莲认为，产业政策是对于一定时期内产业结构变化趋势和目标的设想，同时规定各个产业部门在社会经济发展中的作用，并提出实现这些设想的政策措施。陈淮认为，产业政策是政府为修正市场机制作用和优化经济发展过程，对产业及其结构发展与调整所采取的各种经济政策。“产业政策是一个国家的中央或地区政府为了其全局和长远利益而主动干预产业活动的各种政策之总和。”①中国煤炭企业作为中国能源的基础，它的发展受国家产业政策的宏观指导。而国家产业政策的创新就是要提高中国煤炭企业的竞争力，弥补市场失灵，优化资源，达到有效竞争的目标，实现中国煤炭企业的可持续发展。

为了实现大企业为主导，大、中、小企业并存，有序高效的竞争市场，必须从产业和企业两个层次不断创新。未来中国煤炭产业创新应立足进入与退出政策、生产要素优化政策、煤炭清洁生产和产业链政策，不断完善资源产权制度、环境产权制度，建立健全可持续发展的影响评价制度、“循环经济发展考核指标体系”、“绿色 GDP”制度、合理调整煤炭资

① 周叔莲、杨沐:《国外产业政策研究》，经济管理出版社 1988 年版，第 28 页。

源税费制度、建立健全资源开发补偿机制、衰退产业援助机制等。

第三节 转型科技制度创新模式

"一个产业体制、机制不改革不创新是没有活力的，要通过集团组建整合资源，整合资金，整合资产，整合人才。"[①]制度创新会给企业带来新的机遇和活力。下面论述科技制度创新模式。

一、实现企业创新科技成果转化机制的创新

从所有权的角度来说，企业同时是科技成果的主体和对其的转化主体。但我们也清楚地认识到在科学技术经济一体化的今天，由于企业发展水平存在差异，企业科技成果转化率很低。

由于科技体制和经济体制改革的不协调，造成科研单位只注重科技成果的自然属性而忽视其社会效能；企业实行领导任期制，这样企业一把手只注重短期利益和行政业绩，而科技成果效能的发挥需经过很长周期，故企业一般不重视科技成果的转化。后果是：一方面，我国每年取得科技成果中平均80%不能有效转化，只作为展品存在着；另一方面，国有企业、集体企业普遍存在设备落后、工艺陈旧、科技进步和技术创新速度慢。据科技部统计，我国每年取得的国家重大科研成果中只有20%转化并批量生产。其中能形成产业规模的大约5%，经济发达国家的科技成果转化率是50%—60%以上，随着科技成果企业内部化趋势的到来，企业投资在科技方面的人力和物力逐渐增加，以缩短科技成果转化的时间和空间。有资料表明，由企业单独转化的科技成果和由企业参与科技成果转化占科技成果转化的70%—80%以上，企业还是科技成果转化的主体；但在技术开发机构中，经济上能够自主的只占12.9%，72%的科技机构没有与企业建立科技经济联系。因此，科技与经济之间的结合度还是相当低的。这需要不断创新科技成果转化机制。

从价值取向上看，中国煤炭企业转型创新不仅仅是一个经济问题，还

---

① 郭宝厚、唐润生：《小煤矿安全管理实践》，煤炭工业出版社2008年版，第12页。

是安全问题、环保问题和能耗问题。因此，在机制上，应保障提高科技生产力，解决安全问题、环保问题和能耗问题等。科技成果能及时地转化，安全生产技术、安全监测技术等能够及时地转化和应用。这需要不断完善科技市场交易机制，政、产、学、研科研体系结构。

二、解决低碳、环保、安全等方面问题的科技制度创新

目前，中国煤炭企业转型创新主要在解决“五块短板”基础上实现转型创新。科技作为重要支撑需要解决“五块短板”中的科技问题。

低碳技术创新的重点是煤炭的洁净高效转化利用和节能减排技术。对我国而言，发展低碳经济和低碳能源技术的实质是可再生能源的开发和化石能源的洁净、高效利用。也就是说，中国目前发展低碳能源技术的重点应当是煤炭的洁净高效转化利用和节能减排技术。这是因为中国经济发展目前尚处于工业化、城市化和现代化的起步阶段，经济尚没有摆脱消耗大量资源的粗放模式，重化工业比重较大、能源结构以煤为主和人口增长这些因素决定我国在短时间内不可能根本扭转温室气体排放增长的势头。过早、过急或过激地减排将会严重影响我国社会经济的持续增长，会迟滞我国小康战略目标的实现。因此，我国应当探索一条既能满足众多人口的基本物质需求，又不会对资源环境造成严重破坏的新型发展道路。从政策上扶持环保科技、节能科技、安全科技等的发展。

三、加大科技投入制度创新

科技投入是支持开展科技活动的投入，也是生产性的投入。根据联合国科教文组织的定义，结合我国国情，科技活动的全部内容应包括：研究与发展活动、科技成果的转化和应用活动、科技服务活动三大部分。其中研究和发展活动包括基础研究、应用研究和试验发展，科技成果转化与应用活动包括设计与试制、小批试制、工业性试验等；科技服务活动包括计量、标准、统计等。“十二五”规划建议中，在科技领域，2009 年全国的研发投入约占 GDP 的 1.5%；今后 5 年，这一比例将扩大到 2%—2.5%。

目前我国政府对企业的科技投入基本上是无偿的，主要由政府权利部门直接分配并监管。这种管理方式存在使用效率低，分配过程不透明和监管不力等种种问题。我们认为，面对目前存在的问题，我们不能仅仅停留

在改善监管的层面上，而需要考虑从根本上解决问题的制度安排。企业作为科技创新的主体，需要政府政策上的支持，更多地需要自己加大科技投入的比例。将投入比例以制度的形式确定下来。

科技投入，除了对设备等固定资产的投资外，关键是要增加对人的投资。中国煤炭企业作为中国传统的能源企业，多年来人才短缺是制约它发展最短的板。农民工、技校生占多数。具有创新能力的人非常少。由于企业人才结构的影响，很多创新的成果很难被员工所认可，因而转化是非常困难的。一方面，企业缺乏创新人才，另一方面，受人才结构的影响，创新成果比较难转化。因此，必须通过完善培训制度，提高企业内部人员素质；通过与高校、研究所的合作，实现人才的合作；通过“走出去，引进来”制度，实现人才的流动。只有人才模式制度的不断创新，才能解决企业面临的“科技短板”。

第四节　转型安全制度创新模式

人的生命是最宝贵的。煤矿作为高危单位，安全管理非常重要。21世纪，中国煤炭企业安全制度创新模式主要包括以下几个方面。

一、不断完善安全制度体系

完善的制度体系是企业进行管理的基础和依据。“煤炭企业安全管理制度涉及范围很广，包括安全生产责任制度，安全办公会议制度，安全调度制度，入井检查考勤制度，质量管理制度，安全措施经费提取和使用制度，矿山设备使用和保养制度，安全检查制度，安全教育制度，安全培训制度，事故统计报告制度和安全生产奖惩制度等。”①

《煤矿安全规程》第三条规定，煤矿企业必须建立健全各级领导安全生产责任制、安全目标管理制度、安全奖惩制度、安全技术措施审批制度、安全隐患排查制度、安全检查制度、安全办公会议制度、劳动防护用品发放与管理制度、煤矿安全生产培训制度等。随着社会的发展，这些

① 张树良等主编:《煤矿安全管理》，中国矿业大学出版社2007年版，第26页。

安全制度需要不断地完善，构建纵向到底、横向到边、纵横交叉的网络系统。

二、不断完善企业质量标准化制度

质量标准化制度是实现中国煤炭企业安全、高效、健康发展的制度体系。它包括电气试验制度，设备运行、维修、保养制度，设备定期检修制度，机电干部上岗查岗制度，设备管理制度、安全活动制度，事故分析、追查制度，设备包机制度，防爆设备入井安装、验收制度，电缆管理制度，小型电器管理制度，油脂管理制度，配件管理制度，阻燃胶带管理制度，杂散电流管理制度等。

一项好的制度能够使企业沿着规范的道路前进，减少风险。煤炭企业质量标准化制度是提高现场工程和设备质量管理的重要措施。通过标准化工作推动安全工作。标准的执行是避免事故很重要的措施之一。目前，煤炭企业推行的岗位作业标准、机电完好标准、工程质量标准、安全技术标准等的不断完善成为安全制度管理的另一个重要内容，体现人、机、环境等要素的有机统一。

三、不断完善和创新绩效管理机制

绩效管理机制只是组织为了进行绩效管理所制定的制度和办法，而绩效管理系统是按一定的秩序和内部联系组合而成的系统，如建立组织、人员设置、实施方法、检查分析等一套有计划的管理整体。

“安全绩效工资是指煤矿企业在确定队组工人及科室人员的工资时，在以产量进度、劳务等计算工资的同时，把制定的安全目标的完成情况也作为工资的一部分，将单独经产计酬，变为以安全、生产和效益计酬。”①这样以来，总工资就是安全和生产绩效工资的总和。随着社会的发展，这个工资分配方式还会不断创新。

---

① 郭宝厚、唐润生:《小煤矿安全管理实践》，煤炭工业出版社 2008 年版，第 68 页。

第五节　转型人才制度创新模式

普赖斯在他的名著《巴比伦以来的科学》一书中，以科学杂志和学术文章为知识发展的两个重要标志，进而对知识量的增长率进行推算，最早保存下来的科学杂志是1665年首次出版的《伦敦皇家学会哲学学报》。普赖斯作出结论说：似乎没有理由怀疑任何正常的、日益增长的科学领域内的文献是按指数增加的，每间隔大约十年到十五年的时间增加一倍，每年增长5%—7%。知识创新来源于人才。新中国成立以来，中国煤炭企业发展对人才创新采取了一系列措施。

一、知识经济时代人才的重要性

21世纪，人才问题关系中国煤炭企业发展的前途与命运。目前，中国煤炭企业人才制度必须创新，这是由时代发展的特征决定的。

1. 企业之间的竞争关键是人才的竞争

北宋司马光把人分为四类：才德兼备，谓之圣人；才德俱无，谓之愚人；德胜于才，谓之君子；才胜于德，谓之小人。这四类人才中最理想的当然是德才兼备的圣人，其次是君子，最不能使用的就是小人。愚人想干坏事却不具备能力，小人干坏事不容易暴露，但潜伏着巨大的危险。煤炭作为不可再生资源，它的发展需要具有历史责任感、现实能力的人承担。

"煤炭供应成本包括煤炭经营成本和运输成本。煤炭供应成本的高低，不仅取决于煤炭储量的地质条件、煤炭质量、地理位置，也取决于劳动生产率、劳动力成本等因素。"① 人才能力与结构的优化有助于降低劳动力成本。目前，企业的竞争关键是人才的竞争。20%的关键人才将创造80%的企业效益。

2. 知识更新速度的加快使企业竞争主要看人才创新的能力

早在100多年前，恩格斯曾对科学技术加速发展的问题做了深刻的研究。他在《自然辩证法》中指出："科学的发展从此便大踏步地前进，这

① 黄盛初主编：《2004世界煤炭发展报告》，煤炭工业出版社2005年版，第45页。

种发展可以产出与从其出发点起的时间、距离的平方成正比的成果，仿佛要向全世界指出：对于有机物最高精华的运动即人类精神起作用的，是一种和无机物的运动规律正好相反的规律。”科学技术的发展证实了恩格斯的论断。

首先，科学技术的新成果有了迅速的增长。据粗略估计，20 世纪前 50 年所取得的研究成果，远远超过了 19 世纪。20 世纪 60 年代以来，科学技术上的新发现、新发明，比过去两千年的总和还要多，仅仅在宇宙空间技术领域中，就出现了一万两千种过去不曾有过的新产品和新工艺。

其次，科学发现、发明到应用的周期也愈来愈短。电能的发现到第一座发电站的建立时隔 282 年，而激光的发明到应用只有 2 年时间。太阳能电池是 1953 年发明的，1955 年就已经实际应用。新技术的普及也是如此，在美国电话普及用了 75 年，电视机用了 30 年，而计算机仅用了 10 年。

最后，机器设备和工业产品的“陈旧周期”不断缩短。国外首先提出机器设备陈旧化的概念，专家认为机器设备不但有实际磨损，而且还有“精神磨损”，即技术上的陈旧化。第二次世界大战以来，随着科学技术的加速发展，机器设备的陈旧周期愈来愈短，20 世纪 40 年代为 10 年，50 年代为 8 年，60 年代为 5 年，70 年代为 3 年，80 年代为 1 年。同时，新技术、新产品的“陈旧周期”也愈来愈短。以电子计算机的芯片制造为例，英特尔公司的创始者戈登 · 莫尔在 1965 年曾提出两条法则：其一是每个芯片中所包含的晶体管数每过 18 个月就会增加一倍；其二是随着每代芯片的推出，制造芯片工厂的成本将增加一倍。事实证明了莫尔法则的正确性。在 1984 年台式小型计算机每秒钟只能运算 200 万次，而在 1994 年已达 2.056 亿次，1998 年预计达 20 亿次以上。莫尔在前不久的一篇文章中说：“到 2012 年，英特尔公司应该能够将 10 亿个晶体管集成到一个芯片上，该芯片的运行速度将达到 10 千兆赫，芯片性能达到每秒钟完成 1000 亿个指令。这种运算速度与目前的奔腾 II 处理器相比，就像奔腾 II 与 386 之间的差别一样。”

与知识老化、产品换代加速相对应的是职业的迭替。根据美国国家研究委员会和联合国教科文组织的资料，当代基础科学已有 500 个以上的重要专业，技术科学有 400 多种专业领域。职业环境与构成发生迅速变化：在工业发达国家，1950—1965 年，由于自动化技术的发展，8000 多个原有的技术工种消失了，与此同时，出现了6000多个新的技术工种。由于技术发展，美国小企业的变化极为迅速，每天平均新产生300万—400万家，同时有相同数量的企业倒闭。美国的人才平均每人一生流动12次。经济合作与发展组织国家的人才平均5年改换一次工作。30年前，大多数美国企业中的雇员由“白领”和“蓝领”两部分组成。“白领”一般泛指管理和科技人员，“蓝领”通常指现场操作工。20世纪60年代后，机器人逐步普及，于是企业中出现了“钢领”。进入20世纪70年代后，由于高科技的迅猛发展，美国企业开始出现“金领”阶层。他们是既有现场操作技能，又能掌握系统的技术理论知识的新型员工。美国劳工部的一项调查表明，1996年美国“金领”族的失业率仅为0.5%，约为美国社会失业率的1/10。

所以，由于知识更新速度的加速，引起科技更新速度的加速，职业的不断更迭，企业要适应时代发展，必须进行人才创新。

二、知识经济时代“复杂人”假设对中国煤炭企业转型人才制度的影响

20世纪中后期人事管理逐步摆脱了传统的管理模式，从人事管理向人力资源管理方向转变。对人力资源管理首先要从理论上回答人性问题。不同阶段的人力资源管理理论是建立在不同的人性假设上，因而形成不同的管理模式。所谓人性观点就是对人性的看法，国外有X理论、Y理论，国内有性恶论、性善论。一般来说，宗教界往往倾向于性善的一端，而世俗世界则倾向性恶的一端。著名管理心理学家雪恩（E.H.Schein）于1965年在《组织心理学》一书中，提出了四种人性假设理论。

1.“经济人”假设

又称“实利人”或“唯利人”假设。这种理论产生于早期科学管理时期，其理论来源是西方享受主义哲学和亚当·斯密（Adam Smith）的劳动交换的经济理论，即认为人性是懒惰的，干工作都只是为了获取经济报酬，满足自己的私利。因此，管理上主张用金钱等经济因素去刺激人们的积极性，用强制性的严厉惩罚去处理消极怠工者，即把奖惩建议在“胡萝卜加大棒政策”的基础上。最早提出“经济人”概念的是美国心理学家麦格雷戈（D.Mcgregov），他于1960年在其《企业的人性问题》中，将以

"经济人"人性假设为指导依据的管理理论概括为X理论，并认为它是一种错误理论。泰勒（F.W.Tayzor）是以X理论为指导的管理典型代表，以严格控制和严密监督为根本特征，只考虑如何提高生产效率，毫不关心工人的心理需要和思想感性。

2."社会人"假设

这种理论源于"霍桑实验"及其人际关系学说。"社会人"的概念也是由该实验主持者梅约提出。这种假设认为，人是社会人，人们的社会性需要是最重要的，人际关系、职工的士气、群体心理等对积极性有重要影响。因而在管理上要实行"参与管理"，要重视满足职工的社会性需要，关心职工，协调好人际关系，实行集体奖励制度等。

3."自动人"假设

即"自我实现人"假设，这一概念是最早有人本主义心理学家马斯洛提出。尔后，麦格戈提出了以"自动人"人性假设为理论基础的管理理论，给予"X理论"相反的"Y理论"，他明确否定"X理论"，而肯定"Y理论"。"自动人"假设认为，人是自主的、勤奋的，自我实现的需要是人的最高层次的需要，只要能满足这一需要，个体积极性就会充分调动起来。所谓自我实现，是指人的潜能得到充分发挥；只有人的潜能得以表现和发展，人才会有最大的满足。因此，管理上应创设良好的环境与工作条件，以促进职工的自我实现，即潜能的发挥，强调通过工作本身的因素，即运用内在激励因素调动职工的积极性。

4."复杂人"假设

这种理论产生于20世纪60—70年代。其代表人物有雪恩、摩尔斯（J.J.Morse）和洛斯奇（J.W.Lorsch）等。该理论认为，无论是"经纪人"、"社会人"，或者"自动人"假设，虽然各有其合理性的一面，但并不适合于一切人。因为，一个现实的人，其心理与行为是很复杂的，人是有个体差异的。人不但有各种不同的需要和潜能，而且就个人而言，其需要与潜能，也随年龄的增长、知识能力的提高、角色与人际关系的变化而发生改变。不能把人视为某种单纯的人，实际上存在的是一种具体的"复杂人"。依据这一理论，便提出了管理上的"超Y理论"，即权变理论。它认为，不存在一种一成不变，普遍适用的管理模式，应该依据组织的现实情况，采取相应的管理措施。

中国煤炭企业转型创新本身是一个复杂的系统。而不同的人面临着不同的需求。农民工要求物质利益的最大化；管理者要求物质和精神的双赢。一些人为了一份工作，一些人为了实现自己的人生价值。正是人们需求的复杂性，使人才制度创新困难比较多。这就要求企业保持与时俱进的精神。

三、中国煤炭企业人才制度创新模式探索

目前，中国煤炭企业人才资本量少，价值不明显。关键问题需要搞清楚目前企业需要人才做些什么事情，他们的能力差在哪里？这是我们进行人才创新的基础，在此基础上不断进行创新。

1. 开发现有人才潜力的创新模式

21 世纪，知识创新速度和淘汰速度都在不断地加速。对于企业来讲，不断开发现有人才潜力是一项长期和艰巨的任务。怎样开发现有人才潜力呢？我们认为可以通过以下途径。

（1）创新培训模式。

培训是企业最有价值的投资，是企业保持竞争力的重要手段。人才资源是中国煤炭企业开发煤炭资源的先决条件。培训的主要职能有四个：一是传播知识，即凭借教育资源来传播、传授知识，开发人力资源；二是生产知识，即发展和提供新的知识；三是示范新知识的应用，即通过举办工程研究开发中心、为企业提供知识性技术服务，示范新知识的应用；四是提升企业人才竞争力。对企业现有人才的培训来源于实践培训与学习培训，为做好培训，我们需要进行培训理念、培训方式等方面的创新。

树立培训新理念。第一，缩短培训周期。21 世纪，知识更新的半衰期是 5 年，只有不断地培训员工，才能使他们不落伍。第二，树立企业人才开发与企业产品开发与战略发展相对接的培训模式。企业人才开发最终目标是提高企业竞争力，因此，企业培训要立足于企业人才需要和企业发展目标。第三，不断创新培训形式和内容。目前，很多企业将培训作为任务来抓，将培训时间作为标准，既没有效能，又浪费人力与物力。第四，从数量型向质量型转变。对于企业培训要从多元目标发展，注重培训的内容、形式、时间、考核等方面。

实施灵活的培训方式。在对企业需求调查的基础上，制定适合于不同

层次人员需求的培训计划，如对管理人员的培训，分别制定适合于高层管理者、中高层技术人员、金融人员和物流、安全人员等的培训计划。侧重职工的素质培训，如不同岗位应知应会知识、安全知识。再者需要提升职工职业发展空间的培训。对于不同培训内容，我们需要实施灵活的培训方式：第一，坚持理论与实践知识的互动，在实践基础上提升理论，在理论指导下发展实践。第二，坚持德、智、美等多方面的培训。对于人才能力很重要，但是品德的优劣更重要。要在培养德的基础上提高智力水平。第三，坚持学历与技能相结合的培训。根据员工和企业的不同需求，确定不同类型的培训目标。第四，培训方式采用讲授式、研究式、案例式、研讨式等多种方法，根据不同授课对象和授课内容，采用不同的培训方法。

（2）建设学习型企业创新模式。

学习型企业是以共同远景为基础，以团队学习为特征，以人为本，以企业和个人的全面发展为中心，提高人的综合素质为目标所架构的学习求知的目标管理体系和所建立起的能够不断实现知识转化的运行机制的现代企业。由于知识经济时代，知识更新速度之快，单靠企业培训无法满足无法做到与时俱进，因为培训的内容都是较成熟的内容，相对来讲，也是较落后的内容。培训的目标是要实现和提升企业员工的创新力。所以，它需要企业在培训基础上形成学习的运行机制，建设学习型企业。

首先，树立全新的学习理念，形成全员学习、团队学习、自学与培训相结合的学习理念。学习是学与习的辩证统一，也就是接受与练习的统一，只学不练，或练而不学，都影响学习效果。现代科技发展水平要求团队攻关难题，因此，团队学习很重要，它就像一个共同体一样，大家有共同的话语背景，因而学习起来会产生更多的交流与进步，团队学习强调以共同愿望为基础，资源共享，取得更高层次的共识，是一种互动式的学习。学习过程是被动学习与主动学习的统一，而我们需要将自学与培训紧密结合起来，提高学习的主动性与创造性。

其次，建立和完善学习制度。学习已成为终身化的活动。为了提高企业学习的效能，必须建立学习制度，将学习常态化。根据部门的不同，确立学习内容、学习时间、学习范围。总的要求是通过网络、报纸、新闻等渠道获得最新的信息，确定技术攻关、创新创效、科技进步、合理化建议、政治理论等方面的内容，并建立企业内部信息平台，实现信息共享。

（3）完善定期考核制度。

对于企业现有人才的培训和学习，应进行定期考核，由于培训与学习的最终目标是提高员工素质，提升企业发展水平。因此，培训与学习效果应不间断地考核。我们认为，对于考核应建立弹性机制，也就是说对于重大的学习创新，如科技攻关等项目应比日常的考核时间长，考核的目标是为了促进工作，而不是为了考核而考核。因此，我们认为考核坚持以下原则：

第一，考核体现理论性与实践性、考核的时间与学习、培训内容的创新程度相关。企业可以通过理论考试、实践操作能力或实践分析问题能力的测试，对学习和培训效果进行考核。这要根据学习和培训的内容而定。对于日常学习与培训，我们的考核要常态化。对于较长时间的攻关内容，我们应建立合适的考核制度。让考核成为促进学习和培训的工具，而不是负担。

第二，考核制度建设应与资金、竞争上岗、个人发展空间等结合起来。让学习与培训成为企业工作的重要内容。现在一些煤炭企业已经这样做了，使培训与学习成为企业提高效率的重要途径。

第三，考核制度建设应体现企业、员工、行业需求的相关性。一些员工虽然学习与培训都在不断地参加，但是，知识背景的差距，接受知识能力的差距，使他们无法提高自己的竞争力，最后使培训与学习成为他们的负担。这就要求，培训与学习一定与员工的自身实际、企业发展、行业需要相结合。

第四，考核制度建设应体现企业知识创新水平。教育领域中曾经盛行“仓库理论”。“仓库理论”认为“脑子是储存事实的仓库”，教学就是用知识填满“仓库”，学习就是获取知识，知道的事实越多，知识收集得越多，则越有学问。因此，“仓库理论”十分重视记忆，因为记忆是积累知识的最佳方法。中国崇尚博闻理论，博览群书，经史子集无所不能无所不晓。然而，这种“多识”的仓库型人才是难以应付知识经济时代瞬息万变局面的。因此，我们的培训主要是培养员工的能力。

第五，考核制度应建立体现员工六种能力的考核体系，包括自学能力、研究能力、思维能力、表达能力、组织管理能力和实践能力，这些能力是知识的生产、传播和使用所必不可少的。

自学能力包括阅读学术著作和科技期刊的能力、检索数据库的能力以及在因特网查阅信息的能力、熟练地使用多种工具书的能力、查找文献资料的能力。现代科技情报的特点是数量大、增长快、交叉广以及保密性强。快速、有效地检索、浏览相关文章，从中筛选出有用的信息，是提高科研效率的重要一环。据美国科学基金会、凯斯工学院研究基金会以及日本国家统计局的初步统计，一个科研人员在一个研究项目中，用在查找和阅读情报资料的时间要占完成该项研究课题时间的50.9%；而计划思考时间占7.7%；实验和研究时间占32.1%；编写研究报告的时间占9.3%。由此可见，查找和阅读情报资料的重要性。若不收集国内外研究进展的信息，往往会出现做初步、重复的研究，更谈不上科研效率了。因此，今天学校培养学生的自学能力，就等于提高了来日的科研效率。

研究能力包括观察能力、分析能力、基本的实验能力、设计能力和动手能力。为了培养学生的研究能力，应提倡大学生参加科学研究。不少学者提出，大学生应该从他的大学学业伊始，从简单的形式着手研究工作。要把大学生搞科研作为培养人才的主要手段之一。有的大学为一年级学生开设“科研基础课”，指导学生进行初步的科研活动。实践表明，大学生搞科研，对于培养学生的研究能力是有好处的。

思维能力主要包括分析综合、抽象概括、判断推理能力、想象能力和创造能力。现代科学研究表明，人的思维方式和能力是各式各样的，例如有再现型、发现型和创造型之分。再现型人才善于积累知识，并能有效地再现；发现型人才能在前人经验的基础上，使自己的实践能力有所前进，有所提高，有所发现；而技术上的重大发明和科学上理论上的重大突破，往往是创造型人才的功勋。为了大力培养发现型和创造型的人才，就必须加强对学生思维能力的培养。

表达能力指的是语言表达能力、文字表达能力、曲线图表的表达能力以及数理计算的表达能力。

组织管理能力则包括计划能力，决断能力以及指导管理能力。科学研究的实践证明，一个研究人员没有一定计划能力、决断能力和指导能力，则不能胜任现代的科学研究工作。

实践能力体现在培训与学习过程中知识转化的水平，也是知识从理论走向实践的重要途径。

（4）增加培训和学习费用。

企业之间的竞争是人才的竞争。培训与学习是提高员工自身素质、开发人的潜能、降低产品成本、提高工作效率的重要手段。培训和学习是提高人员综合素质的重要途径；提高团队的士气、减少员工流失率的重要手段；提高企业生产率的重要依托。教育性投资是一种生产性投资，具有重大、更长期的经济和社会效益。

据美国教育部提供的有关20世纪90年代初的成人教育参与率的统计资料，管理人员的参与率为52.2%，是平均参与率的2.5倍。在此过程中，企业是经理人员接受教育培训的主要提供者和支持者。知识经济时代，培训与学习对于中国煤炭企业来讲，更具有现实性。因此，企业应将工资总额的1.5%计提，用于职工培训、学习的费用。

另外，企业应设立专门的培训部门与培训经费，而且经费呈不断上升的发展趋势。如果包括企业内部人员的费用在内，一些企业的总预算是这样安排的：30%用于内部有关人员的工资、福利及其他费用，30%用于企业内部培训，30%用于派遣员工参加外部培训，10%用于机动。如果不包括企业内部人员的费用在内，一些企业的总预算是这样安排：50%用于企业内部培训，40%用于派遣员工参加外部培训，10%用于机动。

一些企业由于观念落后，认为培训与学习耽误工作时间，不太支持员工去培训。其实，他们忽视了一个很浅的道理——磨刀不误砍柴工，培训和学习能增加企业效率，副作用是非常之少。企业应克服资金、时间等方面的困难，支撑员工洗脑。

2. 引进优秀人才的创新模式

从系统论看，系统需要与外在因素进行物质、能量和信息的交流。而人才的引进是企业对外交流很重要的形式。企业是千差万别的，企业的老板或企业的文化也是千姿百态的，引进企业合适的人才，体现了企业与外部环境交流的过程，也体现了企业与时俱进的发展历程。

引进人才，为了更好地留住人才，作为企业管理者应着力管理好引进的人才。规划好企业薪酬。“薪酬管理是企业各层组织人员责任目标、分配政策、控制水平、支付方式等的系统管理过程。”① 对引进人才应在待

① 牛克洪、崔涛主编：《现代煤炭企业管理50法》，煤炭工业出版社2007年版，第164页。

遇、福利等方面订立合理的制度。

制度制定时应考虑效益、公平、劳动付出、先考核审计再分配等原则，采用年薪制、计件制、计时制和基薪加奖励制等。同时需根据责任、贡献等不同，处理好比例关系。

3. 融合科研机构与高校相关人才的创新模式

发达国家大学示范新知识的应用，主要是通过学校与企业的合作实施的。通过合作，不仅给企业示范如何使用新知识、新技术，而且将新知识、新技术传播到了企业。

早在 20 世纪 50—60 年代，美国就进行了“大学与企业合作”的成功实践。如 20 世纪 50 年代初建立的科学园区，70 年代中期建立的大学—企业联合研究中心等，基本是由大学和企业自发合作建立的。当然，随着竞争的日趋激烈，政府便开始直接支持、资助这类合作。20 世纪 80 年代中期，新创建的工程研究中心，即是政府资助“校企合作”的新形式。目前，在美国，大学与企业的合作还有以大学为基地的合作协会、以大学为基础的公司、合同研究、合作教育、继续教育和人员相互交流的计划。

MIT 著名的 LFM 计划也有校企合作的内容。如吸收具有全局眼光的潜在领导企业，培养它们成为世界级的美国制造公司；学校与企业合作检验制造业的一系列实践；促进大学和业界的高层次合作，就问题的识别和知识的转移进行经常性的合作。到 1992 年，已有 44％的 LFM 计划研究成果在合作公司中得到实施，40％的 LFM 学生的学位论文成果在合作公司中付诸实践，参加 LFM 计划的教师也产生了 13 项发明。

另外在美国，大学教师还通过个人行为直接转化科研成果。一些教师甚至在校外独立开办企业，从事商业性研发活动。一些企业也高薪聘请具有特长的教授，为企业从事研究开发或管理工作。这就使得不少教师兼顾了多重角色，从而大大拉近了学校教学、科研与企业商业化应用之间的距离。

美国政府各部门也积极推动校企合作。如国家航空航天局发射高级通信技术卫星时，即高度重视业界、政府、学术界的三方合作，在所安排的 50 多项实验中，由 21 个工业伙伴和 25 所大学共同拟定实验项目，合作进行实验，从而大大促进了知识和技术的共享及扩散。

在美国不少高校，创新中心也从事有关科研成果的转移工作，一些创新中心甚至专门从事科技成果转移。他们以大学为依托，将有关专家、教授、工程师、学生组织起来，与企业合作，共同进行新技术、新产品的商业化开发。

人才问题不仅是一个社会问题，还是一个科学问题。人才制度建设涉及战略层、战术层和作业层。战略层一般为5年或5年以上；战术层一般为2—5年；作业层一般为短期的规划，是工资、福利、招聘、培训等的具体方案。为了促进企业发展，人才制度创新是关键，特别是对人才评估、竞争和激励机制的完善。

4. 建立和完善企业人才评估体系

随着时代的发展，企业人才已成为最重要的生产要素，管理好人才是企业长远发展的重要任务。而管理好第一步就是要对企业人才结构、素质、工作能力等方面进行客观评估。这是做好人才工作最重要的一步。

（1）不断建立和完善绩效考核体系。评估体系体现为绩效考核。“绩效考核是企业依据职务标准对员工的工作行为、工作态度、工作结果进行考察、测定、评价的过程。”①绩效考核具有控制、激励、标准、发展、沟通等功能。绩效考核标准主要包括绝对标准、相对标准和客观标准。中国煤炭企业绩效考核需要根据具体情况采用多种方式的考核。

（2）建立企业人才信息库。根据企业发展特点，将企业人才按照功能进行分类，按管理人才、科技人才、操作人才、党政人才等进行分类，分层次地进行管理，建立信息库。

（3）实施企业人才动态管理机制。随着企业的发展，根据人才信息库存特点，制定需要培训的对象、内容、形式，保持人才与时俱进，与时消息，与时偕行。另外，通过人才信息库为企业制定人才规划。

5. 建立和完善人才竞争机制

知识经济时代，人的发展越来越重视才能的发挥，因此企业应提供多个平台，使有才华的人才有干事业的平台。

（1）选用人才上坚持内主外辅的原则。很多企业在用人上老认为自己企业内部没有人才，着力引进“金凤凰”，而多数情况下，“金凤凰”因

① 郝忠胜、刘海英编著：《人力资源管理与绩效评估》，中国经济出版社2005年版，第154页。

水土不服，不得不离开。因此，在用人观念上不仅要引进人才，更要留住人才。

（2）不断完善企业人才竞争机制。根据岗位和企业人才状况，通过适度公开、公平、公正原则建立竞争上岗机制，为人才合理流动，发挥自己专长提供机会。人才竞争机制为人才流动提供了好的平台。

6. 建立和完善人才创新激励机制

目前激励理论有期望理论、公平理论、强化理论、综合激励理论。人才作为能动的生产力因素，其潜能的开发需要通过激励机制来实现。具体来说需不断完善以下机制：

（1）不断完善工资制度。对个人的付出和努力要通过公平的评估机制进行考核，形成年薪制、岗效制、基薪加奖励制、计件制、基本薪、奖励薪等不同岗位多种分配方式并存的形式。

（2）不断完善多种激励形式。从激励形式上看不外乎物质激励和精神激励。针对不同情况采用不同的激励手段。物质激励主要采用通过工资激励、福利激励、奖励激励等。精神激励包括榜样激励、感情激励、表扬激励、晋升激励、文化激励、培训激励等。对业绩不突出者也要进行教育、批评和处罚。

第六节　转型环保制度创新模式

21 世纪，为解决中国煤炭企业带来的环保问题，我们必须不断地进行环保制度创新。加强“矿井瓦斯、煤矿矿尘、矿井防治水、矿内防灭火”四大灾害的防治，煤炭开采、洗选、运输等环节的污染问题，开采前必须进行生态破坏和经济损失专项评估，加强对资源开采活动的环境监理，不断进行制度创新，强化资源节约和环境保护意识，承担社会责任。

一、不断创新环保制度理念和思路

环保问题归根结底是理念的问题。“要解决环保与经济发展、环保与社会民生、环保与未来战略、环保与城市建设等宏观定位、中观举措、微观落实的问题，就必须要有科学的理念做指导。”以胡锦涛总书记为核心的党中央提出了科学发展观的发展理论，可以说是集人类发展理念之大成、之精华，是最科学、最先进、最符合当下实际的发展理论。生态环境保护其实最需要科学发展观的指导，也最能体现科学发展的深刻内涵和重要意义。各地政府必须在科学发展观的指导下，树立科学的环保理念，采取切实的环保举措，真正实现全面协调可持续发展、人与自然和谐发展。

一些负责同志在不正确的政绩观驱使下，“重发展，轻环保”，他们往往只顾眼前利益、局部利益，无视长远利益、整体利益，一味追求经济效益，面对脆弱的生态环境，急功近利，拼命索取，只讲开发利用，不知调养保护；只算经济成本账，不算生态成本账。因此，环保观念变革十分重要。总体思路是坚持开发与保护相结合的原则，充分利用“谁污染、谁治理，谁开发，谁保护，谁破坏，谁修复，谁使用、谁补偿”的环境损耗补偿机制，建立灾害治理长效机制，将环境放在与经济同样重要的地位。

二、不断完善和创新环保基金制度

在党和国家有关领导和部门的支持下，中华环境保护基金会于1993年4月正式成立，中华环境保护基金会本着“取之于民，用之于民，造福人类”的原则广泛筹集资金。并将之用于奖励在环境保护工作中作出突出贡献的单位和个人，资助与环境保护有关的活动和项目，促进中外环境保护领域的交流与合作，推动中国环境保护事业的发展。中华环境保护基金会是环境保护部主管、民政部登记注册的中国第一家专门从事环境保护事业的全国性公募基金会。企业应有专门的环保基金。结合科技创新、管理创新，不断完善环保基金制度。

企业要建立可持续发展准备金，专门用于环境恢复与生态补偿。这是资源型企业在税前按一定比例提取。政府按照“企业所有、专款专用、专户储存、政府监管”的原则进行监管。专家计算，环保投入至少达到GDP的1.5%，中国的环境才能够有所改善；然而，中国的环保投入一直在GDP的0.5%左右徘徊，直到1999年才达到1%。因此，环保基金制度的创新非常重要。

三、建立和完善排污权收费制度

一些大型企业缺乏社会责任感，以牺牲环境为代价，过分追求经济利益最大化，有治污设施不运行，千方百计偷排漏排。不法排污企业屡查屡犯的现象比较突出。有些企业前几年就存在环境违法问题，并受到查处，但今年又无视有关法令，擅自撕开封条非法生产。结构性污染问题没有得到根本解决。

针对中国环境问题的复杂性，我们需要不断建立和完善排污收费制度，实现环保目标。排污权交易是当前各国关注的一项环境经济政策。早在20世纪70年代由美国经济学家戴尔斯提出，并首先被美国环保局用于大气污染源及河流污染源管理，尔后在德国、澳大利亚、英国等国家相继得到推广。将排污权交易引入我国环保实践是最近十几年的事情，天津、江苏、浙江、上海、山西、河南、广西等省区市先后进行了试点，这是我国环境保护机制的大胆创新。

排污收费制度、“三同时”制度（是指新建、改建、扩建项目和技术改造项目以及区域性开发建设项目的污染治理设施必须与主体工程同时设计、同时施工、同时投产制度）、排污许可证制度和污染源限期治理制度是我国主要的排污管理制度。目前“付费即排污”的污染控制办法，更多是依靠政府行政行为来推动环境保护。排污费由政府强制征收，排污许可证由政府授予，超标排污由政府处罚，大部分环保设施也是由政府投资兴建。这样，企业缺乏珍惜环境的内在压力和动力。有些地方环保部门和排污企业之间相互博弈，最后形成“协议”收费，丧失了排污费应有的政策功能。

四、不断完善环保法律法规

国家环境保护总局局长周生贤说，近年来，群众的环境投诉和因环境问题引发的群体性事件以每年30%左右的速度上升，一些地方污染问题已经成为影响社会稳定的重要因素，环境法律法规不完善、执法不严是造成这种局面的重要原因之一。今后几年，我国将着力加强环保法律、法规的修订和完善工作。

《中华人民共和国环境保护法》颁布已经十几年了，其中很多规定已经远远不能适应形势发展的需要。通过修改环境法，要重点突破长期困扰环境执法的“老大难”问题，特别是地方保护主义问题，强化体现环境与发展综合决策的宏观制度。对现有不适应历史性转变的法律法规，重点解决“违法成本低、执法成本高、守法成本高”的突出问题，着力解决饮用水安全、饮食娱乐服务业污染扰民、城市噪声污染等严重影响群众切身利益的环境问题。

第七节 转型低碳制度创新模式

低碳经济理论最早见诸2003年的英国能源白皮书《我们能源的未来：创建低碳经济》。低碳经济理论是依据基本的地球物质循环（尤其是碳循环）和碳平衡的原理，计算各种公共工程和商业活动的碳排放及碳预算收支，同时通过相应机制使得碳排放权得以自由交易的一种经济理论。与此同时，低碳经济内涵还来源于可持续性发展理论，该理论认为自然资本在消费品的生产中可作为效用的较直接提供者，是不可替代的，因此强可持续性又被称为“不可替代范式”。低碳经济利国利民。中国煤炭企业作为高碳企业，它发展低碳经济具有广阔的空间。下面进行制度层次的探讨。

一、提供经济低碳化转型的激励机制

低碳经济制度创新的关键，是提高化石能源使用和二氧化碳消费的价格，为生产和消费的低碳化转型提供激励机制。有数据表明，工业经济社会劳动生产率的提高依赖于劳动价格的提高，即劳动力价格的提高促进了劳动节约型技术的研发和劳动节约型产业的发展。与此相类似，未来的低碳经济社会要大幅度提高化石能源生产率和二氧化碳生产率，也需要大幅度提高化石能源消耗的价格和二氧化碳排放的价格。另一种是限制排放和交易许可机制，由政府确定可以允许的二氧化碳排放规模，然后通过市场交易提高碳生产和消费活动的效率。只有提高化石能源和二氧化碳的价格，才能将当前的高碳社会向低碳社会转型。

中国煤炭企业作为高碳企业，要想实现其低碳化发展，必须将低碳化目标纳入领导干部政绩考核体系。2010年的“两会”期间，就有委员代表呼吁，国家发改委应设立低碳经济的统计和指标体系，把碳排放指标与领导干部政绩挂钩。相信，未来碳指标体系将成为中国煤炭企业低碳化发展的重要动力。

二、整合低碳经济与循环经济制度

中国作为一个发展中大国，现阶段还不具备立刻停止对碳基能源、原材料使用的条件。因此，需要从增量上减缓对碳基能源、原材料的使用必然要引入循环经济制度，把碳捕获、碳封存、碳替代、碳减量等技术环节充分融入循环经济模式，实现低碳经济与循环经济制度的有机融合，使两者相得益彰，先在产业增量上实现“低碳化”，并逐步压缩“高碳化”产业存量。

随着能源结构的不断调整，中国煤炭企业发展方式不断变革，其中发展循环经济比较好地解决了发展问题与低碳问题。目前，关键需要通过制度创新实现两者之间的互动机制。并应建立循环经济发展促进低碳化发展的衡量指标体系。

三、改善“高碳经济发展模式”下的产业链条与产业结构

发展低碳经济需要政府制定一个中长期规划。2009 年，美国政府加强了低碳经济发展的相关计划和实施。目前，中国正在通过低碳理念影响公众的消费方式。未来产业结构的低碳化转型将从根本上解决中国高碳问题。

高碳经济条件下的新兴产业革命本身即意味着对现有产业制度进行创新，其核心在于改善现有高碳经济条件下产业制度的两个维度，即“高碳产业链条”与“高碳产业结构”。首先是缩短能源、汽车、钢铁、交通、化工、建材等高碳产业所引申出来的产业链条，把这些产业的上、下游产业链“低碳化”（或降低其创造的单位 GDP 的碳强度）应当成为现有产业制度创新的一个重要方向；其次是调整高碳产业结构，逐步降低高碳产业特别是“重化工业”经济在整个国民经济中的比重，推进产业和产品向利润曲线两端延伸，即向前端延伸，从生态设计入手形成自主知识产权；向后端延伸，形成品牌与销售网络，提高核心竞争力，最终使国民经济的产业结构逐步趋向低碳经济的标准。中国煤炭企业转型需要相关的低碳产业链条和产业做支撑，只有产业的变革才能引领低碳化时代的真正到来。

四、创新碳金融制度

联合国开发计划署的统计显示，目前中国提供的碳减排量已占到全球市场的 1/3 左右，居全球第二。尽管中国是未来低碳产业链上最有潜力的供给方，却仍不是定价方。中国目前的碳交易市场主要基于项目交易，不是标准化的交易合约，加之信息不透明，中国企业在谈判中常常处于弱势地位，所以不具备价格方面的话语权。中国亟需建立一个包括碳排放在内的统一的排放权市场，以整合各种资源信息，通过市场发现价格，用市场化的方法去规范企业的单兵作战。通过引入竞价机制充分发现价格，从而有效地避免暗箱操作。同时，统一的交易市场还是一个更有利于参与国际市场的途径。因为，统一的碳交易市场不仅有利于减少买卖双方的交易成本，还能极大地增强中国在国际碳交易定价方面的话语权。通过碳金融创新改变中国在全球碳市场价值链中的低端位置，获取国家最大的战略权益。

从财税金融制度看，“我们需要不断改革和完善资源税、消费税，开征环境税、碳税。”[①]运用财税杠杆实现低碳经济多元发展模式，形成由公众参与，社会和企业投资共同推动的低碳经济体系。

① 迟福林、傅治平:《转型中国：中国未来发展大走向》，人民出版社2010年版，第79页。

第六篇　转型文化创新

第十一章　中国煤炭企业转型文化创新的演变

文化作为企业发展的软实力，越来越受到企业的重视。文化创新作为上层建筑，对促进企业科技、管理、制度的创新具有重要的作用。中国煤炭企业文化创新经历了长期的探索过程。

第一节　文化创新的内涵及特征

人类社会进步的过程就是人类文化不断创新的过程。关于文化的内涵是多种多样的，对于文化创新理解也是非常宽泛的。

一、文化的内涵及特征

文化作为复杂的社会现象，不仅存在地域的区别，而且不同时代对它的理解也是不同的。对于它的内涵与特征也有多种解释与说明。

1. 文化的内涵

“文化”一词在西方来源于拉丁文 Cultura，原义是指农耕及对植物的培育。后指一个教派的成员笃信某些具体的行为方式，进而发展成为一种信仰。在中国的古籍中，“文”既指文字、文章、文采，又指礼乐制度、法律条文等。“化”是“教化”、“教行”的意思。从社会治理的角度而言，“文化”是指以礼乐制度教化百姓。汉代刘向在《说苑》中说：“凡武之兴，谓不服也，文化不改，然后加诛”。此处“文化”一词与“武功”相对，含教化之意。南齐王融在《曲水诗序》中说：“设神理以景俗，敷文化以柔远”。其“文化”一词也为文治教化之意。文化一词的中西两个来源，殊途同归，今人都用来指称人类社会的精神现象，抑或泛指人类所创造的一切物质产品和非物质产品的总和。历史学、人类学和社会学通常在广义上使用文化概念。

在近代，给文化一词下明确定义的，首推英国人类学家 E. B. 泰勒。他于 1871 年出版了《原始文化》一书中指出："文化或文明是一个复杂的整体，它包括知识、信仰、艺术、伦理道德、法律、风俗和作为一个社会成员的人通过学习而获得的任何其他能力和习惯。"英国人类学家 B. K. 马林诺夫斯基发展了泰勒的文化定义，20 世纪 30 年代所著《文化论》一书，认为"文化是指那一群传统的器物，货品，技术，思想，习惯及价值而言的，这概念包容调节着一切社会科学。我们亦将见社会组织除非视作文化的一部分，实是无法了解的。"他还进一步把文化分为物质的和精神的，即所谓"已改造的环境和已变更的人类有机体"两种主要成分。英国人类学家 A. R. 拉德克利夫–布朗认为，文化是一定的社会群体或社会阶级与他人的接触交往中习得的思想、感觉和活动的方式。文化是人们在相互交往中获得知识、技能、体验、观念、信仰和情操的过程。他强调，文化只有在社会结构发挥功能时才能显现出来，如果离开社会结构体系就观察不到文化。例如，父与子、买者与卖者、统治者与被统治者的关系，只有在他们交往时才能显示出一定的文化。法国人类学家 C. 列维–斯特劳斯从行为规范和模式的角度给文化下定义。他提出："文化是一组行为模式，在一定时期流行于一群人之中……并易于与其他人群之行为模式相区别，且显示出清楚的不连续性。"英国人类学家 R. 弗思认为，文化就是社会。社会是什么，文化就是什么。他在 1951 年出版的《社会组织要素》一书中指出，如果认为社会是由一群具有特定生活方式的人组成的，那么文化就是生活方式。

美国文化人类学家 A. L. 克罗伯和 K. 科拉克洪在 1952 年发表的《文化：一个概念定义的考评》中，分析考察了 100 多种文化定义，然后他们对文化下了一个综合定义："文化存在于各种内隐的和外显的模式之中，借助符号的运用得以学习与传播，并构成人类群体的特殊成就，这些成就包括他们制造物品的各种具体式样，文化的基本要素是传统（通过历史衍生和由选择得到的）思想观念和价值，其中尤以价值观最为重要"。因此，文化的核心是一种价值观。

文化构成主要包括四种形式：①符号、定义。这些是用于解释现实和确定好与坏，正确与错误的标准，包括语言和符号。②规范准则。对在一个特定的社会中人们应该怎样思想、感觉和行动作出的解释，包括习俗和法律。③物质文化。实际的和艺术的人造物体。它反映了非物质文化的意义，包括：机器、工具、衣服、房屋等等。④价值观。它主要指哲学和其他具体科学、宗教、艺术、伦理道德以及价值观念等，其中尤其以价值观念最为重要，是精神文化的核心。精神文化是文化要素中最有活力的部分，是人类创造活动的动力。没有精神文化，人类便无法与动物相区别。

2. 文化的特征

文化作为社会发展的产物，是社会诸多因素共同作用的结果。它的特征主要表现在以下几个方面：

（1）历史继承性与突破性。文化既是一定社会、一定时代的产物，是一份社会遗产，又是一个连续不断的积累过程。每一代人都出生在一定的文化环境之中，并且自然地从上一代人那里继承了传统文化。同时，每一代人都根据自己的经验和需要对传统文化加以改造，在传统文化中注入新的内容，抛弃那些过时的不合需要的部分。

（2）时代性。文化是一定时代发展的产物。自然存在物不是文化，只有经过人类有意无意加工制作出来的东西才是文化。例如，吐痰不是文化，吐痰入盂才是文化；水不是文化，水库才是文化；石头不是文化，石器才是文化等。文化体现了人类社会在不同时代发展的客观需要。

（3）地域性。一般文化是从抽象意义上讲的。现实社会只有具体的文化，如古希腊文化、罗马文化、中国古代文化、中国现代文化等。自从民族形成以后，文化往往是以民族的形式出现的。一个民族使用共同的语言，遵守共同的风俗习惯，养成共同的心理素质和性格，即民族文化。具体文化受到诸多条件的制约，其中最主要的是受自然环境和人们的社会物质生活条件的制约。如有石头，才有石器文化；有茶树，才有饮茶文化。而石器与茶饮的区域性体现了地域性特征。

（4）阶级性。在分裂为阶级的社会中，由于各阶级所处的物质生活条件不同，社会地位不同，他们的价值观、信仰、习惯和生活方式也不同，出现了各阶级之间的文化差异。

（5）渗透性。文化是由各种元素组成的一个复杂的体系。这个体系中的各部分在功能上互相依存，在结构上互相联结，共同发挥社会整合和社会导向的功能。然而特定的文化有时也成为社会变迁和人类自身发展的阻力。文化通过观念、制度、行为和器物等渗透社会生活的各个方面。

二、企业文化创新的内涵

从20世纪20年代起，随着西方社会经济的发展，生产规模的扩大，企业管理向更深层次发展。到了20世纪70年代在西方各国企业管理实践中掀起了企业文化热潮。

1. 企业文化的内涵

企业文化就是全体成员在为企业发展的共同目标长期团结、合作奋斗的过程中，在企业范围内形成的一种具有特色的意识形态，它是把企业职工凝聚在一起，协调人际关系的道德规范，是指导人们行动的行为准则，是一种具有内在稳定性的反映该企业文化职工共同心理的精神状态。

企业文化创新是指为了使企业的发展与环境相匹配，根据自身的性质和特点形成体现企业共同价值观的企业文化，并不断创新和发展的活动过程。企业文化创新的实质在于企业文化建设中突破与企业经营管理实际脱节的僵化的文化理念和观点的束缚，实现向贯穿于全部创新过程的新型经营管理方式的转变。面对日益深化、日益激烈的国内外市场竞争环境，越来越多的企业不仅从思想上认识到创新是企业文化建设的灵魂，是不断提高企业竞争力的关键，而且逐步深入地把创新贯彻到企业文化建设的各个层面，落实到企业经营管理的实践中。

2. 企业文化的层次性

"一般来说，企业文化结构分为观念层、行为层、制度层和物质层。"[①]观念文化包括人们的理想、信念、价值观等。行为文化包括人们的言、行、工作态度等。制度文化是企业的各项规章制度、组织结构、领导体制等不断完善的体现。物质文化是看得见的，包括矿井、生产设备、产品等在内的总和。观念文化是企业文化的核心和灵魂，行为文化是企业领导与员工精神状态的客观反映，制度文化是各不同文化的中介和纽带，物质文化是企业文化的基础。企业文化创新的过程就是这些方面相互发展与

---

① 李爽：《煤矿安全文化的研究与思考》，中国矿业大学出版社2010年版，第8页。

融合促进的过程。

三、企业文化创新的特征

企业文化创新要以对传统企业文化的批判为前提，对构成企业文化诸要素包括经营理念、企业宗旨、管理制度、经营流程、仪式、员工行为等进行全方位系统性的弘扬、重建或重新表述，使之与企业的生产力发展步伐和外部环境变化相适应。企业文化是企业的灵魂、信仰和价值观；是企业的旗帜、纲领、共同愿景；是企业的个性和气质。企业文化创新体现企业文化发展的动态性、时效性和发展性。它具有以下特征：

第一，体现企业发展的价值取向。21 世纪，企业的发展不仅应注重自身经济效益的提高，还要注重员工的全面发展，企业内部、企业内外部之间的和谐发展。企业文化创新应体现时代对企业发展的价值需要。另一方面，企业作为社会细胞，还需要注重权利与责任的统一。特别是要避免企业将环境污染等外部性问题转嫁给社会。只有企业文化的不断创新，才能从根本上扭转很多认识上的误区。

第二，促进企业科学发展。创新企业文化是企业发展一个重要指标和鲜明特征。它与以往在企业内部广泛开展的企业文化活动的一个明显区别是，现代企业文化更紧密地把企业文化活动与企业的实际收益联系在一起，或者说直接挂钩。因此，它在企业的地位就愈显重要和突出。当企业内外条件发生变化时，企业文化也相应地进行调整、更新、丰富、发展。因此，坚持企业文化创新对于企业发展具有极其重要的作用。它可以摒弃原有的不合理的思维和行为，以一种前所未有的新思维来创造新的成果。文化创新会直接作用于人的观念意识、思维方式，进而影响人的行为。一个企业无论实力多么雄厚，它的企业文化建设一旦停滞不前，便失去了创新的动力，这个企业的发展必将会走下坡路。21 世纪中国煤炭企业转型文化创新应体现科学发展的要求。

第三，凸显器物、制度、行为、文化之间的互塑性。每一时代都有自己独特的器物特征，器物发展形成了相应的制度与文化。石器时代，创造了原始文化；农器时代，创造了农业文化；蒸气机技术和电力技术时代创造了工业文化；信息技术时代创造了知识文化。器物革命引起行为、制度和文化革命，反过来文化创新又会影响器物与制度、行为的发展，形成自上而下、由下而上双向互塑发展的特征，从器物到文化体现了生产力对生产关系的决定作用，从文化到器物体现了生产关系对生产力的反作用过程。

第四，提升企业竞争力。在高度发达的今天，企业硬件的较量已经逐渐开始淡化，60年代竞争的核心内容在于技术，70年代在于管理，80年代在于营销，90年代在于品牌。继技术竞争、管理竞争、营销竞争、品牌竞争之后，21世纪企业竞争的核心将在于企业文化。企业文化能使企业在新世纪保持长久的竞争力，企业文化创新也由一种全新的文化理念，转变为对提高企业竞争力有决定性作用的新型经营管理模式。企业文化有助于增强企业的凝聚力，增强产品的竞争力。企业文化的核心是其思想观念，它决定着企业成员的思维方式和行为方式，能够激发员工的士气，并充分发掘企业的潜能。一种好的企业文化氛围建立后，它所带来的是群体的智慧、协作的精神、新鲜的活力，这就相当于在企业核心装上了一台大功率的发动机，可为企业的创新和发展提供源源不断的精神动力。

第五，提高企业职工的素质。“企业职工的素质，决定着企业的素质，也决定着企业文化的水平。”① 企业文化一方面为员工提供了学习的方向，另一方面为员工发展提供了空间。企业需要文化不断培训员工，通过多种渠道，多种形式，提高员工思想境界、文化水平、业务能力。只有员工优秀了，企业才可能健康地发展。文化创新是实现企业员工行为从被动服从转向积极应对的团队文化。

第六，实现企业创新力的提升。21世纪是一个创新的时代，创新力的提升需要创新的文化力作为支撑。温家宝指出，文化改变一个民族的命运。文化对经济具有渗透性，文化比物质力量更强大。对于企业来讲，创新能力越来越重要，这就需要企业营造创新的文化氛围，这也是企业实现科学发展的必然要求。

四、企业文化创新的功能

企业文化创新作为企业创新的主要内容，是企业发展的航标。它对企业的发展具有以下功能：

---

① 侯定和主编:《煤炭企业文化建设》，煤炭工业出版社1991年版，第28页。

第一，导向功能。企业文化能对企业整体和企业每个成员的价值取向及行为取向起引导作用，具体表现在两个方面：一是对企业成员个体的思想行为起导向作用；二是对企业整体的价值取向和行为起导向作用。这是因为一个企业的文化一旦形成，它就建立起了自身系统的价值和规范标准，如果企业成员在价值和行为取向上与企业文化的系统标准产生悖逆现象，企业文化会将其纠正并将之引导到企业的价值观和规范标准上来。

第二，约束功能。企业文化对企业员工的思想、心理和行为具有约束和规范作用。企业文化的约束不是制度式的硬约束，而是一种软约束，这种约束产生于企业的文化氛围、群体行为准则和道德规范之中。群体意识、社会舆论、共同的习俗和风尚等精神文化内容，会造成强大的使个体行为从众化的群体心理压力和动力，使企业成员产生心理共鸣，继而达到行为的自我控制。

第三，凝聚功能。企业文化的凝聚功能是指当一种价值观被企业员工共同认可后，它就会成为一种黏合力，从各个方面把其成员聚合起来，从而产生一种巨大的向心力和凝聚力。企业文化创新作为企业价值的标准，在创新过程中起到凝聚的作用。

第四，激励功能。企业文化创新具有使企业成员从内心产生一种高昂情绪和奋发进取精神的效应。企业文化把尊重人作为中心内容，以人的管理为中心。企业文化给员工多重需要的满足，并能对各种不合理的需要用它的软约束来调节。所以，积极向上的思想观念及行为准则会形成强烈的使命感、持久的驱动力，成为员工自我激励的一把标尺。

第五，辐射功能。企业文化创新一旦形成较为固定的模式，它不仅会在企业内部发挥作用，对本企业员工产生影响，而且也会通过各种渠道（宣传、交往等）对社会产生影响。企业文化创新的传播对树立企业在公众中的形象很有帮助，优秀的企业文化对社会文化的发展有很大的影响。它会成为企业与社会互动的纽带。

第六，教化功能。企业文化创新是企业长期积淀与时代文明相结合的产物，是企业与时俱进的结果。对员工思想认识的转化提升，个体行为习惯的养成，认知水平的提高，都具有教化功能。企业通过培训、使员工在理念、制度、行为、物质等方面与企业发展形成协同力，促进企业的创新发展。

第二节　以经济为中心的煤炭企业转型文化创新

随着知识经济的到来，经济与知识、经济与文化越来越走向融合。这成为煤炭企业文化创新的重要时代背景。事实上，科技进步的发展导致当前知识经济的产生，其原因不仅仅在于科技进步对经济系统的影响，也在于在科技进步使整个社会的知识积累到了一定程度后经济系统对科技进步本身产生的反作用。换言之，知识经济产生于知识与经济的融合，它是在两种相辅相成的趋势中体现出知识的经济化和经济的知识化。文化创新的过程体现了知识经济化与经济知识化融合发展的特征。

一、知识的经济化

科技进步以往常常是科学在书斋或实验室中从设想、设计到实现一手包办的（尽管可能并不是由同一个科学家完成整个过程），而随着它对经济系统影响的日益增强，作用的不断提高，对追求增长的经济系统来说，将其拉入市场体制中的诱惑也日益增强；一方面向知识创新投入越来越多的资源，另一方面使知识成果日渐市场化。更为重要的是，随着人类总体知识的爆炸性扩张，知识个人占有的分散化特征更显得突出，使得个人知识的积累和现有知识在人与人之间的转移成为大规模的社会活动。为了提高这一进程的效率和目的性，自然而然地在资源有效配置上具有独特优势的市场体制就成为近乎唯一的选择。

1. 人类社会的总体知识的增长越来越受到市场的推动与制约

人类社会总体知识的增长，主要来自科技研究人员的自发性创造，科技进步的方向选择成功与否，首先取决于研究人员是否对它感兴趣和他们是否有能力完成在相应领域的创造性工作。科技进步的资金来源、人力投入或需求问题，科研人员都可以自行解决，或通过科研人员向政府或企业的游说解决。即使是企业自设的研究机构，这些科研人员为了科技本身的目的而进行的自主选择（为技术而技术）的特征是相当明显的。20 世纪以来，这种局面逐渐在发生变化，市场在决定科研的人力、物力、财力投入的方向和力度上起着越来越大的作用。长期来看，发展科技成为加强企业（公司）竞争力的唯一有效的工具，不断受到了重视。为此，科技的地位日益提高，科研人员的工作也相应由市场规则给予了报酬，也就是说由其边际贡献率决定。

随着知识对社会影响的日益加强，市场产生了对知识增长的强烈需求，经济系统在得到知识提供的高附加值后，进一步产生对知识增长的强烈需求，由此经济系统对知识增长介入的规模越来越大，程度也越来越深。与之相对应，经济系统要求由市场来决定知识增长的方向和步骤，即要求由市场需求来决定智力资源所需投入的方向和力度。具体来说，由于人类面临的是无限深邃的未知世界，在各种方面都需要取得进一步的了解，而能从事相应研究工作的人数有限，所以需要在无限的目标中有选择地进行探索。在知识和经济高度发展的今天，自发性的科研目标选择方式逐步为市场化的知识增长形式所代替，知识增长的探索方向和力度的选择由市场规则决定，也就是要求智力资源的配置所形成的预期知识增长能够最有效地满足社会需求。

同时，知识增长方案选择的成败与资本配置、劳动力投入的成败一样由市场标准进行检验，符合市场要求的知识增长将得到越来越多的智力资源投入以及相应的资本和人力投入，不符合市场要求的知识增长方向将难以为继，只有一些具有长远经济利益和社会利益的知识增长项目才能够得到政府的支持。

这种趋势形成的客观可能性在于科技进步到实用的转化速度越来越快，从而知识增长特有的高风险性逐步降低到可以为市场主体所接受的范围，同时由于人类知识的增长，对于进一步的开发和探索能够达到的目标也越来越有把握。

在这种背景下，整个知识体系的发展或多或少地由市场进行引导，实用技术的市场也会对相应的基础研究产生影响。不过，值得注意的是，基础科学研究的外部性很强，对应的成果将造福于整个社会，不能由出资人和完成者独享利益，所以难以由市场主体进行组织，而只能由代表社会利益的政府来资助和组织。同时，还要注意到，政府支持的任何知识增长项目也必须通过市场体制来进行配置，为此即使是纯数学这种基础科学研究，也要受到市场规则的间接支配，这是因为它所得到的资源（人力、物力、财力）受到整个经济系统所能够以及所愿意承担的资源的限制。

2. 日常生产和知识创新产生了高度分工，使得知识系统具有复杂的内部结构

随着知识对经济系统运作的影响越来越大，知识不仅成为生产的第一大要素，而且是第一生产力，在决定生产的规模和效益上起着决定性的作用。但是知识资源分散掌握在每个人手中，如何有效地进行配置就是市场资源配置的重大问题。

人类社会发展到今天，知识的爆炸性增长使得一个人不可能掌握即使是某一特定领域内的所有知识，所以知识创新者的高度分工成为必然。在当今社会，没有一个人能够掌握生产一种即便是最微小的工业产品（如一个螺丝）所需要的全部知识。为此，需要有效率地组织知识资源，这并不是计划者所能有效完成的工作。一个人所掌握的知识是多方面的，没有纯粹的单方面的专家，这种知识的多样性也是一个人能够适应社会所必需的，个人知识水平的深度和广度只有自己才清楚（甚至有时自己也不很清楚），一个人接受特定领域知识的能力也是不同的。由于这些因素的存在，计划者不可能获知全部信息，单纯的计划不可能有效地将个人组织起来，并调动每个知识创新者和获取者的全部潜能。为此只能通过市场机制的引入，让知识资源自主地、有选择地寻找能够获得自己最大报酬的地方，才能更有效地配置知识资源，并发挥每个人知识增长的最大潜力，获得最大的回报。

这种知识资源市场依附于劳动力市场，可以称为一种影子市场，由于它的存在，知识经济中的劳动力市场不能再被看做是同质商品（劳动力）的市场，而应该看做是一种商品之间存在巨大差异、质量不同的市场。

在当今社会中，这种知识资源配置不仅仅对知识的增长具有决定性的作用，而且对于生产的日常进行也是必不可少的。很多工作岗位操作不但需要具备一定的知识水平，还需要不断地接受新的知识，才能适应迅速变化的社会需求。

3. 知识的私人占有使得知识的转让和交易成为巨大的市场

知识资源的创造性劳动产生了纯知识产品，例如专利、技巧、秘诀以及各种各样的有突破性意义的新想法等等，社会承认和保护这种私人占有，让知识产品有偿转移，使它们能够发挥最大的经济效益，对应的技术转让形成了有形的或无形的巨大市场。

值得注意的是，除了技术转让这种显性的市场交易之外，还存在知识的隐性交易。由于知识掌握在个人和公司手中，往往在高级人才流动和企业兼并之中存在着知识的隐性交易，事实上在现实经济生活中，很多公司之所以以优厚的待遇吸引人才（特别是所谓“挖墙脚”及猎头公司）和以高昂的价格兼并某些小公司，很大程度上是为了获得知识资源。也就是说，在人才流动和企业兼并之中存在一种知识溢价。这种隐含交易的数额难以进行估计，技术转让等显性交易只是冰山的一角，而真正大规模的知识转让和流动隐含在各种形式的市场行为之中。

4. 知识的分散性使得个人的知识积累、人与人之间的知识交流成为必然

知识作为生产要素地位的确立，使得个人要寻求自己所能得到的最大收益，这就需要提升自己的知识水平，这体现在个人在整个生命历程中需要不断地吸收新的知识。知识转移的渠道表现为再教育，或表现为工作和工作之余对新知识的吸收，人们愿意为此付出一定的时间和代价。这种强大的需求压力必然产生高效率的知识供给，由于现代通信技术的迅猛发展，尤其是以互联网为代表的大众型信息、知识渠道的建立，使得知识的大规模供给成为可能；经济上有利可图，这使得知识成为一种商品，只不过它的市场交易渠道形式很多，可以说是以电波为载体的市场，而与物质产品大不相同。虽然物质产品可以在网络上交易，但成交后这些产品要利用运输工具移动位置，知识产品的交易不存在这个问题。

总的来说，知识的经济化不仅仅是市场上多了一种商品，而且由于这种商品的特殊性质，它又是附加在所有其他商品上的一种影子商品，深入到经济系统的每一个组成部分，这就是知识和经济融合的意义，两者不可分割。

二、经济的知识化

随着经济活动对知识的依赖不断加深，经济系统日益知识化，体现为知识对经济系统的影响。表现在：

1. 生产的日常进行已经离不开知识资源的参与，知识成为又一大生产要素

在传统经济学的生产理论中，生产要素主要是资本和劳动力两种，之

后人们引入了技术进步的因素。在当今社会，由于在生产中所使用的要素包含的知识日益增多，如果没有相匹配的职工，正常的日常运转是难以有效开展的，更不用说一旦这些产品在使用中出现故障，或需要根据市场需求变化改变自己产品的某些特性需要对生产模式进行调整，没有相应的知识，就无法使企业生存，更谈不上发展。

另外，人们常常将信息作为生产的又一大要素，但信息和知识作为生产要素的贡献是绝不相同的。很容易见到的这些事实，具有相应的信息，但没有相应的知识资源也无法利用这些信息组织有效的生产。在科技落后的国家，最为欠缺的不是信息，而是知识，信息可以通过政府的组织、个人的努力而比较容易获得，而知识资源的培养却并不是一朝一夕的事情。知识成为生产要素，扩展了经济系统管理的范围。

2. 知识战略和知识策略的选择适当与否成为决定公司（企业）是否能够长期生存与发展的最关键的因素

资本的投入，劳动力（非知识意义上的）投入，价格、广告等营销策略的采用只能在短期内提高自己的竞争力，竞争者很容易模仿采用这些方法，而只有通过所拥有的知识资源，开发崭新的产品，提供以往所不具有的服务来增强自己的竞争力。这一点已经成为经济界的共识。

在市场背景下，知识增长的最终结果完全由市场规律决定，由于知识开发特有的风险性和所需要的巨大投入，知识战略和知识策略的选择对公司的前途至关重要，失败就意味着被淘汰。美国 50 年前的前 500 家大公司到现在有很多已经不复存在，很大程度上是因为它们知识战略的失败。IBM 公司当初低估了个人电脑的发展潜力，从而丧失了一个大好的机会，而后将电脑操作系统拱手让给了比尔 · 盖茨的 DOS，这是使该公司后悔至今的惨痛教训。微软公司开头不重视网络的作用，后来才改变战略，向这个大市场进军，同样说明了这个道理。

3. 知识资源和知识增长是决定国家经济系统未来走势和命运的关键

高科技竞争的重要性已经为每个国家的领导者所认识，为此知识资源的培养和利用、知识增长的长期和短期规划，成为每个国家日常工作的一个重要课题。20 世纪末，为了为 21 世纪的综合国力竞争做准备，无论是发达国家、新兴工业化国家和地区，还是发展中国家和地区均在改革自己的科技体制，调整科技发展战略，并根据各自国家和地区所具备的基础、优势和国际上科技发展的态势来制订自己跨世纪的发展计划。

美国前总统里根提出了“星球大战计划”，克林顿总统又提出了“面向21世纪的科技发展战略”，日本提出了从“经济大国”走向“高科技大国”的长期计划——“科技政策大纲”；欧洲各国根据自己的情况制订了“尤利卡计划”；中国制订了“863计划”和“火炬计划”；韩国、印度、巴西等国家则相应制定了有选择性的赶超先进国家水平的科技发展方案。这些都说明了在科技竞争的大背景下，各个国家充分认识到知识对于国家民族发展的重要性，未来的经济走势很大程度上将由这些战略的具体实施产生的结果而定。

总的来说，知识的经济化和经济的知识化使得知识和经济日渐整合在一起，这给整个人类的总体科技进步提供了强大的推动力，也使知识体系日渐按照市场规则而高效率地展开，从而形成了知识经济这一新的经济形态，因此我们可以将知识经济的兴起理解为知识和经济的融合。

目前有人不理解知识在经济中的作用是变化的，提出原始公社就有知识，那时的经济就是知识经济。为了回答这个问题，需要分析知识在经济中的作用。我们把历史上知识在经济中发挥的作用分为三个时期：

第一个时期是知识用于延长人的四肢。例如原始人将石头或木棒磨尖，能够捕杀较多的动物；奴隶用木棒移动大石头，可以减轻体力；农民用牛马耕地，可以代替人作为劳动力。这个时期所用的主要是力学原理。

第二个时期是知识用于机器生产。这是18世纪从英国开始的工业革命，蒸汽机作为动力，在工厂、铁路、轮船等各个方面得到了广泛的利用，虽然劳动者数量增加不快，但机器创造了强大的生产力，促进了经济的发展和产业结构的变化。后来又发生了以电力为代表的第二次技术革命和产业革命。在这场革命中，不仅开发出电动机、内燃机等动力设备，而且发明了电灯、电话、无线电通信等等，改变了世界的面貌。这个时期所用的是热力学和电磁学。

第三个时期是知识用于管理水平和创新的提高。1881年美国泰勒进行搬运生铁实验，标志着现代管理的诞生。泰勒认为，劳动可以被研究、被分析，可以被分解成一系列简单的可重复的动作，每一个动作必须以正确的方式、以最短的时间和最好的工具来完成。1840年前后，德国奥·波瑞希发明了学徒培训系统，它仍然是目前德国工业生产率的基础。这个时期形成了管理科学。现代知识除应用于机器、管理外，更重要的是应用于知识创新。以前，学习知识是为了自我认识，提高自我修养，提高如何说和说得更好的能力，也就是提高语法、逻辑和修辞的能力。现在学习知识，主要是为了知识创新，对客观事物进行概括，总结出规律，证明定理，制定法律、规章、计划、措施，开展创造、发明，揭示技术原理，提出设计方案，创作优秀作品等等。这个时期所用的是现代科学，如电子学、微电子学、生物学，基因工程、细胞工程等等。

我们认为，知识用于延长四肢，属于农业经济；知识用于机器生产，属于工业经济；而知识用于管理和创新，属于知识经济。

三、中国煤炭企业文化创新的历程

文化创新体现在观念层、行为层、制度层和物质层等不同层次上，社会发展的不同阶段文化创新的层次也不同。新中国成立初期，中国煤炭企业文化多体现在观念层次上。20 世纪 60 年代周总理亲自树立的“艰苦奋斗，勤俭办矿”的红旗—石圪节精神，成为当时煤炭企业学习的楷模。1982 年 11 月，成立了中国煤矿文化基金会。1983 年 1 月，创办了《中国煤炭报》，为煤炭工业生产建设和精神文明建设服务。同年成立了煤矿思想政治工作研究会。20 世纪 80 年代，随着市场经济体制的不断发展，中国煤炭企业文化创新开始受到重视。很多厂矿企业提出了企业精神，如奉献精神和艰苦奋斗的精神，到 20 世纪 80 年代后众多的企业才开始重视企业文化，而不单指企业精神。该时期煤炭企业文化创新往往与企业职工文化生活联系在一起，停留在表层的器物层次。功能体现在服务于企业文化生活。

从改革开放到 20 世纪末，随着可持续发展理念的不断深入，中国煤炭企业文化理念从单纯的经济效益转型为兼顾经济和效率。1995 年成立的神华集团，率先建成了我国首个亿吨级大型煤炭基地，走出了一条中国煤炭工业可持续发展并具有竞争力的新型煤炭工业化路子。它的发展理念是“高起点、高质量、高技术、高效率、高效益”，体现了科技、管理、效率为一体的发展理念，它大量采用了信息技术，实现煤矿、铁路、港口、电厂、煤制油和煤化工一体化。神华集团首次在世界煤炭行业实现了井上井下固定岗位无人值守，中心集控室一个可监控的生产运行情况，力争将企业建成本质安全型、质量效益型、科技创新型、资源节约型、和谐发展型企业。

第三节 以科学发展为核心的煤炭企业转型文化创新

自20世纪60年代以来，人类对环境问题的认识已取得很大进展，并已形成较广泛的共识，相比之下，对社会内部对抗性问题的认识明显滞后。由于环境问题的紧迫性和社会利益结构的顽固性，人们试图通过搁置后者、解决前者的路径来取得人与自然的和谐，但经济结构是利益结构的实现形式，部分既得利益者不惜以各种方式直至以国家权力手段甚至战争手段，来保持对自然的冲击以维护其既得利益。因为地球有限的资源和空间已不能承受对抗性社会不断加剧的冲击；也不可能在与自然对抗的基础上实现社会和谐，因为资源枯竭和环境恶化会摧毁社会和谐的基础。为实现人与自然和谐、人类社会和谐，人类的唯一选择只能以科学发展观为指导进行企业转型文化创新。

一、科学发展观指导下中国煤炭企业和谐文化的创新

胡锦涛总书记提出建设和谐社会要坚持“民主法治、公平正义、诚信友爱、充满活力、安定有序、人与自然和谐相处”六项基本要求。构建和谐企业的总体思路是以人和为中心，理顺企业内部、外部之间的关系，促进和谐企业的形成。

1. 企业内部和谐文化的建设

从系统论看，企业内部和谐是构建和谐文化的基础和前提，也就是说，企业和谐文化建设与和谐企业建设是一致的。两者存在相互作用关系。和谐企业的敬业精神、分配原则、管理科学、制度建设等方面的和谐化是和谐文化发展的基础，和谐文化构建有助于企业和谐发展。目前，内部的和谐文化包括企业内部的干群关系和谐、职工之间和谐，职工有充分的话语权，愿意将自己的建设、工作热情奉献给企业。

企业的安全文化、科技文化、能耗文化、环保文化、人才文化等处于不断的建设之中。

安全文化理论是20世纪80年代中期提出的，1986年《切尔诺贝利事故后审评会的总结报告》中首次提出安全文化这一名词；1988年《核电厂基本安全原则》中安全文化被强调为基本的管理原则。1991年我国开始引进、研究和推广安全文化。安全文化影响决策者、管理者、员工对安全的态度和意识。党的十六届五中全会确立了安全发展的指导原则，六中全会把坚持和推动“安全发展”纳入构建社会主义和谐社会应遵循的原则和总体布局，形成了以安全发展为核心的安全生产理论体系。

“广义的安全文化是人类在社会发展过程中，为维护安全而创造的各类物态产品及形成的意识形态领域的总和；是人类在生产活动中所创造的安全生产、安全生活的精神、观念、行为与物态的总和；是安全价值观和安全行为标准的总和；是保护人的身心健康、尊重人的生命、实现人的价值的文化。”① 企业安全文化建设对企业人力资源、科技、管理等方面具有很强的渗透性。

安全文化建设已全面开始，逐步形成安全科技→安全行为→安全制度→安全文化和安全文化→安全制度→安全行为→安全科技双向融合的安全发展体系。安全文化逐步成为安全科技、安全发展的思想基础和保障。

随着中国煤炭企业需要解决科技、能耗、环保、人才等问题的不断凸显，相应的文化建设应不断跟上。而目前由于相关文化的缺失，使这些短板无法从根本上解决。因此，未来中国煤炭企业文化创新需要不断扩展维度，在更广泛的层次上研究中国煤炭企业文化，以便更好地服务于它的发展。

2. 企业外部和谐文化的建设

企业外部和谐文化是企业发展的外部条件。合作已成为企业与外部交流的重要方式。从企业业务流程看，企业与外部打交道的关系，包括与供应商、用户、合作者、社会和自然环境的关系。构建企业外部和谐文化就是要与相关者根据业务不同，建设和谐文化。企业建立外部和谐文化就是在双方互惠互助的基础上，从对立走向融合的共同发展理念。

目前，中国煤炭企业企业外部和谐文化的建设已形成多元发展态势，形成以发展为基础，以和谐为保障的和谐理念。

---

① 李爽：《煤矿安全文化的研究与思考》，中国矿业大学出版社2010年版，第33页。

当然，企业和谐文化的建设与企业的价值取向、发展战略、职工素质、社会发展程度等方面是紧密联系在一起的。

二、中国煤炭企业转型文化创新

文化是一个民族的精神和灵魂，是国家发展和民族振兴的强大力量，必须坚持社会主义先进文化前进方向。“十二五”规划建议提出推进文化创新，繁荣发展文化事业和文化产业。

中国煤炭企业转型发展以转型文化发展为基础。思想是行动的先导，员工观念转变是促进企业转型升级的思想保证。中国煤炭企业正处于转型的阵痛期，生产经营面临巨大的挑战与考验。能不能尽快扭转生产经营的被动局面，能不能在阵痛中实现新生，首先取决于我们适应转型期观念转变的速度、力度与深度。通过文化转型为企业转型提供软实力，使企业的战略创新、科技创新、管理创新和制度创新成为主动行为。

第十二章 中国煤炭企业转型文化创新模式

中国煤炭企业正处于科学发展的关键时期，文化创新对实现科学发展具有理论和现实意义。该时期，中国煤炭企业转型文化创新体现了围绕科学发展观，实现不同层次和领域的文化创新。

第一节 中国煤炭企业文化创新的现状

民众生活质量在很大程度上取决于经济发展程度，取决于居民实际收入的多寡，但是也必须清醒地看到，经济指标只是居民生活的一个方面，如果没有相应财富文化的进步，单纯经济的层次提升就可能导向利己主义、功利主义、唯利趋向。文化作为社会经济发展的根，是需要不断继承与发展的。马克思主义认为：经济基础决定上层建筑，随着经济的高速发展，社会文化需不断的创新。党的十七大报告准确把握我国经济社会发展对文化建设的新要求和物质生活改善后人民群众对文化工作的新期待，作出了兴起社会主义文化建设新高潮的重大部署。30多年来，我国经济社会保持持续快速健康发展，经济实力和综合国力迈上新台阶，经济总量跃居世界第四位。这在客观上要求文化有一个大发展大繁荣。在改革进程中，我国文化建设虽然也取得巨大成就，但总体实力和总体水平同经济社会发展不相适应，同我国的国际地位不相适应，主要表现为以下几个方面的问题。

一、文化事业发展不均衡

城市文化建设速度快于农村。目前，乡镇文化站发展困难，巩固率不高，办公环境差，部分文化站成了无人员、无阵地、无经费、无活动的

“四无”文化站。其主要原因：一是部分乡镇领导重经济建设，轻文化建设；重个体利益，轻社会效益。二是财政困难，对文化建设无力投入。三是专业人才缺乏，人员素质偏低。文化站正式人员偏少，人员不到位的问题仍然突出。四是人们对文化事业的理解比较低。一些人将文化事业等同于文体活动。五是近年来各项培训经费短缺、培训渠道过窄等问题，形成了农村文化工作内容贫乏，方法简单，缺乏创新，难以产生吸引力和凝聚力，以满足民众的需要。而城市文化事业发展要好于农村。无论在形式上还是在内容上都在不断地创新。

二、文化产业发展模式正处于探索阶段

按工业标准生产、大规模批量化是文化产业的重要特征。文化产业化是对精英文化的世俗化、大众化、普及化。为强调产品的消遣娱乐，充分挖掘其文化精神所具有的市场价值，需要对文化内涵进行市场化改造，获得经济利益与社会利益。我国国家统计局2004年发布的《文化及相关产业分类》和《文化及相关产业指标体系框架》两个文件，将文化产业定义为：为社会公众提供文化、娱乐产品和服务的活动，以及与这些有关的活动的集合。根据国家统计局的界定，文化及相关产业可分成三类：一是主体层：包括①新闻服务；②出版发行和版权服务；③广播、电视、电影服务和文化艺术服务。二是环境层：主要包括①网络文化服务；②文化休闲娱乐服务；③其他文化服务，如广告、会展等新兴文化产业。三是关联层：主要包括文化用品、文化设备、文化产品的生产和销售。

目前我国主要存在政府主导型、社会主导型、政府、社会主导型等形式发展的文化产业，形成经济与文化联动的发展模式。但是，对于一些有丰富文化资源的地区来讲，由于发展模式比较单一，缺乏有效的发展途径，制约了其前进的发展步伐。

三、文化与经济的交融存在一些问题

当今世界，文化与经济和政治相互交融，在综合国力竞争中的地位和作用越来越突出。文化的力量已熔铸在民族的生命力、创造力和凝聚力之中。世界文化遗产与非物质文化遗产在保护的同时，也促进了经济的发展。在当今时代，文化已经渗透现代经济活动的各个方面，商品的品牌、

城市的品位、区域的发展等都有赖于文化含金量的提高。经济与文化紧密相融，呈现出彼此依存、相互促进、共同发展的态势。

但现在存在“先经济后文化”或者“就经济抓经济，就文化抓文化”等不良现象，既不可能把文化搞好，也不可能真正把经济做好。很多民众缺乏对文化的认识和了解，包括传统文化与现代文化。现在文化涉及的范围特别广，很多文化中渗透着科技因素，应实现科技、经济与文化的有机融合。因此，一切经济活动都要渗透文化内容，在产品生产过程中，加强企业文化建设，提升劳动者素质，大力发展文化产业。目前，文化可以通过多种形式与经济结合。

四、传统文化与现代文化缺乏有机的融合

20世纪，似乎存在这样的一种认识，西方文化中心论、西方文化霸权主义等。改革开放以来，西方文化不断涌入国内，西方对华文化霸权的战略构想，是以经济全球化上的优势为主要依托，附加西方文化价值观念的推行，从经济领域入手再向教育、文化等领域扩展。西方的价值观念已渗透民众的生产、生活中。西方可口可乐公司、一些快餐等实业在进入国内时，同时传播西方的消费文化、价值选择等，在进行经济渗透的同时进行文化渗透。西方现代文化的强大侵入，容易造成对中国传统文化的忽视。而有资料显示，21世纪的世界是中国的世界，关键是中国传统文化的优越性，是21世纪人类经济社会文化发展的需要。

中国传统文化中的“天人合一”等价值观反映了人与自然之间的辩证关系。而西方文明倡导经济中心主义、人类中心主义等使人与自然、人与社会、人与人之间的发展越来越不和谐。而且，西方文化与中国传统文化处于彼此分离的状态。年轻人比较信奉西方文化、吃西餐、信奉西方企业文化等，反而把自己老祖宗的东西全忘记了。传统文化与现代文化的分离表现在：

首先，在教育层次上，重视现代文化的教育，传统文化教育比较弱。从我国教育体制可以看出，涉及西方的政治史、文化史、哲学史、管理史等特别多，而涉及中国传统文化的内容相对比较少。我们在吸收西方现代文化的同时，将自己的东西给丢了。

其次，在器物层次上，西方文化对中国传统文化具有很大的冲击。主

要表现在：中国在从农业经济转变为工业经济的过程中，传统工业在器物层次对中国传统文化具有重大冲击。传统生产模式、消费模式等在器物层次上发生了重大变化。传统生产模式、消费模式逐步被新的模式所取代。如交通工具方面，节能环保的自行车逐步被汽车等现代交通工具所取代。标准化的生产模式取代了传统手工作坊，生产效率大大提高。

最后，在文化层次上，西方的价值取向、观念等对中国传统文化造成重大冲击。中国传统的和谐观念、忠孝理念等在西方经济中心论、个人主义等价值观的影响下越来越淡薄。现在是我们应该发展和弘扬传统优秀文化的时候了。特别是 70 后、80 后、90 后缺乏对中国传统文化的认识。盲目地信奉西方文化，会使中国传统文化处于被边缘化的地步。一些本属于中国的传统文化遗产被韩国等国家申批已充分说明了这种境况。

五、文化传播手段有些简单

人类社会中信息存在形式和信息传递方式以及人类处理和利用信息的形式所产生的革命性变化，根据信息传播手段的不同，迄今为止，人类社会已经发生五次信息技术革命。第一次信息技术革命是语言的创造，发生在猿向人转变的时期。人类创造了语言，获得了人类特有的交流信息的物质手段和加工信息的特有工具。第二次信息技术革命是文字的发明，发生在原始社会末期。使人类信息突破了口语的直接传递方式，可以将信息储存在文字中加以传播。第三次信息技术革命是造纸术和印刷术的发明，发生于封建社会时期。这两项发明扩大了信息交流、传递的容量和范围，使人类文明得以迅速传播，并且使信息的传播可以突破时间与空间的局限，大大扩大了信息传播的范围。第四次信息技术革命是电报、电话、电视等现代通讯技术的运用。现代通讯技术信息的传递手段发生了根本性变革，大大加快了信息传输的速度，缩短了信息的时空跨度。由于信息传播速度的提升，使科技传播速度、文化传输速度发生了质的飞跃。第五次信息技术革命是电子计算机的发明和应用，发生于 20 世纪中叶。电脑的出现从根本上改变了人类加工利用信息的手段，突破了人类大脑及感觉器官加工利用信息的能力，将使人类进入信息社会时代。

信息技术革命大大促进了文化事业的发展。目前文化传播可以通过文字、语言、电视、网络、影视等手段传播。但是，目前，由于很多文化属于公共文化，由于存在投资主体的矛盾、公共性特征，使文化传播速度、效率、范围、方式等受到很大局限。一方面，城市与农村传播手段存在很大的差异。特别是对于农村来讲，还是主要以文字、舞台表演、电视来传播文化为主。这与农民的文化素养有很大的关系。对于网络传播等新型手段利用远远不够。另一方面，不同文化层次所使用的传播手段差距很大。再者，不同群体对文化的理解等方面存在很大的偏差。这些都影响文化传播的手段与效率。

六、文化创新力度不够

文化部部长孙家正先生在论及文化创新问题时曾指出："优秀的艺术传统是中华民族祖先文化创新的积累和结晶，不断创新是这一传统得以延续和发展的决定性因素。当代中国的艺术创新是中国传统艺术向现代形态的转化与重塑……"。要繁荣文化事业，需要在创新中不断发展。创新，体现着创造能力，超越意志和追求变化的愿望。"新"具有在继承基础上创造的含义。因此，创新将显示出不同国家、民族文化自我更新的活力和艺术家个体的智慧才能。

文化创新涉及文化内容、文化形式、文化传播途径等方面的创新。而目前我国文化创新从内容上看，出现两种情况：一种是在借鉴西方文化基础上的创新；另一种是在传承中国传统文化基础上的创新。如对《三字经》的修改，对老子、庄子、孔子等思想的重新解读，对中国传统文化中的忠孝等的解释。文化产业发展形式上表现出不同民众发展水平的差异。文化传播途径上表现出政府主导、社会主导、企业主导等多种形式，一些途径处于探索阶段。科技对文化的贡献力度不够。

七、煤炭企业文化创新整体水平比较低

由于受行业特征、生产特征、位置特征、队伍特征的影响，整体文化创新水平呈现低的特征。从行业看，煤炭企业以煤炭为主，属于资本密集型和劳动密集型行业，存在作业条件差、福利水平低、文化资源比较匮乏的状态。从生产特征看，条件艰苦、位置不断变化、安全风险大。从位置看，远离市区、孤立性比较突出。从队伍看，农民工、低文化水平人员、青年人员占多数，形成"坚定的立场，顽强的性格，豪放的气魄，坦荡的

胸怀，粗犷的秉性。”①

正是因为这些特征的存在使煤炭企业文化创新力低，文化生活比较枯燥，文化设施简单，文化思想淡薄。接受新知识能力比较低，甚至抵触新知识。

第二节　中国煤炭企业转型文化创新的理论

文化创新来源于大众需求、社会需求、企业需求，它的发展一定要在对社会、对人类生存、对企业现状发展的表达上进行新的开掘，它包含思想、内容、价值选择等方面。煤炭企业作为主要的能源企业，它建设的维度应体现在社会、企业、民众等维度中。

一、中国煤炭企业转型文化创新的原则

中国煤炭企业作为我国能源的重要支撑，它发展的方向直接影响着我国的能源结构、环境问题、资源问题等。而中国煤炭企业转型文化创新为它的科学发展提供价值支撑。我们认为中国煤炭企业文化创新应体现以下原则：

1. 体现时代性、社会性、人本性

企业文化创新作为企业科技、制度等创新的延伸，体现了时代发展的特征。科技革命和人本身的进步总是相伴而行的，两者如车之两轮、鸟之两翼，相辅相成。有学者指出：高科技可以在一个阶段成为企业制胜的法宝，但高科技背后是人才的竞争。人才的竞争最终应该是理念方面的选择，是企业共同的价值选择。时代发展要求重视企业文化，企业文化应体现社会需要的科学发展理念，以人为本。

2. 服务于企业发展战略的需要

企业文化作为企业发展的软实力，是企业核心竞争力的重要环节，它促使现代企业的管理理念不断创新。企业文化为企业的可持续发展提供了源源不断的内在驱动力，使企业经营运作日益规范化。随着企业发展战略

---

① 侯定和主编：《煤炭企业文化建设》，煤炭工业出版社 1991 年版，第 29 页。

的不断转移，企业的文化创新需不断改革。

3. 推动企业制度创新和科技创新的思想基础

科技创新客观要求企业进行制度创新和文化创新。而文化创新反过来促进企业的科技创新和制度创新。只有良好的价值观，才能有好的行为规范和科技创新的动力。也就是说，文化创新不是独立存在的客体，它的发展需要与企业的发展方向、科技创新特征、制度创新体系等相匹配，否则，不相适应的企业文化会成为企业发展的阻碍。因此，文化创新要适应企业科技创新与制度创新的客观需要，避免企业文化流于形式。

4. 实现企业可持续发展的重要依托

创新企业文化是企业制度下的一个重要指标和鲜明特征。当企业内外条件发生变化时，企业文化也相应地进行调整、更新、丰富、发展。成功的企业不仅需要认识环境状态，而且还要了解其发展方向，并能够有意识地加以调整，选择合适的企业文化以适应挑战，只有这样才能在激烈的市场竞争中依靠文化带动生产力，从而提高竞争力。因此，坚持企业文化创新对于企业发展具有极其重要的意义，它可以摒弃原有的不合理的思维和行为，以一种前所未有的新思维来创造新的成果。

二、21 世纪中国煤炭企业转型文化创新的趋势

中国煤炭企业文化创新已成为提高企业竞争力、推行新型经营管理方式的思想保障。当前，中国煤炭企业转型文化创新出现了一些趋势。

1. 多元价值观的趋势

21 世纪，和平、发展、合作已成为时代发展的主题。企业价值观是企业文化的核心，它渗透于企业经营管理的各个环节，支配着从企业家到员工的思想和行为。因此，企业文化创新首要的是价值观创新。在传统市场经济条件下，企业奉行非赢即输、你死我活的单赢价值观。这种价值观既有迫使企业实现技术和产品更新的驱动力，也有滋生为打垮对方而不择手段以致恶性竞争的弊端。以高科技为基础的知识经济崛起，在使这种狭隘价值观受到致命冲击的同时，也催生出与新的经济发展要求相适应的合作价值观。

企业只有奉行合作价值观，才能不断地从合作中获得新知识、新信息等创新资源，提高自身的竞争实力，从而在激烈的竞争中左右逢源，立于

不败之地。我国海尔集团不参加与同行间的价格战，坚持靠产品创新和服务来扩大国内外市场份额的成功经验，便是奉行合作价值观的一个范例。21世纪，企业除了奉行经济价值观、合作价值观外，节能、科技、环保等价值也需要在企业文化中得以体现。

2. 树立以人为本理念的趋势

传统的企业管理模式，将人视作企业运营过程中按既定规则配置的机器零件，忽视人的自主精神、创造潜质和责任感等主体能动性作用；在管理过程中，较多地依赖权力、命令和规则等外在的硬约束，缺乏凝聚力。随着市场竞争的深化，人的主体价值在企业运营中的作用日益重要，旧的管理模式越来越难以适应新的竞争形势，而体现人的主体性要求的自主管理模式逐渐成为企业的自觉选择。

新模式以先进的文化理念为核心，充分尊重人的价值，注重发挥每一个员工的自主精神、创造潜质和主人翁责任感，在企业内部形成一种强烈的价值认同感和巨大凝聚力，激发员工的积极性，并通过制度安排，实现员工在企业统一目标下的自主经营和自我管理，进而形成企业创新的动力和创新管理方式。邯郸钢铁集团公司建立在“人人是主人”的企业理念基础上的管理模式，就是这一创新趋势的具体体现。

3. 提高企业家综合素质的趋势

现代企业中，员工的素质是企业文化创新的来源和动力，而由于企业家在企业活动中的领导地位，企业家的素质又是企业文化创新的关键。改革开放以来，我国出现的一些企业家快速崛起又快速倒下的“企业家短命现象”，其原因是多方面的，除了体制和市场环境等因素外，企业家不能适应形势的变化而实现自身素质的不断创新，是最根本的原因之一。

经济全球的发展，知识经济的到来，又对企业家的素质提出了新的挑战：需要科技知识与人文知识的综合，需要古今中外多种科技文化知识的综合；要打开国际市场，还需要有对各国生活习惯和民风习俗的综合性了解与把握，单靠哪一门专业知识和管理知识都难以胜任综合创新的任务。实践证明，企业家只有具备了融通古今中外科技知识与人文知识、管理经验与民风习俗，善于应对各种市场变化的智慧，才能具备不断创新的实力，获得市场竞争的主动权。

4. 提高企业和谐力的趋势

21世纪，企业的发展是企业团队协作发展的过程。团队员工的共同愿望和价值系统对企业有很重要的影响，当好的价值理念、好的愿望在员工心目中不断强化，形成该群体的一致行为后，团队力量才能聚合和发挥出来。因此，我们要加强团队意识的培养，强化部门之间的协作精神和合作氛围，倡导把个人利益与企业整体利益融为一体，充分调动员工的积极性与创造性，这就需要企业文化。事实证明，企业只有形成了优秀的企业文化，企业的价值观、目标和信念才能得到员工的认同，才能挖掘团队协作的巨大潜能，打造一支战无不胜的员工队伍。

三、中国煤炭企业文化创新的系统

环境是企业的母体，企业是环境的机体，两者相互依存、相互促进。政治环境、社会环境、组织环境等影响着煤炭企业文化创新。目前，科学发展观的落实是该时期乃至未来一定时期煤炭企业文化创新的政治环境和社会环境，科学发展观要求煤炭企业形成人本文化、科技文化、管理文化、环保文化、低碳文化、安全文化等。

企业发展最重要的是实现经济价值，而经济价值的实现最终目标为了实现人的需要的满足。因此，企业的经济价值首先重要的是体现人的价值，实现以人为本。企业作为最主要的经营主体，由于煤炭产业的高能耗性、高污染性、高风险性，环保文化、低碳文化、安全文化创新显得十分重要，而科技与管理作为解决问题的双轮，培养相关文化十分重要。因此，中国煤炭企业创新系统中人本文化是核心，环保文化、低碳文化、安全文化是基础，科技文化和管理文化是支撑，企业只有建立系统化的文化创新体系才能更好地服务于创新目标。

文化发展过程也体现了系统特征。文化的发展需要经过观念、制度、行为、物质四个层次的不断转换。首先需要在观念是重视不同文化，其次在制度上完善不同文化，行为上落实不同文化，物质上满足不同文化。只有实现不同层次文化的转换，文化才能真正转化为生产力。

第三节 转型人本文化创新的培养

人本文化是指在人类社会任何有组织的活动中，从人性出发来分析问题，以人性为中心，按人性的基本状况来进行管理的一种管理文化。人本文化虽诞生于现代西方社会，但其人本思想在中国古已有之。孟子说过“民为贵，君为轻，社稷次之”。马克思主义特别倡导人本观，认为“劳动创造一切；人民高于一切；一切权利属于人民；人的本质在于创造和奉献。”[①]随着创新成为时代主题，目前煤炭企业不仅需要解决经济问题，更需要站在历史和人类科学发展的高度上解决问题与分析问题。这需要有很强的创新能力，不仅包括知识创新，而且包括战略创新、科技创新、管理创新、制度创新和文化创新。随着知识经济的到来，人成为最主要的生产要素。特别是在科学发展观指导下，“关爱生命、以人为本”已成为煤炭企业最主要的文化。

一、观念上重视人本文化创新

观念是人们在实践当中形成的各种认识的集合体。人们会根据自身形成的观念进行各种活动。利用观念系统对事物进行决策、计划、实践、总结等活动，从而不断丰富生活和提高生产实践水平。观念具有主观性、实践性、历史性、发展性等特点。形成正确的观念有利于做正确的事情，提高生活水平和生产质量。

毛泽东同志讲“人总是要有一点精神的。”一个人，一个单位，一个国家，一个社会总是需要一点精神的。精神也就是我们发展的理念和观念。煤炭企业首先应从观念上体现以人为基点，重视人、关心人、塑造人的文化理念。要克服“见物不见人”的社会现象，要把实现人的崇高信念，人的价值、理想作为企业的最大目标。从现实看，很多煤炭企业文化理念都有着以人为本的文化特征，提出奉献理念、创新理念、科学理念、艰苦奋斗理念等，关键是这些理念需要在进一步的实践中实现。

---

① 侯定和主编:《煤炭企业文化建设》，煤炭工业出版社 1991 年版，第 56 页。

二、制度上落实人本文化创新

人本文化的实现需要在制度层次上不断创新。人本文化就是体现以人为本，充分发挥人的主观能动性。只要是社会人都是有价值的，关键是我们需要通过制度实现个人价值，并将之融入企业价值中。由于人才具有层次结构，人才多，天才少，偏才多，全才少，才子多，贤人少。因此，我们需要制度创新挑选德才兼备的人才，同时普遍让人才有发挥才能的机会和平台。

新中国成立以来，为促进煤炭科技知识的传播，1951 年成立了燃料工业出版社，1956 年更名为工业出版社，为煤炭图书的出版和普及作出了贡献。1962 年在太原召开了第一次全国煤化学利用会议，相关的学报也相继问世。1976 年煤炭工业部创办了《他们特别能战斗》月刊，1979 年更名为《煤矿工人》。

三、行为上体现人本文化创新

行为是人类在生活中表现出来的生活态度及具体的生活方式，它是在一定的物质条件下，不同的个人或群体，在社会文化制度、个人价值观念的影响下，在生活中表现出来的基本特征，或对外在环境刺激产生的行动。行为分为外显行为和内在行为。外显行为是可以被他人直接观察到的行为，如言谈举止；而内在行为则是不能被他人直接观察到的行为，如意识、思维活动等，即通常所说的心理活动。一般情况下，可以通过观察人的外显行为，进一步推测其内在行为。一般来说，人的行为由 5 个基本要素构成，即行为主体、行为客体、行为环境、行为手段和行为结果。

行为受思想和制度的影响，同时又是两者作用的结果。对于每一个员工来说，在工作和学习中体现人本文化，政治上当主人，生产上当主力，精神上当主角，管理上当主干，安全上当主管。企业员工应该在各个方面体现以人为本，当好主人。

四、物质上实现人本文化创新

建设创新型国家根本任务是要解决人才问题。人才问题关键是解决人本问题。“目前中国人均受教育年限整体不高，低于发达国家平均水平 3

年以上。发达国家人力资本对经济增长的贡献率高达75%左右，而中国仅为35%左右。”[①] 因此，物质上的投入是非常重要的。

物质主要体现在硬环境上。一方面，应加大中国煤炭企业对人力资本投入的比例，优化人才结构。另一方面，对于中国煤炭企业来讲，主要设备、厂房、生产区、产品等方面要体现人性化特征。如设备尽量做到解放员工的体力和脑力劳动；生产区体现安全、环保；产品体现人性化设计。工作时间符合人本身循环发展的特征，使员工有时间休息、学习、休闲等。企业有丰富的文化发展项目。

第四节　转型科技文化创新的培养

企业作为科技创新的主体，一定要强调转型科技文化创新。转型科技文化创新关键看企业在观念、制度、行为、物质等层次上凸显科学精神的水平。

一、科学精神的内涵

科学精神是人们在长期的科学实践活动中形成的共同信念、价值标准和行为规范的总称。科学精神就是指由科学性质所决定并贯穿于科学活动之中的基本的精神状态和思维方式，是体现在科学知识中的思想或理念。它一方面约束科学家的行为，是科学家在科学领域内取得成功的保证，另一方面又逐渐地渗入大众的意识深层。

从结构来看，科学精神具有三个层次：第一，认识论层次，主要表现为科学认识的逻辑一致性和实践的可检验性等规范，它们直接体现了科学的本质特征，构成了全部科学精神的基础；第二，社会关系层次，美国著名科学社会学家默顿揭示的四条规范——普遍性、公有性、无私利性和有条理的怀疑论，就是这一层次上科学精神的基本内容；第三，价值观层次，科学通过求真，可以达到求美、求善，科学把追求真善美的统一作为

---

① 迟福林、傅治平：《转型中国：中国未来发展大走向》，人民出版社2010年版，第272页。

自己的最高价值准则，这是科学精神的最高层次。科学的伦理精神体现在以理性为基础、以创造为中介的各种关系之中，无论理性精神也好，创造精神也好，其最终表现必然在于对待人与自然、人与社会、人与人之间的关系之中，伦理精神便是对相互关系的规范和调节。因此，伦理精神是整个科学精神结构的核心所在，科学精神不仅内蕴伦理精神，而且还外在为对人们行为的规范。

二、中国煤炭企业转型科技文化创新模式

目前，中国煤炭企业转型创新需要在以下层次上不断转型：

观念上树立科学精神。科学精神是人们在长期的科学实践活动中形成的共同信念、价值标准和行为规范的总称。科学精神包括探索精神、创新精神、理性精神、求实精神、实证精神、协作精神、实践精神等。对于煤炭企业来讲，树立科学精神，有助于发展企业的创新精神、理性精神、求实精神、实践精神等。从理念上意识到科技的重要性。

制度上落实科学精神。科学技术作为第一生产力，企业作为科技创新的主体，应在制度设计上鼓励自主创新，充分发挥科学技术的作用。做到包容不同学派、包容科技创新失败、包容人才的个性，包容青年人的勇气，包容不同群体的创造力。尊重知识、尊重人才。

行为上体现科学精神。每一个员工都是企业发展的主人，个体在工作过程中应体现探索精神、创新精神、理性精神、求实和协作精神等。将科学精神应用于员工的工作实际中，实现科技服务企业的目标。做好员工科技素质的培养，科技信息库的建设，科技人才的储备。

物质上落实科学精神。目前，转变经济发展方式，实现科学发展是我国一项艰巨的任务。煤炭企业不仅面临经济发展转变的任务，而且必须实现安全发展、节能发展、环保发展、可持续发展等。为实现这些目标，科技创新十分重要。因此，煤炭企业在物质上推行安全科技、环保科技、节能科技的创新，实现科技的转化，解决目前突出问题。

第五节　转型管理文化创新的培养

中国煤炭企业的转型创新离不开转型管理文化的支撑。转型管理文化创新包括理念、制度、行为、物质四个层次。

一、管理文化的内涵

管理植根于文化之中，在管理理论的基础上发展起来的企业文化理论，称之为管理文化。将企业管理从技术、经济上升到文化层面，是管理思想发展史上的创举，作为在管理理论基础上发展起来的企业文化理论，是对原有管理理论的总结创新而成的。它从一个全新的视角来思考和分析企业这个经济组织的运行，把企业管理和文化之间的联系视为企业发展的生命线，它的核心是使工人关心企业，给企业管理理念和实践带来生机和活力。

中西方不同的文化底蕴，决定了迥然不同的企业经营理念和管理方式。中国文化属人文文化，西方文化属科学文化。人文文化与科学文化的差别，反映在企业管理文化上主要存在决策方式、管理理念、治理结构和判断管理效果的标准等四个方面的差异。中西方企业管理文化各有利弊。中国企业应扬长避短，把自身优秀的传统文化和西方先进科学的企业管理文化有机地结合起来。

二、中国煤炭企业转型管理文化创新模式

21 世纪，中国煤炭企业转型管理文化创新模式体现在观念、制度、行为和物质四个层次。

观念上重视管理。企业管理包括计划管理、流程管理、组织管理、战略管理等。这四方面内容是一个递进关系，顺序不能颠倒，也不能只强调一个而忽略其他。好的企业管理，需要四方面内容协同作用，而这四项内容的协同力就是企业的系统能力。一个具备了系统能力的企业才有希望具有核心能力。

制度上落实管理。制度与管理紧密联系，我们要将管理渗透制度构建

的过程中去。组织管理的根本在制度，我们的制度是基于企业战略目标来制定的，能够为员工行为提供明确的指引，为企业构建一个科学、有序的运营管理机制。建设中国煤炭管理文化是实践、总结、设计和再实践的循环过程，其程序是：首先要了解煤炭企业经济的传统作风、行为模式、精神风貌，并加以收集、归纳、分析和研究。其次在分析总结的基础上，用确切的文字语言表达管理文化的内涵，以形成制度、口号、规范、观念的东西，然后将设计的管理文化通过宣传、学习、运用，在管理实践活动中进行检验、补充、丰富和提高。

行为上执行管理。管理的保障是执行，只有切实落实计划，及时纠正我们行动中的偏差，才能保证组织管理的效果。企业的成功20%靠管理，80%靠执行。有管理没执行，员工有方向却没有力量；有执行没管理，员工是有力量却没有方向。执行力是管理文化落实的重要体现。因此，我们需要在行为上不断将管理落实到位。

物质上支撑管理。管理是需要投入的。煤炭企业在发展过程中对于新的管理方法的应用应提供物质上的支持，包括人力、物力、技术、仪器等方面硬指标的投入，同时包括培训、学习等软指标的投入。

第六节　转型环保文化创新的培养

环保是当今社会人们最关注的话题，已经属于一种文化范畴。科技进步，社会发展，工业现代化给人们带来了日益丰富的物质财富，然而人们也为此付出了惨痛的代价，工业废物严重影响着人们的生活及生存，破坏着自然环境和地球生态平衡。生态环境的严重恶化已经成为人们不可忽视的首要问题。早在1976年6月，联合国在瑞典首都斯德哥尔摩召开会议，正式提出“只有一个地球”的口号，并通过了划时代的历史文献《人类环境宣言》，以此为标志，环境保护由局部走向世界。环保文化涉及理念、制度、行为和物质四个层次。

一、环保文化的内涵

环保文化就是在环保理念基础上发展起来的文化。环保文化不仅仅是企业污染控制和企业员工的环保意识，更强调环保系统在企业中的具体应用，即强调节约，强调资源的循环再利用。有数据显示，当今许多从事生产制造工作的企业都具有制造副产品的能力和设备，并且副产品的赢利在全年企业总赢利中占10%—15%。这些企业所遵循的一个重要理念就是环保节能，通过对主要生产中产生的废物废料进行回收再加工生产副产品，减少废物排放达到环保目的并且增加企业收益，创造双赢。降低成本的同时实现额外收益，从而有效地提升了企业在同行业中的生存能力和竞争能力。

二、中国煤炭企业转型环保文化创新模式

21世纪，中国煤炭企业转型环保文化创新模式体现在观念、制度、行为和物质四个层次。

理念上重视环境保护。环保文化建设是一个系统工程。它的作用通过潜移默化的方式发挥出来，作用于人的思想，使管理化为无形，使“环保”意识深入人心，并转为自觉地行动。随着时间的推移和成果的积累，其价值会越发显现出来。我们首先应在理念上重视环境保护，将环境保护作为企业发展的重要目标之一，是实现企业与社会、自然与人类和谐发展的重要保障。

制度上完善环境保护制度体系。新中国成立以来，我国实施了一系列环境环保的政策，涉及环境保护标准，环境保护约束性指标体系。企业成为实践环境保护主体之一。煤炭企业在微观层次上制定环境保护的制度体系，如污水排放指标、焦化、洗选环境标准等。21世纪以来，环境保护成为落实科学发展观的重要内容，煤炭企业必须通过制度上的不断创新，促进环境保护。

行为上落实环境保护。从煤炭企业发展看，环境保护主体包括企业和员工。环保文化不仅仅是企业污染控制和企业员工环保意识，更强调环保系统在企业中的具体应用，即强调节约，强调资源的循环再利用。

物质上加大环境保护投入。环境保护涉及人员、设备、仪器等方面的投入，特别是环保科技的不断创新对解决环保问题十分重要。企业应加大环保科技、人才、管理等方面的投入，保障环保工作的顺利进行。

第七节　转型低碳文化创新的培养

能耗水平高是中国煤炭企业发展重要制约因素，也是企业成本重要的核算内容。要降低能耗，企业节能创新文化培养很重要，低碳创新文化更重要。节能主要侧重节流，低碳不仅侧重节流，而且侧重开源。低碳文化创新涉及观念、制度、行为、物质层次的文化。

一、低碳文化的内涵

低碳概念产生于全球气候变化。面对全球气候变化，亟须世界各国协同控制二氧化碳排放，1997 年的 12 月，《联合国气候变化框架公约》第三次缔约方大会在日本京都召开。149 个国家和地区的代表通过了旨在限制发达国家温室气体排放量以抑制全球变暖的《京都议定书》。《京都议定书》规定，到 2010 年，所有发达国家二氧化碳等 6 种温室气体的排放量，要比 1990 年减少 5.2%。2001 年，美国总统布什刚开始第一任期就宣布美国退出《京都议定书》，理由是议定书对美国经济发展带来过重负担。在这种背景下，英国在 2003 年首先提出低碳概念。“碳文化”、“碳足迹”、“低碳经济”、“低碳技术”、“低碳发展”、“低碳生活方式”、“低碳社会”、“低碳城市”、“低碳世界”等一系列新概念、新政策应运而生。低碳文化是在低碳理念基础上发展起来的文化。

低碳经济，是以低能耗、低污染、低排放为基础的经济模式，是人类社会继农业文明、工业文明之后的又一次重大进步。“低碳经济”的理想形态是充分发展“阳光经济”、“风能经济”、“氢能经济”、“核能经济”、“生物质能经济”。它的实质是提高能源利用效率和清洁能源结构、追求绿色 GDP 的问题，核心是能源技术创新、制度创新和人类生存发展观念的根本性转变。低碳经济的发展模式，为节能减排、发展循环经济、构建和谐社会提供了操作性诠释，是落实科学发展观、建设节约型社会的综合创新与实践，完全符合党的十七大报告提出的发展思路。低碳文化是促进低碳经济发展的重要支撑。

二、中国煤炭企业低碳文化创新模式

21世纪，中国煤炭企业转型低碳文化创新模式体现在观念、制度、行为和物质四个层次。

观念上使低碳成为企业员工创新的文化核心。低碳是一种美德，低碳更应成为一种文化。我国人口众多、资源相对不足、环境承载能力较弱，这已是不争的事实。在全面建设小康社会进程中，经济规模不断扩大，工业化不断推进，居民消费结构逐步升级，城市化步伐加快，资源供需矛盾和环境压力将越来越严重。低碳作为一种行为，是低碳理念的重要体现。为了实现低碳发展，在企业内部形成人人低碳、人人挖潜、人人增效的低碳文化。低碳不仅对企业有利，对社会发展，对子孙后代发展也具有重要作用。低碳不仅是人类的一种生活方式，更是人类的一种生产方式。中国煤炭企业作为高碳行业，实现高碳行业低碳化发展具有更重要的现实意义。从企业层次上讲，首先在发展观念上重视低碳发展。

制度上不断完善低碳经济发展制度体系。发展低碳经济，不仅是人类摆脱气候困境的选择，也可能成为催生新的经济增长点的强大动力。低碳产品将成为引领人们新的消费方式转变的重要领域。“发展低碳经济既是一种生产约束条件，也是一种现代生产方式，更体现了人类的责任。”①中国作为世界第二大能源生产国和消费国，世界第二大二氧化碳排放国，一直致力于低碳化经济发展。中国煤炭企业作为高碳行业，它的低碳化生产方式的转变，具有重要的现实意义。我们认为，中国煤炭企业从制度上实现低碳化需要两个层次的制度体系。一方面需要完善精细化管理制度。将低碳化目标细化到精细化管理的不同层次。从公司、科室、生产队、班组、个人等主体实现目标成本责任体系。这是从制度文化层次实现低碳发展。

同时，中国煤炭企业从行为上落实低碳目标。2009年11月25日，国务院决定到2020年中国单位GDP二氧化碳排放比2005年下降40%—50%，同时大力发展可再生能源、积极推进核电建设等行动，到2020年中国非化石能源占一次能源消费的比重达到15%左右。中国这样的宏观

① 迟福林、傅治平:《转型中国：中国未来发展大走向》，人民出版社2010年版，第68页。

目标需要分解到各行各业来完成。中国煤炭企业作为高碳产业，它在行为上落实低碳目标对整体目标的实现具有根本性的作用。我们认为，它需要在行为上进行三个层次的创新。第一个层次，将低碳作为员工的习惯进行培养。低碳工作是企业的事情，也是每一个员工的事情。企业通过低碳标准将低碳任务下达给企业不同生产部门，不同生产部门结合本部门情况，将低碳落实给每个班组和员工。第二层次，实现产业链的延长，提高煤炭的利用效率，也是一种相对的低碳。第三个层次，大力发展非煤产业，实现产业结构根本性的转变。特别是需要发展新型能源。实现中国煤炭企业能源发展方向的大转移。

物质上提供低碳保障。中国作为世界碳排放总量的大国和发展中大国，需要解决低碳与发展兼顾的问题，而低碳经济正是实现两者的有机结合。但是，发展低碳经济需要大量的投入。低碳经济需要企业宣传投入、管理投入、科技投入。企业应在财力上给予支持。其中能耗高一个很重要的原因就是科技水平低。低碳发展还得通过科技手段来解决。对新建项目、扩建项目要优化设计，对现有生产技术工艺要改造挖潜，对生产设备要改造节能，推行信息化带动工业化的发展，通过高科技优化生产流程。

第八节　转型安全文化创新的培养

"安全文化是安全生产在意识形态领域和人们思想观念上的综合反映，包括了一定社会的安全价值观、安全判断标准和安全能力、安全行为方式等。"① 作为安全问题比较突出的煤炭企业来讲，它的安全文化创新应体现珍爱生命、职业健康、安全行为等方面的理念。

一、中国煤炭企业安全文化创新存在问题

我国作为煤炭安全事故比较多发的国家，安全文化建设存在一些问题，主要表现在以下几个方面：

① 岳福斌主编:《中国煤炭工业发展报告（2006—2010）》，社会科学文献出版社 2008 年版，第 90 页。

1. 安全意识薄弱

虽然安全生产事故不断，但很多企业对安全生产的重要性认识不足，当然不重视安全文化的创新。一方面由于很多煤矿工人素质比较低，“三违”次数较多、思想麻痹、安全意识淡薄。另一方面，一些煤矿为了经济利益，在存在安全隐患情况下，违章作业。再有一种情况就是一些煤矿舍不得安全投资，对存在安全隐患的情况不了解，最终导致事故的不断发生。总之，由于安全意识薄弱，导致反应迟钝，敏感性不强等应急力也不强。

2. 不能按照安全标准行事

由于认识上不重视安全问题，行为上不可能按规程办事。出事一定违章，违章不一定出事。很多事故的发生都与工作人员违章联系在一起。因此，要从重严惩煤炭行业的违法违纪行为。同时，加大和相关部门的沟通协调，形成执法合力，有效整顿煤炭行业经营秩序。

3. 安全知识缺乏、安全培训效果差

由于员工对企业安全文化理解存在较大差异，一些人认为它是无用的，一些人认为企业文化是万能的，还有一些人认为企业安全文化就是一句口号。这些理解上的偏差，直接导致对安全知识的培训与理解不重视。由于资金、时间、精力等方面的原因造成很多企业培训效果差，很多工作人员安全知识缺乏。一方面，培训时间短，另一方面，有培训内容重复、讲得不好等方面原因的存在，花钱也不落好。

4. 定量化评估还较欠缺

中国煤炭企业安全文化具有整体性和多层次性。对它的评价方法有定性和定量两种。“定性方法包括员工调查、集体座谈、历史资料收集、案例研究等。”① 定量方法通过标准化的问卷进行评估。安全文化评估与安全绩效评估紧密联系在一起。而目前，中国煤炭企业文化评估比较滞后，评价的维度比较少，多从服从、参与两个维度进行评估。

5. 安全欠账比较多

新中国成立到20世纪末，是国有煤炭企业和地方煤矿企业全面发展的时期，而由于地方煤矿企业重经济，轻安全，安全欠账问题比较突出。

① 李爽:《煤矿安全文化的研究与思考》，中国矿业大学出版社2010年版，第16页。

"'六五'期间，全国地方煤矿事故死亡总人数，占全国煤矿事故死亡总人数的四分之三。"① 安全问题比较突出，很多地方煤矿达不到《煤矿安全规程》的要求。

二、中国煤炭企业安全文化创新特征

安全文化创新作为中国煤炭企业发展的重要内容，它的创新应体现以下原则：

第一，时代性。国际社会已经将安全发展作为企业发展最基本的内容。随着我国煤炭企业安全问题的不断凸显，科学发展观的不断深入，安全文化建设应体现人本特征，尊重生命、尊重人权、为人的生存和健康服务。

第二，科技性。安全文化建设的程度直接与器物层次上安全科技发展与转化程度紧密相关。安全科技是安全文化发展的重要支撑。古代经验性的安全科技形成被动承受的安全文化；近代标准化的安全科技形成事后处理的安全文化；系统化、耗散结构理论为特征的安全科技体系形成事前预防、综合治理的安全文化。

第三，系统性。安全文化创新是一个复杂的系统，包括观念、行为、制度和器物等层次的创新。发展要素的多元性呈现出安全文化建设的多阶段性、多主体性、多渗透性。

第四，实践性。安全文化作为观念、制度、行为、器物，它的发展不是空洞的观念，而是由不同实践层次的要素构成，是具体的，可操作的，指导实践的，可通过定性和定量指标衡量。

第五，预防性。安全文化创新最主要的目的就是通过文化传播，减少或杜绝事故的发生，将安全理念、安全教育、安全科技最大限度地应用在生产的每个环节，以预防为主，实现事后处理向事前预防的重大转变。

三、中国煤炭企业安全文化创新模式

企业文化创新对中国煤炭企业可持续发展具有重要的作用，它的衍生

---

① 邓力群、马洪、武衡:《当代中国的煤炭工业》，中国社会科学出版社 1988 年版，第 197 页。

价值是非常广泛的。21世纪，如何更好地做好中国煤炭企业文化创新呢？具体来说，中国煤炭企业文化创新包括以下方面。

1. 进一步创新安全文化理念

安全理念也叫安全价值观，是在安全方面衡量对与错、好与坏的最基本的道德规范和思想，对于企业来说它是一套系统，应当包括核心安全理念、安全方针、安全使命、安全原则以及安全愿景、安全目标等内容。安全理念绝非一句简单的口号，而是企业安全文化管理的核心要素，不管提炼、修改还是传播，都应该慎之又慎。安全文化理念创新是十分重要的。安全文化理念要从单纯的生产领域，扩展到生产、服务、管理等领域，构建人—机—环境—管理协调发展的安全系统。

培育安全理念文化，一方面要广泛开展“安全第一”的宣传教育、阶段性安全形势教育、“安全在我心中”演讲、“安全大家谈”征文、安全格言和警句的征集等，通过生动活泼、喜闻乐见的教育形式、潜移默化的教育，对干部职工的理念、意识、态度、行为等形成从无形到有形的影响，使全体职工树立正确的安全意识、态度、责任、价值观等，培养职工个人和群体的安全价值观及敬业精神。另一方面，通过网络、报刊、宣传栏等载体，在企业广泛叫响“安全是基础”、“安全是生命”、“安全是效益”等安全理念，引导干部职工牢固树立“安全第一”的思想，大力营造良好的安全文化氛围。

2. 进一步加强安全培训

俗话说：“细节决定成败”。如果相关单位对员工多一点教育，对相关操作规程多一点细则，对作业环境多一点检查，作业人员自身进行作业时少一些侥幸心理、少一些麻痹大意、少一些违章操作，就会减少或避免事故的发生。通过培训，使员工深刻认识到：安全不能代表一切，但安全可以否定一切。员工只有从思想上真正认识到安全工作的重要性，切实落实安全责任，不断完善各项规章制度，做好安全培训教育，从细微处严格把关，企业才能实现真正的安全生产，员工才会免受伤害，这是企业持续健康发展的根本。

3. 进一步促进安全行为文化创新

安全行为文化是安全文化的重要方面，也是建设安全文化的主要目标。安全行为文化是企业安全文化的动态部分。安全行为文化的建设包括领导、职工及家属安全行为的建设。为此，煤矿企业在安全行为建设方面，一要注重强化领导对安全工作的关注度。二是可以在全矿范围内推行准军事化管理，使每一位职工明确和认真履行岗位职责，维护企业的良好形象，建立起规范的工作、学习、生活秩序，培养职工文明生产、学习及生活的优良作风和严格的纪律。三要贯彻落实中共中央提出的“构建社会主义和谐社会”的要求，启动“和谐矿区”创建活动，实现企业、员工、环境的和谐相处。做到五不伤害：不伤害自己、不伤害他人、不被他人伤害、帮助他人不被伤害、不伤害其他相关的财与物。

4. 进一步规范安全责任制度创新

制度是一个社会的行为规范，是为决定人们的相互关系而人为设定的一些制约。不断完善处理“四不放过”原则，将事故原因、事故处理、教育、责任落实一步步到位。必须用制度的形式明确各级领导、各个部门、各岗位人员在安全工作中，根据各自职责范围应该做什么、不应该做什么及其应负哪些具体责任。安全生产责任制既建立了一套完整的安全生产责任体系，又建立了安全生产管理的约束机制，使安全生产、劳动保护工作贯穿到工作的各个环节。

5. 进一步推进安全科技创新

安全科技是中国目前第十个被认证的专业。安全文化发展需要物化的安全科技做支撑。安全科技包括自然科学领域灾害发生机理研究、灾害防治理论，社会科学领域安全生产管理科学技术、安全生产共性、关键性科学技术，包括防止灾害的预测预报技术、安全监测技术与装备、灾害防治关键技术与装备、应急救援关键技术与装备、安全管理技术；安全生产科技推广与技术示范工作，包括安全生产高新技术产业化、科技推广和科技示范重点工作；实施安全生产监管监察所需要的科技支撑，包括监管技术支持手段、安全信息工程、重大危险源监控、安全评价等方面的应开展的科技工作等。进一步推动安全生产科技资源整合，建立国家安全生产科技创新、技术研发与成果转化基地，形成以企业为主的安全生产创新体制。

6. 引导安全法制法规制度创新

企业安全文化建设是实现以人为本精神的书面表达，是推动政府管理安全工作的准绳，是确保企业社会责任底线的实现，是市场准入的最低门槛，是政府和企业安全责任落实的重要推动力。国家关于煤炭行业的《煤矿安全规程》、《煤矿安全监察条例》等法规影响煤矿安全制度的制定，是煤炭企业结合自己情况制定制度的基础和依据。

对于企业安全文化的绩效评估从定性走向定量，体现更强的实践性和可操作性。要使员工真正地感受到它，而不是抽象的条条框框，流于形式而已。

7. 促进安全投入的增加

投入是安全的经济保障。安全生产与经济效益的增长是企业生存和发展的两大根本问题。企业要长期稳定发展，必须明确安全生产与经济效益两者不可偏废的关系。没有安全企业不能维持正常运转，没有效益，企业无法生存。要合理安排安全投入，能减少和防止事故的发生，提高企业的经济效益。

20世纪80年代，我国鼓励民间办矿，造成国有煤矿的经济效益下滑；安全投入减少，致使国有矿井自身的安全保障能力下降；生产事故时有发生，直接威胁从业人员的生命和企业的正常生产。由此可见，安全生产是企业可持续发展的必要保障。企业要合理增加安全投入，克服增加安全投入就减少了企业利润的片面思想。安全投入是企业正常生产的必要条件。安全生产与经济效益之间互相依存，企业的安全工作做得好，经济效益就有保障。

总之，中国煤炭企业文化创新是不断实践、动态发展的过程；是人本文化、科技文化、管理文化、环保文化、节能文化、安全文化协同促进发展的过程；是文化在观念、制度、行为、物质层次上不断扩展和延伸的过程；是国际、国内发展不断推进的过程。

第七篇　转型创新保障

第十三章　中国煤炭企业转型创新的保障机制

中国煤炭企业创新过程是社会、企业、员工共同的事情，涉及企业发展的不同层次。为了促进中国煤炭企业创新发展，我们需要在人才、环境、投入等方面做好支撑。

第一节　培养创新的社会基础

创新已成为时代发展的主题。创新的方向、水平与社会的需要，社会发展水平，群众支持水平等紧密联系在一起。中国煤炭企业转型创新历程需要社会的大力支持。

一、社会发展水平是中国煤炭企业转型创新的直接动力

新中国成立以来，中国煤炭企业发展的过程在一定程度上解决了中国资源问题。但是，随着传统高能耗、高排放、低产出发展模式的不断推进，它给社会带来的负面影响越来越大，环境破坏、资源枯竭、生态脆弱、生态圈承受力越来越弱等。中国煤炭企业经济发展越来越被它所带来的负面影响所抵消。

随着人们生活水平的不断提高，人们越来越重视自己生存的环境，如水、空气、生态、资源等方面的安全性、环保性、可持续性。

正是残酷的现实，人们的迫切需要，客观要求给人类带来环境、资源、生态等方面的问题，迫使中国煤炭企业必须转型创新。

二、科学发展观是中国煤炭企业转型创新的思想保障

每一个时代形成了不同的发展价值认识，从而也形成了不同的创新选择。在经济发展观指导下，企业的转型主要解决经济问题。在综合发展观指导下，企业的转型涉及经济问题、社会的部分问题；在科学发展观指导下，企业的转型应坚持以人为本，全面、协调和可持续发展。

科学发展观成为中国经济发展、企业创新的思想指导。中国煤炭企业作为工业能源企业，它承担着更多的社会价值，它转型创新的水平直接决定了科学发展观在煤炭企业落实的情况。因此，中国煤炭企业转型创新首先重要的是要有科学发展观的指导，引领转型创新的方向。而目前，中国很多煤炭企业转型创新正是基于科学发展，不断转变经济发展方式，提升产业结构、发展优势产业，进行战略、管理、科技、制度、文化等方面的转型创新。

三、国家政策创新是中国煤炭企业创新的重要支撑

国家政策一方面体现了国家发展方向与目标，另一方面体现了国家对企业的宏观调控。对企业转型发展来讲，国家政策创新是很重要的支撑。

企业的发展来源于国家宏观政策、产业政策的指导。新中国成立多年来，由于煤炭价格并不真实反映煤炭开发成本、环境成本，因此，中国煤炭企业带来的很多问题是历史发展过程中逐步形成的。为了实现煤炭企业科学发展，实现经济、社会、环境等多维度目标，仅依靠企业的力量是不够的。需要宏观产业政策、税收政策等杠杆支撑中国煤炭企业转型创新。

四、群众参与是中国煤炭企业创新的社会力量

群众路线是党的根本工作路线。以毛泽东为代表的中国共产党在长期斗争中形成了一切为了群众、一切依靠群众和从群众中来、到群众中去的群众路线。中国煤炭企业转型创新依靠群众来源于两个主体，一个是中国煤炭企业内部，另一个是中国煤炭企业外部。随着科学发展的不断深入，中国煤炭企业员工应在自己工作岗位上，深入落实科学发展。只有每个人的工作都实现了科学发展，中国煤炭企业才实现了科学发展。因此，需要将科学发展理念贯彻到每一个员工的实际行为中，这是中国煤炭企业转型

创新的内在力量。要通过培训使自己的员工成为贯彻落实科学发展的直接力量。

企业外部广泛的群众基础是中国煤炭企业转型创新的支持和监督力量。大学、科研机构是企业转型创新可持续力量，政府管理是中国煤炭企业转型创新的支持和监督力量。一般群众是中国煤炭企业转型创新的监督力量。中国煤炭企业转型创新过程是不同群体力量整合的历程。一定要依靠不同群体的力量，发挥不同群体的优势。不能错位，不能越位，不能缺位。

五、改革开放是中国煤炭企业转型创新的环境要求

改革开放是邓小平理论的重要组成部分，中国社会主义建设的一项根本方针。改革开放不仅仅指对中国经济的改革，它分为对内改革和对外开放，中国的对内改革首先从农村开始。对外开放是中国的一项基本国策，改革开放是中国的强国之路。改革开放是邓小平理论的重要组成部分，中国社会主义建设的一项根本方针。

从耗散结构理论看，一个系统处于开放状态，存在涨落，非线性结构，它要从一个不平衡态跃迁到一个新的平衡态，需要系统不断地与外界进行物质、能量、信息的交流。因此，中国煤炭企业转型创新过程必须处于一个开放的状态，实现国际、国内煤炭企业和谐发展，从国外借鉴管理创新、科技创新、制度创新等，走出一条中国特色的煤炭企业发展之路。

第二节　培养转型创新型领导

创新型领导人才，就是指具有强烈创新意识和卓越创新才能的领导干部。创新型领导人才是积极务实、严谨有序、开放光大，不断进取创新的领导，能带来幸福和尊严，惠及范围广大，时间长远，能使社会生活各领域得到较为全面、健康、充分和持续的发展。其实质，就是能始终坚持与时俱进，科学判断形势，敏锐发现理论和实践中出现的新情况、新问题，创造性地解决矛盾，破解难题，开创工作的新局面，推动理论和实践的发展。创新型领导可分为魅力型领导、变革型领导、战略型领导。魅力型领

导者有着鼓励下属超越他们的预期绩效水平的能力；变革型领导者鼓励下属为了组织的利益而超越自身利益，并能对下属产生深远而且不同寻常的影响；战略型领导者用战略眼光，具有组织决策的高层管理人员。

一、转型创新型领导内涵

转型创新型领导体现了领导两个显著的特征：一是具有创新能力；二是具有转型能力。美国著名认知心理学家斯腾伯格和洛巴特认为个体创新力的充分依赖于智力、知识、认知风格、人格特征、动机、环境的有效整合。

以社会学家伯恩斯和管理学家豪斯的研究为起点，巴斯构建了转型领导模式。巴斯认为，领导有两类：交换型领导和转型领导。所谓交换型领导是指领导者以下属所需要的报酬来换取自己所期望的下属的努力与绩效。交换型领导主要在随机报酬和例外管理两个维度下工作。转型领导具有领袖魅力、鼓舞动机、个别体贴、智力刺激四个维度。领袖魅力是指领导者所具有的能对跟随者产生巨大、超凡影响的个人吸引力。鼓舞动机是指领导者对追随者表达很高的期望，利用口号等鼓励下属付出更大的努力去实现组织的远大目标。个别体贴是领导者公平而有差别地对待每位下属，关注每位下属的特殊需要。智力刺激是转型领导使用崭新的、创造性的方法和途径来解决工作中遇到的问题。

转型创新型领导是指具有智力、知识、认知风格、人格特征、动机等因素，通过领袖魅力、鼓舞动机、个别体贴、智力刺激等途径实现转型创新的领导。

二、创新型领导必备的能力

作为创新型领导者，必须具有创新的水平和能力，才能将创新思维转变为思维理论再转变为创新实践。

1. 思维创新能力

思维最初属于哲学研究的范畴，后来又成为逻辑学、心理学、美学等多门学科研究的对象。哲学指思维是反映客观现实的能动过程。逻辑学指抽象思维所形成的概念、判断和推理，强调逻辑思维。美学指形象思维或艺术思维。总之，思维形式主要表现为两种①理性的、抽象的、逻辑的思维；②非理性的、形象的、非逻辑的思维。

思维创新有三个阶段：问题—构想—实践，最重要也是最困难的就是头脑中的构想，即创新思维阶段。没有思维创新，就不会产生行为上的变化，如我们现在常说的技术创新、制度创新、管理创新、文化创新等。

2. 预见能力

预见能力就是指能够在对国际、国内形势判断分析基础上，对经常不断变化的内外环境能深谋远虑。从决策者思维成果的新颖度来看，思维品质的预见性一般可分两种类型：经验型预见和创新型预见。马克思主义者认为，事物的发展不是杂乱无章的，而是有序的，是有规律可循的。事物发展的规律规定了事物发展的方向和事物发展的趋势，人们不但可以认识、推测对象的过去，还可以对对象的未来进行科学的预测。同时，客观事物之间存在着普遍联系，具有前后相继的特点，人们可以由此及彼地、多角度、多维地看待问题，从而提出问题，分析问题，解决问题。

3. 授权能力

授权能力，乐意并且有效地与下属分享权力。权力的本质是责任、资源和服务，授权就是把这些权利转移出去，让他人共担，实现更大的管理效益。面对快速发展的社会，其价值多元化、发展取向多元化、分工细化、竞争的激烈化，使得一个企业家必须通过授权，体现企业以人为本的文化氛围，各负其责，才能应对时代的要求。通过授权管理，能达到三个目的：领导变成员工，使领导跟群体配合到一起；把员工变成领导，使企业将战略目标和员工捆绑在一起；让领导腾出时间，考虑长远目标。授权经过四个阶段：排选合适的被授权人、确定授权的边界、组织监控、授权的调整。

4. 自知与反省能力

自知与反省能力既指明了自己的需求与目标，也了解下属的需求与目标。反省是勇气的表现，反省是自知的明镜，反省是明日的祥和，反省是觉悟的根本，反省是人生的要务。经常反思，不断强化创新思维。这是最难坚持的。创新思维实践的做法就是：现在就去做。如果动作太慢，你的新就会变成旧，就失去了它本来应有的价值。把思维创新用于技术创新（列举法）、对策创新（多维度创新）、制度创新（分期付款）。

5. 应具有处理复杂问题的能力

中国煤炭企业转型创新本身就是一个复杂问题。对复杂问题的解决需要有复杂性思维和复杂性策略。这是考验转型创新型领导能力的关键。

具体来说，面对复杂多变的客观事物，创新型领导者不是从僵死不变的模式出发，而是从实际出发，灵活多变以达到出奇制胜的效果。对待上级的指示，不搞“本本主义”，而能善于从本地区、本单位实际情况出发，主动灵活，富有创造地加以贯彻和执行。

三、培养创新型领导

21 世纪是知识经济时代。发展知识经济，迫切需要创新型人才，尤其是创新型的领导干部。创新型领导干部一般具有以下特点：政治敏锐，信念坚定；善于学习，知识丰富；思路开阔，锐意革新；能力出众，令人折服；政绩突出，群众公认。

1. 提升领导干部思维创新能力

思维创新的内在要素：知识水平、非逻辑思维能力、逻辑思维能力。知识水平越高，可供调动的知识越多，运用起来就可能越灵活，产生新思想的可能性就越大。思维创新的外在要素：社会环境、家庭环境。我国春秋战国时期，出现了老子、庄子、孔子、孟子、荀子、墨子、韩非子等伟人与当时的社会环境有很大的关系。

思维创新能力滞后的原因主要表现在四个方面：①经验型思维定式指在过去经验的影响下，对于分析和解决新的问题带有一定的倾向性和自动的惯性。经验定式的局限性表现在时空、条件、主体的狭隘性。如，美国总统竞选者麦凯恩的保守性与经验性成为他失败的主要原因。②唯一答案型思维定式。从一个维度分析问题，而且往往认为答案是唯一的。一位普通的读完大学的学生，一般要承担 2600 次测试、测验和考试，而标准答案在他们思想中根深蒂固。唯一答案型思维定式的局限性是潜意识地被各种框框所束缚。③权威型思维定式。权威思维定式指人们对权威人士的言行的一种不自觉的认同和盲从。如对专业权威、教育权威、领导权威的过度盲从。如，听话教育、专家不可能出错。权威型思维定式的局限性是容易造成权威泛化，把个别专业领域的权威，不恰当地扩展到社会生活的其他领域，如明星效应的放大。古今中外历史上的创新常常是从推翻权威开始的。如古希腊哲人亚里士多德的“吾爱吾师，但吾更爱真理。”④从众型思维定式。跟从大众、追随大流，缺乏自己独立思考的能力。如入乡随俗（如有的地方过春节的磕头礼节）、传统文化中的从众观念（个人服从群体，少数服从多数；枪打出头鸟）等。从众型思维定式的局限性是只会加强思维惯性，弱化创新思维能力。

针对四种落后思维方式提出四种修正的办法，分别是：①换位思维训练：突破经验思维模式，即主观上站在对方的角度去考虑，以发现某个问题或观点的正确性，也就是让自己能站在他人的角度看问题，才能对事物作出一个准确的判断，并更好地处理事情。方法是冲突自我向一非我一大我的思维方式转变。②多维度思维训练：破除唯一正确答案模式，沿着多条思维线向四面八方发散，有效地扩展思维空间。而经验性思维模式是一种单纯性思维模式。③列举法训练：突破权威型思维定式，把一些经常遇到的问题及其解决手段进行列举，发现可以突破的路径，分为属性列举法、缺点列举法、希望点列举法。这是突破权威的重要方法，可以列举：是不是本专业的权威、本地域的权威、当今最新的权威。④逆向思维训练：破除从众型思维模式，是一种与常人思维取向相反的思维形态。表现为：人弃我取、人进我退、人动我静、人刚我柔。

2. 树立正确的政绩观

"十二五"规划建议提出：党的领导是实现"十二五"时期经济社会发展目标的根本保证，必须加强党的执政能力建设和先进性建设，不断提高党领导经济社会发展能力和水平。各级领导干部要坚持全心全意为人民服务的根本宗旨，坚持党的群众路线，始终保持同人民群众的血肉联系，树立正确政绩观，努力作出经得起实践、人民、历史检验的实绩。领导干部树立正确的政绩观是中国煤炭企业转型创新的领导保障。

3. 树立新的用人观[①]

由于历史的原因，长期以来，在用人观上墨守成规、求稳怕乱，有些人对创新型领导干部看不惯、不放心。他们敢闯、敢试、敢冒，被认为不稳重；他们改革意识强，积极进取，被认为出风头；他们开拓创新，改革力度大，被认为政治不可靠；他们个性有棱角，是非分明，被认为不成熟。这些都严重制约了创新型领导干部的使用。新世纪迫切需要大量的创

① 参见杨树平：《注意培养选拔创新型领导干部》，《光明日报》2001 年 1 月 13 日。

新型领导干部，适应这一要求，就要解放思想，破除平衡照顾、求全责备的旧观念，树立看主流、重本质的新观念，破除“没有功劳有苦劳”的旧观念。

创新型领导干部往往有鲜明的个性，有独特的工作方法，在一个班子中会使这个班子结构发生变化，能增进活力，增添生气，能搞活一个方面、一个单位的工作。要敢于把创新型领导干部放到重要岗位上；要敢于把重任、重担压在创新型领导干部身上。创新型领导干部尽管有这样或那样的缺点和不足，但要分清主流和支流，不能因为细枝末节而影响创新型领导干部的提拔使用。对创新型领导干部，切不可过于苛求，以偏概全，以一时一事之失误，否认其全部历史和全部成绩。如果总想找那些没有缺点毛病的人，没有任何争议的人，那么提拔起来的很可能是一些德才一般、能力平平的干部，从而把一大批基本素质好、有较强工作能力、敢于开拓创新的创新型领导干部拒之于组织门外。

4. 创建创新型环境

创新已经成为时代精神，要大量选拔创新型领导干部，必须进一步加大干部人事制度的改革力度，努力建立起使优秀创新型领导干部脱颖而出、富有生机与活力的用人机制，着力营造创新型领导干部健康成长的良好社会环境。要重用创业者，启用开拓者，淘汰平庸者，惩戒空谈者。注重群众公认，是新时期改善和提高干部选拔任用质量的关键，要坚持组织推荐与群众举荐相结合，公开考试与德、能、勤、绩群众评议相结合，给群众更多的参与干部管理的机会，让群众充分行使表决权，从而把群众公认不公认、群众满意不满意作为选拔任用干部的一个重要标准。

5. 遵循客观规律

规律就是事物运动过程中固有的、本质的、必然的、稳定的联系。规律是客观的，不以人的意志为转移，它既不能被创造也不能被消灭。因此，我们必须按客观规律办事，在尊重客观规律的前提下发挥人的主观能动性。按客观规律办事，必须认识全面，既要考虑经济效益，又要考虑生态效益。如果盲目发挥主观能动性，不顾及事物的客观规律，则会带来一系列严重后果。尊重客观规律很重要的一点需要不断总结经验。1965 年 7 月 26 日，毛泽东在中南海会见刚从海外归来的原国民党代总统李宗仁和夫人郭德洁时，问李的秘书程思远：“你知道我是靠什么吃饭的？”程一时茫然，不知如何回答。这时毛泽东徐徐说道："靠总结经验"。

第三节　培养创新型人才团队

胡锦涛总书记在2007年1月9日召开的全国科技大会上代表党中央、国务院提出了"建设创新型国家"的战略决策，并提出要"努力培育全社会的创新精神"，"培养造就富有创新精神的人才队伍。"胡总书记在党的十七大报告中指出：提高自主创新能力，建设创新型国家。创新之本在于人。能否建设创新型国家，关键在于创新型人才的培育和使用。企业创新水平关键看它的企业团队。

团队是指为了实现某一共同的效益目标、紧密协作并相互负责的个体所组成的正式群体。包括目标、定位、权限、计划和人员五个因素。企业人才团队是一群个体的人组成的团队，他们为实现共同的目标和理想而协同工作。中国煤炭企业转型创新水平与它的创新型人才团队紧密联系在一起。

一、知识经济时代对人才的要求

知识经济时代是以知识为基础的时代。一个人没有掌握符合这个时代要求的语言和技能就有可能失业，甚至变成文盲和乞丐。为此，个人必须就知识经济时代对人的知识水平的最低要求或基本要求有明确的预期和深刻的认识，调整自己的知识结构，培养自己的创造能力，以适应社会经济发展的要求。

1. 知识经济时代对人的语言要求

语言是信息的载体或标识，人只有掌握了语言才能与人、与社会进行信息的交流，从中掌握社会和自然发展变化的规律，才能依据规律适应社会和自然，驾驭社会和自然。可以说一个人对社会和自然的适应能力、驾驭能力在一定程度上取决于语言的丰富程度。在计算机出现以前，人与社会交流信息的语言都是自然语言，尤其是本民族的通用语言。但是，在世界走向一体化的今天，如果一个人只掌握本民族的语言，那么他的活动范围是有限的，所获得的知识和信息也是有限的，即在本民族的区域范围内才能与人进行交流活动只能用本民族的语言，而且掌握了其他民族的语言，那么他的活动范围就可以成倍拓宽，他所获取的知识和信息就可以成倍增加。现在，随着全球经济的一体化、国际化，社会和经济对个人的语言要求已经提出新的要求，人与自然社会交流信息的语言已不再局限于自然语言。必须采用计算机语言，计算机作为扩充人的大脑机能的机器，能为人类进行信息的存储、运算，一定程度上解放了人的脑力。但是计算机对信息的存储、运算不能使用自然语言，只能采用机器语言。在这种情况下，人要与计算机进行信息的交流和沟通，就必须学习计算机语言。否则，就难以让计算机执行人脑的部分功能。

另外，一种语言的掌握还影响个人的思维方式。一种自然语言是某个民族言语、思想、文化等的体现。不同的语言反映了不同民族的文化底蕴、意识形态和思维习惯，因此，语言本身有它内在的逻辑体系，反映一个民族的思维方式，掌握一种语言，也就相应掌握了它的逻辑方法和思维方式。

在知识经济时代，经济的国际化程度更高，个人不仅要和本民族的人员进行交流，也要和其他民族的人员进行交流，这要求个人要掌握相应的外国语言；在知识经济时代，计算机将是处理信息的主要工具，这要求个人必须掌握计算机语言；知识经济时代，是充满创造力的时代，不同的语言思维方式不同，解决问题的方法也不同，多掌握几种语言，有利于提高自身的创造力。

2. 知识经济时代对网络技术的要求

信息的捕获和流通速度不仅取决于人对信息的敏感程度，而且取决于信息的传播方式。信息捕获和流通速度的加快，意味着人对社会、自然的认识速度提高，间接促进生产力的发展和国民经济的增长。为促进信息的流通和增加国民收入，1992 年美国首先提出信息高速公路，并作出了长远规划，继美国之后，其他国家如日本、韩国和中国等也在建立本国的信息高速公路。而信息高速公路建设的基础网络技术，只有利用网络技术，才能使信息高速公路最经济最合算，才能使信息按照预定的方向流动，并不产生信息间的干扰和冲突。而网络技术的发展已使得许多业务可以通过网络进行，不再有不必要的人员流动和相应的支出，互联网贸易就是通过信息网络进行的全新的贸易形式，商品交流的双方都可以通过互联网络进行商品交换的信息收集和谈判，可以节约更多的交易成本费用。交互式电视也是利用网络，把电脑、电话和电视集为一体，可以相互对话的电视，人们可以通过交互式电视进行交互式的购物、双向电视教学、预订飞机和车船票、民意测验、投票选举、电视游戏和自选录像等多种信息服务。

在知识经济时代，网络技术将更加普及，使每个人的生活和发展都依赖于网络，在这种情况下要求每个人能够识别网络技术的标识、语言，能够熟练掌握网络操作技术，通过网络进行信息的交流和捕获。如果不能熟练掌握网络技术，不仅会给自身的生活行动带来诸多不便，使自身与外界交流的成本费用增加，而且也会使自己不适应社会需求而失业。

3. 知识经济时代对创造力的要求

在农业和工业经济社会，创造性的活动主要集中于科研院所、具有特殊才能的科研工作者和有创造力的个别劳动者。一般的劳动者主要是掌握必要的操作技能进行机械作业，在工作中偶有创新也是偶然现象，这种状况不仅与人类的文明进程和个人的素质有关，而且与社会经济环境有关。因为在农业经济和工业经济社会，个人只要掌握必要的技能就可以生存与发展，对创造力的要求还很低。但是，在知识经济时代，技术的发展和产品的更新速度更快，企业组织已是人性的组织，企业管理模式也发生了变化，由官僚式管理转变为机智式管理。企业的规模越来越大，在这样的社会经济环境中，只掌握简单的操作技能已不能满足社会需求，必须有相应的创造力，进行技术创新、产品创新等才能使自己所在的企业发展，自身也才可以从中取得收入，因为企业规模的小型化，使得任何人都难以通过他人的发明创造而搭便车获取收入。同时，产权制度的变革，使得整个社会经济更具有激励创新的机制。创新就有回报，在这样的产权制度下，创新活动将成为普遍行为，谁不创新谁就失去财富。因此，个人必须培养自己的创造能力，否则难以符合知识经济要求。

二、中国煤炭企业转型创新人才团队建设的重要性

奥巴马参选时提出“我们相信变革”口号，但事隔一年，有评论就发现其态度在最近明显与当时不同。上周他签署国防预算案时说：“变革有难度。”数日后又说：“变革绝不容易。”翌日又向民主党议员表示：“变革不是一朝一夕。”显示这个选举承诺的确难以兑现。一个人的创新还是远

远不够的，需要一个创新的团队、创新的社会，再有一个创新的领导。一种是拉动型的，一种是推动型的。中国煤炭企业创新型人才团队建设对提升煤炭企业创新力具有战略意义。

1. 体现知识经济时代特征对人才团队的要求

在工业经济时代，产业结构以农业为基础，以工业为主导；在知识经济时代，则以工业、农业为基础，以知识产业为主导。1996 年美国企业新增产值的 2/3 是由微软这样的高新技术企业创造的。高新技术产业对美国国内生产总值的贡献率已达 27%，远高于房地产的 14% 和汽车产业的 4%。知识经济时代，知识的创造特征从工业经济时代个体创新转变为团队创新。这由于知识经济时代科学技术发展的交叉性、融合性，投资的巨大性等决定的。因此，为了做好科技创新、管理创新等，必须有一支创新的团队。

2. 建设创新型国家的客观要求

建创新型国家，必要的基础工作之一就是要组建创新型的团队。中央提出建设创新团队，可以说寓意深、期望高。团队不同于一般的课题组，更不是夫妻店，团队是为完成某一重大科研任务而组建起来的科研攻关群体。团队有明确的目标，团队成员之间知识水平互补，相互配合、相互承担责任。所谓创新，就是要出新东西，就是要解决国家、企业发展中的重大科技问题。我们国家现在非常重视创新团队的建设，党和国家领导人多次在报告中强调了创新的意义及建设创新型国家、加强团队建设的问题。我们国家在许多方面还受制于人，国家急切希望建设一大批高水平创新团队，提高自主创新能力，不断解决国家发展中的重大难题。

3. 提升中国煤炭企业竞争力的基础

当前，在国家能源发展的战略中，煤仍是主体能源，但煤是一次性能源，煤的开采会造成地貌破坏、水资源流失，煤的利用会造成环境污染等。如何解决煤炭生产领域方方面面的问题，需要企业不断地创新。而创新不仅是领导的事情，更是全体员工的事情。“优秀的创新团队必须吸收交叉渗透学科的成员参加。因为知识经济时代，专业划分越来越细，学科间需要不断交叉、综合和相互渗透，这样才能不断产生新的学科、新的领域。每一门学科都有它的自身特点和发展规律，每一个人都有自己的思维和行为方式，不同学科的成员组合在一起，不但能形成知识、智力优势，更重要的是可以相互启迪借鉴，能够形成思维方式和方法论的改革与创新，形成‘1+1 > 2’的团队优势。”①

三、培养中国煤炭企业转型创新人才团队

企业发展，人才队伍是关键。目前，中国煤炭企业人才队伍整体人员素质低，农民工、合同工、技校人员比重比较高。本科生、研究生比重比较低。形成人才团队比较困难，还需要不断努力。

1. 培育团队意识

中国煤炭企业多处于远离城市的边远地区，与农村邻近。小农意识比较强。满足个人温饱，无约束、无协作、无交换是长期形成的一种思想观念和行为习惯。个人主义比较明显，集体主义、社会责任比较缺乏。21世纪，中国煤炭企业承担经济发展、可持续发展、社会和谐等方面的功能，只有具备团队精神，超越小农意识，才能形成合力，形成人才团队。

2. 形成合理的团队管理层次

对于一个团队来讲，需要解决权力分配、报酬和业绩评估三个层次的问题。决策系统包括集权系统和分权系统。在集权系统中绝大多数重要决策是由组织上层的个人作出；而分权决策系统中，许多决策是由下层的个人作出。采用集权还是分权关键看成本收益情况。一般说来，在相关知识比较分散，而且团队决策的控制成本相对较低时，团队决策是有效率的。目前，中国煤炭企业大型化发展趋势，是环境因素越来越复杂，公司业务越来越复杂，市场化程度不断提高。因此，团队决策很重要。报酬体系确定工资的最高额和最低额。绩效评估需要解决两个问题，一个问题确定工资的额度，另一问题是解决搭便车问题。对于团队来讲，三个层次的问题都很重要。

3. 加强企业培训的管理

员工要在不断的学习过程中来提高自己，在各种培训中受益，进而提高企业的竞争力。在培训的过程中更要提高企业员工的培训效果、加强企业培训的管理。员工的时间就是企业的效益，企业的每一次培训都要有准备地进行，要在准备过程中下工夫，做好各种准备工作，“台上一分钟，

---

① 陈清如:《如何建设创新团队》,《中国教育报》2009 年 1 月 5 日。

台下十年功”。让员工有真正的实效收益，真正做到“磨刀不误砍柴工”。

4. 不断改变和优化企业人才结构

企业的人才结构要多元化，避免同质化。技术型人才、创新型人才、管理型人才、营销型人才、外向型人才、内向型人才、稳定性人才，要应有尽有，这些不同类型的人才都是具备让企业有承载力的人员结构要素。在人才结构梯队的基础上优化人才资源。

5. 增加人才团队的协同力

团队人才效能的评估，不再是搭积木式的加法评估了，而是考虑协同效应的乘法评估。一个团队的最终产出如何，除了要看团队中每个人的能力级数水平之外，还得考虑团队骨干之间的配合默契程度。在很多时候，我们会发现一个能级水平不高，但是配合非常默契的团队，他们的产出水平竟然要比那些团队内普遍能级水平较高、但是配合度较差的团队要高出许多。这是我们在许多企业经营团队、咨询团队、甚至是拓展训练中的临时团队中所经常观察到的现象。团队组成的最主要的目的就是要增加协同力，提高竞争力。

6. 加强团队带头人培养与发展

团队带头人管理体制是国外比较成熟的科技创新人才团队管理体制，实践证明是一项较好的团队管理体制。创新团队有必要加强这方面的管理建设，理顺团队管理机制。避免以行政管理体制替代科技创新人才团队管理体制的弊端，促进科技创新人才团队稳定、健康发展，避免大量团队拼凑现象。

7. 支持新的创新人才团队

新的创新人才团队的成长有利于形成创新资源竞争机制，打破创新资源垄断。因此可以出台一些政策支持新的创新团队成长，如在项目支持方面，可以对新团队与常规团队进行分类申请管理，专门出台支持新创新团队项目计划，促进新思想、新方法与新领域的成长。

8. 建设有利于人才相互交流的非正式平台

团队间的交流沟通，也是促进科技创新人才团队成长的重要因素，可以促进创新团队人才的优化组合，促进不同思想、不同观点的交流与碰撞，激发创新。因此，可以投入一部分资金用于建设科技创新人才团队的社会性团体。

第四节　加大转型创新投入

任何产出都需要投入，创新也是如此。成功的企业创新，无论是技术方面的还是管理方面的，或者文化方面的，离开必要的基本要素投入都不会成功。

一、创新投入的要素

“创新要素”是指和创新相关的相关资源和能力的组合，通俗地讲，就是支持创新的人、财、物，以及将人、财、物组合的机制。十七大报告提出要引导和支持创新要素向企业集聚，意味着今后将把技术研究的项目、资金、人才等更多地投向企业，当然这种投入方式必须坚持市场导向原则。从创新分类看，应加大战略创新、科技创新、管理创新、制度创新、文化创新等方面人、财、物的投入，转型基金投入。根据《中华人民共和国煤炭法》关于“建立煤矿企业积累煤矿衰老期转产资金的制度”的规定，煤炭生产企业要建立煤矿转产发展基金。

中国煤炭企业担负着能源任务，它创新的水平与投入的力度、结构有很大的关系。目前，很多企业重视战略创新、科技创新和管理创新，相关的投入所占的比例也很高。

二、转型创新投入的特征

转型创新投入是有目标的投入，是完成一定任务而进行的活动。由于创新的高风险性、高投入性、高效益性，使很多企业愿意做好创新。企业转型创新投入具有以下特征：

第一，高风险性。风险即事件的不确定性以及影响程度，因各种不确定事件发生的概率无法预测导致未知结果的因素。对于创新来讲，企业决定创新投入时，应评估可能带来的风险问题。从国外经验看，创新成功率占30%左右，很多创新投入没有结果。

第二，动态性。创新不是一次性工作，是企业常态化发展需要。因此，企业对创新的投入表现为动态性投入。国家和每个省创新基金也是体现为动态发展的特征。企业的投入也应根据企业规划，动态地投入，循环式上升。

第三，可持续性。企业要可持续发展，创新是基础。对企业不同方面人、财、物的投入应体现可持续性发展的特征。根据客观需要实现人才梯队、资金、设备等的协同发展，通过投入的可持续性，实现创新的可持续性。

第四，高投入性。高投入是相较而言的，相对于同行同等规模，你的投入更多，如装修更好，服务更好，购物环境更舒适等，这些都是顾客额外得到的。同理顾客也要付出更高的价格。或者对于投资人来说就是更多的业务。创新过程是需要产生原来没有的，或者集成新的东西，由于创造性的内容多，因而，它的投入是比较高的。

三、扩展转型创新投入的路径

企业作为创新的主体，也是创新投入的主体。企业创新资金来源于哪些渠道呢？

1. 积极争取国家资助

国家为了促进创新，通过无偿资助、贷款贴息、税收返还、税收减免、财政补贴等方式推动创新。一方面，国家创新基金通过科技部、发改委、工信部、市级科委、区县科委，其他部门以课题等形式给予支持。企业通过人才团队积极参加和争取相关创新经费。另一方面，国家已设立科技型中小企业技术创新基金，用于扶持和促进科技型中小企业的发展。这项政府专项基金首期额度为10亿元，中国煤炭企业可以积极争取。

2. 企业设立专项创新基金

创新活动作为企业常态化工作，企业应设立专项创新基金，让创新的人有资金做创新的事。医药、高科技行业多有专项创新基金。为了中国煤炭企业更好地科学发展，创新基金设立当务之急。由于“六五”期间我国已十分重视环保问题，该时期后三年用于环保的专项资金达2.2亿元。

3. 争取不同渠道的社会投入

一方面，企业可以通过与高校、科研院所的合作，优化人才、资金、信息、知识等不同创新要素，提高产、学、研、用的效能。另一方面，通过加强企业间的合作，优化创新资源，提高创新效能。

4. 增加科技与教育经费

1952 年 10 月召开的第一次全国煤矿基本建设会议提出了大力培训干部和技工的任务。煤炭企业人才培养成为中国煤炭企业发展重要的支撑。中国煤炭企业创新水平取决定于它的科技与教育水平。

1953 年成立了抚顺煤矿安全研究所，同年成立北京矿业学院，1955 年成立合肥矿业学院，这两所大学是新中国成立最早的煤炭工业高等学校。该时期还兴办了 17 所中等专业学校。与此同时成立煤炭研究院。1955 年成立了唐山煤炭科学研究院，1957 年成立了北京煤炭科学研究院。1961 年，抚顺、唐山、北京三院合并组成煤炭科学研究院。1964 年成立了太原研究所。煤炭科学研究总院西安研究院成立于 1956 年，是煤炭系统从事煤矿安全与地质勘探的大型科研机构。1999 年转制为国有重要骨干企业，注册资金 41013.8 万元，现归属国资委管理。1950 年燃料工业部在北京开办了燃料工业部干部学校，作为干部教育的中心，"一五"期间，各省煤炭管理局和矿务局也相继办起了不同层次的干部学校。

改革开放以来，煤炭企业逐步增加了科技与教育的投入，包括硬件和软件的投入，煤炭普通高等院校迅速发展，普通中等专业学校、综合职业技术学校、在职干部教育发展都很快。煤炭大学、中专、干部学校、煤炭研究机构成立为中国煤炭企业发展提升了科研基础和人才力量。

5. 支持煤炭企业建立技术研发中心

目前，煤炭企业本身自主创新能力弱，需要从煤炭产品销售收入中提取一定比例资金，用于技术创新和技术改造，支持技术研发中心的建设。

第五节　实现不同层次转型创新的协同发展

中国煤炭企业转型创新历程是企业战略创新、管理创新、科技创新、制度创新和文化创新协同发展的过程。为了实现转型目标，创新的不同方面需要系统整合，协同发展。

一、实现企业内部要素与外部要素的协同发展

根据耗散结构理论，一个远离平衡态的非线性的开放系统（不管是物

理的、化学的、生物的还是社会的、经济的系统）通过不断地与外界交换物质和能量，在系统内部某个参量的变化达到一定的阈值时，通过涨落，系统可能发生突变即非平衡相变，由原来的混沌无序状态转变为一种在时间上、空间上或功能上的有序状态。一个系统从混乱状态向时间、空间、功能有序结构演化需要满足远离平衡态、非线性、开放系统、涨落四个条件，才能达到转型效果。

中国煤炭企业转型创新过程就是从一个混乱状态达到一个新的和谐、有序、自组织能力很强的状态。首先它要与其他企业、社会进行物质、能量、信息的交流。目前，中国煤炭企业参与国家竞争，发展循环经济发展，提高生产要素竞争力，都需要与国际、国内相关的要素进行交换。开放是中国煤炭企业转型创新的条件。

二、增强不同层次创新的协同力

协同是系统演化过程中要素之间关联度的反映。系统演化不仅与要素有关，而且与要素形成的结构、功能有很大的关系。要素之间的协同力决定了系统的结构和功能。中国煤炭企业转型创新过程是不同层次创新要素不断协同发展的过程。为了实现转型发展，战略创新、管理创新、科技创新、制度创新和文化创新都要围绕这个主题进行不断地创新。增加创新要素之间的协同力是实现中国煤炭企业转型发展的条件和因素。

三、加长“短板”

“短板”理论告诉我们，一个系统所能容纳水的多少是由系统最短的板块决定的。中国煤炭企业转型创新首先要解决创新短板。每个企业创新能力、创新水平差距很大，关键是要不断加长短板，实现不同创新要素的协同发展。

从目前中国煤炭企业创新看，每个方面的创新都要很大空间。战略创新需要不断提升，管理创新需要不断加强，科技创新需要不断投入，制度创新需要不断完善，文化创新需要不断扩展。从五个创新方面看，战略创新具有前瞻性，管理创新、科技创新、制度创新和文化创新是战略实现的保障，它们必须围绕战略创新进行不断地创新。只有五个方面的创新能力和水平在不断地加长，中国煤炭企业转型创新才能实现。

结 束 语

21 世纪，创新已成为时代主题，每个国家、每个行业的发展直接由它的创新水平决定。目前，煤炭资源作为中国最主要的能源，煤炭企业创新的方向与力度直接决定了中国传统能源发展的水平。新中国成立以来，中国煤炭企业创新主要体现在理论、战略、管理、科技、制度、文化等方面的创新。为了进一步发展、创新以使中国煤炭企业健康、稳定地发展，我们需加大创新的力度。从 60 多年来中国煤炭企业创新历程看，有些规律性的认识，我们需要在进一步的创新中继续坚持。

一、中国社会的第二次转型还是第三次转型？

关于中国的转型问题目前是学界争论的一个理论问题和热点问题。有些专家和学者认为中国目前处于第二次转型。迟福林、傅治平的《转型中国：中国未来发展的大方向》一书开头谈道：中国改革开放进行了 30 多年，理论界把已经过去的 30 年作为中国的第一次改革与转型，并以 2008 年《中共中央关于推进农村改革发展若干重大问题的决定》为标志，作为新一轮改革与转型的起点。并认为，第一轮转型建立了市场经济体制框架，创造了经济社会发展的世界奇迹；转变发展方式是第二次改革与转型的最强音。我们认为，这种认识反映了 30 多年来中国改革发展的一些特征，但是不全面，虽然转型与改革紧密联系一起，但是两者的含义还是不同。改革是指各种包括政治、社会、文化、经济、宗教等方面做改良革新的。改革是指在现有的政治体制之内实行变革。改革不等同于改革开放。新中国成立以来，中国一直在进行改革。所谓转型，是指事物的结构形态、运转模型和人们观念的根本性转变过程。转型既是过程，又是改革的结果。因此，转型是事物发展轨迹的根本变革。

在分析改革和转型概念基础上，我们认为对于中国社会的转型问题不能局限于分析改革开放 30 多年，至少应该从新中国成立开始。第一，新中国成立后，中国确立了以人民代表大会制度为主体的社会主义制度。中国的转型是在这一政体下不断转变。第二，每一次转型开始于价值观的转变。我们熟悉的每一次科技革命都是价值观的革命，转型也是一场价值观的转变。我们认为新中国成立以来，中国经过了三次转型，分别是新中国成立初期从无序的资源管理状态向以计划经济管理模式的转变，实现了对资源的计划管理，是典型的以“任务为中心”的转型特征；1978 年十一届三中全会开始从计划经济管理模式向市场经济模式的转变，促进了经济社会的大发展，是典型的以“经济增长为中心”的转型特征；2003 年党的十六届三中全会提出的科学发展观成为新时期社会转型的价值取向，是典型的以“经济、人、社会全面发展”的转型特征。第三，中国煤炭企业作为中国转型的微观基础，它的转型也经过了三次。体现了宏观与微观的辩证统一。

二、中国煤炭企业转型创新本身是一场革命

古代以天子受天命称帝，故凡朝代更替，君主易姓，皆称为革命。近代则指自然界、社会界或思想界发展过程中产生的深刻质变。在中国古代，“革命”的意思很窄，只指改朝易姓；语源是《易·革卦》的彖传：“汤武革命，顺乎天而应乎人。”革是变，命是天命。从科学革命看，革命是科学理论、方法、理念等方面的根本转变。转型本身就是一场革命。“转”体现“革”的本质，“型”体现“命”的特征。转型过程就是不断革掉原来发展中存在的问题，形成新的形态，是革与命的统一。因此，中国煤炭企业转型创新过程是一场革命。引领中国煤炭企业走向一个新的发展方向，新的发展阶段，新的发展形态，新的发展方式，是转与型的辩证统一，也是革与命的辩证统一。

首先，现阶段中国煤炭企业转型创新理论基础是科学发展观。转型创新不是单纯为了经济发展，或者可持续发展。科学发展观回答了为谁发展、怎样发展的问题，即为人发展，实现全面、协调、可持续发展。因此，从理论基础看，中国煤炭企业转型创新发生了根本性变革，主体目标很明确，以人为本，全面、协调、可持续发展。全面，体现为生产过程、生产资料循环发展的全面性，协调体现煤炭与其他不可再生资源、可再生

资源的协调性，煤炭企业与相关产业的协调性等，全面体现为实现经济、政治、文化、社会、生态等方面的全面发展。中国煤炭企业创新正是沿着科学发展观方向不断进行理论创新，是主体明确基础上的全面、协调、可持续的理论创新，是一场革命。

其次，现阶段中国煤炭企业转型创新方法是实现企业、产业、社会层次的大循环。新中国成立到20世纪末，为了促进煤炭企业经济的发展，企业创新方法着力点集中在提高生产效率，牺牲了环境、生态、资源。虽然，20世纪70年代我国提出环保理念，“三同时”建设标准。改革开放之初，结合国外末端治理方法，我国将其引进，对污染实行末端治理。但是成本高，企业动力不足。21世纪以来，循环经济方法的不断深入发展，成为中国煤炭企业转型创新的根本方法。它从生产要素看实现了要素的大循环，原来是废物的现在都可以再转化为新的生产资料；从发展模式上实现了开环到闭环；从发展主体上实现了企业、产业、社会之间的大循环；从区域特征看打破了区域限制，实现跨区域的大集团运作。从系统论看，中国煤炭企业转型创新是要从原来旧的系统转型为一个新的系统，是系统要素、结构和功能的根本转型，是一场革命。

最后，中国煤炭企业转型创新是从一个不平衡态跃迁到一个新的平衡态的过程。革命的过程是从一个状态到另一个状态跃迁的过程。中国煤炭企业转型创新过程也是从一个状态到另一个状态跃迁的过程。系统的演化过程就是从平衡态到不平衡态再到新的平衡态不断发展的过程。新中国成立以来，中国煤炭企业创新经过了平衡态、不平衡态、新的平衡态不断螺旋上升的过程。新中国成立初期，百业待兴，中国煤炭企业创新是从日本人手里或资本家手里将煤炭企业转化为国有企业，使杂乱无章的小煤矿整合为国有企业，实现平衡、和谐发展。但是，随着企业的不断发展，它所带来的环境、资源、生态等问题越来越突出，中国煤炭企业系统的不平衡性越来越突出，表现为国有企业与乡镇企业、小煤矿的不平衡性，经济发展与安全发展、生态发展、社会发展的不平衡性，煤炭资源与其他不可再生资源、可再生资源发展的不平衡性等。所有这些客观要求，中国煤炭企业必须通过转型创新，达到一个新的平衡态，实现更高层次的和谐、健康、可持续发展。因此，中国煤炭企业转型创新达到一个新的平衡态，本身就是一场革命。

三、中国煤炭企业转型创新必须坚持党的领导

回望党成立以来的奋斗史、新中国的创业史、改革开放史，艰辛的历程、辉煌的成就雄辩地证明，中国共产党是我国革命、建设和改革事业当之无愧的领导核心。展望未来，实现中国的现代化和中华民族的伟大复兴，必须毫不动摇地坚持中国共产党的领导，这是我们的事业继往开来、兴旺发达的根本保证。新中国成立以来，中国煤炭企业创新直接来源于党的领导。煤炭企业的战略创新、管理创新、科技创新、制度创新和文化创新都是在不同时期党的领导下实现的。我党虽然在“大跃进”、“文化大革命”期间及其他时期煤炭企业创新存在一些问题，但是，总体上是正确的，党的政策促进了煤炭企业不断的转型发展。21世纪，煤炭企业的创新必须继续坚持党的领导。

四、进一步把握好创新的背景和原则

中国煤炭企业创新是集历史背景、国际背景、现实需要基础上的创新，是国家、企业、社会等多方面力量集成的创新，它的创新必须体现代际与代内之间的可持续发展，为了更好地创新，中国煤炭企业必须把握好和应用好一些创新的原则。

随着科学发展观的不断深入，中国煤炭企业创新应坚持经济性原则、系统性原则、社会性原则、生态性原则和实践性原则，实现经济、社会、生态等方面的协同发展。随着社会发展水平的不断提升，社会性和生态性越来越受到人们的关注，特别是低碳经济、节能发展、环境友好型社会的建设目标等客观要求中国煤炭企业创新立足经济、社会、生态的和谐发展。这是我们做好创新必须把握的原则。创新的做法就是现在就去做。如果动作太慢，新就会变成旧，就失去了它本来应有的价值。

五、进一步通过多学科融合促进中国煤炭企业转型创新

复杂性是混沌性的局部与整体之间的非线性形式，由于局部与整体之间的这个非线性关系，使得我们不能通过局部来认识整体。复杂性是那种环境条件改变的时候，不同行为模式之间的转换能力较弱的动态表现。新中国成立以来，中国煤炭企业经过了从简单到复杂，从低级到高级，从弱

小到强大的发展过程。复杂性是它显著的特征。对复杂性问题的研究已不是某一个学科的事情，需要通过多学科交叉融合来解决。

目前，中国煤炭企业转型创新来源于复杂的国际、历史和现实背景，对复杂性背景因素的分析离不开多学科基础。中国煤炭企业在发展过程中产生了科技、高碳、环保、人才和安全“五块短板”，“五块短板”的解决不是某一个学科能完成的，需要多学科融合解决，如战略学、管理学、科学学、制度经济学、文化学等是解决“五块短板”重要的学科基础。21世纪，中国煤炭企业转型创新是以科学发展观为指导，实现企业经济价值和社会价值的协同发展，这也不是某一个学科能解决的问题。因此，中国煤炭企业必须立足对其复杂性的研究，在多学科融合的过程中实现转型创新。

六、进一步拓展创新的方法

新中国成立以来，中国煤炭企业创新在理论、战略、管理、科技、制度、文化等方面进行了不断的创新。创新的领域在不断地扩展，创新的深度也在不断的延伸，所有这些创新来源于创新方法的不断提升。创新能力的提升体现在对过去传统框框的打破，树立新的内容。创新方法的突破是科技发展和社会进步的重要基础和保证，这已为世界科技史所证明。据统计，从1901年诺贝尔奖设立以来，大约有60%—70%的奖项是因科学观念和思路、方法与手段的创新而取得的。在我国建设“创新型国家”的进程中，对创新方法的研究和掌握具有基础性、根本性、科学性和先导性的意义。

创新过程是问题—构想—实践过程中思维创新的过程，最重要也是最困难的就是头脑中的构想，即创新思维阶段。没有思维创新，就不会产生行为上的变化，如我们现在常说的技术创新、制度创新、管理创新、文化创新等。

思维创新方法是创新方法的基础，创新过程就是思维创新方法创新结果落实的过程。因此，创新的方法主要是要思维创新的方法。思维创新的过程是内在要素与外在要素综合的结果。内在要素包括知识水平、非逻辑思维能力、逻辑思维能力。知识水平容量越多，可供调动的知识越多，运用起来就可能越灵活，产生新思想的可能性就越大。思维创新的外在要素包括社会环境、家庭环境。我国春秋战国时期，出现了老子、庄子、孔子、孟子、荀子、墨子、韩非子等伟人与当时的社会环境有密切关系。而中国早在2006年就提出要创建创新型国家，创新已成为中国时代发展的特征。现在关键是要通过知识水平的提升、非逻辑思维能力和逻辑思维能力的提高实现中国煤炭企业创新能力提升的目标。非逻辑思维就是指所有在没有充足理由的基础上得出结论的思维活动，包括直觉、灵感、顿悟、猜想、假设、幻想等形式。具体来说，可以通过换位思维训练—突破经验思维模式，冲突自我向非我—大我的思维方式转变；通过多维度思维训练，破除唯一正确答案模式；通过列举法训练，突破权威型思维定式；通过逆向思维训练，破除从众型思维模式。对于逻辑思维训练，可以通过推理训练和认证训练，增加创新的实践性和可操作性。

从中国煤炭企业发展历程看，关于煤炭开发、管理、分配等一系列会议的召开对促进煤炭企业发展具有重要的推动作用。这也是一种创新的方法，通过会议推动煤炭企业的发展。

所以，创新能力的提高是中国煤炭企业创新能力提升非常重要的因素，我们需要通过培训、自学等方式从知识结构、思维能力等方面提高企业创新能力，让创新方法成为每一个员工都需要掌握和分析的基本内容，只有调动全员力量，才能使创新成为企业的文化和基石。

七、实现创新系统不同层次协同发展

中国煤炭企业的创新是一项创新工程，涉及战略、科技、管理、文化、制度、保障等方面。战略创新是其他方面创新的条件和基础，科技和管理创新是重要手段，制度和文化创新是重要支撑，保障创新是条件。中国煤炭企业创新过程是系统整合不同层次创新的过程，只有不同方面的协同发展，才能实现中国煤炭企业创新的目标。从中国煤炭创新史也能看出，每一个时期战略创新与其他创新协同发展的过程。

新中国成立以来，中国煤炭企业转型创新在党的正确领导下，转型战略创新走向以人为本的强大型化；转型管理创新走向以人为本的精细化；转型科技创新走向体现人类需要的安全科技、环保科技、节能科技、智能科技，更加重视自主创新；转型制度创新走向以人为本的规范化；转型文化创新走向以人为本的文化创新体系；转型保障创新形成以社会、领导、团队、投入等多元要素协同发展的体系。总之，中国煤炭企业转型创新是体现以人为本为核心，六个方面协同转型创新的历程。只有实现六个方面的相互配合，互相促进，才能达到最终的转型。

八、重点解决“创新”短板

从“木桶”理论看，一个桶装水的多少不是由最长的板子决定，而是由最短的板块决定。因此，系统的创新关键要关注最短的板子。中国煤炭企业转型创新过程是实现不同要素协同发展的过程，而系统要素短板是制约要素之间协同发展的最大障碍。中国煤炭企业发展水平差距比较大，国有大企业企业创新能力，创新要素比较强，而小煤矿创新能力、创新要素等比较弱。因此，对于中国煤炭企业转型创新来讲，一方面需要整体提高战略创新、科技创新、管理创新、制度创新和文化创新的水平。另一方面需要提高处于短板的创新要素的水平，只有实现两个“提高”，才能最终实现转型发展。

中国煤炭企业自身的创新能力是它持续稳定发展的关键。新中国成立60多年来，煤炭企业的发展是解决中国能源问题、煤炭行业可持续发展的基础。由于煤炭企业自身创新力低，煤炭价格低于成本价格，煤矿的改造多是靠国家投资。而国家投资的不稳定性，影响着煤炭企业的发展。因此，为了实现中国煤炭企业转型发展，必须提高其自身的造血功能，通过战略、科技、管理、文化、制度、保障等方面的创新，提高自身的发展潜能，加长“短板”。

九、凸显中国煤炭企业转型的发展轨迹

新中国成立以来，中国煤炭企业创新的过程就是不断转型的过程。创新理念从以经济为中心向以人为本，经济、安全、环保、低碳、文化等协调发展方向转型。创新要素从注重企业微观的生产、运输、销售等的管理向国家煤炭产业发展战略、区域经济与企业微观要素管理转型；创新行为从注重企业内部考核向企业、政府、管理部门、民众方向转型；创新制度从企业制度转型到企业制度、产业制度、管理部门制度和国家规划。

转型成为中国煤炭企业创新最显著的特征。21世纪，中国煤炭企业发展将会在科学发展观指导下，在国际、国内、历史维度下，通过转型创

新实现中国煤炭企业低碳、和谐、安全发展。

十、进一步处理好创新相关问题

创新的过程是继承与突破、效益与风险、思维与实践、个人与团队辩证发展的过程。创新能否成功关键看这些关系处理的水平与程度。

第一，创新的过程不是完全地要否定传统的东西，关键看传统的东西能否在现实情况下促进中国煤炭企业的发展，这是问题的关键。煤炭企业发展的过程是传统与创新交替发展的过程，关键看企业水平、环境的客观要求等因素的发展水平来决定是要继承还是要创新。盲目的继承或创新都会给企业带来巨大的风险。

第二，处理好效益与风险的关系很重要。创新的目标是为了实现企业、社会、生态等多方面的和谐健康的发展，创新过程充满了经济、技术、人才、管理、文化等多方面风险，任何一块短板都可能使创新功亏一篑，成功的创新为企业和社会带来巨大的效益，而失败的创新为企业带来巨大的风险。因此，为了规避风险，创新过程中风险的评估十分重要。

第三，处理好思维创新与实践的关系十分重要。创新来源于实践基础上思维层次的创新。也就是说创新过程从实践问题出发，经过构思，将新理论和新方法在实践中被应用的过程。因此，创新过程处理好思维与实践的关系非常重要。创新要建立在实践基础上的需要，创新结果还要能够在实践中被应用。加强思维与实践的结合是创新成功的基础。实践是检验真理的标准，同样实践也是检验创新的标准。

第四，需要创新的个人与团队。一个人的创新还是远远不够的，需要一个创新的团队，创新的社会，再有一个创新的领导。一种是拉动型的，一种是推动型的。中国煤炭企业的创新需要创新的领导，更需要创新的团队。因此，企业应将创新能力作为企业发展的一个重要目标。因此，为了实现中国煤炭企业创新发展，企业领导与员工应学会思考，将思维创新作为一个习惯，一旦获得创意，立即行动，投身创新思维实践，这是最关键的。我们的时代不是大鱼吃小鱼，而是快鱼吃慢鱼。经常反思，不断强化创新思维，这是最难坚持的。

十一、提供转型创新保障

转型创新过程是充满风险的过程。为了达到预期转型创新的目标，必须在社会、产业、企业、员工等各个层次上提供相应的保障。其中社会基础、转型创新型领导、转型创新型人才团队、转型创新型投入是重要的保障基础。因此，中国煤炭企业转型创新不仅是企业的事情，也是政府、群众和社会的事情，需要不同层次、不同领域的支撑。

总之，中国煤炭企业创新是国家、地区、企业、社会等多方面力量整合的过程，是企业学好用好国家政策进行创新的过程，是企业解决好短板提升竞争力的过程，是实现企业、社会、生态共赢的过程。让我们一起行动起来，用创新改变我们的企业。相信通过不同层次的努力，中国煤炭企业一定能够通过创新实现新的跨越式发展，为中国腾飞再添光彩！

附录　中国煤炭企业转型创新典型案例

案例一：山西焦煤集团公司实现转型、安全、和谐发展创新之路

山西焦煤集团公司成立于2001年10月，他们在分析世情、国情、省情煤炭企业发展趋势的基础上，在山西省委、省政府的正确领导下，深入贯彻落实科学发展观，不断创新，始终坚持走大集团发展道路，实行并购战略，不断做大做强，不断推进企业联合重组与规模化发展，加快产业结构调整优化，大力发展循环经济，初步形成“煤—电—材”和“煤—焦—化”两大循环经济产业链，不断创新促进安全发展、转型发展、和谐发展。

山西焦煤集团科学发展创新之路主要表现在以下几个方面：

战略创新：在科学发展观伟大旗帜下，加快建设亿吨级现代型国际化能源大集团，实施六大发展战略，即本质安全型支撑战略、规模品质领先战略、循环经济主导战略、新产业跟进推动战略、经济多元化促进战略、和谐创新文化引领战略。

科技创新：依靠科技创新，山西焦煤集团公司不断推进产业升级，调整优化资本布局和产业布局，着力发展“煤炭、电力、焦化”“引擎”产业；延伸优势产业链和做强产业集群，着力实现“资本循环、劳动力循环、资源循环”三者互动，走出循环经济推进产业升级的特色化道路；强化工业园区和配套基地建设，着力推进“地域化集聚、专业化分工、社会化协作”三大进程，走出促进城乡发展的一体化道路；加大传统产业改造和技术装备升级，着力抓好“技术改造、技术引进、技术推广”三大环节，走出技术装备提升产业能级的集约化道路。

管理创新：积极构建整合营销体系，加强大集团体制机制建设，创新和实施煤炭营销新策略，实现煤炭生产经营销售专业化、规范化、一体化管理；充分发挥“山西焦煤”品牌优势，创建适合大集团发展的营销理念、营销文化，努力彰显社会作用，树一流焦煤品牌和大集团形象；加强运销商贸环节衔接与下游客户沟通，培育和实践煤炭生产经营销售新理念，构建煤电、煤钢、煤港全面战略合作联盟，稳步推进大集团商贸物流产业健康发展。

制度创新：立足现状，注重实效，推进机制创新，不断完善精细化管理制度体系，加强考核体系建设。

文化创新：确立了“全国百强、行业领先、‘四跨’集团、做强做大”的发展战略，进一步明确创建焦煤文化的战略方向；形成“坚持‘二十字’策略，抓好‘五个方面’工作，实现一个总体愿望和目标”的总体思路，有力推动了山西焦煤文化建设的历史进程；坚持正面引导，重在建设，积极建设和谐文化，推动形成良好人文环境和文化焦煤；进一步拓展焦煤文化更美好、更宏大的发展前景。

创新保障机制：为了促进大集团又好又快的发展，促进创新的不断实现，进行了五大保障机制的建设，分别是思路保障、工作基础保障、发展动力保障、管理创新保障、工作作风保障。

山西焦煤集团创新科学发展给我们的启示可概括“十个必须坚持”、围绕“一个发展目标”。“十个必须坚持”指坚持解放思想、坚持抢抓机遇、坚持大集团战略、坚持立足实际、坚持发展循环经济、坚持安全为先、坚持科技创新、坚持深化改革、坚持对外开放、坚持以人为本。“一个发展目标”指坚持围绕建设亿吨级现代型国际化的能源大集团目标。

资料来源：在整理高斌旗、高健生主编的《旗帜引领方向——科学发展观在山西焦煤的实践》（山西人民出版社2010年版）一书的基础上形成的。

案例二：新汶矿业集团战略创新之路

新汶矿业集团公司建于1956年，是一家以国有资产为主体、多种所有制并存，以煤为主、多种产业共同发展的大型企业集团，是全国520家重点国有企业和山东省136户重点企业集团之一，2006年中国工业1000家大企业第163位，2007年中国煤炭工业100强第13位。企业信贷信誉AAA级。先后荣获全国企业文化优秀奖、首届山东省管理创新优秀企业奖和中国煤炭工业优秀企业管理奖，被国家发改委等六部委确定为全国第一批循环经济试点企业，2007年荣获全国资源综合利用先进单位、山东省节能突出贡献企业等称号。它的发展坚持“煤炭产业集中化、非煤产业集优化、产业发展生态化”的战略创新。

首先，以资源综合利用为途径，构建循环经济产业链。

新汶矿业集团把煤炭产业作为催生非煤产业发展壮大的“酵母”，大力发展煤的深度转化和相关资源的综合利用，做好“增强核心、关联扩张、结构优化”的文章，努力形成“资源—产品—再生资源”的循环型经济系统，初步形成了煤炭—发电—建材、煤炭—焦化、煤炭—煤气化等几大产业链，实现了节能、降耗、减污、增效的有机统一，提升了企业的集约经营和规模效益。

其次，着眼于非煤产业结构的不断优化，全力构筑“非煤集优化、产业生态化”产业链条。

该集团按照“非煤集优化、产业生态化”的要求，优化矿区非煤产业结构和布局，采用适度超前的资源储备与成功的资本运营这两种途径，产业发展和资本运营联动运作，在全集团公司搞多元化经营、规模化运作，注重在更广的领域和更大的空间，进行相关企业内外资源链接、扩张和整合，着力进行非煤产业链的有机集成、优化和升级。

按照企业改革发展战略设计，今后一个时期，新矿集团将坚持以科学发展观和安全发展观为指导，以建设“和谐新矿”为总目标，以体制创新、科技创新、管理创新为动力，做大主业、做强非煤、做优体制、做活资本，坚定不移地走本质安全型、质量效益型、持续创新型、资源节约型、和谐发展型的发展道路，推动企业实现又好又快发展。具体实施“三步走”战略：2010年力争实现“双五”目标，集团煤炭产能达到5000万吨，产值500亿元；2013年实现“双八”目标，集团煤炭产能达到8000万吨，产值800亿元；2015年实现“双一”目标，集团煤炭产能达到1亿吨，产值1000亿元。力争经过一个时期的创新拼搏，建成主业突出、竞争力强的国际化大企业集团。

资料来源：参考吴季松所著《循环经济概论》（北京航空航天大学出版社2008年版）一书及新汶矿业集团网页（http：//www.xwky.cn/）。

案例三：潞安集团人本、科技、绿色、平安科学发展创新之路

潞安集团是山西五大煤炭企业集团之一，现有总资产634亿元，职工家属30万人（包括潞安新疆公司），子分公司75个。两次获得全国“五一”劳动奖状，两次被评为“中国十大最具影响力企业”。

潞安是一个老先进企业。其前身是成立于1959年1月的潞安矿务局，曾以“艰苦奋斗、勤俭办矿”的石圪节矿风享誉全国，是周恩来总理选树的全国工交战线五面红旗之一。20世纪80年代，潞安率先建成“全国第一个现代化矿区”，自主创新的综采放顶煤技术被誉为“潞安采煤法”，引领了世界厚煤层放顶煤开采的潮流。一直以来潞安集团注重战略创新、科技创新、管理创新、制度创新和文化创新，创新已经成为该企业发展的重要法宝。在创新基础上实现人本、科技、绿色、平安科学发展。

战略创新：潞安实施战略管理，依靠战略制胜。潞安战略走新型工业化道路，打造三条产业链，建成能化大集团。三条产业链是指潞安今后着力发展的煤—焦—化、煤—电—化、煤—油—化三条主要产业链，这是潞安发展战略的具体体现。2000年8月，企业整体改制为潞安矿业集团公司。改制以来，潞安集团紧紧围绕资源型企业转型发展这个大文章，立足煤、延伸煤、超越煤，不断调适、完善和实施“中国潞安”“三步走”发展战略，全面强化战略管理，取得了经营绩效最好、发展速度最快、发展后劲

最强、职工得到实惠最多的好成绩。

潞安集团以建设亿吨级煤炭集团为目标，坚持“两条腿”走路，一是建设数字化矿井，巩固提升潞安集约高效优势。实现了“老矿井减人提效，新矿井集约高效”。二是实施跨疆域发展，为“百年潞安”储备资源基础。目前，已形成潞安本部、武夏、忻州、临汾、晋中、潞安新疆六大矿区，煤炭总储量达到435.6亿吨，按照亿吨级生产能力，可稳定生产200年以上，为打造“百年潞安”奠定了坚实基础。

目前，潞安集团正在制定“十二五”发展规划，主要战略目标是：到2015年，全集团煤炭产量达到1.5亿吨以上，在省内建成亿吨级煤炭集团；销售收入达到1500亿元，低碳循环经济占到总销售收入60%左右，建成绿色新型能化集团。同时，进入全国100强，向世界500强迈进。

科技创新：潞安集团推进了企业由资源驱动型向创新驱动型、综合效益型转型。建成了国家级技术中心，创建了全省首家企业研究院，被确定为全国创新型试点企业。潞安环能2006年9月在沪市上市以来，在煤炭板块中一直表现良好。

潞安集团始终把循环经济作为资源型企业可持续发展的最佳途径，坚持以煤为基础，延伸煤电化、煤焦化、煤油化三条主产业链，建设煤电、煤油、焦化、电化四大循环经济园区，发展煤、电、油、化、硅五大产业。目前，非煤产业销售收入占到集团总销售收入的一半左右，集团被确定为全国循环经济试点企业。今年将全面形成工业硅—聚氯乙烯—高纯度多晶硅—太阳能电池的具有循环经济特征的硅产业链条。

潞安煤基合成油示范项目是国家“863”高新技术项目和中国科学院知识创新工程重大项目的延续项目，是国家发改委及财政部重点支持建设的煤间接液化的示范装置，是山西省委、省政府确定的重点工程建设项目。是以中国科学院山西煤炭化学研究所自主研发的“煤基液体燃料合成浆态床工业化技术”为依托，该技术通过了中科院组织的专家鉴定和科技部863组织的专家验收，具备了示范厂建设条件。于2008年12月产出了我国第一桶煤基合成油，2009年，21万吨/年煤基合成油示范项目全部建成。潞安成为世界上唯一一个掌握钴基、铁基两种催化剂进行煤制油的企业。目前，潞安正在全力推进煤基合成油百万吨级产业化项目。

潞安集团太阳能项目一期正式投产。为推进技术进步和自主创新、延伸产业链、促进多元化、提升核心竞争力作出努力。集团董事长任润厚说，潞安发展太阳能项目，特色突出，优势明显。一是符合国家发展新型能源材料产业、实施节能减排绿色发展的政策要求，符合全省转型跨越、建设全国能源中心的任务要求，是潞安立足煤、延伸煤、超越煤，建设能化集团的重大战略举措；二是发挥了潞安现有的62万KW/年中煤、煤泥、煤矸石综合利用电厂富余电量的成本优势，发挥了周边地区大储量、高品位石英砂的资源优势。同时，与德国森特赛姆公司全面合作的“交钥匙工程”，具有明显的技术优势；三是形成了“综合利用电厂—工业硅—聚氯乙烯—高纯度多晶硅—太阳能电池”完整的产业链条，具备了循环经济的发展特色。各种发展优势叠加，发展前景十分广阔。

文化创新：潞安集团形成理念、行为、物质三个层次的企业文化特征。理念文化上，潞安工作标准就是看一个管理者能否站在提升企业综合实力和发展后劲的高度来看问题做事情；就是看他能不能时刻把员工的根本利益放在心中。潞安意识就是要强调差别意识，树立差别理念。差别产生差距，差距产生激励，激励产生共进，共进产生共赢。“人本潞安、科技潞安、绿色潞安、平安潞安”是建设“中国潞安”战略目标的形象化，是潞安发展愿景的高度概括，体现了科学发展观的思想。潞安作风就是当机必断、言出必行、务实高效。潞安行为文化和物质文化也在不断深入发展。

资料来源：潞安集团网页（http：//www.cnluan.com/Index.html）。

案例四：山西晋城煤业集团安全制度创新之路

山西晋城无烟煤矿业集团有限责任公司（简称晋城煤业集团）是2000年8月在原晋城矿务局基础上改制设立的国有独资公司，是全国520家重点企业、山西省工业企业30强和10家重点骨干企业之一，是我国重要的优质无烟煤生产基地。企业信用度AAA级，晋城煤业集团已于1999年整体通过IS09002质量体系认证，2001年获得职业安全健康管理体系和环境管理体系认证。截至2004年年底，公司总资产177.33亿元，员工45217人。目前，晋城煤业集团主营煤炭开采、洗选加工、煤层气开发利用、煤化工等。有7对生产矿井和1对在建矿井，16家控股子公司和12家分公司。晋城煤业集团在强化安全生产法规建设，提高员工遵章守法意识方面，主要抓了3个环节。

一、抓法规的建立健全

1. 建立完善了全员安全生产责任制

从董事长、总经理、矿长、队长、班长到普通员工，全部制定完善了安全生产责任制。

2. 建立完善了岗位作业标准

参照原煤炭部颁发的《煤矿工人技术操作规程》，晋城煤业集团对原岗位作业标准进行了修订补充和完善，岗位作业标准按采煤、掘进、机电、运输、通风、地测、洗选、安监等8个专业，共51个工种进行制定，分专业印刷了12本岗位作业标准分册，发到集团公司、矿、科队三级管理人员手中。

3. 建立完善了安全质量标准化标准

集团公司于2004年年底制定了《晋城煤业集团安全质量标准化标准及考核评级办法》，将安全质量标准化标准分为两大类：一类是生产矿井安全质量标准化标准，在国家煤矿安全质量标准化标准的基础上，增加了"安全管理、调度通讯、洗选加工、综合管理"4个专业标准。第二类是其他系统安全质量标准化标准，包括"通讯信息、发供电、铁路运输、基建施工、煤气站、供水供热"等内容。

4. 建立完善了现场安全考核系列标准

《晋城煤业集团现场安全考核系列标准》包括4个方面的内容：①伤亡事故标准和分类；②非伤亡事故标准和分类；③"三违"的标准和分类；④隐患的标准和分类。

5. 建立完善了各项安全管理制度

集团公司和各矿、区队及班组都建立完善了各项安全管理制度，包括《安全例会制度》、《安全风险抵押制度》、《安全生产一票否决制度》、《安全办公会议制度》、《安全目标管理制度》、《安全投入保障制度》、《安全生产监督管理暂行规定》、《事故汇报、分析、处理制度》、《事故调查处理暂行规定》、《安全副队长管理条例》、《重大事故应急救援预案》、《Ⅸ特种作业人员安全技术培训考核管理办法》、《安全信息反馈制度》、《安全奖罚制度》、《安全特别小分队管理规定》、《安全宣传教育制度》、《安检人员管理制度》、《事故、“三违”、“隐患举报制度”》、《“一通三防”管理制度》、《隐患排查制度》、《加强安监队伍建设若干规定》等等。

6. 制定了员工行为规范

2004 年，集团公司颁布了《安全文化手册》，明确规定了公司员工 12 字安全行为规范，即守信、遵章、清理、有序、准时、素养。与此同时，集团公司对管理层安全工作提出了 32 字总要求，其具体内容是“安全第一，决策科学，按章指挥，管理有方，敢于任事，公正执法，注重现场，确保落实”。各单位把 12 字安全行为规范和 32 字总要求细化成考核内容，纳入到每月的安全绩效考核中。

7. 编印了《安全生产法律法规选编》和《安全管理制度汇编》

集团公司编印了《安全生产法律法规选编》，这本书选编了 27 个常用的安全生产法律法规，并印刷了 5000 册下发到各级管理部门。

二、抓法规的学习宣传

（1）抓安全法规的学习。在学习安全法规过程中，集团公司主要抓好 3 个环节：首先是自己学；其次是集中学；最后是专题学。

（2）抓安全法规的宣传。集团公司利用各种途径和宣传工具，加大安全法规的宣传力度。

（3）抓安全法规的培训。在举办的各种安全培训中，集团公司把安全法规作为重点培训内容。在此基础上，集团公司和各矿还不定期地举办各种专题安全法规培训班。

（4）抓安全法规的统考。集团公司每年要对全体员工进行一次安全资格统考，统考内容是应知应会和法规常识。

三、抓法规的落实到位

集团公司在实践中深深体会到，要搞好安全生产，必须最大限度地调动广大员工的积极性、主动性和自觉性，把职工的安全行为建立在遵章守法、按章作业的基础上。只有这样，才能有效地控制“三违”行为，确保实现安全生产。

要把按章指挥、按章作业、遵章守法落实到安全生产管理全过程，必须坚持“两手抓”。一手抓落实管理干部安全责任到位，把约束干部安全行为贯穿于安全生产管理的全过程。一手抓落实员工岗位操作标准和安全质量标准化标准到位，把自保互保安全行为贯穿于生产现场全过程。

资料来源：晋城煤业集团网页（http：//www.jccoal.com/web1/index.html）。

案例五：神华集团有限责任公司企业文化创新之路

神华集团有限责任公司（以下简称神华集团）成立于1995年，为中央直管企业之一，是集煤矿、电力、铁路、港口、航运、煤制油与煤化工为一体，跨地区、跨行业、多元化经营的特大型能源企业。公司主要经营国务院授权范围内的国有资产，开展煤炭等资源性产品，煤制油，煤化工，电力，热力，港口，铁路、航运和金融，国内外贸易及物流，房地产，高科技，信息咨询等行业领域的投资、管理；规划、组织、协调、管理神华集团所属企业在上述行业领域内的生产经营活动，在国民经济中占有重要地位。神华集团目前是全国最大煤炭企业、全球最大煤炭供应商。全面构建本质安全型、质量效益型、科技创新型、资源节约型、和谐发展型的“五型企业”，实现了持续、快速发展，营业收入1612亿元，利润在中央企业名列前茅，企业经济贡献率连续九年名列行业第一。2010年，神华集团位于“世界企业500强”第356位。

神华集团公司文化创新体现在价值理念、企业标识等方面。下面简要说明下该企业的价值理念。价值理念表现在以下12个方面：

1. 企业使命：为社会发展提供绿色能源

要以高度的政治责任感和社会责任感，执行国家大政方针，实施国家能源战略，为社会提供绿色、经济能源。在发展中珍惜资源，保护环境，节能减排，注重生态文明建设。

2. 企业愿景：坚持矿、路、港、电、化一体化发展，打造国际一流大型能源企业

发挥集团整体优势，坚持科学发展，走新型工业化道路，通过持之以恒的努力，逐步发展成为规模宏大、实力雄厚、效益良好、知名度高，具有国际竞争力的一流大型能源企业。

3. 企业核心价值观：科学和谐、厚德思进

科学，就是坚持以人为本，协调、可持续、健康发展；和谐，就是营造企业内部、企业与社会、企业与自然和谐氛围，创造内有亲和力，外有影响力的稳定环境；厚德，就是处事为人忠诚厚道，公平公正，依法经营，守信践诺；思进，就是居安思危，求知谋进，勇于变革、敢于创新，建设“五型”企业，打造国际一流能源企业。

4. 企业发展战略：科学发展，再造神华，五年实现经济总量翻番

科学发展，是神华发展的纲领，是方向和旗帜；再造神华，是神华科学发展的关键，是途径和手段；五年实现经济总量翻番，是神华科学发展的中长期目标，是阶段性成果。

5. 企业精神：艰苦奋斗、开拓务实、追求卓越

艰苦奋斗，就是继承优良传统，勤俭办企业；开拓务实，就是解放思想，持续创新，扎扎实实，埋头苦干，说实话，鼓实劲，干实事；追求卓越，就是高标准，严要求，永不满足、永无止境地向更高目标的要求上奋进。

6. 安全理念：煤矿能够做到不死人；生产时瓦斯不超限，超限就是事故

神华是一个以煤为基础的产业集团，各企业结合实际，深刻理解和拓展“两个理念”的科学内涵与外延，提炼更具特色的安全理念，改变观念，提高认识，超前思维，实现安全生产和建设本质安全型企业的目标。

7. 管理理念：精准、严细、安全、高效

管理精细到位，决策果断准确。工作严谨细实，质量精益求精。建立长效机制，打造本质安全。勇于改革创新，做到精干高效。实现工作高起点、生产高技术、产品高质量、运行高效率、产出高效益。

8. 经营理念：诚实守信、互利共赢

牢固树立诚信可靠、履行合同、恪守承诺、合法经营、依法纳税负责任的大企业形象，履行社会责任，重视相关利益，带动地方经济，实现共同发展。

9. 廉洁理念：淡名泊利、慎权守职

广大员工特别是党员领导干部，坚定理想信念，加强道德修养，提高精神境界，树立正确的世界观、人生观、价值观，常想立身之本，常修职业之德，常思贪欲之害，常怀律己之心。坚持廉洁自律，清白为人，遵纪守法，始终保持神华人的蓬勃朝气、昂扬锐气、浩然正气。

10. 人才理念：纳天下才、育神华人

牢固树立以人为本，人才兴企的观念，建立培养人才、广纳英才、人尽其才、才尽其用的用人机制，营造公开、公平、公正的用人氛围，为人才成长畅通渠道，为人才发展搭建平台，汇聚更多的优秀人才投身神华事业，为神华发展提供人才保证。

11. 信心、战略、变革、责任

12. 同举一面旗帜，同干一个事业，同奔一个目标

资料来源：神华集团网页（http：//www.shenhuagroup.com.cn/）。

案例六：中国中煤能源集团有限公司战略创新之路

中国中煤能源集团有限公司是国务院国资委管理的大型能源企业，主营业务包括煤炭生产及贸易、煤化工、坑口发电、煤矿建设、煤机制造、煤层气开发，以及相关工程技术服务。现有全资公司、控股和均股子公司41户，境外机构4户，参股企业11户，在册职工12.1万。截至2009年12月31日，总资产达1476亿元。

中煤集团是中国第二大煤炭生产企业，连续三年产量过亿吨。主要矿区有山西平朔、离柳、乡宁矿区，江苏大屯矿区，内蒙古鄂尔多斯矿区，陕西榆林矿区，黑龙江依兰矿区，在建新疆哈密、准东、伊犁矿区，资源总量超过450亿吨。现有生产矿井21座，在建矿井24座，总产能超过1.6

亿吨；拥有洗煤厂 22 座，生产能力 1.2 亿吨。中煤集团有近 30 年的煤炭、焦炭进出口贸易历史，拥有完善的物流配送中心和分销网络。大型煤焦化工和煤基醇醚、烯烃化工的设计规模和技术水平居行业领先。煤机制造企业位居全国煤机行业第一位，具备煤矿井下综采综掘成套装备研发、制造能力，技术水平和市场占有率为国内第一。煤矿建设设计企业承担了国内半数以上的千万吨级矿区、千万吨级高产高效矿井、百万吨级矿井和大型洗煤厂的设计建设任务，代表行业最高水平。

今后五年中煤集团的发展目标是实现“22255”，即煤炭产量达到 2 亿吨；资产总额达到 2000 亿元；实现利润 200 亿元；建成山西、江苏、黑龙江、蒙陕、新疆等五大煤炭产业基地；形成煤炭生产、煤化工、发电、煤机制造、煤矿建设五大主业协同发展格局，进入全球领先煤炭公司行列，建设成具有国际竞争力的大型能源集团。

为确保上述目标的实现，中煤集团总体工作思路是“1458”，即牢固树立以市场为导向、以客户为中心的经营理念；坚持生产规模化、技术装备现代化、队伍专业化、管理手段信息化的“四化”发展方向；树立高起点、高目标、高质量、高效率、高效益的“五高”标准；落实“调整、改进、加强、提高”八字方针，全面推进生产技术、经营管理和投资发展等各项工作，把中煤集团的改革发展推上新的台阶。

资料来源：中国中煤能源集团网页（http：//www.chinacoal.com/n1071/index.html）。

参 考 文 献

1. 袁纯清:《以转型发展为主线为实现山西经济社会跨越发展努力奋斗》，在山西省领导干部大会上的讲话，2010 年 7 月 29 日。

2. 岳福斌主编:《中国煤炭工业发展报告（2006—2010）》，社会科学文献出版社 2008 年版。

3. 纪成君:《中国煤炭产业经济研究》，经济管理出版社 2008 年版。

4. 黄盛初:《2004 世界煤炭发展报告》，煤炭工业出版社 2005 年版。

5. 牛克洪、崔涛:《现代煤炭企业管理 50 法》，煤炭工业出版社 2007 年版。

6. 郭宝厚、唐润生:《小煤矿安全管理实践》，煤炭工业出版社 2008 年版。

7. 张树良等主编:《煤矿安全管理》，中国矿业大学出版社 2007 年版。

8. 李爽:《煤矿安全文化的研究与思考》，中国矿业大学出版社 2010 年版。

9. 陈鹏编著:《中国煤炭性质、分类和利用》，化学工业出版社 2009 年版。

10. 李永生编著:《现代煤矿精益管理》，中国矿业大学出版社 2009 年版。

11. 汪小涓:《市场化进程中的低效率竞争——以棉行纺织业为例》，《经济研究》1998 年第 3 期。

12. 当代中国煤炭工业——《当代中国》丛书，中国社会科学出版社 1988 年版。

13. 吕纪喆主编:《煤炭工业安全监察与管理》，煤炭工业出版社 1996 年版。

14. 慕庆国:《对煤炭企业安全管理的思考》,《中国煤炭》2003 年第 3 期。

15. 姜青舫:《含随机参数非线性方程组解的存在性、唯一性及算法与效用函数计算公式的导出》,《高等学校计算数学学报》2002 年第 3 期。

16. 姜青舫、姜树元:《产品效用与市场博弈 Nash 均衡条件下的企业策略》,《系统工程理论与实践》2004 年第 10 期。

17. 郭东阳:《实施税源管理科学化精细化的建议》,《税务研究》2006 年第 4 期。

18. 李祥仪、李仲学:《矿业经济学》,冶金工业出版社 2009 年版。

19. 张根虎:《山西煤炭发展前景与战略探究》,经济科学出版社 2005 年版。

20.《中国古代煤炭开发史》,煤炭工业出版社 1986 年版。

21. 彭世济主编:《中国煤炭工业四十年》,中国煤炭工业出版社 1990 年版。

22. 煤炭工业部《中国煤炭工业年鉴》编审委员会编:《中国煤炭工业年鉴(1982 年)》,煤炭工业出版社 1982 年版。

23. 煤炭工业部《中国煤炭工业年鉴》编审委员会编:《中国煤炭工业年鉴(1983 年)》,煤炭工业出版社 1983 年版。

24. 煤炭工业部《中国煤炭工业年鉴》编审委员会编:《中国煤炭工业年鉴(1984 年)》,煤炭工业出版社 1984 年版。

25. 煤炭工业部《中国煤炭工业年鉴》编审委员会编:《中国煤炭工业年鉴(1985 年)》,煤炭工业出版社 1985 年版。

26. 煤炭工业部《中国煤炭工业年鉴》编审委员会编:《中国煤炭工业年鉴(1986 年)》,煤炭工业出版社 1986 年版。

27. 煤炭工业部《中国煤炭工业年鉴》编审委员会编:《中国煤炭工业年鉴(1987 年)》,煤炭工业出版社 1987 年版。

28. 煤炭工业部《中国煤炭工业年鉴》编审委员会编:《中国煤炭工业年鉴(1988 年)》,煤炭工业出版社 1988 年版。

29. 煤炭工业部《中国煤炭工业年鉴》编审委员会编:《中国煤炭工业年鉴(1989 年)》,煤炭工业出版社 1989 年版。

30. 煤炭工业部《中国煤炭工业年鉴》编审委员会编:《中国煤炭工业年鉴(1990 年)》,煤炭工业出版社 1990 年版。

31. 煤炭工业部《中国煤炭工业年鉴》编审委员会编:《中国煤炭工业

年鉴（1991年）》，煤炭工业出版社1991年版。

32. 煤炭工业部《中国煤炭工业年鉴》编审委员会编:《中国煤炭工业年鉴（1992年）》，煤炭工业出版社1992年版。

33. 孙旭东，吴志莲主编:《中国煤炭工业年鉴（1993年）》，煤炭工业出版社1993年版。

34. 煤炭工业部编:《中国煤炭工业年鉴（1994年）》，煤炭工业出版社1994年版。

35. 孙旭东、吴志莲主编:《中国煤炭工业年鉴（1995年）》，煤炭工业出版社1995年版。

36. 孙旭东、吴志莲主编:《中国煤炭工业年鉴（1996年）》，煤炭工业出版社1996年版。

37. 煤炭工业部编:《中国煤炭工业年鉴（1997年）》，煤炭工业出版社1997年版。

38. 国家煤炭工业局编:《中国煤炭工业年鉴（1998年）》，煤炭工业出版社1998年版。

39. 国家煤炭工业局编:《中国煤炭工业年鉴（1999年）》，煤炭工业出版社2000年版。

40. 孙旭东、伊烈主编:《中国煤炭工业年鉴（2000年）》，煤炭工业出版社2001年版。

41. 国家安全生产监督管理局，国家煤矿安全监察局编:《中国煤炭工业年鉴（2001年）》，煤炭工业出版社2002年版。

42. 孙旭东、伊烈主编:《中国煤炭工业年鉴（2002年）》，煤炭工业出版社2003年版。

43. 黄盛初、窦庆峰主编:《中国煤炭工业年鉴（2003年）》，煤炭工业出版社2004年版。

44. 黄盛初、窦庆峰主编:《中国煤炭工业年鉴（2004年）》，中国煤炭工业年鉴编辑部出版2005年版。

45.《中国煤炭工业年鉴》编辑部编著:《中国煤炭工业年鉴（2005年）》，煤炭工业出版社2006年版。

46. 黄盛初、窦庆峰主编:《中国煤炭工业年鉴（2006年）》，中国煤炭工业年鉴编辑部出版2007年版。

47. 黄盛初、窦庆峰主编:《中国煤炭工业年鉴（2007 年)》，中国煤炭工业年鉴编辑部出版 2007 年版。

48. 魏同等:《中国煤炭开发战略研究》，山西科学技术出版社 1995 年版。

49. 邓力群、马洪、武衡主编:《当代中国的煤炭工业》，中国社会科学出版社 1988 年版。

50. 侯定和主编:《煤炭企业文化建设》，煤炭工业出版社 1991 年版。

51. 綦振平、刘效参、冯述虎:《矿产资源开发的可持续性分析、评价与对策》，经济科学出版 2002 年版。

52. 吴季松:《循环经济概论》，北京航空航天大学出版社 2008 年版。

53. 李小三:《论创新型领导人才队伍建设》,《江西社会科学》2007 年 7 期。

54. 杨树平:《注意培养选拔创新型领导干部》,《光明日报》2001 年 1 月 13 日。

55. 浙江省科学技术厅:《我省科技自主创新人才团队建设存在问题及对策建议》，浙江省政府门户网站 2007 年 10 月 17 日。

56. 陈清如:《如何建设创新团队》,《中国教育报》2009 年 1 月 5 日。

57. 高斌旗、高健生主编:《旗帜引领方向——科学发展观在山西焦煤的实践》，山西人民出版社 2010 年版。

58. 刘德喜主编:《中国特色的企业发展》，中共党史出版社 2009 年版。

59. 晋城煤业集团:《遵章守法，抓好 3 个环节》,《劳动保护》2005 年第 7 期。

60. 高建民主编:《走出资源型地区可持续发展的路子》，山西人民出版社 2008 年版。

61. 高建民主编:《在加快转型跨越中实现山西崛起》，山西人民出版社 2008 年版。

62. 张瑞、郝传波:《循环经济与中国煤炭产业发展》，新华出版社 2006 年版。

63. 马德庆主编:《以人为本企业精细化管理》，山西科学技术出版社 2005 年版。

64. 王茂林主编:《煤炭工业企业管理》，山西人民出版社 1982 年版。

65. 白原平主编:《资源型企业国际化战略研究》，山西经济出版社 2008 年版。

66. 胡建林:《什么是转型发展》,《太原日报》2010 年 10 月 14 日。

67. 何德权:《五大难题困扰企业集团化管理》，致信网 2006 年 8 月 12 日。

68. 张命林:《集团化发展战略是我国煤炭产业可持续发展的必由之路》，中国论文下载中心，2008 年 9 月。

69. 王昕主编:《2009：山西煤炭工业年鉴》，山西人民出版社 2008 年版。

70. 吕乃基著:《科技革命与中国社会转型》，中国社会科学出版社 2004 年版。

71. 袁鹰:《现代科学技术史》，武汉大学出版社 2000 年版。

72. 苏玉娟、郭智渊:《民生科技研究》，人民出版社 2010 年版。

73. 苏玉娟、董华:《企业技术创新的内源动力和外源支持》,《山西财经大学学报》2001 年第 6 期。

74. 王鸿生:《中国历史中的技术与科学》，中国人民大学出版社 1997 年版。

75. 马克思,《资本论》(第一卷)，人民出版社 1975 年版。

76. 红旗杂志社经济编辑室主编:《中国省情》，工商出版社 1986 年版。

77. 孙健著:《中国经济通史》，中国人民大学出版社 2000 年版。

78. 上海财经大学区域经济研究中心主编:《2003 年中国区域经济发展报告》，上海财经大学出版社 2003 年版。

79. 刘树信等主编,《山西省情与走进新世纪发展战略》，中国城市出版社 2002 年版。

80. 苏玉娟:《从技术史看山西在华夏文明中的地位和作用》,《科学之友》2005 年第 1 期。

81. 苏玉娟:《从价值观选择下科技与社会和谐发展模式研究》,《经济问题》2008 年第 6 期。

82. 向英温等编著:《煤的综合利用基本知识问答》，冶金工业出版社 2009 年版。

83. 赵成章、卞纲成:《生态问题是重大政治问题》,《中国环境报》

2007年12月21日。

84. 吴义生主编:《环境科学概论》，当代世界出版社2003年版。

85. 张志芳、苏玉娟主编:《知识经济干部读本》，山西科学技术出版社2009年版。

86. 李剑锋编著,《组织行为管理》，中国人民大学出版社1999年版。

87. 黄维德主编:《组织行为学案例》，清华大学出版社2004年版。

88. 芮明杰主编:《管理学教程》，首都经济贸易大学出版社2004年版。

89. 姚顺波主编;《现代企业管理学》，科学出版社2005年版。

90. 瑞典皇家科学院、苏联科学院编:《煤炭广泛应用对环境的影响》，中国环境科学出版社1990年版。

91. 芮明杰:《现代企业可持续发展理论与策略》，清华大学出版社2004年版。

92. 金占明编著:《战略管理》，清华大学出版社2004年版。

93. 顾颖著:《制度与发展》，科学出版社2004年版。

94. 郝忠胜、刘海英编著:《人力资源管理与绩效评估》，中国经济出版社2005年版。

95. 谭璐、姜璐编著:《系统科学导论》，北京师范大学出版社2010年版。

96. 迟福林、傅治平:《转型中国：中国未来发展大走向》，人民出版社2010年版。

97. Association of Academic Health Center, *Conflicts of Interest in Academic Health Centers: A Report by the AHC Task Force on Science Policy*,Washington, D.C,1990.

98. Center for Risk Research, “Stockholm School of Economics, Attitudes toward technology and risk: Going beyond what is immediately given,” *Policy Sciences* 35: 379-400, 2002.

99. Gary E. Marchant & Douglas J. Sylvester &Kenneth W. Abbott，“Risk Management Principles for anotechnology”, *Nanoethics*（2008）2: 43-60.

100. Public Health Service, U. S. Department of Health and Human Services. *PHS Grant Policy Statement.* 1990, Section 8.Rockville, Maryland. 17.

101. Gary E. Marchant & Douglas J. Sylvester &Kenneth W. Abbott，“Risk Management Principles for anotechnology”, *Nanoethics*（2008）2：43-60.

后　记

《转型创新——中国煤炭企业发展的理论与策略》一书得到各级领导的关心，在此表示感谢！感谢他们对中国煤炭企业转型创新的关心！

该书的创作过程一方面是中国煤炭企业创新的大势所趋；另一方面也得益于郭智渊曾担任太原煤气化集团有限公司嘉乐泉矿等单位机电矿长、生产矿长、矿长多年实践经验的总结，为该书提供了创新的平台和空间。

中共山西省委党校提供的学习机会，为苏玉娟同志的创作提供了灵感。2009 年 7 月中共山西省委党校进行的一次案例教学培训，使其领悟到三圈理论分析问题的直观性和便捷性。特别是 2010 年 7 月 29 日袁纯清书记在该校为山西省领导干部大会上提出“转型跨越是山西发展必由之路”的讲话，使其受益匪浅。

同时得到导师和朋友的关心和帮助。感谢中国矿业大学周梅华教授为书作序！感谢山西大学魏屹东教授提出的宝贵意见！感谢《晋阳学刊》马艳副研究员对书稿的校对！感谢人民出版社洪琼博士的大力支持！

特别需要说明的是本书在写作过程中参考了大量公开出版发行的著作、国家政策文献，从中汲取了许多养分，有的内容被直接引用，相关资料已经尽可能详细地列举到参考文献中。但是，疏忽之处在所难免，还望相关机构或个人给予谅解。在此，我们非常感谢书中所列文献的各位作者及资料的提供者。

该书在写作过程中，郭智渊撰写了引言、第二篇、第五篇、第六篇、附录的内容，苏玉娟撰写了第一篇、第三篇、第四篇、第七篇、结束语的内容。

由于时间紧迫，涉及的理论问题与实践问题难度大，甚至有些尚处于空白，书中不足之处恳请专家、读者批评指正，以便今后修订改正。学海无涯，创新无边，我们只是天资愚钝的平凡探索者，需要在不断的探索中完善自己，回报社会、亲人和朋友！

著　者

2010 年 10 月 28 日